역대시화 4

歷代詩話

언주시화 외

A Talk on Poetry of Chronicle

엮은이 하문환(何文煥 : 청(淸) ?~?)은 자가 소미(少眉), 호가 야부(也夫)이며 가선(嘉善) 사람이다. 주로 건륭 연간에 활동하였다. 관직을 갖지 못한 제생(諸生)으로서 구체적인 생애는 잘 알려져 있지 않다. 저서로 『무보집(無補集)』이 있고 『역대시화』를 편찬하였다.

옮긴이 김규선(金奎璇)은 선문대학교 교수이다. 한국외국어대학교 중국어과 학사 및 동대학원 석 · 박사 학위를 받았다. 논문으로 「陸游의 憂國意識과 시적 형상화 고찰」, 「황상의 산거 생활과 시적 형상화 연구」 등과 역주서로 『추사 김정희 연구』(원서 : 淸朝文化 東傳 硏究), 『국역 의암집』, 『日省錄 정조 62(정조 10년 11월)』 등이 있으며, 조선시대 한 · 중 교류 자료의 발굴과 연구에 많은 노력을 기울이고 있다.

역대시화歷代詩話 4 – 언주시화 외

1판 1쇄 인쇄 2013년 11월 20일 **1판 1쇄 발행** 2013년 11월 30일

엮은이 하문환 **옮긴이** 김규선 **펴낸이** 박성모 **펴낸곳** 소명출판
등록 제13-522호 **주소** 137-878 서울시 서초구 서초동 1621-18 (란빌딩 1층)
대표전화 (02) 585-7840 **팩시밀리** (02) 585-7848
이메일 somyong@korea.com **홈페이지** www.somyong.co.kr

ISBN 978-89-5626-934-4 94820 값 27,000원
ISBN 978-89-5626-930-6 (전 6권)

이 번역도서는 2009년 정부재원(교육인적자원부 학술연구조성사업비)으로 한국연구재단의 지원에 의하여 연구되었음.

역대시화 4

언주시화 외

歷代詩話

하문환 엮음 | 김규선 옮김

소명출판

◆ 일러두기

1. 본서의 저본은 『歷代詩話』(中華書局, 1981)이다.
2. 본서의 원주는 중화서국본을 그대로 따랐다.
3. 자字와 호號, 기타 별칭에 대해서는 괄호 안에 본래 성명을 밝혔다.
4. 원문에 작품만 인용되었을 경우, 해당 작품의 작가와 작품명 등을 주석에 밝혔다.
5. 최근의 편집 추세에 맞춰, 한자 병기 시에 괄호를 쓰지 않았으며, 기타 표기는 일반적인 예를 따랐다.

역대시화 4 - 언주시화 외 _ 차례

언주시화

석림시화

당자서문록

산호구시화

역대시화 전체 차례

역대시화 6

이로당시화
백석도인시설
창랑시화
산방수필
시법가수
목천금어
시학금련
담예록
예포힐여
존여당시화
이백재시화
역대시화고색

『언주시화彦周詩話』

송宋 허의許顗

허의許顗, 『언주시화彦周詩話』 해제

허의는 자가 언주彦周이며 양읍襄邑 사람이다. 생졸년은 미상이다. 여가석余嘉錫의 『사고제요변증四庫提要辨證』의 고증에 의하면 허의는 형인 허안許顔과 함께 과거에 급제했으며 영주永州 군사판관軍事判官을 역임했다고 한다. 좋은 집안에서 태어난 덕에 그의 집안 어른들은 모두 시에 능했고 당시의 명사들과 교류가 잦았다. 허의는 어린 시절 금릉金陵에서 이단숙李端叔, 고수실高秀實로부터 원진, 백거이의 시에 대해서 들었으며 특히 시승詩僧 혜홍惠洪과 시를 주고받으며 오랜 교분을 맺었다. 나중에는 법지法地라는 승명까지 얻고 선리禪理에 통달하였다. 곽소우는 『송시화고』에서 그가 중년의 나이에 실제로 출가하였다고 추측하였다. 저서로는 『언주시화』 한 권만이 남아 있다.

『언주시화』는 『허언주시화』라고도 하며 한 권, 137칙이다. 이 책은 『백천』본의 자서自序에 따르면 남송 건염建炎 2년(1128)에 완성되었고 내용은 평론, 고증, 사적의 기록을 다 포함한다.

허의는 시화 창작에 대해 자신만의 견해를 갖고 있었다. 자서에서 쓰길, "시화란 구법句法을 논하고, 고금을 구비하고, 성상의 덕을 기록하고, 특별한 일을 기록하고, 오류를 바로잡는 것이다. 비판을 내포하고, 과오를 드러내고, 잘못을 꾸짖는 것 등은 모두 취하지 않는다[詩話者, 辨句法, 備古今, 紀聖德, 錄異事, 正訛誤也. 若含譏諷, 著過惡, 誚紕繆, 皆所不取]"라고 하였다. 구양수의 『육일시화』가 시화의 문체를 창립한 이후 송나라의 시화는 대체로 사적의 기록과 한담을 중심으로 하여 전개되면서 천천히 발전해나갔다. 이런 상태는 허의에 이르러 전기가 마련되었는데, 그는 첫 번째로 시화의 성질과 사명을 밝혀 시화의 용량을 확대하는 동시에 시화 작가가 가져야 할 태도를 지적했다. 이는 송대 시화가 이로부터 의도적이며 자각적인 창작으로 접어들 것임을 표명하면서 다음 단계 시화 창작의 번영을 위한 착실한 밑거름이 되었다.

『사고전서간명목록』에서는 『언주시화』에 대해 "시를 논하며 원우 연간의 학문을 높여서 소식과 황정견에 대한 논의가 가장 많으며 각 시인들의 우열을 나눈 것이 자못 식견이 있다[論詩宗元祐之學, 故所述蘇, 黃諸論爲多, 其品第諸家, 頗爲有識]"라고 판단하였다. 『언주시화』는 소동파의 시에 대하여 "소동파의 시는 지적해서 가볍게 논할 수 없다. 사詞의 근원이 긴 황하와 큰 양자강 같아서, 나부끼는 모래와 말리는 거품과 마른 뗏목과 한 묶음 땔나무와 목란배와 수놓은 익주鷁舟가 모두 물결에 따라 만들어진다. 진귀한 샘물, 그윽한 시내와 맑은 연못, 영험한 소沼가 사랑스럽고 좋아서 한 점 티끌이 없다[東坡詩, 不可指摘輕議, 詞源如長河大江, 飄沙卷沫, 枯槎東薪, 蘭舟繡鷁, 皆隨流矣. 珍泉幽澗, 澄澤靈沼, 可愛可喜, 無一點塵滓]"고 하였고, 황정견의 시에 대해서는 "인용하는 고사와 사용하는 운이 모두 일상의 생각을 월등히 벗어나며[魯直作詩, 用事壓韻, 皆超妙出人意表]", "정밀하고 오묘하고 분명하고 세밀해서 더 논할 것이 없다[精妙明密, 不可加矣]"고 하였다. 이처럼 소식과 황정견 두 시인에 대해 깊이 탄복하였고 시론에서도 그들의 유풍에 깊은 영향을 받았다.

허의는 시를 평하면서 몇 가지 심득을 제시하는데 그 첫 번째는 다음과 같은 문단에 담겨 있다. "소식이 유의柳儀를 애도하며 쓴 제문에서 '맹교는 차갑고 가도는 메마르며, 원진은 가볍고 백거이는 속되다[郊寒島瘦, 元輕白俗]'라고 했는데, 안목을 구비한 논평이다. 어느 손님이 내게 '그대는 백거이와 맹교의 시를 높이 평가하고, 또 원진의 시를 사랑하면서도 이 말을 취택한 것은 왜인가?'라고 문제를 제기했다. 나는 '도를 논할 때는 엄정해야 하고, 사람을 취택할 때는 너그러워야 한다[論道當嚴, 取人當恕]'라는 말을 하면서 이 여덟 글자는 소식이 도를 논하면서 한 말이라고 전해주었다.[東坡祭柳子玉文: "郊寒島瘦, 元輕白俗." 此語具眼. 客見詰曰 : "子盛稱白樂天・孟東野詩, 又愛元微之詩, 而取此語, 何也?" 僕曰: "論道當嚴, 取人當恕, 此八字東坡論道之語也."]" "도를 논할 때는 엄정해야 하고, 사람을 취택할 때는 너그러워야 한다"는 소식의 말을 감안할 때, 이 문단에서 전하는 논시論詩의 핵심적인 의미는, 비평의 기준을 낮추지 않는 전제하에서 감상의 취미를 힘써 다양화해야 한다는 것이다. 어쩌면 옛 시인들에 대해 관용적인 태도를 가져야 평론은 오히려 객관적이고 공정해진다.

이어서 두 번째 심득은 "시에는 역량이 있어야 하니, 마치 활을 쏠 때 힘을 쓰는 것과 같다. 시위를 당기기 전에는 어려움을 모르다가, 막상 당길 때 힘이 미치지 못하면 한 푼 한 치도 억지로 할 수 없다[詩有力量, 猶如弓之鬪力. 其未挽時, 不知其難也, 及其挽之, 力不及處, 分寸不可强]"라는 구절이다. 비교의 방법을 사용해서 미리 축적된 풍부한 표현력이 자연스러운 시작詩作의 성공을 결정짓는다는 것을 역설한다.

마지막으로 세 번째 심득은 "시를 지을 때 천박하고 평이하고 비루한 기를 제거하지 않으면 대단히 추하다. 어떤 사람이 어떻게 제거해야 하느냐고 물어, 나는 '당 이상은의 시와 본조 황정견의 시를 충분히 읽고 깊게 생각한다면 제거될 것이다'라고 했다[作詩淺易鄙陋之氣不除, 大可惡. 客問何從去之, 僕曰: "熟讀唐李義山詩與本朝黃魯直詩而深思焉, 則去也"]"에 드러난다. 북송 시기에는 이상은을 추종하는 서곤파와 두보를 추종하는 강서파가 출현했다. 허의가 황정견과 이상은을 동시에 추천한 것은 서곤파와 강서파 사이의 조화를 염두에 둬서인 듯하다. 이 두 파는 확실히 서로 통하는 바가 있었다. 모두 용사用事와 조어造語에 치중하고 기교의 단련에 힘을 기울였기 때문이다.

결론적으로 『언주시화』의 시론은 창조적인 견해와 심득이 있으며 거시적인 이론보다 미시적인 구법에 대한 분석에 더 집중하였고 고금의 시인들에 대한 품평도 뛰어난 점이 없지 않다. 하지만 너무 지엽적인 부분을 깊이 파고들고 꿈과 귀신 같은 허무맹랑한 이야기를 많이 수록해 후인들에게 비판을 받았다.

『언주시화』는 『사고전서총목』에서 집부 시문평류로 분류되었고 총서 중에서는 『백천』본, 『설부』본, 『패해稗海』본, 『역대시화』본 등이 있다. 모두 한 권이다. 초굉焦竑의 『국사경자지國史經籍志』에서는 2권이라고 하지만 근거를 알 수 없다.

언주시화彦周詩話

송宋 허의許顗

詩話者, 辨句法, 備古今, 紀聖德, 錄異事, 正訛誤也. 若含譏諷, 著過惡, 誚紕繆, 皆所不取. 僕少孤苦而嗜書, 家有魏·晉文章及唐詩人集, 僅三百家. 又數得奉敎, 聞前輩長者之餘論. 今書籍散落, 舊學廢忘, 其能記憶者, 因筆識之, 不忍棄也. 嗟乎, 僕豈足言哉. 人之於詩, 嗜好去取, 未始同也, 强人使同己則不可, 以己所見以俟後之人, 烏乎而不可哉.①

① 此句後『百川』本有'建炎戊申六月初吉日襄邑許顗序'十四字.

시화란 구법句法을 논하고, 고금을 구비하고, 성상의 덕을 기록하고, 특별한 일을 기록하고, 오류를 바로잡는 것이다. 비판을 내포하고, 과오를 드러내고, 잘못을 꾸짖는 것 등은 취하지 않는다. 나는 어려서부터 외롭고 고단했으나, 책을 좋아하여 집안에 위·진과 당나라 시인들의 문집이 삼백가三百家에 가까웠다. 그리고 자주 가르침을 받아 선대 명사들의 말씀을 들었다. 지금 서적이 뿔뿔이 흩어지고 지난날 배운 것이 나날이 잊히는 즈음에 기억할 수 있는 것을 붓으로 적으며 차마 버리지 못하였다. 아, 내가 어찌 제대로 말을 할 수 있겠는가. 사람들은 시에 대해 저마다 기호가 있어 애초에 같을 수가 없는데 남들에게 강요하여 나와 같게 하려는 것은 옳지 않지만, 내 견해에 대해 후인들의 논평을 기다리는 것이야 안 될 것이 어디 있겠는가.

① 『백천학해』본에는 이 구절 뒤에 '建炎戊申六月初吉日襄邑許顗序' 열네 자가 있다.

詩壯語易, 苦語難, 深思自知, 不可以口舌辯.

시에 있어 장엄한 표현은 쉽지만 고심의 표현은 어려운데, 깊이 생각하면 절로 이해될 것이며 말로 설명할 수는 없다.

"燕燕于飛, 差池其羽. 之子于歸, 遠送於野. 瞻望弗及, 泣涕如雨." 此眞可泣鬼神矣. 張子野長短句云: "眼力不知人, 遠上溪橋去." 東坡「送子由」詩云: "登高回首坡隴隔, 惟見烏帽出復沒." 皆遠紹其意.

"제비들 날아가네, 앞서거니 뒤서거니. 그녀 시집가는 날, 멀리 들밖까지 전송했네. 바라봐도 보이지 않아, 눈물이 비 오듯 흐르네.[燕燕于飛, 差池其羽. 之子于歸, 遠送於野. 瞻望弗及, 泣涕如雨.]" 이 시는 참으로 귀신을 울릴 만하다. 장선張先의 장단구長短句, "안력眼力이 사람을 알지 못해, 멀리 시내 다리 위로 오른 모습뿐이다[眼力不知人, 遠上溪橋去]"와 소식의 「송자유送子由」, "높은 곳 올라 막힌 언덕을 뒤돌아보니, 들쭉날쭉한 검은 모자만 보인다[登高回首坡隴隔, 惟見烏帽出復沒]"는 모두 시적 함의를 우회적으로 이끌어낸 것이다.

李太白作「草創大還」詩云 : "髣髴明窗塵, 死灰同至寂." 初不曉此語, 後得「李氏鍊丹法」云 : "明窗塵, 丹砂妙藥也."

이백은 「초창대환草創大還」에서 "마치 명창진明窗塵을 닮아, 죽은 재처럼 지극히 고요하다[仿佛明窗塵, 死灰同至寂]"라고 했다. 처음에는 이 말뜻을 이해하지 못했으나 뒤에 「이씨연단법李氏鍊丹法」을 보니 "명창진明窗塵은 단사묘약旦砂妙藥이다"라고 풀이되어 있었다.

老杜「北征」詩曰 : "微爾人盡非, 於今國猶活." 獨以'活'·'國'許陳玄禮, 何也? 蓋禍亂旣作, 惟賞罰當則再振, 否則不可支持矣. 玄禮首議太眞·國忠輩, 近乎一言興邦, 宜得此語. 倘無此擧, 雖有李·郭, 不能展用.

두보의 「북정北征」에서 "그대 아니면 사람들을 모두 그르쳤을 터, 오늘날 국가가 아직 살아있다[微爾人盡非, 於今國猶活]"라고 하여 '活'과 '國'으로 진현례陳玄禮[1]의 공로를 인정한 것은 왜인가? 난이 발생했을 때 상벌이 공정하면 나라를 다시 세울 수 있지만, 그렇지 않으면 지탱할 수 없다. 진현례가 가장 먼저 양귀비와 양국충楊國忠 등을 거론했는데, 말 한마디가 국가를 일으킨다고 할 때 의당 이 말을 선택해야 한다. 만일 이런 거동이 없었다면 비록 이광필, 곽자의가 있었더라도 뜻을 펼칠 수 없었을 것이다.

淮陰勝而不驕, 乃能師李左車, 最奇特事. 荊公詩云 : "將軍北面師降

1 진현례(陳玄禮) : 당나라의 무장. 현종(玄宗) 때 좌용무대장군(左龍武大將軍)에 임명돼 안녹산(安祿山)과 양귀비(楊貴妃)를 처형할 것을 주창했으며 그 공로로 채국공(蔡國公)에 책봉됐다. 『신 구당서(新舊唐書)』「진현례전(陳玄禮傳)」에 그의 전기가 전한다.

虜, 此事人間久寂寥." 李廣誅霸陵尉, 薄於德矣, 東坡詩云 : "今年定起故將軍, 未肯說誅霸陵尉." 用事當如此向背.

회음후(淮陰侯 : 한신)가 승리하고서도 교만하지 않고 이좌거李左車를 스승으로 삼은 것은 가장 기특한 일이다. 왕안석의 시에서 "장군이 몸을 낮춰 포로를 스승으로 삼았으니,[2] 이런 이야기는 세상에 오랫동안 드문 것이었다[將軍北面師降虜, 此事人間久寂寥]"라고 했다. 이광李廣이 패릉위霸陵尉를 죽인 것[3]은 박덕한 일이다. 소식의 시에서 "올해 옛 장군을 등용시키면, 패릉위 죽인 이야기를 말하려하지 않으리라[今年定起故將軍, 未肯說誅霸陵尉]"라고 했는데, 고사의 활용은 마땅히 이처럼 향배가 있어야 한다.

箜篌狀如張箕, 探手摘絃出聲. 盧玉川詩云 : "捲却羅袖彈箜篌", 此語亦未可譏誚. 司馬溫公嘗語程正叔云 : "辯證古人誤處, 當兩存之, 勿加詆訾也."

공후箜篌는 그 모습이 펼쳐놓은 키와 같으며 손으로 현을 뜯으며 소

---

2 장군이 …… 삼았으니 : 이좌거는 서한(西漢)의 백인(柏人 : 지금의 형태시(邢台市) 융요현(隆堯縣)) 사람으로 조(趙)나라의 명장 이목(李牧)의 손자이다. 한신이 천금상을 내걸어 생포돼 온 그를 직접 포승줄을 풀어주고 스승으로 모신 뒤, 제(齊)나라와 연(燕)나라를 격파할 대책을 얻어내, 결국 제나라와 연나라가 싸움도 벌이지 않고 항복한 고사가 전한다. 『사기(史記)』「회음후열전(淮陰侯列傳)」.

3 이광(李廣) …… 죽인 것 : 한(漢)나라 명장 이광(李廣)이 한때 관직을 잃고 실의에 빠져 지내던 어느 날 밤 기병(騎兵)을 데리고 들판에 나가 술을 마시고 돌아오는 길이었다. 그런데 패릉정(霸陵亭)에 이르렀을 때 술에 취해있던 패릉위(霸陵尉)가 법을 거론하며 이광을 못 가게 했다. 이광의 기병이 패릉위에게 "전임 이장군이시다[故李將軍]"라고 하자, 패릉위가 "현 장군도 밤에 다닐 수 없는데, 어찌 옛 장군이 밤에 다닐 수 있단 말이냐"라고 끝내 못 가게 했다. 이에 앙심을 품은 이광이 훗날 복권되자 그를 휘하로 불러 살해했다. 『사기(史記)』「이장군열전(李將軍列傳)」.

리를 낸다. 노동盧仝의 시에서 "비단 소매를 거두고 공후를 탄다[卷却羅袖彈箜篌]"라고 했는데, 이 시어를 비난해서는 안 된다. 사마광은 일찍이 정이程頤에게 이르기를 "고인의 틀린 부분을 변증할 때, 양자의 설을 모두 제시해야지 비난을 가하지는 말아야 한다"라고 했다.

韓退之詩云: "銀燭未銷窗送曙, 金釵半醉座添香." 殊不類其爲人. 乃知能賦梅花, 不獨宋廣平. 退之見神仙亦不伏云: "我能屈曲自世間, 安能從汝巢神山." 賦謝自然詩曰: "童騃無所識." 作「誰氏子」詩曰: "不從而誅未晩耳." 惟「華山女」詩頗假借, 不知何以得此.

한유의 시에서 "은빛 촛불이 다 녹기 전에 창문이 새벽을 보내오고, 황금 비녀가 절반쯤 취할 때 자리에 향기가 더해진다[銀燭未銷窗送曙, 金釵半醉座添香]"라고 했는데, 그의 사람 됨됨이와 전혀 닮지 않았다. 그리고 송경宋璟만 홀로 매화시를 잘 짓는 것이 아니라는 것을 알 수 있다. 한유는 신선을 보고도 굴복하지 않고 "나는 세속에서도 잘 대처할 수 있는데, 어찌 그대를 따라 신산神山에 집을 지을 필요 있으랴[我能屈曲自世間, 安能從汝巢神山]"라고 했다. 사자연(謝自然: 당나라의 여도사)에 대해 지은 시에서는 "어린아이라 아는 바가 없다[童騃無所識]"라고 하고, 「수씨자誰氏子」에서는 "뒤쫓아 죽이지 않아도 늦지 않다[不從而誅未晩耳]"라고 했다. 오직 「화산녀華山女」에서는 가차假借를 많이 했으니 어떻게 이것을 지어낼 수 있었는지 알 수 없다.

凡作詩若正爾塡實, 謂之'點鬼簿', 亦謂之'堆垜死屍.' 能如「猩猩毛筆」詩曰 "平生幾兩屐, 身後五車書." 又如"管城子無食肉相, 孔方兄有絶交書." 精妙明密, 不可加矣, 當以此語反三隅也.

무릇 시를 지을 때는 마치 사실을 그대로 베끼듯 해야 한다. 이를 '점귀부點鬼簿' 또는 '퇴타사시堆垛死屍'라 한다. 예컨대 「성성모필猩猩毛筆」의 "평생 몇 벌의 신발을 신었던가, 죽고 나서는 다섯 수레의 책이 있다[平生幾兩屐, 身後五車書]"와 "관성자管城子[4]는 고기 먹는 재상이 없고, 공방형孔方兄[5]은 절교의 편지가 있다[管城子無食肉相, 孔方兄有絶交書]"와 같이 정밀하고 오묘하고 분명하고 세밀해야만 더 논할 것이 없으니, 마땅히 이 말로 나머지를 유추해야 한다.

詩人寫人物態度, 至不可移易. 元微之「李娃行」云"髻鬟峨峨高一尺, 門前立地看春風", 此定是娼婦. 退之「華山女」詩云 : "洗粧拭面著冠帔, 白咽紅頰長眉青", 此定是女道士. 東坡作「芙蓉城」詩亦用'長眉青'三字, 云"中有一人長眉青, 炯如微雲淡疏星", 便有神仙風度.

시인이 인물의 모습을 묘사할 때는 사실을 바꿔서는 안 된다. 원진의 「이왜행李娃行」에서 "드높은 상투는 높이가 한 자이고, 문 앞에 서서 봄바람을 바라본다[髻鬟峨峨高一尺, 門前立地看春風]"라고 한 것은 틀림없이 창부娼婦이고, 한유의 「화산녀華山女」에서 "씻고 단장하고 얼굴을 닦으며 관과 치마를 착용하고, 흰 목과 붉은 뺨에 긴 눈썹 푸르다[洗妝拭面著冠帔, 白咽紅頰長眉青]"라고 한 것은 반드시 여도사이며, 소식의 「부용성芙蓉城」에서 '장미청長眉青' 세 글자를 인용하며 "그 가운데 한 사람 긴 눈썹 푸르러, 희미한 구름 속에서 성긴 별처럼 반짝인다[中有一人長眉青,

---

4 관성자(管城子) : 약칭 관자(管子). 토끼털을 모아 대롱에 끼워 만든 붓을 의인화하여 말한 것. 한유의 「모영전」에서 "진 시황제가 몽염에게 탕목읍을 내려 관성에 봉하고 관성자라 호칭하게 했다[秦皇帝使蒙恬, 賜之湯沐而封諸管城, 號曰管城子]"라고 한 데서 온 말이다.

5 공방형(孔方兄) : 돈을 이르는 말이다. 옛날의 엽전에는 흔히 네모진 구멍이 뚫려 있었기 때문이다. 줄여서 '공방', '공형(孔兄)' 또는 '방형(方兄)'이라고도 한다.

烔如微雲淡疏星]"라고 한 것에는 신선의 기풍이 들어있다.

季父仲山, 先大夫同祖弟也. 讀書精苦, 作詩有源流. 昔嘗上書, 晩以特奏名得一官. 政和間, 御製宮詞三百首, 嘗和進, 今錄一絶於此, 染指可以知鼎味也. 其詞曰: "輕寒慘慘透衾羅, 玉箭銅壺漏水多. 常是未明供御服, 夢回頻問夜如何." 時道君皇帝在睿思殿, 宣進甚急, 意謂得美官. 翼日, 臺章論列, 作詩害經旨, 遂報罷, 調南劍州順昌縣尉, 後卒於揚州云.

계부季父 허중산許仲山은 선대부(先大夫: 선친)의 동조同祖 아우이다. 공부를 함에 있어 정밀하고 고심했으며 시를 지을 때는 원류가 있었다. 일찍이 황제에게 글을 올렸고 만년에 특주特奏[6]로 관직 하나를 얻었다. 정화 연간에 어제御製 궁사宮詞 삼백 수에 화답의 시를 올렸으니 지금 여기에 한 수를 수록하는바, 손가락에 젖은 맛만으로도 솥 전체의 맛을 짐작할 수 있을 것이다. "가벼운 추위가 싸늘하게 비단 이불에 밀려오고, 옥 화살 동銅 물병에 누수(해시계의 물방울)가 넘친다. 언제나 새벽이 오기 전에 어복을 제공하고, 꿈속에서도 밤새 잘 지내셨느냐 묻는다.[輕寒慘慘透衾羅, 玉箭銅壺漏水多. 常是未明供御服, 夢回頻問夜如何.]" 당시 예사전睿思殿에 있던 도군황제道君皇帝가 속히 그를 올려 보내라고 다그쳐서 좋은 관직을 얻으리라 짐작했다. 그런데 이튿날 대관臺官에서 시의 내용이 경문의 본지를 해쳤다고 문제를 제기한 것이 받아들여져 결

6 특주(特奏): 송대 과거제도의 특수 규정. 진사과에 여러 차례 낙방한 사람을 특별히 책자로 만들어 황제에게 아뢰어서 시험에 붙은 것으로 인정, 특별히 본과출신(本科出身)을 하사했다. 이것을 특주명(特奏名)이라고 불러서 정주명(正奏名)과 구분시켰다. 『송사(宋史)』「선거지(選擧志) 1권」에 "개보(開寶) 3년(970)에 예부에 조서를 내려 백육 명에게 본과출신을 하사했는데, 특주명의 은례(恩例)는 대개 이로부터 시작되었다"고 기록되어 있다.

국 남검주南劍州 순창현위順昌縣尉에 배정되었고 나중에 양주에서 생을 마쳤다.

先伯父治平四年擧進士第一, 少從丁寶臣, 以文字爲歐陽文忠公・王岐公所稱重. 其試「公生明賦」曰: "依違牽制者旣已去矣, 則明白洞達者乃其自然." 此不刊之語也. 嘗作「詠史」詩曰: "天下有誅賞, 固非君所私. 太宗泣君集, 意恐勞臣疑. 至公一以廢, 智術相維持. 哀哉功名士, 汲汲尚趨時." 推斯志也, 雖蹈滄海餓西山可也. 在熙寧間, 爲荊公薦, 竟不委曲得貴達, 然亦爲司馬溫公・呂獻可・呂微仲・范堯夫諸公所知. 元豐七年, 自都官外郎奔祖父喪, 卒於黃州, 東坡解衣賻之.

선백부(先伯父: 허안세許安世)가 치평 4년(1067)에 진사시에서 일등으로 급제했는데 어려서 정보신丁寶臣을 추종했으며 문장에 있어 구양수와 왕규로부터 높은 평가를 받았다. 시험에 제출한 「공생명부公生明賦」에서 "으레 어기고 힘을 빌리는 자들이 이미 떠났으니, 분명하고 꿰뚫는 이들이 나서는 것이 자연스럽다[依違牽制者旣已去矣, 則明白洞達者乃其自然]"라고 했다. 이는 지울 수 없는 명언이다. 일찍이 지은 「영사詠史」에서는 "천하의 벌과 상은, 본디 임금이 사사로이 할 것이 아니다. 태종이 후군집侯君集[7]에게 슬픔을 보인 것은, 공로를 세운 신하들이 의심할까 염려해서다. 공정함이 사라지면 지략과 술수가 유지된다. 아, 공명을 내세우는 사람들이, 아직도 급급하게 시대를 뒤쫓는구나[天下有誅賞, 固非君所私. 太宗泣君集, 意恐勞臣疑. 至公一以廢, 智術相維持. 哀哉功名士,

7 후군집(侯君集): 당(唐)의 명장으로 능연각(凌煙閣) 이십사 공신 가운데 한 사람이다. 정관(貞觀) 17년(643) 태자(太子) 이승건(李承乾)의 모반에 참여했다가 실패로 돌아가며 죽임을 당했다. 당시 위징(魏徵)이 재상의 자격으로 두정륜(杜正倫)과 후군집을 천거했는데, 두정륜은 죄를 지어 쫓겨나고 후군집은 위의 역모로 처형되었다. 이에 비애를 표한 태종이 일찍이 위징을 위해 직접 글을 짓고 세운 비석을 없애버렸다.

汲汲尙趨時]"라고 했다. 이러한 내용으로 본다면 바다에 몸을 던지고 서산西山에서 아사하는 일도 기꺼이 할 것이다. 선백부는 희녕 연간에 왕안석의 추천을 받았지만 끝내 자신을 굽혀 높은 자리를 얻지는 않았다. 하지만 사마광・여회呂誨・여대방呂大防・범중엄 등 제공으로부터 인정을 받았다. 원풍 7년(1084)에 도관외랑都官外郎으로 있다가 조부의 상에 급히 가는 길에 황주黃州에서 생을 마쳤고 소식이 입던 옷을 벗어 부조하였다.

有李氏女者, 字少雲, 本士族. 嘗適人, 夫死無子, 棄家著道士服, 往來江淮間. 僕頃年見之金陵. 其詩有云:"幾多柳絮風翻雪, 無數桃花水浸霞." 殊無脂澤氣. 又喜鍊丹砂, 僕亦得其方, 大抵類魏伯陽法, 而有銖兩加精詳者也. 嘗語僕曰:"我命薄, 政恐不能成此藥耳." 後二年再見之, 其瘦骨立, 蓋丹未成而少雲已病. 僕問曰:"子丹成欲仙乎? 惟甚瘦則鶴背能勝也." 笑曰:"忍相戲耶." 病中作「梅花」詩云:"素豔明寒雪, 淸香任曉風. 可憐渾似我, 零落此山中." 尋卒. 後檢方書, 見丹法及此詩, 錄之.

이씨李氏 성을 가진 어느 여인이 자字가 소운少雲이며 사족士族 집안 사람이었다. 일찍이 결혼을 했으나 남편이 죽고 자식도 없어 가정을 버리고 도사 복장을 한 채 강회江淮 사이를 왕래했다. 내가 얼마 전에 금릉金陵에서 그녀를 만났는데, 그녀가 지은 시에서 "수많은 버들개지는 바람에 번쩍이는 눈발이고, 무수한 복사꽃은 물에 젖은 노을이다[幾多柳絮風翻雪, 無數桃花水浸霞]"라고 했다. 특별히 연지(여인네)의 분위기가 없었다. 또 단사丹砂 굽기를 좋아해 나도 그 제작법을 터득했는데, 대개 위백양魏伯陽[8]의 법과 유사하면서도 몇 푼 몇 량 정도 더 정밀하고 상세했다. 일찍이 그녀는 내게 "저의 운명이 짧아서, 이 약을 채 만들어내지 못할까 싶습니다"라고 했다. 그로부터 이 년 뒤 다시 만났을 때, 그녀는 마른 몸이 뼈대만 앙상했다. 단약을 완성하지 못한 채 병이 들었던 것이다. 내가 "그대가 단약을 만들어 신선이 되려 했던 것인가? 대단히 메마른 몸이니 학의 등에 잘 오를 수 있겠네"라고 하자, 빙긋이 웃으며 "장난치시는 건가요?"라고 했다. 그녀는 병중에서 지은 「매화梅花」에서 "흰 요염함은 찬 눈에 밝고, 맑은 향기는 새벽바람에 맡겨둔다. 가엾게도 나와 꼭 닮아, 이 산속에 진다[素豔明寒雪, 淸香任曉風. 可憐渾似我, 零落此山中]"라고 하고는 곧 세상을 떠났다. 나중에 방서方書를 뒤지다가 단을 만드는 법과 이 시가 보여 여기에 그 내용을 적는다.

晦堂心禪師初退黃龍院, 作詩云: "不住唐朝寺, 閒爲宋地僧. 生涯三事衲, 故舊一枝藤. 乞食隨緣過, 逢山任意登. 相逢莫相笑, 不是嶺南能." 此詩深靜平實, 道眼所了, 非世間文士詩僧所能彷彿也.

회당晦堂 심선사心禪師가 처음 황룡원黃龍院에서 물러나와 지은 시에서 "당나라 절에 머물지 않고, 한적하게 송나라 땅 승려가 되었다. 생애는 세 가지 일(衣·食·자리)의 납자衲子[9]이고, 친구는 한 그루의 등나무다. 밥을 빌러 인연 따라 찾아가고, 산을 만나면 내키는 대로 오른다. 만나거들랑 비웃지 말라, 영남嶺南의 혜능이 아니니[不住唐朝寺, 한爲宋地僧. 生涯三事衲, 故舊一枝藤. 乞食隨緣過, 逢山任意登. 相逢莫相笑, 不是嶺南能]"라고 했다. 이 시는 깊고 차분하고 평탄하고 진실해서 도안道眼으로 만들어진 것이지, 세간의 문사나 시승詩僧이 모방할 수 있는 것이 아니다.

---

8 위백양(魏伯陽): 한나라 때 사람. 도술을 좋아하여 장생불사한다는 단약을 연구하였다. 제자 세 사람과 같이 산중에 들어가서 단약을 구워 만들어 신선이 되었다 한다. 그의 저서 『참동계(參同契)』가 유명하다.

9 납자(衲子): 납의를 입은 사람이란 뜻으로, 절간의 승려를 일컫는다.

僧義了, 字廓然, 本士族鍾離氏, 事佛慈璣禪師爲侍者. 僕頃年迨見佛慈老人, 廓然與僕在嵩山遊甚久, 頗能詩. 僕愛其兩句云: "百年休問幾時好, 萬事不勞明日看." 不獨喜其語, 蓋取其學道休歇灑落自在如此.

승려 의료義了는 자가 곽연廓然이며 본래 사족士族 종리씨鍾離氏였지만 불자佛慈 기선사璣禪師를 모시며 시자가 되었다. 내가 얼마 전에 불자 노인을 뵈었을 때 의료는 나와 숭산에서 한참을 같이 지냈다. 그는 시에 퍽 능했다. 나는 그가 지은 시의 두 구절 "백 년 동안 언제가 좋으냐고 묻지 말라, 세상사는 애써 내일을 볼 것이 없다[百年休問幾時好, 萬事不勞明日看]"를 좋아한다. 그 시어만 좋아하는 것이 아니라 도를 배움에 있어 이처럼 모든 걸 뿌리치고 자유자재함을 높이 산다.

東坡作「妙善師寫御容」詩, 美則美矣, 然不若「丹青引」云"將軍下筆開生面", 又云"褒公鄂公毛髮動, 英姿颯爽來酣戰." 後說畫玉花驄馬, 而曰"至尊含笑催賜金, 圉人太僕皆惆悵." 此語微而顯, 『春秋』法也.

소식이 지은 「묘선사사어용妙善師寫御容」이 훌륭하기는 훌륭하지만, 「단청인丹青引」의 "장군이 붓을 긋자 살아있는 얼굴이 나타나고[將軍下筆開生面]"와 "포공褒公과 악공鄂公[10]의 머리털 끝이 움직이며, 영웅의 자태가 훤칠하여 싸움에 나설 듯하다[褒公鄂公毛髮動, 英姿颯爽來酣戰]"만 못하다. 뒤에 옥화총玉花驄[11] 그림에 대해 이야기하며 그는 "지존至尊이 웃음 띠며 황금 하사를 종용하니, 어인圉人[12]과 태복太僕[13]이 모두 시름

10 포공(褒公)과 악공(鄂公) : 당(唐)의 개국 명장(開國名將)으로 포국공(褒國公)에 책봉된 단지현(段志玄)과 악국공(鄂國公)에 책봉된 울지경덕(尉遲敬德)을 가리킨다.

11 옥화총(玉花驄) : 본래 당 현종의 말이었는데, 나중에 좋은 말을 일컫는 단어로 쓰였다.

12 어인(圉人) : 말을 기르는 사람, 또는 말을 기르는 것을 맡은 관리를 가리킨다.

13 태복(太僕) : 마구간 · 말 · 수레 따위를 관리하는 관리를 가리킨다.

에 젖네[至尊含笑催賜金, 圉人太僕皆惆悵]"라고 했다. 이 말은 감춰져 있으면서도 드러나는 『춘추』의 필법이다.

李太白詩云: "玉窗青青下落花." 花已落, 又曰下, 增之不贅, 語益奇.

이백의 시에서 "푸른 옥창玉窗에 낙화가 진다[玉窗青青下落花]"라고 했는데, 꽃이 이미 떨어졌는데 또다시 '진다(下)'라고 하여 글자를 덧붙였는데도 군더더기가 느껴지지 않고 시어가 더욱더 기묘하다.

請紫姑神, 大抵能作詩, 然不甚過人. 舊傳一士人家請之, 旣降, 偶書院中子弟作雨詩, 因率爾請賦, 頃刻書滿紙, 其警句云: "簾捲滕王閣, 盆翻白帝城." 可喜也.

자고신[14]에게 요청을 하면 대체로 시를 잘 지어주기는 하지만, 사람들보다 그다지 뛰어나지는 않다. 전하는 말에 의하면 한 사인士人의 집안에서 요청해 그가 강림하였는데, 우연히 서원書院에 있는 자제가 비에 관해 지은 시를 써 보이며 가볍게 한 수를 부탁하자 이내 종이 가득 글씨를 썼다고 한다. 그중 경구警句에서 "등왕각滕王閣의 주렴을 걷고, 백제성白帝城에 동이를 뒤엎는다[簾捲滕王閣, 盆翻白帝城]"라고 한 것이 참 좋다.

近時僧洪覺範頗能詩, 其「題李愬畫像」云: "淮陰北面師廣武, 其氣

14 자고신(紫姑神): 변소 귀신. 옛날 어떤 사람의 첩이 정궁(正宮)에서 투기를 당해 늘 변소 청소만 맡아 하다가 정월 보름날 분에 북받쳐 죽은 뒤에 변소 귀신이 되었다고 한다.

豈止呑項羽. 公得李祐不肯誅, 便知元濟在掌股." 此詩當與黔安並驅也. 頃年僕在長沙, 相從彌年. 其他詩亦甚佳, 如云 : "含風廣殿聞棋響, 度日長廊轉柳陰." 頗似文章巨公所作, 殊不類衲子. 又善作小詞, 情思婉約, 似少遊. 至如仲殊·參寥, 雖名世, 皆不能及.

근래의 승려 혜홍惠洪 각범覺範이 시에 퍽 능했다. 그가 지은 「제이소화상題李愬畫像」에서 "회음(淮陰 : 한신)이 북쪽을 향해 광무(廣武 : 이좌거)를 섬겼으니 그 기개가 어찌 항우만 삼킬 뿐이랴. 공이 이우李祐[15]를 얻고 나서 베려 하지 않은 것은, 원제元濟[16]가 손바닥 안에 있음을 알아서다[淮陰北面師廣武, 其氣豈止呑項羽. 公得李祐不肯誅, 便知元濟在掌股]"라고 했다. 이 시는 마땅히 황정견과 어깨를 나란히 할 만하다. 얼마 전에 내가 장사長沙에 있을 때 그와 한 해 가까이 서로 어울렸다. 그의 다른 시들도 매우 좋았다. 예컨대 "바람 살랑대는 드넓은 전각에 바둑 소리 들려오고, 해가 지나는 긴 회랑에서는 버드나무 그늘이 바뀐다[含風廣殿聞棋響, 度日長廊轉柳陰]"는 대시인이 지은 듯해서 전혀 납자의 시 같지 않다. 또 소사小詞도 잘 지었는데, 내용이 완약婉約하여 진관의 기풍을 닮았다. 예컨대 중수仲殊와 참료參寥 화상이 세상에 명성을 날리긴 하지만 모두 이에 미칠 수 없다.

東坡「贈陳季常」詩, 戒其殺生, 末云 : "君勿棄此篇, 嚴詩編杜集." 謂嚴武也. 『工部集』中有武倡和數首. 又「梅花」詩云 : "憑仗幽人收艾蒳, 國香和雨入莓苔." 艾蒳, 香名, 正松上莓苔也, 出 『本草』及 『沈氏香

15 이우(李祐) : 당 태종의 다섯 번째 아들로, 모친은 음비(陰妃)다.

16 원제(元濟) : 당 헌종(唐憲宗) 시기 반란을 일으킨 주요 번진(藩鎭)의 영수 오원제(吳元濟)를 가리킨다. 당 헌종 원화 12년(817)에 오원제가 회서(淮西)에서 반란을 일으키자, 승상 배도의 지휘 아래 장군 이소(李愬)가 눈 오는 밤에 쳐들어가서 그를 사로잡았다.

譜』. 又「紅梅」詩云:"玉人頩頰固多姿." 頩, 怒色, 普更切, 見「神女賦」, 婦人怒則面赤.

소식의 「증진계상贈陳季常」은 살생을 경계한 것이다. 말구에서 "그대는 이 글을 버리지 말게나, 엄무嚴武의 시도 두보의 시집 안에 편집되었네[君勿棄此篇, 嚴詩編杜集]"라고 했다. 엄嚴은 엄무를 말한 것이다. 『두공부집杜工部集』 안에 엄무가 화답한 몇 수의 시가 들어있다. 또 「매화梅花」에서는 "유인幽人에 기대어 예납艾蒳을 거두니, 국향國香이 비와 섞여 이끼에 스몄다[憑仗幽人收艾蒳, 國香和雨入莓苔]"라고 했다. 예납은 향초 이름으로, 소나무 위에 자라는 이끼다. 『본초강목本草綱目』과 『심씨향보沈氏香譜』에 나온다. 또 「홍매紅梅」에서 "옥인의 붉은 뺨은 본디 자태가 곱다[玉人頩頰固多姿]"라고 했는데, 병頩은 노기가 깃든 얼굴이고 반절半切의 음은 보경(普更:병)이며 「신녀부神女賦」에 나온다. 여인이 노하면 얼굴이 붉어진다.

杜詩:"飯抄雲子白." 雲子, 雨也, 言如雨點爾, 出荀子「雲賦」. 又, 葛洪『丹經』用'雲子', 碎雲母也. 今蜀中有碎礫, 狀如米粒圓白, 雲子石也. 又杜詩云:"萬里戎王子,① 何年別月支? 異花開絶域, 幽蔓匝淸池. 漢使慚空到, 神農竟不知. 露翻兼雨打, 開坼漸離披." 不曉此詩指何物. 張騫慚空到, 又『本草』不收, 定非蒲萄也.

① '戎王', 原作'明玉', 據杜甫「陪鄭廣文遊何將軍山林」十首之三改.

두보의 시에서 "운자雲子처럼 흰 밥을 뜨고[飯抄雲子白]"라고 했다. '운자'는 비이며 비가 뚝뚝 떨어지는 것 같다는 말로서 순자의 「운부雲賦」에 나온다. 또 갈홍葛洪의 『단경丹經』에서도 '운자'를 인용했는데, 그것은 쇄운모碎雲母를 말한다. 지금 촉蜀 지역에 마치 쌀 낟알처럼 둥글고 흰 자갈을 운자석雲子石이라고 하기도 한다. 또 두보의 시에서 "만 리 융왕자戎王子,[17] 어느 해에 월지月支를 떠나왔나? 특이한 꽃이 절역絶域에 피고, 그윽한 넝쿨이 맑은 연못을 둘렀다. 한나라 사신은 빈손으로 돌아온 것을 부끄러워하나, 신농神農은 결국 알지 못한다. 이슬이 비와 함께 치자, 껍질이 벗겨지며 점차 속이 드러난다[萬里戎王子, 何年別月支? 異花開絶域, 幽蔓匝淸池. 漢使慚空到, 神農竟不知. 露翻兼雨打, 開坼漸離披]"라고 했는데, 이 시는 어떤 사물을 지칭해 읊은 것인지 알 수 없다. 장건張騫이 빈손으로 돌아온 것을 부끄러워했는데, 이는 『본초강목』에도 수록되어 있지 않은바, 결코 포도는 아니다.

① '戎王'은 본래 '明玉'으로 되어 있었는데 두보의 「배정광문유하장군산림陪鄭廣文遊何將軍山林」 10수 중 세 번째 수에 의거하여 고쳤다.

齊·梁間樂府詞云: "護惜加窮袴, 防閑托守宮." "今日牛羊上邱隴, 當時近前面發紅." 老杜作「麗人行」云: "賜名大國虢與秦." 其卒曰: "愼勿近前丞相嗔" 虢國·秦國何預國忠事, 而近前卽嗔耶? 東坡言老杜似司馬遷, 蓋深知之.

제·량 연간의 악부사樂府詞에서 "보호하고 아껴서 다 닳은 바지를 덧입고, 방비하고 차단하려 수궁(守宮 : 수위)에게 부탁한다[護惜加窮袴, 防閑托守宮]", "오늘 소와 양이 언덕을 오르나니, 당시 앞으로 다가설 때 얼굴이 붉었다[今日牛羊上邱隴, 當時近前面發紅]"라고 했다. 두보가 지은 「여인행麗人行」에서는 "대국 괵虢과 진秦이라는 이름을 하사했네[賜名大國虢與秦]"라고 하고, 마지막 구절에서 "앞으로 다가가지 말라 승상이 꾸짖나니[愼勿近前丞相嗔]"라고 했는데, 괵국과 진국이 양국충楊國忠의

17 융왕자(戎王子) : 화초의 이름. 독활(獨活), 또는 융계(戎葵)라고도 불린다.

사건과 무슨 관계가 있기에 앞으로 다가가면 꾸짖는단 말인가? 소식이 두보는 사마천과 유사하다고 했는데 그를 깊이 알고 있는 것이다.

司空圖, 唐末竟能全節自守, 其詩有"綠樹連村暗, 黃花入麥稀", 誠可貴重. 又曰:"四座賓朋兵亂後, 一川風月笛聲中." 句法雖可及, 而意甚委曲.

사공도司空圖는 당나라 말엽에 끝까지 절의를 온전히 지켰다. 그가 지은 시에서 "푸른 나무는 마을과 이어져 어둡고, 노란 꽃은 보리밭과 겹치자 희미하다[綠樹連村暗, 黃花入麥稀]"는 참으로 귀중하다 할 만하다. 또 "난리를 겪고 나서 빈객과 벗들이 두루 앉았고, 젓대 소리 속에 시내 위 바람과 달이 펼쳐졌다[四座賓朋兵亂後, 一川風月笛聲中]"라고 했다. 구법句法은 미칠 수 있을 듯하지만 내용은 매우 완곡하다.

鮑明遠「松柏篇」悲哀曲折, 其末不以道自釋, 僕竊恨之.

포조의 「송백편松柏篇」은 구슬프고 애절하기만 해서 결국 도道로써 스스로 풀지 못했다. 나는 이를 적이 안타까워한다.

明遠「行路難」, 壯麗豪放, 若決江河, 詩中不可比擬, 大似賈誼「過秦論」.

포조의 「행로난行路難」은 장엄하고 미려하고 호방한 것이 마치 강하江河의 물줄기를 트는 듯하여 시 가운데 이에 견줄 만한 것이 없다. 가의賈誼의 「과진론過秦論」을 아주 닮았다.

老杜作「曹將軍丹青引」云:“一洗萬古凡馬空.” 東坡「觀吳道子畫壁」詩云:“筆所未到氣已呑.” 吾不得見其畫矣, 此兩句, 二公之詩, 各可以當之.

두보는 「조장군단청인曹將軍丹青引」에서 “만고의 평범한 말을 한 번에 씻어 없애네[一洗萬古凡馬空]”라고 했고, 소식은 「관오도자화벽觀吳道子畫壁」에서 “붓이 이르지 못한 곳에 기운이 이미 들어있네[筆所未到氣已呑]”라고 했다. 내가 그 그림을 보지는 못했지만 이 두 구절은 두 사람의 시에 각자 알맞다고 할 수 있다.

李長吉詩云:“楊花撲帳春雲熱.” 才力絕人遠甚. 如“柳塘春水漫, 花塢夕陽遲”, 雖爲歐陽文忠所稱, 然不迨長吉之語.

이하의 시에서 “양화楊花가 장막을 치고 봄 구름 느껍나[楊花撲帳春雲熱]”는 재력才力이 뭇 사람보다 월등히 뛰어나다. 예컨대 “버들 연못에 봄물 넘실대고, 꽃 섬에 석양이 서서히 진다[柳塘春水漫, 花塢夕陽遲]”는 구양수로부터 평가를 받긴 했지만 이하의 시에는 미치지 못한다.

古人文章, 不可輕易, 反復熟讀, 加意思索, 庶幾其見之. 東坡「送安惇落第」詩云:“故書不厭百回讀, 熟讀深思子自知.” 僕嘗以此語銘座右而書諸紳也. 東坡在海外, 方盛稱柳柳州詩. 後嘗有人得罪過海, 見黎子雲秀才, 說海外絕無書, 適渠家有柳文, 東坡日夕玩味. 嗟乎, 雖東坡觀書, 亦須著意研窮, 方見用心處耶.

옛사람의 문장은 가볍게 넘겨서는 안 된다. 반복해서 충분히 읽고 주의를 기울여 사색해야만 그 본의를 엿볼 수 있다. 소식은 「송안돈낙제送安惇落第」에서 "옛 글을 싫증내지 않고 백 번을 읽으며, 충분히 읽고 깊이 생각하노라면 그대가 저절로 알 것이다[故書不厭百回讀, 熟讀深思子自知]"라고 했다. 나는 일찍이 이 시를 좌우명으로 삼아 띠 위에 써놓았다. 소식은 해외에 있을 때 유종원의 시를 매우 높이 평했다. 훗날 어떤 사람이 죄를 지은 일로 바다를 건너갔다가 수재秀才 여자운黎子雲을 만났는데, 여자운은 그곳에는 전혀 책이 없지만 마침 자기 집에 유종원의 글이 있어 소식이 주야로 완상하고 음미했다고 했다. 아, 소식도 책을 볼 때는 반드시 주의를 기울여 연구하고 궁구해야만 비로소 그 본의를 들여다볼 수 있었던 말인가.

柳柳州詩, 東坡云在陶彭澤下, 韋蘇州上, 若「晨詣超師院讀佛經」詩, 卽此語是公論也.

유종원의 시에 대해 소식은 도연명의 아래, 위응물의 위에 있다고 했다. 예컨대 「신예초사원독불경晨詣超師院讀佛經」을 보면 이 말이 바로 공론公論이다.

六朝詩人之詩, 不可不熟讀. 如"芙蓉露下落, 楊柳月中疏." 鍛鍊至此, 自唐以來, 無人能及也. 退之云: "齊梁及陳隋, 衆作等蟬噪." 此語我不敢議, 亦不敢從.

육조六朝 시인의 시는 충분히 읽지 않아서는 안 된다. 예컨대 "부용은 이슬 아래 지고, 버들은 달빛 속에 성글다[芙蓉露下落, 楊柳月中疏]"라고 했는데, 단련이 여기까지 이른 것은 당나라 이래로 따라갈 사람이 없다. 한유는 "제 · 량과 진陳 · 수隋는, 뭇 작품들이 시끄러운 매미 소리와 같다[齊梁及陳隋, 衆作等蟬噪]"라고 했다. 이 논평을 내가 감히 논할 수는 없지만 그렇다고 감히 따를 수도 없다.

陶彭澤詩, 顔 · 謝 · 潘 · 陸皆不及者, 以其平昔所行之事, 賦之於詩, 無一點愧詞, 所以能爾.

도연명의 시에 안연지顔延之 · 사령운 · 반악潘岳 · 육기陸機가 모두 미치지 못한 것은, 그가 평소에 삶 그대로를 시로 묘사하며 한 점도 부끄러운 표현이 없었기에 가능했다.

東坡「海南」詩 · 荊公「鍾山」詩, 超然邁倫, 能追逐李 · 杜 · 陶 · 謝.

소식의 「해남海南」과 왕안석의 「종산鍾山」은 여느 것보다 워낙 뛰어나서 이백 · 두보 · 도연명 · 사령운을 따라잡을 수 있다.

荊公愛看水中影, 此亦性所好. 如"秋水寫明河, 迢迢藕花底", 又「桃花」詩云: "晴溝漲春淥周遭, 俯視紅影移魚舠." 皆觀其影也. 其後云: "攀條弄芳畏晼晚, 已見黍雪盤中毛." 事見『家語』.

왕안석은 물속 그림자를 보기 좋아했는데 본래의 기호 때문이었다. 예컨대 "가을 물은 밝은 은하를 그리고, 멀리 연꽃이 깔렸다[秋水寫明河, 迢迢藕花底]"라고 했고, 또 「도화桃花」에서는 "봄날 넘치는 고랑 물은 맑은 물이 두루 퍼져, 붉은 그림자에 고깃배가 움직이는 것을 굽어본다

[晴溝漲春淥周遭, 俯視紅影移魚舠]"라고 했다. 이는 모두 그 그림자를 살핀 것이다. 그 뒷 구절에서는 "가지 붙잡고 꽃을 희롱하며 해가 기울까 가슴 졸였는데, 어느덧 눈 같은 기장이 소반 위에 가득하다[攀條弄芳畏晼晚, 已見黍雪盤中毛]"라고 했다. 이에 대한 고사는 『공자가어孔子家語』에 보인다.

李邯鄲公作『詩格』, 句自三字至九字・十一字, 有五句成篇者, 盡古今詩之格律, 足以資詳博, 不可不知也.

이한단李邯鄲공이 『시격詩格』을 지었는데, 3자에서부터 9자, 11자, 또는 5구로 한 편을 완성하였다. 고금의 시의 율격을 모두 망라해 상세하고 광범위한 자료를 엿볼 수 있으니 몰라서는 안 된다.

伯父娶邯鄲孫女, 嘗聞邯鄲公與小宋飮酒, 擧一物隷僻事, 以多者爲勝, 飮不勝者, 他人莫敢造席.

백부伯父는 이한단공의 손녀에게 장가를 드셨다. 일찍이 들은 바에 의하면, 한단공이 송기와 술을 드시다가 하나의 사물을 예로 들어 벽사(僻事 : 어려운 고사)를 이끌어내어 그 내용이 더 많은 사람을 승자로 삼아서 진 사람에게 술을 마시게 했다. 하지만 다른 사람들이 감히 나서지 못했다고 한다.

梅聖兪詩, 句句精鍊, 如"焚香露蓮泣, 聞磬淸鷗邁"之類, 宜乎爲歐陽文忠公所稱. 其他古體, 若朱絃疏越, 一倡三歎, 讀者當以意求之. 寵嬖曹氏, 作「一日曲」, 爲曹氏也.

매요신의 시는 구절구절마다 정밀하고 단련되어 있다. 예컨대 "향을 사르자 이슬 연잎이 울고, 풍경 소리 들으며 청아한 갈매기가 멀리 날아간다[焚香露蓮泣, 聞磬淸鷗邁]" 등은 문충공 구양수로부터 높은 평가를 받은 것이 당연하다. 그 밖의 고체시는 소탈하고 월등한 선율 같아서 한 번 읽고 세 번 감탄을 하게 된다. 독자들은 그 함축된 의미를 통해 본뜻을 찾아야 한다. 매요신은 조씨曹氏를 사랑했는데, 「일일곡一日曲」은 그녀를 위해 쓴 것이다.

孟浩然・王摩詰詩, 自李・杜而下, 當爲第一. 老杜詩云"不見高人王右丞", 又云"吾憐孟浩然", 皆公論也.

맹호연과 왕유의 시는 이백・두보 다음으로는 제일로 꼽아야 한다. 두보가 시에서 "왕우승王右丞보다 고상한 사람을 보지 못했다[不見高人王右丞]"라고 하고, 또 "나는 맹호연을 사랑한다[吾憐孟浩然]"라고 한 것은 모두 공정한 논평이다.

東坡祭柳子玉文: "郊寒島瘦, 元輕白俗." 此語具眼. 客見詰曰: "子盛稱白樂天・孟東野詩, 又愛元微之詩, 而取此語, 何也?" 僕曰: "論道當嚴, 取人當恕, 此八字東坡論道之語也."

소식이 유의柳儀를 애도하여 쓴 제문에서 "맹교는 차갑고 가도는 메마르며, 원진은 가볍고 백거이는 속되다[郊寒島瘦, 元輕白俗]"라고 했는데, 안목을 구비한 논평이다. 어느 손님이 내게 "그대는 백거이와 맹교의 시를 높이 평가하고, 또 원진의 시를 사랑하면서도 이 말을 취택한 것은 왜인가?"라고 문제를 제기했다. 나는 "'도를 논할 때는 엄정해야 하고, 사람을 취택할 때는 너그러워야 한다[論道當嚴, 取人當恕]'고 했네. 이 여덟 글자는 소식이 도를 논하면서 한 말이오"라고 했다.

歐陽文忠公「重讀徂徠集」詩, 英辯超然, 能破萬古毁譽,「食糟民」詩, 忠厚愛人, 可爲世訓.

구양수의 「중독저래집重讀徂徠集」은 빛나는 변론이 탁월해서 만고의 비평을 능히 혁파했다. 또 「식조민食糟民」은 사람을 사랑하는 충성과 후덕함이 세상에 교훈이 될 만하다.

作詩壓韻是一巧,「中秋夜月」詩, 押尖字數首之後, 一婦人詩云: "蚌胎光透殼, 犀角暈盈尖." 又記人作「七夕」詩, 押潘・尼字, 衆人竟和無成詩者. 僕時不曾賦, 後因讀『藏經』, 呼喜鵲爲芻尼, 乃知讀書不厭多.

시를 지을 때는 압운(壓韻 : 압운押韻)이 하나의 기교이다. 「중추야월中秋夜月」은 '尖' 자를 몇 수 뒤에 압운했다. 어떤 부인의 시에서 "조개의 태는 빛이 껍질을 뚫고, 들소의 뿔은 해무리가 끝에 가득하다[蚌胎光透殼, 犀角暈盈尖]"라고 했다. 또 어떤 사람이 지은 「칠석七夕」을 기억하고 있는데, '潘'과 '尼'를 운으로 썼다. 그런데 이에 화답하여 시를 완성한 자가 끝내 없었다. 나도 그때 짓지 못했다. 나중에 읽은 『장경藏經』에서 '喜鵲'을 '芻尼'라 한 것을 보고, 비로소 책을 많이 읽는 것을 싫어하면 안 된다는 것을 알았다.

寫生之句, 取其形似, 故詞多迂弱. 趙昌畫黃蜀葵, 東坡作詩云:"檀心紫成暈, 翠葉森有芒." 揣摸刻骨, 造語壯麗, 後世莫及.

사생寫生의 시는 형사形似만을 취하므로 괴리되거나 나약한 경우가 많다. 조창趙昌이 황촉규(黃蜀葵: 닥풀)를 그렸는데, 소식은 시에서 "연분홍 꽃술은 붉게 해무리를 이루고, 푸른 잎은 조밀하게 가시가 있다[檀心紫成暈, 翠葉森有芒]"라고 했다. 그 더듬고 헤아리는 것이 뼈 속까지 새겨진다. 조어가 장엄하고 미려하여 후대의 어느 누구도 미칠 수 없다.

杜牧之「題桃花夫人廟」詩云:"細腰宮裏露桃新, 　脉脉無言度幾春. 畢竟息亡緣底事, 可憐金谷墜樓人." 僕謂此詩爲二十八字史論.

두목은 「제도화부인묘題桃花夫人廟」에서 "가는 허리 궁 안에서 이슬 복숭아 새롭고, 아무 말 없이 몇 번의 봄을 보냈던가. 결국 망한 것은 무슨 일 때문인가? 아 금곡金谷 누각에서 떨어진 사람이여[細腰宮裏露桃新, 脉脉無言度幾春. 畢竟息亡緣底事, 可憐金谷墜樓人]"라고 했다. 나는 이 시가 스물여덟 자로 된 사론史論이라고 생각한다.

宣和之初, 何栗文縝丞相爲中書舍人, 道君皇帝以御畫雙鵲賜之. 諸公賦詩, 韓駒子蒼待制時爲校書郞, 賦詩二章曰:"君王妙畫出神機, 弱羽爭巢並占時. 想見春風鳷鵲觀, 一雙飛上萬年枝." "舍人簪筆上蓬山, 輦路春風從駕還. 天上飛來兩烏鵲, 爲傳喜色到人間."

선화 초에 문진文縝 하율何栗 승상이 중서사인中書舍人이었을 때, 도군황제道君皇帝가 한 쌍의 까치를 그린 어화御畫를 하사했다. 제공이 시를 지을 때 당시 교서랑校書郎이었던 자창子蒼 한구韓駒 대제待制가 시 두 편을 지었다. "군왕의 오묘한 그림이 신기神機에서 나와, 약한 깃이 서로 다투며 둥지를 차지하려는 순간이다. 봄바람 살랑이는 지작관鳷鵲觀에서, 한 쌍이 만년의 가지 위를 나는 모습이 떠오른다[君王妙畫出神機, 弱羽爭巢並占時. 想見春風鳷鵲觀, 一雙飛上萬年枝]", "사인舍人이 붓을 꽂고 봉산蓬山으로 올라가니, 연로輦路의 봄바람이 어가를 따라 돌아온다. 하늘에서 내려온 한 쌍의 오작이, 기쁨을 전하려 인간세계에 내려왔다.[舍人簪筆上蓬山, 輦路春風從駕還. 天上飛來兩烏鵲, 爲傳喜色到人間.]"

韋蘇州詩云 : "落葉滿空山, 何處尋行跡." 東坡用其韻曰 : "寄語庵中人, 飛空本無跡." 此非才不逮, 蓋絶唱不當和也. 如東坡「羅漢贊」云"空山無人, 水流花開"八字, 還許人再道否.

위응물의 시, "낙엽이 공산에 가득한데, 어느 곳에서 행적을 찾을까[落葉滿空山, 何處尋行跡]"에 대해 소식이 차운해 지은 시에서 "암자 사는 사람에게 전하노니, 허공에 날아가면 본디 자취가 없다오[寄語庵中人, 飛空本無跡]"라고 했다. 이는 재능이 못 미쳐서가 아니다. 절창은 화답할 수 없는 것이다. 예컨대 소식의 「나한찬羅漢贊」에서 "공산에 사람은 없고, 물은 흐르고 꽃은 핀다[空山無人, 水流花開]"라고 한 여덟 글자를 다른 사람이 다시 쓸 수 있겠는가.

張籍·王建, 樂府宮詞皆傑出, 所不能追逐李·杜者, 氣不勝耳.

장적과 왕건의 악부와 궁사宮詞가 모두 걸출한데도 이백·두보를 따라갈 수 없는 것은 기氣가 앞서지 못하기 때문이다.

孟東野詩苦思深遠, 可愛不可學. 僕尤嗜愛者 "長安無緩步" 一詩.

맹교의 시는 고심 어린 생각이 깊고 유원해서 참 좋지만 배울 수가 없다. 내가 더 좋아하는 시는 "장안에는 느슨한 걸음이 없다[長安無緩步]"이다.

蘇大監文饒作「鴻溝」詩云 : "置俎均牢彘, 峨冠信沐猴. 方矜几上肉, 以墮幄中籌. 海岳歸三尺, 衣冠閟一丘. 路人猶指似, 山下是鴻溝."

대감大監 소문요蘇文饒가 지은 「홍구鴻溝」에서 "도마 위에 돼지를 놓아둘 때, 관을 높이 쓴 목후(沐猴 : 항우)를 믿었었다. 바야흐로 상 위의 고기를 자랑했지만, 이미 장막 속 주판은 떨어졌다. 강산은 삼척 검에게 돌아가고, 의관은 한 언덕에 몰렸다. 길 가는 사람이 아직도 가리키고 있으니, 산 아래가 홍구라고[置俎均牢彘, 峨冠信沐猴. 方矜几上肉, 以墮幄中籌. 海岳歸三尺, 衣冠閟一丘. 路人猶指似, 山下是鴻溝]"라고 했다.

陳無己「賦宗室畫」詩云 : "滕王蛺蝶江都馬, 一紙千金不當價." 又作「曾子固挽詞」云 : "丘園無起日, 江漢有東流." 近世詩人莫及.

진사도는 「부종실화賦宗室畫」에서 "등왕滕王의 나비그림[18]과 강도江都의 말그림[19]은, 천 금 값의 한 폭을 당할 수 없다[滕王蛺蝶江都馬, 一紙千金

18 등왕(滕王)의 나비그림 : 당 고조(唐高祖) 이연(李淵)의 스물두 번째 아들 이원영(李元嬰)이 그린 나비그림. 일찍이 '등왕'에 책봉된 까닭에 그가 그린 그림을 '등왕접화(滕王蝶畫)'라 불렀다.

19 강도(江都)의 말그림 : 당(唐) 이서(李緖)가 그린 말그림. 일찍이 강도왕(江都王)에 책봉되었기에 그가 그린 그림을 '강도마(江都馬)'라 불렀다.

不當價]"라고 했고, 또 「증자고만사曾子固挽詞」에서는 "동산에서 다시 태어날 날은 없고, 강수江水와 한수漢水만 동쪽으로 흐른다[丘園無起日, 江漢有東流]"라고 했다. 이는 근세의 시인들이 따라갈 수 없다.

外祖父邵安簡公, 布衣時上「平元昊策」, 又嘗勸仁廟早立太子. 晚年自樞府出知越州, 又移知鄆州. 其薨也, 岐公作「挽詞」云: "被褐曾陳定羌策, 汗青猶著立儲書. 春風澤國吟箋落, 夜雨溪堂燕豆疏." 前輩詩不獨語句精鍊, 且是著題.

외조부 소항邵亢공은 포의布衣였을 때 「평원호책平元昊策」을 올리고, 또 인묘(仁廟 : 인종仁宗)에게 태자를 일찍 세울 것을 권유하였다. 만년에는 추부樞府에서 월주越州태수로 나오고 다시 운주鄆州태수로 이임되었다. 돌아가실 때 왕규공은 「만사挽詞」에서 "갈포 입을 때 일찍이 오랑캐 평정할 대책을 진언하고, 한청汗青[20]에는 아직도 저궁(儲宮 : 태자)을 세우라는 내용이 기술되어 있다. 봄바람 감싸 안은 나라에는 시전지詩箋紙가 펄럭이고, 밤비 내리는 시냇가 집에는 연두燕豆[21]가 성기다[被褐曾陳定羌策, 汗青猶著立儲書. 春風澤國吟箋落, 夜雨溪堂燕豆疏]"라고 했다. 이처럼 지난 선배들의 시는 시구만 정밀하고 단련된 것이 아니라 제목과도 들어맞는다.

鄭周卿, 僕鄉人也, 公肅右丞之孫, 能詩. 一日, 鄭之他郡, 而愛妾死,

20 한청(汗青) : 사책(史策)을 뜻한다. 죽간을 만들 때 글을 쓰기 쉽고 좀이 먹지 않도록 구워서 기름[汗]을 냈으므로 그렇게 칭한 것이다.

21 연두(燕豆) : 고대 연음(宴飮) 때에 식품을 풍성하게 하던 기구. 모양이 고족반(高足盤 : 다리가 높은 상)과 비슷하며 성대한 연회에서 많이 쓰였다.

作詩云 : "鶴歸空有恨, 雲散本無心." 於情念中猶稍自在也. 後娶熊氏, 晉如之女. 丙午 · 丁未年, 知鄆州中都縣, 連年與盜賊鏖戰, 巋然獨存, 權朝美曾錄其功上之, 後不報. 今不知消息, 可憐哉.

정운호鄭雲鎬는 나와 동향인이며 우승右丞 정옹鄭雍의 손자로서 시에 능하다. 어느 날 정운호가 다른 군郡으로 갈 때 애첩이 죽자 지은 시에서 "학이 돌아갈 때는 부질없이 한만 남고, 구름 흩어질 때는 본디 무심하다[鶴歸空有恨, 雲散本無心]"라고 했다. 그리움 속에 자유자재함이 스며있다. 나중에 웅씨熊氏를 아내로 맞았고 그녀는 웅진여熊晉如의 딸이다. 병오년(1066)과 정미년(1067), 운주鄆州 중도中都의 현령으로 있으며 해마다 도적과 전투를 벌였는데 홀로 우뚝 살아남았다. 권방언權邦彦이 그 공로를 기록해 조정에 올렸지만 훗날 보답을 받지 못했다. 지금은 소식을 알 수 없으니 안타깝다.

曹景宗探韻得'競''病'字詩云 : "去時兒女啼, 歸來笳鼓競. 借問路傍人, 何如霍去病." 沈約詩人嗟賞之.

조경종曹景宗이 운韻을 탐색하다 '경競', '병病' 두 글자를 얻어 지은 시에서 "떠날 때 아녀자들이 울어대더니, 돌아오자 젓대 소리 북소리 요란하다. 묻노니 길가의 사람들이여, 곽거병霍去病[22]과 견주어 어떠한가[去時兒女啼, 歸來笳鼓競. 借問路傍人, 何如霍去病]"라고 했다. 이에 시인 심약沈約이 찬탄했다.

22 곽거병(霍去病) : 한 무제 때의 명장. 표요교위(嫖姚校尉)로 흉노(匈奴)를 쳐서 공을 세워 표기장군(驃騎將軍)이 되고 관군후(冠軍侯)에 봉해졌다.

李衛公作「步虛詞」云："仙家【一本無'家'字】女侍董雙成，桂殿夜寒吹玉笙. 曲終却從仙官去，萬戶千門空月明." "河漢女主能鍊顔，【一本作'河漢玉女能鍊顔'】 雲輧往往到人間. 九霄有路去無跡，裊裊天風吹珮環." 嗚呼，人傑也哉.

이정李靖은 「보허사步虛詞」에서 "선가仙家의 여인이 동쌍성董雙成[23]을 모시고, 차가운 밤 계전桂殿에서 옥 젓대를 분다. 곡을 마치고 선관仙官을 뒤따라 떠나니, 천문 만호에 달만 밝다[仙家[다른 본에는 '家'가 없다]女侍董雙成，桂殿夜寒吹玉笙. 曲終却從仙官去，萬戶千門空月明]", "하한河漢의 여주인은 얼굴을 단련해, 구름수레 타고 인간 세계에 오곤 한다. 구중하늘에 길이 있어도 떠날 때는 자취가 없어, 가녀린 하늘 바람이 패환珮環[24]에 불어댄다[河漢女主能鍊顔,[다른 본에는 '河漢玉女能鍊顔'으로 되어 있다] 雲輧往往到人間. 九霄有路去無跡，嫋嫋天風吹珮環]"라고 했다. 아, 그는 인걸人傑이라 하겠다.

季父仲山在揚州時，事東坡先生. 聞其敎人作詩曰："熟讀毛詩國風與離騷，曲折盡在是矣." 僕嘗以謂此語太高，後年齒益長，乃知東坡先生之善誘也.

계부 허중산이 양주에 있을 때 소식 선생을 모셨다. 소식 선생이 사람들에게 시 짓는 법을 가르치면서 "『모시』의 『국풍』과 『이소』를 충분히 읽어야 한다. 모든 곡절이 다 여기에 있다"라고 했다고 한다. 나는 일찍이 이 말이 너무 고상하다고 여겼는데, 나이가 들수록 소식 선생이 훌륭하게 가르쳤음을 알았다.

---

23 동쌍성(董雙成) : 옛날의 여선(女仙)으로 서왕모의 시녀(侍女)였다고 한다.

24 패환(珮環) : 장식으로 몸에 차는 고리 형태의 옥이다.

韓退之詩云 : "酩酊馬上知爲誰." 此七字用意哀怨, 過於痛哭.

한유의 시에서 "말 위에서 술에 취한 이는 누구인가[酩酊馬上知爲誰]"라고 했다. 이 일곱 자는 애원에 초점을 맞춰서 통곡보다도 더하다.

阮步兵醉六十日而停婚, 雖似智矣, 然禮法之士, 憎之如仇, 幾至於死, 幸武帝保護之耳. 而老杜詩云 : "遂令阮籍輩, 熟醉爲身謀." 此工部善看史書, 當有解此意者.

완적이 육십 일 동안 술에 취하고 나서야 혼사를 그치게 했다. 그 행위가 지혜로운 듯했지만, 예법을 강조하는 식자들은 그를 원수처럼 미워해서 거의 죽을 지경에 이르렀다. 그러나 다행히 위 무제가 보호해 주었다. 두보는 시에서 "마침내 완적 등으로 하여금, 술에 취한 것이 자신을 위한 계책이 되게 했네[遂令阮籍輩, 熟醉爲身謀]"라고 했다. 이는 두보가 역사서를 잘 간파한 것이다. 그 본지를 이해하는 자가 있을 것이다.

"春秋三傳束高閣, 獨抱遺經究終始", 此詩退之稱盧玉川也. 玉川子『春秋傳』, 僕家舊有之, 今亡矣. 詞簡而遠, 得聖人之意爲多, 後世有深於經而見盧『傳』者, 當知退之之不妄許人也.

"『춘추』 3전傳[25]을 고각高閣에 묶어 두었는데, 홀로 유경遺經을 안고 끝까지 연구했네[『春秋』三傳束高閣, 獨抱遺經究終始]"는 한유가 노동을 평

25 『춘추』 3전(傳) : 『춘추』의 세 가지 주석서로, 『좌씨전(左氏傳)』, 『공양전(公羊傳)』, 『곡량전(穀梁傳)』을 이른다.

가한 시이다. 노동의 『춘추전春秋傳』이 일찍이 나의 집에 있었으나 지금은 없다. 말이 간소하면서도 의미가 깊어 성인의 뜻을 터득한 것이 많았다. 훗날 경문에 조예가 깊은 사람이 노동의 『춘추전』을 보게 된다면 한유가 함부로 사람을 인정하지 않았음을 알게 될 것이다.

夢中賦詩, 往往有之. 宣和己亥, 僕在洪州, 宿城北鄭和叔家. 夜夢行大路中, 寒沙沒足, 其旁皆田苗丘隴. 一婦人皂衣素裳行田間, 曰 : "此中無沙易行." 僕從之不能登, 婦人援僕手登焉. 月明如晝, 彌望皆野田麥苗. 婦人求詩, 引僕藉草坐. 有矮磚臺一, 上有紙筆, 僕題詩四句云 : "閑花亂草春春有, 秋鴻社燕年年歸. 青天露下麥苗濕, 古道月寒人跡稀." 拍筆磚上有聲, 驚覺宛然記憶, 是歲大病, 後亦無他故.

꿈속에서 시를 짓는 경우가 이따금 있다. 선화宣和 기해년(1119)에 내가 홍주洪州에 있을 때, 성 북쪽에 있는 정화숙鄭和叔의 집에서 하루를 묵게 되었다. 밤에 꿈을 꾸었는데, 대로를 걷다가 차가운 모래에 발이 빠졌고 그 옆은 모두 밭작물이 있는 언덕배기였다. 까만 상의에 흰 치마를 입은 부인이 밭 사이를 걸으며 "이곳에는 모래가 없어 걷기가 쉽습니다"라고 하여, 나는 그녀를 뒤쫓으려 했으나 잘 오르지 못했다. 부인이 나의 손을 붙잡아주어 올라갔다. 달은 대낮처럼 밝았고 앞은 넓은 보리밭이었다. 부인이 시를 요청하며 나를 인도해 풀 위에 앉게 했고 거기에는 작은 전대磚臺가 하나 있었다. 그 위에는 지필묵이 놓여 있었다. 내가 4구의 시를 지어 "한적한 꽃과 어지러운 풀은 봄마다 있고, 가을 기러기와 봄 사일社日[26]의 제비는 해마다 돌아온다. 푸른 하늘 이

26 사일(社日) : 보통은 입춘이나 입추 뒤의 다섯 번째 무일(戊日)을 가리키지만 사시(四時)에 치제(致祭)하는 날을 뜻하기도 한다. 참고로 두보의 시에 "늙은 농부 사일이 가까워지자, 나를 초청해서 새 술맛 보여주네[田翁逼社日, 邀我嘗新酒]"라는 표현이 있다.

슬 아래 보리 이삭 젖고, 옛길 달빛 차가운데 인적이 드물다[閑花亂草春春有, 秋鴻社燕年年歸. 靑天露下麥苗濕, 古道月寒人跡稀]"라고 하고 나서 붓을 전 위에 두드리자 소리가 났으며 이때 잠에서 깨어났다. 마치 사실인 것처럼 기억이 생생했다. 이해에 몸이 크게 아팠지만 그 후에는 큰 탈이 없었다.

聯句之盛, 退之·東野·李正封也. 「城南聯句」云 : "紅皺晒簷瓦, 黃團掛門衡." 是說乾棗與瓜蔞, 讀之猶想見西北村落間氣象. 「征蜀聯句」云 : "刑神詫氂旄, 陰焰颭犀札." 盡雕刻之功, 而語仍壯. 李正封善押韻, 如「從軍聯句」"押水沙囊涸", 皆不可及.

연구聯句[27]가 성대했던 인물은 한유, 맹교, 이정봉李正封이다. 「성남연구城南聯句」에서 "홍추(紅皺 : 대추)는 처마 위 기와에 말리고, 황단(黃團 : 오이)은 문 가로지른 나무에 걸렸네[紅皺曬簷瓦, 黃團掛門衡]"라고 했는데 마른 대추와 과루瓜蔞를 설명한 것으로, 이 시를 읽노라면 서북 촌락의 분위기가 연상된다. 「정촉연구征蜀聯句」에서는 "형신刑神[28]은 이모氂旄[29]를 자랑하고, 음염陰焰[30]은 서차犀箚[31]를 일렁인다[刑神詫氂旄, 陰焰颭犀箚]"라고 했는데, 조탁의 기교를 다 부렸으면서도 시어가 여전히 웅장

27 연구(聯句) : 두 사람 이상이 모여 각자 돌아가며 한 구씩 읊어 한 편의 시를 완성하는 시작법의 하나이다.

28 형신(刑神) : 형살(刑殺)을 관장하는 신.

29 이모(氂旄) : 검은 소[氂]의 꼬리로 만든 깃발이다. 『문헌통고』에 "모우(旄牛)란 소는 염방국(冉駹國)에서 생산되는데, 뿔이 없고 또 이름을 동우(犝牛)라고도 한다. 몸집 무게는 천 근이나 되고 털은 기를 만들 만하다"는 내용이 전한다.

30 음염(陰焰) : 바닷속 생물이 발산하는 빛이다. 당나라 이경방(李敬方)의 「제황산탕원(題黃山湯院)」에서 "음의 불꽃이 바다에서 조용히 생겨나고, 양의 광채가 가만히 땅을 비춘다[陰燄潛生海, 陽光暗燭坤]"라고 하였다.

31 서차(犀箚) : 서갑(犀甲 : 물소 가죽으로 만든 갑옷)과 같다.

하다. 이정봉은 압운押韻을 잘했다. 예컨대 「종군연구從軍聯句」의 "물을 누른 사낭(沙囊 : 모래주머니)이 메마르다[押水沙囊涸]"는 쉽게 도달할 수 없는 것이다.

畫山水詩, 少陵數首後, 無人可繼者. 惟荊公「觀燕公山水」詩前六句差近之, 東坡「烟江疊嶂圖」一詩, 亦差近之.

산수를 묘사한 시는 두보가 몇 수를 남긴 후로는 계승할 만한 사람이 없다. 오직 왕안석의 「관연공산수觀燕公山水」의 앞 6구가 조금 근사하고, 소식의 「연강첩장도烟江疊嶂圖」도 약간 근사하다.

退之「桃源行」云 : "種桃處處皆開花, 川原遠近蒸紅霞." 狀花卉之盛, 古今無人道此語.

한유의 「도원행桃源行」의 "곳곳에 심은 복숭아는 꽃이 활짝 피었고, 내와 들판에는 먼 곳 가까운 곳 모두 붉은 무지개 피어오른다[種桃處處皆開花, 川原遠近蒸紅霞]"는 화훼의 성대한 모습을 묘사한 것이다. 고금에 이렇게 묘사할 사람이 없다.

本朝王元之詩可重, 大抵語迫切而意雍容, 如"身後聲名文集草, 眼前衣食簿書堆." 又云 : "澤畔騷人正憔悴, 道旁山鬼謾揶揄." 大類樂天也.

본조本朝 왕우칭의 시는 중시할 만하다. 시어가 절박하면서도 내용이 여유롭다. 예컨대 "죽고 난 뒤의 명성은 문집을 기초해놓은 것이고, 눈앞의 입을 것과 먹을 것은 공문서를 쌓아놓은 것이다[身後聲名文集草,

眼前衣食簿書堆]"라고 하고, 또 "물가의 소인騷人은 정녕 초췌하고, 길가의 산귀山鬼는 하릴없이 야유한다[澤畔騷人正憔悴, 道旁山鬼謾揶揄]"는 대략 백거이와 유사하다.

玉川子「送伯齡」詩云："努力事干謁, 我心終不平." 玉川子在王涯書院中, 會食, 不能自別, 枉陷於禍, 哀哉.

노동의 「송백령送伯齡」에서 "관직을 구하고자 애를 썼지만, 내 마음 결국 평안하지 않네[努力事干謁, 我心終不平]"라고 했다. 노동이 왕애王涯의 서원에 있을 때, 회식을 하며 스스로 다른 자세를 취하지 못했다가 억울하게 함정에 빠져버렸으니[32] 슬픈 일이다.

「柏舟」, 仁人之詩也 "憂心悄悄, 慍於羣小." 「簡兮」, 賢者之詩也 "碩人俁俁, 公庭萬舞. 赫如渥赭, 公言錫爵." 能容忍如此, 宜乎賢矣.

「백주柏舟」[33]는 인자仁者의 시로서 "시름이 많아, 뭇사람들의 미움을 사고[憂心悄悄, 慍於羣小]"라고 했다. 「간혜簡兮」[34]는 현자의 시로서 "당당한 저 대장부, 궁전 뜰에서 춤을 추네. 붉게 얼굴 상기하니, 임금께서

32 노동이 …… 빠져버렸으니 : 당(唐) 문종(文宗) 때 재상인 이훈(李訓)·왕애(王涯)가 당 문종의 지지하에 구사량(仇士良)·어지홍(魚志弘)을 수괴로 하는 환관들을 죽이기 위해 좌금오대장군(金吾衛大將軍) 한약(韓約)의 대청(大廳) 뒤 석류나무에 감로(甘露)가 내렸다며 구사량을 포함한 환관들을 유인해 한 번에 모두 제거하려했으나, 매복해 둔 병사들이 먼저 탄로나 그들에게 도리어 살해를 당하는 이른바 '감로지변(甘露之變)'이 일어났는데, 당시 왕애의 집에서 차를 마시고 있었던 노동도 왕애와 함께 살해를 당했다.

33 「백주(柏舟)」 : 『시경』 「용풍(鄘風)」의 편명. 위(衛)나라 태자 공백(共伯)의 처, 공강(共姜)이 남편 사후에 재가(再嫁)하지 않고 절조를 지킨 내용을 읊은 시이다.

34 「간혜(簡兮)」 : 『시경』 「패풍(邶風)」의 편명. 어진 자를 쓰지 않은 것을 비판한 시이다.

술잔을 내리라하시네[碩人俁俁, 公庭萬舞. 赫如渥赭, 公言錫爵]"라고 했다. 이처럼 포용하고 인내한다면 현자임이 당연하다.

鍾山有一詩云:"當年睥睨此山阿, 欲著紅樓貯綺羅. 今日重來無一事, 却騎羸馬下坡陀." 此王雱訐直, 不爲荊公所喜, 然此詩實可傳也.

종산鍾山에 시 한 수가 있는데 "당시에 이 산을 바라보며, 붉은 누대에 기라(綺羅: 여인)를 쌓고 싶었다. 다시 찾은 오늘 아무 일도 없어, 파리한 말을 타고 언덕길을 내려간다[當年睥睨此山阿, 欲著紅樓貯綺羅. 今日重來無一事, 却騎羸馬下坡陀]"라고 했다. 이것은 왕방王雱이 자신의 생각을 솔직하게 말해 왕안석에게 미움을 산 것이지만, 시만큼은 실로 전할 만하다.

詩有力量, 猶如弓之鬪力. 其未挽時, 不知其難也, 及其挽之, 力不及處, 分寸不可强. 若「出塞曲」云:"落日照大旗, 馬鳴風蕭蕭. 鳴笳三四發, 壯士慘不驕." 又「八哀」詩云:"汝陽讓帝子, 眉宇眞天人. 虬髯似太宗, 色映塞外春." 此等力量, 不容他人到.

시에는 역량이 있어야 한다. 이는 마치 활을 쏠 때 힘을 쓰는 것과 같다. 시위를 당기기 전에는 어려움을 모르다가, 막상 당길 때 힘이 못 미치면 한 푼 한 치도 억지로 할 수 없다. 예컨대 「출새곡出塞曲」에서 "지는 해는 큰 깃발을 비추고, 말이 울자 바람이 쓸쓸하다. 젓대 소리 서너 곡 들리자, 장사는 참담하여 교만 부리지 못한다[落日照大旗, 馬鳴風蕭蕭. 鳴笳三四發, 壯士慘不驕]"라고 하고, 「팔애八哀」에서 "여양汝陽을 제자帝子에게 사양했으니, 이마는 진정 하늘이 내린 사람이다. 용의 수염은 태종太宗을 닮아서, 그 빛이 변방 밖 봄에 빛난다[汝陽讓帝子, 眉宇眞天人. 虯髯似太宗, 色映塞外春]"라고 했다.[35] 이러한 역량은 다른 사람이 도달하는 것을 용납하지 않는다.

洪覺範在潭州水西小南臺寺. 覺範作『冷齋夜話』, 有曰: "詩至李義山, 爲文章一厄." 僕至此蹙頞無語, 渠再三窮詰, 僕不得已曰: "夕陽無限好, 只是近黃昏." 覺範曰: "我解子意矣." 卽時删去. 今印本猶存之, 蓋已前傳出者.

혜홍惠洪 각범覺範이 담주潭州의 물 서쪽 소남대사小南臺寺에 있었는데, 자신이 지은 『냉재야화冷齋夜話』에서 "시가 이의산(李義山 : 이상은)에 이르러, 문장에 하나의 액이 생겼다[詩至李義山, 爲文章一厄]"라고 했다. 내가 이 부분을 읽다가 이맛살을 찌푸리며 아무 말이 없자, 그가 재삼 추궁을 했다. 내가 어쩔 수 없어 "석양이 한없이 좋지만, 황혼에 가깝다는 것이다[夕陽無限好, 只是近黃昏]"를 거론했다. 그러자 각범은 "당신의 생각을 알겠소"라고 하고 바로 그 조항을 삭제했다. 지금 인쇄본에는 아직 남아 있는데, 이는 그 전에 인쇄된 것이다.

僕年十七歲時, 先大夫爲江東漕, 李端叔·高秀實皆父執也, 適在金陵. 二公遊蔣山, 僕雖年少, 數從杖履之後. 在定林說元微之詩, 引事皆有出處,① 屈曲隱奥, 高秀實皆能言之, 僕不覺自失. 因思古人讀書多, 出語皆有來處, 前輩亦讀書多, 能知之也.

① '皆', 原作'當', 據『百川』本改.

---

35 「출새곡(出塞曲)」과 「팔애(八哀)」는 모두 두보의 작품이다.

내가 열일곱 살 때 선친은 강동江東의 조운사漕運使로 계셨다. 그리고 이지의와 고수실高秀實은 모두 부집(父執 : 부친의 항렬)으로서 마침 금릉金陵에 있었다. 두 분이 장산蔣山을 유람할 때, 나는 나이는 어렸지만 여러 번 뒤를 따르며 모셨다. 정림定林에서 원진의 시를 설명해주셨는데 인용한 고사가 모두 출처가 있었고 내용에 담긴 숨은 의미들을 고수실께서 너무 잘 설명해주셔서 나도 모르게 아연실색했다. 이때, 옛사람들은 많은 책을 읽어서 내놓는 말들이 다 연원이 있고, 선배들도 다 많은 독서를 하여 그 내용을 잘 알고 있구나 생각했다.

① '皆'는 본래 '當'으로 되어 있었는데 『백천학해』본에 의거하여 고쳤다.

高秀實又云 : "元氏豔詩, 麗而有骨, 韓偓『香奩集』麗而無骨." 時李端叔意喜韓偓詩, 誦其序云 : "咀五色之靈芝, 香生九竅, 咽三危之瑞露, 美動七情." 秀實云 : "動不得也, 動不得也."

고수실이 또 "원씨(元氏 : 원진)의 염시豔詩는 미려하면서도 뼈가 있지만 한악韓偓의 『향렴집香奩集』은 미려하면서 뼈가 없다"라고 하자, 당시 한악의 시를 속으로 좋아했던 이지의가 그 서문을 낭독했다. "오색의 영지靈芝를 곱씹자, 향기가 구규九竅에서 나고, 삼위三危[36]의 상서로운 이슬을 삼키자, 아름다움이 칠정七情을 움직인다.[咀五色之靈芝, 香生九竅, 咽三危之瑞露, 美動七情.]" 이에 고수실은 "움직일 수가 없다, 움직일 수가 없다"라고 했다.

李太白詩云 : "問余何事栖碧山, 笑而不答心自閒. 桃花流水窅然去,

36 삼위(三危) : 땅 이름으로 지금의 돈황 일대를 가리킨다. 『서경』 「순전(舜典)」에 "삼묘씨(三苗氏)를 삼위로 귀양 보냈다[竄三苗于三危]"라고 하였다.

別有天地非人間." 東坡「嶺外」詩云: "老父爭看烏角巾, 應緣曾現宰官身. 溪邊古路三叉口, 獨立斜陽數過人." 賀知章呼李白爲謫仙人, 世傳東坡是戒禪師後身, 僕竊信之.

이백의 시에서 "내게 왜 청산에 사느냐고 하여, 웃을 뿐 대답하지 않으니 마음은 절로 한가롭다. 복사꽃 흐르는 물 아득히 사라지니, 별세상이지 인간의 경계가 아니다[問余何事棲碧山, 笑而不答心自閒. 桃花流水窅然去, 別有天地非人間]"라고 하고, 소식의 「영외嶺外」에서는 "노부는 앞다퉈 오각건烏角巾을 보며, 인연 따라 일찍이 관리로 몸을 드러냈다. 시냇가 옛길 세 갈래 입구에서, 석양에 홀로 서서 지나가는 사람을 세어본다[老父爭看烏角巾, 應緣曾現宰官身. 溪邊古路三叉口, 獨立斜陽數過人]"라고 했다. 하지장賀知章은 이백을 적선인謫仙人이라 했고 세상에서는 소식이 오조五祖 계선사戒禪師의 후신이라 이야기하는데, 나는 이 말을 마음속으로 믿는다.

白樂天詩云: "春色辭門柳, 秋聲到井梧." 此語未易及.

백거이의 시에서 "봄빛은 문 앞 버들을 떠나고, 가을 소리는 샘물 오동에 이르렀다[春色辭門柳, 秋聲到井梧]"라고 했다. 이 시어는 쉽게 도달할 수가 없다.

"誰人把酸慰深憂, 開自無憀落更愁. 幸有清溪三百曲, 不辭相送到黃州." "南枝北枝春事休, 楡錢可寄柳帶柔. 定是沈郎作詩瘦, 不應春能生許愁." 此東坡 · 魯直「梅」詩二章, 作詩名貌不出者, 當深攷二詩.

"누가 술잔 들고 깊은 시름을 위로하나, 꽃 필 때는 아무 걱정 없다가 꽃이 지자 다시 시름겹다. 다행히 맑은 계곡 삼백 굽이가 있어, 황주黃州로 보내는 것을 마다하지 않는다[誰人把酸慰深憂, 開自無憀落更愁. 幸有淸溪三百曲, 不辭相送到黃州]", "남쪽 가지 북쪽 가지에 봄이 다 간 뒤, 유전楡錢[37]을 부드러운 버드나무 띠에 붙일 만하다. 분명 심랑沈郎[38]은 시수詩瘦[39]가 되었을 터이나, 봄이 수심을 자아내게 하지는 않았으리라. [南枝北枝春事休, 楡錢可寄柳帶柔. 定是沈郎作詩瘦, 不應春能生許愁.]" 이 두 편은 각각 소식과 황정견의 「매화」이다. 시를 지으면서 아직 명성을 확보 못한 사람들은 마땅히 이 두 작품을 깊이 연구해야 한다.

宣和癸卯年, 僕遊嵩山峻極中院, 法堂後檐壁間有詩四句云:"一團茅草亂蓬蓬, 驀地燒天驀地空. 爭似滿爐煨榾柮,① 慢騰騰地熱烘烘." 字畫極草草, 其旁隸書四字云:'勿毀此詩.' 寺僧指示僕曰:"此四字司馬相公親書也." 嗟乎, 此言豈有感於公耶. 又於柱間大字隸書曰:'旦光頤來.' 其上一字, 公兄也, 第三字, 程正叔也. 又題壁云:"登山有道, 徐行則不困, 措足於實地則不危." 皆公隸書.

① '柮', 原作'楔', 據『貴耳集』改.

선화 계묘년(1123)에 나는 숭산의 준극중원峻極中院을 찾아갔다. 그곳의 법당 뒤 처마와 벽 사이에 4구의 시가 있었다. "한 무더기 띠풀은 어지럽게 펼쳐졌는데, 갑자기 불에 타 이내 텅 비었다. 마치 화로 가득 나무가 불탈 때, 점차 타올라 뜨겁게 달아오른 듯하다.[一團茅草亂蓬蓬, 驀

37 유전(楡錢): 일명 유협전(楡莢錢). 느릅나무 열매의 깍지인데 돈과 비슷하게 생겼다.
38 심랑(沈郎): 남·북조시대 남제(南齊) 사람 심약을 가리킨다. 그는 몸이 매우 수척하여 옷도 이기지 못할 정도였다 한다.
39 시수(詩瘦): 시를 짓느라 파리해진 사람이라는 뜻으로, 시 짓는 데 골몰하는 사람을 가리킨다.

地燒天蕎地空. 爭似滿爐煨榾柮, 慢騰騰地熱烘烘.]" 글씨 획은 매우 엉성했고 옆에는 예서隸書로 '이 시를 훼손하지 말라(勿毁此詩)'라는 네 글자가 쓰여 있었다. 절의 승려는 내게 "이 네 글자는 사마상공(사마광)이 직접 쓴 것입니다"라고 했다. 아, 이 말이 공의 감응을 자아내게 한 것인가. 또 기둥 사이에 예서체의 큰 글씨로 '단旦과 광光과 이頤가 오다(旦光頤來)'라고 되어 있었다. 맨 위 글자는 공의 형(사마단司馬旦)이고 세 번째 글자는 정정숙(程正叔 : 정이程頤)이다. 또 벽에 쓴 글에서 "산을 오르는 데는 방법이 있으니, 서서히 걸으면 피곤하지 않고 발을 실제 땅에 내딛으면 위태롭지 않다"라고 했는데, 모두 공이 예서로 쓴 것이다.

① '柮'은 본래 '楔'로 되어 있었는데 『귀이집貴耳集』에 의거하여 고쳤다.

林和靖「梅」詩云 : "疏影橫斜水淸淺, 暗香浮動月黃昏." 大爲歐陽文忠公稱賞. 大凡『和靖集』中, 「梅」詩最好, 梅花詩中此兩句尤奇麗. 東坡和少遊「梅」詩云 : "西湖處士骨應槁, 只有此詩君壓倒." 僕意東坡亦有微意也. 然和靖詩屬對淸切, 如「贈煅藥秀才」詩云 : "鯤鵬懶擊三千水, 龍虎閒封六一泥."

임보林逋가 쓴 「매화」의 "성긴 그림자 가로지른 물은 맑고 얕은데, 황혼 달에 향기가 조용히 스며온다[疏影橫斜水淸淺, 暗香浮動月黃昏]"는 구양수로부터 대단한 호평을 받았다. 대체로 『화정집和靖集』에서는 「매화」 시가 가장 좋은데, 그중에서도 위의 두 구절이 특히 기묘하고 미려하다. 소식은 진관의 「매화」에 화답한 시에서 "서호 처사는 기골이 메말랐을 터, 오직 이 시만이 그대가 압도한다[西湖處士骨應槁, 只有此詩君壓倒]"라고 했다. 나는 소식의 이 표현에 미묘한 뜻이 담겨 있으리라 생각한다. 하지만 임보의 시는 속대屬對가 맑고 절실하다. 예컨대 「증단약수재贈煅藥秀才」에서의 "곤어鯤魚와 붕새가 게으르게 삼천 리 물

길을 박차고, 용과 범이 한가롭게 육일신니六一神泥[40]를 봉한다[鯤鵬懶擊三千水, 龍虎閒封六一泥]" 등이다.

小杜作「華清宮」詩云: "雨露偏金穴, 乾坤入醉鄉." 如此天下焉得不亂.

두목이 지은 「화청궁華清宮」에서 "우로雨露는 황금 혈에만 치우치고, 건곤은 취향醉鄉으로 들어갔다[雨露偏金穴, 乾坤入醉鄉]"라고 했다. 이런 상황에서 세상이 어떻게 혼란하지 않을 수 있겠는가.

宋顏延之問己與靈運優劣于鮑照, 照曰: "謝五言如初發芙蓉, 自然可愛, 君詩鋪錦列繡, 亦雕繢滿眼." 此明遠對面褒貶, 而人不覺, 善論詩也, 特出之.

송나라 안연지가 포조에게 자신과 사령운의 비교를 요청했다. 포조는 "사령운의 오언은 막 피어난 부용과 같아서 자연스레 사랑스럽고, 그대의 시는 비단과 수를 펼쳐놓아서 또한 눈앞에 수식이 가득하다"라고 했다. 이는 포조가 직접 포폄을 보인 것인데도 사람들이 잘 모르고 있다. 시를 잘 평한 것이어서 특별히 여기에 적는다.

韓熙載仕江南, 每得俸給, 盡散後房歌姬. 熙載披衲持鉢, 就諸姬乞食, 率以爲常. 東坡以玉帶贈寶覺, 寶覺酬以舊衲, 東坡作詩謝之曰: "病骨難堪玉帶圍, 鈍根仍落箭鋒機. 欲教乞食諸姬院, 故與雲山舊衲

---

40 육일신니(六一神泥): 노정(爐鼎)에 연단(煉丹)할 때 중요한 일종의 보조 재료. 이 재료는 노정 사이의 틈을 봉하는 데 쓰인다.

衣."『江南野史』亦載韓事, 與此小異.

한희재韓熙載는 강남江南에서 벼슬살이를 할 때, 봉급을 받으면 후방後房의 가희들에게 모두 써버렸다. 한희재는 곧잘 납의衲衣를 입고 바릿대를 든 채 가희들에게 먹을 것을 빌곤 했다. 소식이 옥대玉帶를 보각寶覺선사에게 주자 보각선사가 옛 납의로 보답했고, 이에 소식이 사례의 시를 지었다. "병든 기골은 옥대를 감내하기 어렵고, 둔한 근성은 화살끝 기봉機峰에 떨어졌다. 가희들에게 밥을 빌게 하고자 해, 일부러 운산雲山의 옛 납의를 주었구려.[病骨難堪玉帶圍, 鈍根仍落箭鋒機. 欲教乞食諸姬院, 故與雲山舊衲衣.]" 『강남야사江南野史』에도 한희재와 관련된 이야기가 실려 있지만 이 내용과는 약간 다르다.

錢希白內翰作「擬唐詩」百篇, 備諸家之體. 自序曰: "今之所擬, 不獨其詞, 至于題目, 豈欲拋離本集, 或有事跡, 斯亦見之本傳." 故其「擬張籍上裴晉公」詩曰: "午橋莊上千竿竹, 綠野堂中白日春. 富貴極來惟歎老, 功名高後轉輕身. 嚴更未報皇城裏, 勝賞時遊洛水濱. 昨日庭趨三節度, 淮西曾是執戈人." 擬古當如此相似, 方可傳.

내한內翰 전이錢易가 「의당시擬唐詩」 백 편을 지었는데, 제가의 체를 모두 구비했다. 자서에서 "지금의 의작擬作은 그 시어뿐만 아니라 제목에 있어서도 어찌 본집本集에서 벗어날 수 있겠는가. 사적이 있는 경우에도 본전本傳에 그대로 보인다"라고 했다. 그래서 그의 「의장적상배진공擬張籍上裴晉公」에서 "오교장午橋莊 위의 천 칸 대나무, 녹야당綠野堂 안 한낮의 봄. 부귀가 극에 이를 때 늙음을 탄식하고, 공명이 드높은 뒤 몸이 가볍다. 엄경嚴更[41]은 황성 안에서 알려오지 않고, 좋은 곳 감상하려 이따금 낙수洛水 변을 노닌다. 어제 궁궐 뜨락에 세 절도節度가 지나갔는데, 일찍이 회서淮西 창을 든 사람이었다[午橋莊上千竿竹, 綠野堂中白日春. 富貴極來惟歎老, 功名高後轉輕身. 嚴更未報皇城裏, 勝賞時遊洛水濱. 昨日庭趨三節度, 淮西曾是執戈人]"라고 했다. 의고시擬古詩는 이처럼 유사해야만 비로소 세상에 전해질 수 있다.

王晉卿得罪外謫, 後房善歌者名囀春鶯, 乃東坡所見也, 亦遂爲密縣馬氏所得. 後晉卿還朝, 尋訪微知之, 作詩云 : "佳人已屬沙吒利, 義士今無古押衙." 僕在密縣與馬縉輔遊甚久, 知之最詳. 縉輔在其兄處猶見之, 國色也. 『西清詩話』中載此事, 云過潁昌見之, 傳誤也.

왕선王詵이 죄를 지어 외지로 좌천되었다. 그의 후방後房의 노래 잘 부르는 여인 전춘앵囀春鶯을 소식이 일찍이 보았었는데 이때 밀현密縣 마씨馬氏의 소유가 되었다. 나중에 왕선이 조정으로 돌아와 그녀의 자취를 뒤쫓다가 사실을 알고 지은 시에서 "가인佳人은 사타리沙吒利[42]의 소유가 되었고, 의사義士는 지금 고압아古押衙[43]가 없다[佳人已屬沙吒利, 義士今無古押衙]"라고 했다. 내가 밀현에서 마진보馬縉輔와 오랫동안 함께 지냈는데, 그 일을 매우 상세히 알고 있었다. 마진보가 자신의 형이 사는 곳에서 그녀를 보았는데 국색國色이었다고 한다. 『서청시화西清詩話』에서 이 이야기를 게재하며 영창潁昌을 지나다가 보았다고 했지만, 이는 잘못 전해진 이야기다.

---

41 엄경(嚴更) : 야행(夜行)을 경고하는 경고(更鼓 : 시간을 알리기 위해 치던 북)이다.

42 사타리(沙吒利) : 타인의 처첩이나 민간의 부녀자들을 멋대로 강탈하여 소유하는 권귀(權貴)를 가리킨다.

43 고압아(古押衙) : 당나라 설조(薛調)가 지은 『무쌍전(無雙傳)』에 나오는 인물 이름. 사생취의(捨生取義)하는 의사(義士)의 대명사로 쓰이곤 한다.

李義山詩, 字字鍛鍊, 用事婉約, 仍多近體, 惟有「韓碑」詩一首是古體. 有曰 : "塗改堯典舜典字, 點竄清廟生民詩." 豈立段碑時躁詞耶?

이상은의 시는 글자마다 단련되어 있고 용사用事가 함축적이고 간결하며 근체시가 대부분이지만, 「한비韓碑」만은 고체시이다. "「요전堯典」·「순전舜典」의 글자를 고쳐 쓰고, 「청묘淸廟」[44]·「생민生民」[45]의 시를 몰래 훔쳤다(塗改堯典舜典字, 點竄淸廟生民詩)"라고 했다. 혹시 단비(段碑 : 단문창段文昌의 「평회서비平淮西碑」)를 세울 때 서둘러 쓴 시였을까?

岑參詩亦自成一家, 蓋嘗從封常清軍, 其記西域異事甚多. 如「優鉢羅花歌」·「熱海行」, 古今傳記所不載者也.

잠삼岑參도 시에 일가를 이뤘고 일찍이 봉상청封常淸의 군대에 참가하여 서역의 특이한 일들을 매우 많이 기록하였다. 예컨대 「우발라화가優鉢羅花歌」와 「열해행熱海行」은 고금의 기록에 실리지 않은 내용이다.

黃魯直愛與郭功父戲謔嘲調, 雖不當盡信, 至如曰 : "公做詩費許多氣力做甚?" 此語切當, 有益於學詩者, 不可不知也.

황정견은 곽상정과 농담 주고받기를 좋아했다. 모두 다 믿을 순 없지만 예컨대 "공은 시를 지을 때 얼마나 많은 기운과 힘을 들여서 짓는

44 「청묘(淸廟)」 : 주나라 종묘(宗廟)에서 제사 지낼 때 연주하던 악장(樂章).

45 「생민(生民)」 : 조상 숭배의 뜻을 담은 시로 후직(后稷)이 강원(姜嫄)에게서 태어난 것과, 후직이라는 조상이 있었기 때문에 문왕과 무왕이 있게 되었음을 노래한 시. 『시경』 「대아(大雅) 생민」.

가?"라고 한 것은 매우 적절하고 타당한 말로서 시를 배우는 자에게 유익하므로 유념해야 한다.

"春水滿四澤, 夏雲多奇峰. 秋月揚明輝, 冬嶺秀孤松." 此顧長康詩, 誤編入『陶彭澤集』中.

"봄물은 사방에 가득하고, 여름구름은 기이한 봉우리가 많다. 가을달은 광채를 떨치고, 겨울 산마루에는 외로운 소나무만 빼어나다[春水滿四澤, 夏雲多奇峰. 秋月揚明輝, 冬嶺秀孤松]"는 고장강顧長康의 시인데도 『도팽택집陶彭澤集』에 잘못 들어가 있다.

元撰作『樹萱錄』, 載有人入夫差墓中, 見白居易·張籍·李賀·杜牧諸人賦詩, 皆能記憶, 句法亦各相似. 最後老杜亦來賦詩. 記其前四句云: "紫領寬袍漉酒巾, 江頭蕭散作閒人. 秋風有意吹蘆葉, 落日無情下水濱." 嗟乎, 若數君子, 皆不能脫然高蹈, 猶爲鬼耶? 殊不可曉也. 若以爲元撰自造此詞, 則數公之詩, 尚可庶幾, 而少陵四句, 非元所能道也.

원찬元撰이 지은 『수훤록樹萱錄』에는 다음과 같은 내용이 실려 있다. 어떤 사람이 부차夫差의 무덤 안으로 들어가 백거이·장적·이하·두목 등이 시를 짓는 모습을 보았다. 시의 내용이 모두 기억나고 구법 또한 그들의 것과 유사했다. 마지막에 두보도 와서 시를 지었는데, 그가 기억한 앞 4구는 "붉은 옷깃 넉넉한 옷자락에 술을 걸러내는 건을 쓰고, 강가에서 노니는 한적한 사람이 되었다. 가을바람 뜻을 담아 갈대잎에 불어오고, 지는 해는 무정하게 물 너머로 진다[紫領寬袍漉酒巾, 江頭蕭散作閒人. 秋風有意吹蘆葉, 落日無情下水濱]"이다. 아, 이 분들이 모두 훌쩍 높이 떠나지 못하고 귀신이 되어 있단 말인가? 도무지 알 수가 없다. 만일 원찬이 스스로 이 시를 지어낸 것이라면, 앞 몇 분의 시는 근사하게 다가갔지만 두보의 4구는 그가 능히 읊을 수 있는 것이 아니다.

唐時, 有清遠道士同沈恭子遊虎丘, 詩曰:"余本長殷周, 遭罹歷秦漢." 計之至唐, 則二千餘歲矣. 顔魯公愛而刻之, 且有詩曰:"客有神仙者, 於茲雅麗傳." 蓋指爲神仙也. 李衛公追「和魯公刻清遠道士」詩曰:"逸人綴清藻, 前哲留篇翰." 則逸人指清遠, 而前哲謂魯公也. 其後皮日休·陸龜蒙輩皆和之. 仙耶, 鬼耶, 則不必問. 然僕獨深愛其詩中數句云:"吟眺川之陰, 步上山之岸. 山川共澄澈, 光彩交凌亂. 白雲蓊欲歸, 清霧忽消半." 嗚呼, 借使非神仙, 亦一才鬼也.

당나라 때 청원淸遠 도사가 심공자沈恭子와 함께 호구虎丘를 유람하며 지은 시에서 "나는 본디 은·주에서 자라, 난을 겪으며 진·한을 지났다[余本長殷周, 遭罹曆秦漢]"라고 했다. 당까지의 시간을 계산하면 이천여 년이 된다. 안진경은 이 시를 좋아해서 돌에 새기고 시를 지어 "손님 가운데 신선이 있어, 지금껏 고아하고 미려함이 전해진다[客有神仙者, 於茲雅麗傳]"라고 했다. 청원 도사를 신선으로 지칭한 것이다. 이정이 나중에 지은 「화노공각청원도사和魯公刻淸遠道士」에서는 "일인逸人은 청정한 글을 엮고, 전철前哲은 한 편의 글을 남겼네[逸人綴淸藻, 前哲留篇翰]"라고 했다. 일인은 청원을 지칭하고 전철은 노공魯公을 말한다. 그 뒤에 피일휴皮日休·육구몽 등이 모두 화답의 시를 남겼다. 신선인지, 귀신인지는 굳이 물을 것이 없다. 나는 홀로 그 시 가운데 다음 몇 구절을 가장 좋아한다. "강물 그늘을 읊조리며 바라보고, 산 언덕을 걸어서 올라간다. 산과 물은 모두 해맑아, 광채가 서로 빛을 발한다. 흰 구름 자욱이 돌아가려 하자, 푸른 안개가 갑자기 절반쯤 사라진다[吟眺川之

陰, 步上山之岸. 山川共澄澈, 光彩交淩亂. 白雲蓊欲歸, 淸霧忽消半.]" 아, 그 자는 신선이 아니라면 재기 있는 귀신일 것이다.

"天棘蔓青絲", 洪覺範硬差'天棘'作'顚柳', 高秀實云: "天棘, 天門冬也." 當以秀實之言爲正. 顚天聲相近, 又酷似青絲. 又江南徐鉉家本云: "天棘蔓青絲." 若蔓生如青絲, 尤見是天門冬. 「秦州」詩云: "無風雲出塞, 不夜月臨關." 無風雲動, 不夜而月, 當細思之. 句法至此, 古今一人而已.

"천극天棘에 푸른 실이 흐드러졌다[天棘蔓青絲]"[46]에 대해 혜홍 각범은 일부러 '천극天棘'을 '전류顚柳'로 고쳤다. 그런데 고수실은 "천극은 천문동天門冬이다"라고 했다. 마땅히 고수실의 말로 바로잡아야 한다. '顚'과 '天'은 소리가 서로 가깝고, 또 '청사青絲'와도 매우 닮았다. 또 강남의 서현가본徐鉉家本에는 "천극만청사天棘蔓青絲"로 되어 있다. 덩굴로 자란 모습이 청사와 같다는 데에서 천문동임을 더욱 확인할 수 있다. 「진주秦州」에서는 "바람도 불지 않는데 구름은 변방을 나가고, 밤도 아닌데 달이 관문을 굽어보네[無風雲出塞, 不夜月臨關]"라고 했다. 바람 없이 구름이 움직이고 밤이 아닌데 달이 뜬 것을 마땅히 세심히 살펴봐야 한다. 구법이 여기에 도달한 것은 고금에 한 사람뿐이다.

杜牧之作「赤壁」詩云: "折戟沉沙鐵未消, 自將磨洗認前朝. 東風不與周郞便, 銅雀春深鎖二喬." 意謂赤壁不能縱火, 爲曹公奪二喬置之銅雀臺上也. 孫氏霸業, 繫此一戰, 社稷存亡·生靈塗炭都不問, 只恐捉

46 "천극(天棘) …… 흐드러졌다": 두보의 「사상인모재(巳上人茅齋)」의 한 구절이다.

了二喬, 可見措大不識好惡.

두목은 「적벽赤壁」에서 "모래에 묻힌 끊어진 창 아직 녹슬지 않아, 갈고 닦자 지난 왕조의 것임이 드러났다. 동풍이 주랑(周郎 : 주유) 편에 서지 않았다면, 동작대銅雀臺 깊은 봄에 이교二喬[47]가 갇혔으리라[折戟沉沙鐵未消, 自將磨洗認前朝. 東風不與周郎便, 銅雀春深鎖二喬]"라고 했다. 적벽강에서 불에 타지 않았다면 조공(曹公 : 조조)에 의해 이교가 탈취되어 동작대 위에 놓였을 것이라는 말이다. 손권의 패업은 이 일전에 달려 있었다. 그런데 사직의 존망과 백성의 도탄은 다 묻지 않고 이교가 붙잡힐까 우려한 것을 보면 조대(措大 : 빈한한 학자)는 본디 호오의 본질을 모르고 있음을 알 수 있다.

韓退之「聽穎師彈琴」詩云 : "浮雲柳絮無根蔕, 天地闊遠隨飛揚", 此泛聲也, 謂輕非絲重非木也. "喧啾百鳥羣, 忽見孤鳳凰", 泛聲中寄指聲也 "躋攀分寸不可上", 吟繹聲也 "失勢一落千丈强", 順下聲也. 僕不曉琴, 聞之善琴者云, 此數聲最難工. 自文忠公與東坡論此詩, 作聽琵琶詩之後, 後生隨例云云. 柳下惠則可, 我則不可, 故特論之, 少爲退之雪冤.

한유는 「청영사탄금聽穎師彈琴」에서 "뜬구름 버들개지는 뿌리가 없어, 하늘 땅 드넓은 곳을 마음대로 날아간다[浮雲柳絮無根蔕, 天地闊遠隨飛揚]"라고 했다. 이는 범성泛聲[48]으로, 가벼운 것이 실이 아니고 무거운

47 이교(二喬) : 중국 삼국시대 강동(江東)의 교공(喬公)의 두 딸이 절세미인이었다. 언니는 손책의 아내가 되고, 동생은 주유의 아내가 되었는데 그들을 이교라고 하였다.

48 범성(泛聲) : 연주할 때 노랫소리가 가락에 화합하도록 하여, 가볍게 뜨는 느린 연주의 허성(虛聲)을 두드러지게 하는 소리이다. 산성(散聲)이나 화성(和聲)이라고도 한다. 금琴을 예로 들어 산성과 실음(實音)을 설명한다면, 산성은 휘(徽)를 누르지 않고 현을 개방한 상태에서 내는 소리이고 실음은 휘를 누르고 내는 소리이다.

것이 나무가 아니라는 말이다. "조잘대는 수많은 새들 중에서, 갑자기 홀로 선 봉황을 본다[喧啾百鳥羣, 忽見孤鳳凰]"는 범성 가운데 기지성寄指聲이고 "밟고 붙들어도 한 푼 한 치도 오를 수 없다[躋攀分寸不可上]"는 음역성吟繹聲[49]이며 "기세를 잃어 천 길 낭떠러지로 떨어진다[失勢一落千丈强]"는 순하성順下聲[50]이다. 나는 금琴을 잘 모르지만, 금을 잘 타는 자에게 들으니 이들 소리는 가장 구현해내기 어렵다고 한다. 구양수가 소식과 더불어 이 시를 논하며 '비파소리 듣고'라는 시를 지은 후로 후학들이 그 예를 따라 지었다. 마음이 넓은 유하혜柳下惠[51]는 가능하지만 나는 불가능하기에 특별히 이를 논하여 조금이나마 한유의 억울함을 씻어주려 한다.

黃嗣徽少年時, 讀書有俊聲, 不幸爲後母訴於官, 隸軍籍. 王岐公丞相宣籍得之, 聞其識字, 使抄書. 一日, 觀宋復古郎中所畫山水, 使子弟賦詩, 嗣徽亦請賦, 公頷之. 頃刻成一絶句曰:"匣有瑤琴篋有書, 棲遲猶未卜吾廬. 主人況是丹青手, 乞取生涯似畫圖." 岐公大嗟賞之, 及問知曲折, 以故人子奏於朝, 乞以門客恩澤承務郎, 特補之. 命下之日, 暴卒, 窮命如此哉.

황사휘黃嗣徽가 소년이었을 때 학문에 뛰어난 명성을 드러냈으나 불행히도 계모가 관가에 고자질을 해 군적軍籍에 예속되었다. 그의 호적

49 음역성(吟繹聲) : 읊조리며 길게 이어지는 소리.

50 순하성(順下聲) : 굴곡이 없이 순조롭게 이어지는 소리.

51 유하혜(柳下惠) : 춘추시대 노나라 사람이다. 『논어』「미자(微子)」에 의하면, 유하혜가 사사(士師)가 되었다가 세 번을 쫓겨나자 어떤 이가 "그대는 이 나라를 떠날 수 없는가?"라고 하자, 유하혜가 "도를 곧게 하여 사람을 섬기면 어디 간들 세 번 쫓겨나지 않겠으며, 도를 굽혀서 사람을 섬기려면 왜 꼭 부모의 나라를 떠날 필요가 있겠는가"라고 답했다 하였다.

을 얻게 된 승상 왕규는 그가 글자를 안다는 말을 듣고 글을 베끼도록 했다. 그리고 어느 날, 낭중郎中 송적宋迪이 그린 산수화를 보고 자제들에게 시를 짓도록 했는데, 황사휘도 짓겠다고 해 그렇게 하라고 했다. 황사휘는 짧은 시간에 한 수의 절구시를 지었다. "갑 속에는 요금瑤琴이 있고 상자 속에는 책이 있지만, 아직 내 머물 집을 점지하지 못했네. 주인은 단청丹青의 고수이니, 내 삶을 그림으로 묘사해달라고 싶네.[匣有瑤琴篋有書, 棲遲猶未蔔吾廬. 主人況是丹青手, 乞取生涯似畫圖.]" 이를 보고 크게 찬탄한 왕규는 그의 곡절을 듣고 나서 친구의 아들이라며 조정에 상주하여 문객은택승무랑門客恩澤承務郎을 요청해 특별히 보임했다. 하지만 명령이 내려지는 날 그는 갑자기 세상을 떠났다. 운명이 어떻게 이처럼 기구하단 말인가.

王君玉內翰初登第, 調揚州江都縣令, 題九曲池詩云: "越調隋家曲, 當年亦九成. 哀音已亡國, 廢沼尚留名. 儀鳳終沉影, 鳴蛙祗沸聲. 淒涼不可問, 落日背蕪城." 晏元獻閱詩賞歎, 薦爲館職. 又嘗乞夢於后土祠, 夜得報云: "君年二十七, 官至四品." 時年正二十七, 大惡之, 過歲乃稍自安. 後以禮部侍郎樞密直學士致仕, 未改官制時正四品, 年七十二云.

내한內翰 왕기王琪가 처음 급제한 뒤 양주의 강도현령江都縣令으로 임명되었을 때, 구곡지九曲池에 쓴 시에서 "월조越調와 수 양제隋煬帝의 곡조는 당시에도 9장(成)이었다. 슬픈 음조에 나라는 이미 망했고, 망가진 연못에 이름은 남아있다. 의젓한 봉황은 결국 그림자조차 사라지고, 개구리만 소리 내어 울어댄다. 처량한 것은 물을 것도 없거니와, 석양만 황폐한 성을 등졌다[越調隋家曲, 當年亦九成. 哀音已亡國, 廢沼尚留名. 儀鳳終沉影, 鳴蛙祇沸聲. 淒涼不可問, 落日背蕪城]"라고 했다. 안수가 이 시를 보고 찬탄해, 조정에 추천하여 그는 대관직臺館職에 임명됐다. 또 그는 일찍이 후토사后土祠에 꿈을 요청하여 밤에 그 보답을 얻었다. "그대의 나이 스물일곱 살 때 관직이 4품에 이를 것이다"라고 했다. 당시 스물일곱 살이었던 그는 이를 대단히 불만스러워했고, 해가 지나고서야 점차 안정되었다. 뒤에 예부시랑 추밀직학사樞密直學士로 관직을 마감했고 관제官制가 개정되기 이전에 정 4품이었으며 나이는 일흔둘이었다.

"五年不出青門道, 邂逅尋春此一回. 忽憶秦川貴公子, 桃花落盡合歸來." 此高秀實「城東寄王越州」詩.

"오 년 동안 청문도青門道를 나서지 않았거늘, 봄 찾아 나선 이 길에 해후했네. 문득 진천秦川의 귀공자가 떠오르나니, 복사꽃 지고 나면 돌아오겠지.[五年不出青門道, 邂逅尋春此一回. 忽憶秦川貴公子, 桃花落盡合歸來.]" 이 시는 고수실의 「성동기왕월주城東寄王越州」이다.

羅隱詩云: "只知事逐眼前過, 不覺老從頭上來." 此語殊有味.

나은羅隱의 시에서 "일이 눈앞을 지나간 줄만 알 뿐, 늙음이 머리 위에서 다가온 줄을 모른다[只知事逐眼前過, 不覺老從頭上來]"라고 했다. 매우 되새길 만하다.

"若有人兮坐山楹, 雲衮兮霞纓. 秉芳兮欲寄, 路漫兮難征. 獨惆悵而狐疑, 蹇獨立兮忠貞." 此寒山語, 雖使屈・宋復生, 不能過也.

"누군가 산기둥에 앉아서, 구름 곤룡포에 노을 갓끈을 하고 있다. 꽃을 들어 부치고 싶지만, 길이 멀어 가기 어렵다. 홀로 시름 겨워하며 의심에 감싸이나니, 절뚝거리며 홀로 선 충정이여.[若有人兮坐山楹, 雲袞兮霞纓. 秉芳兮欲寄, 路漫兮難征. 獨惆悵而狐疑, 蹇獨立兮忠貞.]" 이것은 한산寒山의 글로서 굴원과 송옥이 다시 태어나더라도 앞설 수 없을 것이다.

蜀·陝路間有溪曰韓溪, 蕭酇侯追淮陰處也. 劉涇巨濟題詩一絶云: "豪傑相從意氣中, 憐才傾倒獨蕭公. 後來可是無奇客, 東閣投名尙不通."

촉蜀과 섬陝으로 가는 길 사이에 한계韓溪라는 시내가 있는데, 소하가 한신을 뒤쫓던 곳이다. 이에 관해 거제巨濟 유경劉涇이 절구 한 수를 지었다. "호걸이 서로 뒤쫓던 기개 속에서, 한몸에 사랑받은 인재는 소공蕭公이다. 후대에 기특한 인물이 어찌 없으랴만, 동각東閣에 이름 전해도 아직 소통되지 않았다.[豪傑相從意氣中, 憐才傾倒獨蕭公. 後來可是無奇客? 東閣投名尙不通.]"

李義山「錦瑟」詩曰: "錦瑟無端五十絃, 一絃一柱思華年. 莊生曉夢迷蝴蝶, 望帝春心託杜鵑. 滄海月明珠有淚, 藍田日暖玉生烟. 此情何待成追憶, 只是當時已惘然."『古今樂志』云: "錦瑟之爲器也, 其柱如其絃數, 其聲有適怨淸和." 又云: "感怨淸和,① 昔令狐楚侍人能彈此四曲, 詩中四句, 狀此四曲也." 張子厚曾疑此詩, 而趙推官深爲說如此.

① '感', 似當從上文作'適.'

이상은의「금슬錦瑟」에서 "무단한 금슬錦瑟 오십 현, 한 현 한 안주雁柱마다 화려한 때를 생각한다. 장생莊生은 새벽꿈 나비에 혼미하고, 망제(望帝: 촉제蜀帝)는 봄 마음을 두견에 의탁한다. 드넓은 바다 밝은 달 아래 구슬 눈물 떨구고, 남전藍田의 따스한 햇빛에 옥에서 연기가 핀다. 이 정을 어찌 추억으로 만들 것까지 있으랴, 당시에도 이미 망연했거늘[錦瑟無端五十弦, 一弦一柱思華年. 莊生曉夢迷蝴蝶, 望帝春心托杜鵑. 滄海月明珠有淚, 藍田日暖玉生烟. 此情何待成追憶, 只是當時已惘然]"이라고 했다. 『고금악지古今樂志』에서 "금슬은 기둥이 현의 숫자와 같으며, 그 소리에 적합함(適)·원망(怨)·맑음(淸)·온화함(和)이 들어있다"라고 하고, 또 "감원청화感怨淸和는 옛날 영호초令狐楚의 시자가 이 네 곡을 연주했는데, 시안의 네 구절은 이 네 곡을 나타낸 것이다"라고 했다. 장재는 일찍이 이 시를 의심했지만 추관推官 조심趙深은 이와 같이 이야기했다.

① '感'은 윗글에 맞추어 '適'으로 써야 할 것 같다.

老杜詩不可議論, 亦不必稱贊. 苟有所得, 亦不可不記也. 如唐太宗, 相者見之云: "龍鳳之姿, 天日之表." 而杜詩云"眞氣驚戶牖", 可謂簡而盡. 又「經昭陵」詩曰: "文物多師古, 朝廷半老儒. 直辭寧戮辱, 賢路不崎嶇." 太宗智勇英特, 武定天下, 而能如此, 最盛德也.

두보의 시는 논의해서도 안 되고 또 굳이 칭찬할 필요도 없지만, 정말 터득한 것이 있으면 기록에 남기지 않을 수 없다. 예컨대 당 태종에 대해 관상을 보던 자가 "용과 봉황의 자태이고, 하늘과 태양의 표상이다[龍鳳之姿, 天日之表]"라고 했는데, 두보의 시에서는 "참 기개는 문을 놀라게 한다[眞氣驚戶牖]"라고 했으니, 간결하면서도 극진하다고 할 만하다. 또 「경소릉經昭陵」에서는 "문물은 대부분 옛것을 스승으로 삼고, 조정은 절반이 노숙한 유자들이다. 죽임의 욕을 당할지언정 곧은 말을 해, 현자의 길이 기구하지 않았다[文物多師古, 朝廷半老儒. 直辭寧戮辱, 賢路不崎嶇]"라고 했다. 태종의 지혜와 용기가 영특해서 무예로 천하를 평정했으면서도 능히 이와 같이 한 것은 가장 성대한 덕을 갖췄기 때문이다.

「古樂府」云 : “藁砧今何在”, 言夫也, “山上復有山”, 言出也, “何當大刀頭, 破鏡飛上天”, 言月半當還也. 王明之在姑蘇, 嘗有所愛. 比至京師, 爲岐公丞相强留之. 逾時作詩云 : “黃金零落大刀頭, 玉箸歸期畫到秋. 紅錦寄魚風逆浪, 碧簫吹鳳月當樓. 伯勞知我經春別, 香蠟窺人一夜愁. 好去渡江千里夢, 滿天梅雨是蘇州.” 此詩之巧可傳也.

「고악부」의 “고침藁砧은 지금 어디 있는가[槁砧今何在]”는 남편(夫)을 말한 것이고 “산 위에 다시 산이 있다[山上復有山]”는 나가는 것(出)을 말한 것이고 “어찌하면 큰 칼로, 거울을 깨고 하늘로 날아갈까[何當大刀頭, 破鏡飛上天]”는 달이 절반쯤일 때 마땅히 돌아오리라는 것을 말한 것이다. 왕명지王明之가 고소姑蘇에 있을 때 일찍이 사랑하는 여인이 있었는데, 서울에 왔다가 승상 왕기에게 억지로 잡혀 머무르게 되었다. 시간이 지나 지은 시에서 “황금은 큰 칼 위에 떨어지고, 옥저玉箸가 돌아갈 때는 가을이겠네. 바람이 물결을 거스를 때 붉은 비단에 물고기(편지의 비유) 부치고, 달빛이 누대에 비칠 때 푸른 둥소로 봉황 곡조 연주하네. 백로伯勞[52]는 지난봄에 이별한 줄 알고, 향납(香蠟 : 촛불)은 한밤 시름겨운 사람을 엿보네. 강 건너 찾아간 천 리 길 꿈은, 하늘 가득 매화비 내리는 소주라네[黃金零落大刀頭, 玉箸歸期畫到秋. 紅錦寄魚風逆浪, 碧簫吹鳳月當樓. 伯勞知我經春別, 香蠟窺人一夜愁. 好去渡江千里夢, 滿天梅雨是蘇州]”라고 했다. 시의 기교가 전할 만하다.

段成式「與溫廷筠雲藍紙詩序」曰 : “余在九江, 出意造雲藍紙, 輒分送五十枚.” 其詩曰 : “三十六鱗充使時, 數番猶得表相思.” 蓋龍八十一鱗, 鯉三十六鱗也. 至宋景文詩云 : “君軒結戀蕭蕭馬, 尺素愁憑六六

52 백로(伯勞) : 까치보다 좀 작은 새이며 여름새다.

魚", 又使六六三十六也.

단성식段成式은 「여온정균운람지시서與溫廷筠雲藍紙詩序」에서 "내가 구강九江에 있을 때 마음먹고 운람지雲藍紙를 만들었는데, 지금 오십 매를 보낸다"라고 하고, 그 시에서 "삼십육 린鱗[53]이 사신이 되었을 때, 몇 번은 그리움을 나타낼 수 있다[三十六鱗充使時, 數番猶得表相思]"라고 했다. 용은 비늘이 여든한 개이고 잉어는 비늘이 서른여섯 개이다. 송기의 시에서는 "임금의 수레는 쓸쓸한 말에 사랑 맺고,[54] 편지는 육육六六 물고기에 안타깝게 기댄다[君軒結戀蕭蕭馬, 尺素愁憑六六魚]"라고 하여 6×6=36으로 해석했다.

南齊羊侃性豪侈, 舞人張靜婉, 腰圍一尺六寸, 能掌上舞. 唐人作「楊柳枝詞」云: "認得羊家靜婉腰." 後人除却家字, 只使羊靜婉, 誤矣.

남제南齊 양간羊侃은 본성이 호쾌하고 사치스러웠는데, 그의 무인舞人 장정원張靜婉은 허리가 한 자 육 치여서 손바닥 위에서도 춤을 출 수 있었다. 당나라 시인이 지은 「양류지사楊柳枝詞」에서는 "양씨羊氏 집안 정원靜婉의 허리를 잘 알고 있네[認得羊家靜婉腰]"라고 했다. 후인들이 '家'를 없애고 '羊靜婉'이라고 한 것은 잘못이다.

53 삼십육 린(鱗): 옆구리의 비늘이 서른여섯 개라는 뜻에서 잉어를 지칭하며, 잉어는 편지를 전달하는 매개자로 거론된다. 『고악부(古樂府)』「음마장성굴행(飮馬長城窟行)」: "멀리서 온 객이, 내게 한 쌍의 잉어를 전해주었네. 아이 불러 잉어를 삶게 했는데, 배 속에 편지가 들어있었네.[客從遠方來, 遺我雙鯉魚. 呼兒烹鯉魚, 中有尺素書.]"

54 임금의 …… 맺고: 말이 임금의 수레를 잊지 못하듯, 은혜에 감격하여 차마 떠나지 못하는 마음을 비유하는 말이다. 남조(南朝) 송(宋) 포조(鮑照) 「대동무음(代東武吟)」의 "해진 돗자리가 임금의 장막을 생각하듯, 지친 말이 임금의 수레를 연모하듯[棄席思君幄 疲馬戀君軒]"에서 연유한다.

元稹微之「樂府古題序」云："詩之爲體, 二十四名：賦・頌・銘・贊・文・誄・箴・詩・行・詠・吟・題・怨・歎・篇・章・操・引・謠・謳・歌・曲・辭・調, 皆詩人六義之餘."

원진은 「악부고제서樂府古題序」에서 "시의 체體는 모두 스물네 개이니, 부賦・송頌・명銘・찬贊・문文・뢰誄・잠箴・시詩・행行・영詠・음吟・제題・원怨・탄歎・편篇・장章・조操・인引・요謠・구謳・가歌・곡曲・사辭・조調로서, 모두 『시경』 육의六義의 여파이다"라고 했다.

王筠爲沈約作「草木十詠」, 直寫文詞, 不加篇題. 約曰："此詩指物呈形, 無假題注." 東坡作「竹鼺鼠」詩, 模寫肥腯醜濁之態, 讀之亦足想見風彩.

왕균王筠이 심약을 위해 「초목십영草木十詠」을 지었는데, 직접 서술하면서 편과 제목을 가하지 않았다. 심약은 "이 시는 사물을 지칭하고 형태를 드러내려 해 제목과 주석을 덧붙일 일이 없다"라고 했다. 소식은 「죽류서竹鼺鼠」를 지으며 살찌고 추한 모습을 묘사했다. 시를 읽는 것만으로도 그 모습을 떠올릴 수 있다.

「漁陽參撾」, 起於禰衡, '參'字, 音七覽反. 徐鍇引古歌詞以證此字云："邊城晏開漁陽摻, 黃塵蕭蕭白日暗."

「어양참과漁陽參撾」[55]는 녜형禰衡에게서 시작되었다. '參'은 반절半切

55 「어양참과(漁陽參撾)」: 북의 곡조. 남조(南朝) 송나라 유의경(劉義慶)의 『세설신어』 「언어(言語)」에서 "녜형이 위무제에 의해 고리(鼓吏)로 좌천됐는데 한 달 반 동안 북을 연습

음이 칠七+람覽=참이다. 서개徐鍇가 고가사古歌詞를 인용하여 이 글자를 증명하기를 "변성邊城은 늦게 「어양참漁陽摻」을 열어, 노란 먼지 쓸쓸한 곳에 한낮이 어둡다[邊城晏開漁陽摻, 黃塵蕭蕭白日暗]"라고 했다.

李義山賦云: "豈如河畔牛星, 來年祇聞一度. 不及苑中人柳, 終朝剩得三眠." 注: "漢苑中有人形柳, 一日三起三倒."

이상은은 "어찌하여 은하의 견우성처럼, 해마다 한 번만 소식을 듣는단 말인가. 궁원宮苑 안 버들 닮은 사람이, 하루에 세 번 잠자는 것만도 못하다[豈如河畔牛星, 來年祇聞一度. 不及苑中人柳, 終朝剩得三眠]"라고 했다. 그 주석에서는 "한나라 궁원 안에 버들을 닮은 사람이 있었는데, 하루에 세 번 일어나고 세 번 누웠다[漢苑中有人形柳, 一日三起三倒]"라고 했다.

楊炎歌云: "雪面淡蛾天上女, 鳳簫鸞翅欲飛去. 玉釵翹碧步無塵, 楚腰如柳不勝春." 爲元載侍姬瑤英作也.

양염楊炎은 "눈 같은 얼굴 담백한 눈썹의 천상 여인이, 봉황 퉁소와 난새 깃으로 날아가고자 한다. 옥비녀 푸른 깃은 걸어도 먼지가 일지 않고, 버들가지 같은 초나라 궁녀의 허리는 봄을 이기지 못한다[雪面淡蛾天上女, 鳳簫鸞翅欲飛去. 玉釵翹碧步無塵, 楚腰如柳不勝春]"라고 노래했다. 이 시는 원재元載의 시희侍姬 요영瑤英을 위해 지은 것이다.

했다. 형양포(衡揚枹)가 그 소리를 듣고 「어양참과」를 지었는데 깊은 금석의 소리를 내 좌객들이 모두 주목을 했다[禰衡被魏武謫爲鼓吏, 正月半試鼓, 衡揚枹爲「漁陽摻撾」, 淵淵有金石聲, 四座爲之改容]"라고 하였다.

五馬事, 無知者. 陳正敏云 : "孑孑干旟, 在浚之都. 素絲組之, 良馬五之." 以謂州長建旟, 作太守事. 又『漢官儀』注駟馬加左驂右騑, 二千石有左驂, 以爲五馬. 然前輩楊·劉·李·宋最號知僻事, 豈不讀『漢官儀』注而疑之耶. 故俱存之, 不敢以爲是, 以俟後之知者.

오마五馬의 고사에 대해 아는 사람이 없다. 진정민陳正敏이 이르기를 "홀로 펄럭이는 창 깃발, 준浚 도읍에 있네. 흰 실로 엮어놓은, 양마가 다섯이네[孑孑干旟, 在浚之都. 素絲組之, 良馬五之]"라고 했다. 한 주의 장이 깃발을 세우고 태수 일을 본 것을 묘사한 것이다. 또 『한관의漢官儀』의 주석에서, 사마駟馬는 좌참左驂과 우비右騑[56]를 가하는데, 이천 석은 좌참이 있으며 모두 다섯 마리라고 했다. 그런데 선대 학자들인 양楊·유劉·이李·송宋이 어려운 고사를 잘 안다고 잘 알려졌는데도 어찌 『한관의』의 주석도 읽지 않고 의문을 제기했겠는가. 그래서 감히 확정하지 않고 있는 그대로 제시하여 아는 후인을 기다린다.

李太白云 : "子夜吳歌動君心",① 李義山詩"鶯能子夜歌", 云晉有子夜者善歌, 非時數也.

① '吳', 原作'無', 據『百川』本改.

이백은 "자야오가子夜吳歌가 그대 마음을 움직인다[子夜吳歌動君心]"라고 하고, 이상은은 "꾀꼬리가 자야가를 잘 부른다[鶯能子夜歌]"라고 했다. 이는 노래 잘 부르던 진晉나라의 자야子夜를 가리킨 것이지, 시간을 가리킨 것이 아니라고 한다.

56 사마(駟馬) …… 우비(右騑) : 사마는 네 필의 말이 끄는 수레인데, 그중 바깥쪽의 두 마리를 참(驂)이라 한다. 참마 중 왼쪽 것은 좌참마(左驂馬)이고 오른쪽 것은 우참마(右驂馬, 또는 우비(右騑))이다. 특히 우비에는 왕비·공주·봉군(封君) 등이 탔다.

① '吳'는 원래 '無'로 되어 있었는데 『백천학해』본에 의거하여 고쳤다.

先伯父熙寧九年四月二十七日, 夜夢至一處, 榜曰清香館. 東邊有別院, 東壁有詩牌云: "「題冀公功德院」, 山東李白." 其詩曰: "秋風吹桂子, 只在此山中. 待得春風起, 還應生桂叢. 桂叢日以滿, 清香何時斷. 只爲愛清香, 故號清香館." 伯父自作『記夢』一篇, 書之甚詳. 嘗記季父說,① 元豐五年, 自房陵召還, 一日, 忽獨言曰: "清香館." 自後多不屑世間事, 或默坐終日, 人莫敢問其曲折.

① 『百川』本'說'下有'少張'二字.

선백부(허안세)가 희녕 9년(1076) 4월 27일 밤에 꿈을 꾸었다. 한 곳에 이르자 청향관淸香館이란 방榜이 붙어 있었다. 동쪽에 별원이 있고 그 동쪽 벽에 시패詩牌가 있었는데 "「제기공공덕원題冀公功德院」 산동이백山東李白"이라 쓰고 "가을바람 계화에 불 때, 이 산속에 머물고 있다. 봄바람이 일면, 다시 계화 싹이 돋으리라. 계화 싹이 가득 자라면, 맑은 향이 언제건 끊어지랴. 맑은 향이 좋아서, 청향관이라 부른다[秋風吹桂子, 只在此山中. 待得春風起, 還應生桂叢. 桂叢日以滿, 淸香何時斷. 只爲愛淸香, 故號淸香館]"라는 시가 쓰여 있었다. 백부는 『기몽記夢』을 지어 그 내용을 매우 상세하게 적었다. 일찍이 계부(허중산)가 하신 말씀을 들었는데, 백부는 원풍 5년(1082)에 방릉房陵[57]으로부터 부름을 받고 돌아온 뒤, 어느 날 혼자 '청향관'이라 되뇌고 나서는 세상일에 거의 관심을 안 기울이고 종일 조용히 앉아 있었으며 사람들이 감히 그 이유를 물을 수도 없었다고 한다.

① 『백천학해』본에는 '說' 아래에 '少張' 두 글자가 있다.

---

57 방릉(房陵): 호북성에 있는 현명(縣名).

古詩云 : “上山采交藤.” 交藤, 何首烏也, 服之令人多慾生子, 有“采采芣苢”之意. 「衛風」云 : “伊其相謔, 贈之以芍藥.” 陸農師說芍藥破血, 欲其不成子姓耳. 不知眞有此意否.

고시에 “산에 올라 교등交藤을 채취하네[上山采交藤]”라는 구절이 있다. 교등은 하수오何首烏이며 복용하면 자식을 낳고 싶은 욕구가 생기므로 “질경이를 캐네[采采芣苢]”[58]라는 뜻이 담긴 것이다. 『시경』「위풍衛風」에서는 “서로 장난치며, 작약을 전해주네[伊其相謔, 贈之以芍藥]”라고 했다. 육전陸佃이 “작약은 피를 파괴시켜 자식을 못 만들게 작용한다”라고 했는데, 정말 그런 성분이 들어있는지는 알 수 없다.

季父仲山, 病中夢至一處泛舟, 環水皆奇峰可愛, 賦詩云 : “山色濃如滴, 湖光平如席. 風月不相識, 相逢便相得.” 旣寤而言之, 後數日卒. 叔父楚若, 先大夫母弟, 甫壯而亡. 少時獨不爲時學, 愛『穀梁春秋』與柳柳州文. 作詩用事, 無一言蹈襲者. 其所著撰號『阨奇集』, 自序曰 : “水激之以亂石則有聲, 麝藏之以褻器則馨. 齊不下者二城, 田單因而縱兵. 文獨不待阨而後奇乎.” 兵火間散亂不可復得, 略記其敍數句, 以見其措意如此.

계부 허중산이 병중에 다음과 같은 꿈을 꾸었다. 어느 곳에 이르러 배를 탔는데 주위가 매우 아름다운 산봉우리들로 둘러싸여 있어 이렇게 시를 지었다. “산은 물에 적신 듯 짙고, 호수는 자리처럼 평평하다. 풍월과 알지 못하는 사이지만, 만나니 이내 친하다.[山色濃如滴, 湖光平

58 “질경이를 캐네” : 『시경』「주남(周南)」「부이(芣苢)」의 한 구절이다. 주희(朱熹)는 『시경집전(詩經集傳)』에서 “질경이를 캐는 것은 어떠한 용도인지 자세히 알 수 없으나 혹자는 그 씨앗이 난산을 다스린다고 했다[采之, 未詳何用, 或曰其子治産難]”라고 해석했다.

如席. 風月不相識, 相逢便相得.]” 그는 꿈에서 깬 뒤 이 말을 하고 나서 며칠 뒤 세상을 떠났다. 숙부 허초약許楚若은 선대부모(先大夫母 : 모친)의 아우로 성년이 될 무렵에 세상을 떠났다. 어려서 유독 당시의 주류 학문을 익히지 않고 『춘추곡량전穀梁春秋傳』과 유종원의 문장을 애독하였으며 시를 지을 때 인용한 고사는 한마디도 이전 것을 답습한 것이 없었다. 글모음집을 『액기집阨奇集』이라 했으며 그 자서에서 “물이 돌들에 부딪히면 소리가 나고, 사향은 지저분한 그릇에 담겨도 향기가 난다. 제나라에 함락되지 않은 곳이 두 성인데, 전단田單[59]이 그 때문에 병사를 출진시켰다. 문장만 유독 곤궁에 의하지 않고 기묘할 수 있겠는가[水激之以亂石則有聲, 麝藏之以褻器則馨. 齊不下者二城, 田單因而縱兵. 文獨不待阨而後奇乎]”라고 했다. 글이 병화 때 흩어지고 다시 얻을 수 없어 몇몇 내용만 대략 서술하여 밝힌다.

長安慈恩寺有數女仙夜遊, 題詩云 : “皇子陂頭好月明, 强踏華筵到曉行. 烟波山色翠黛橫, 折得落花還恨生.” 化爲白鶴飛去. 明日又題一首云 : “湖水團團夜如鏡, 碧樹紅花相掩映, 北斗闌干移曉柄, 有似佳期常不定.” 長安南山下一書生, 作小圃蒔花, 才一日, 有犢車麗女來飲於庭, 邀書生同席, 旣去, 作詩云 : “相思無路莫相思, 風裏楊花只片時. 惆悵深閨獨歸處, 曉鶯啼斷綠楊枝.” 皆鬼仙詩, 婉約可愛.

장안長安 자은사慈恩寺에 몇몇 선녀가 밤에 유람을 나와 “황자피皇子陂 위에 달빛이 고와, 일부러 화려한 연회에 와서 새벽까지 거닌다. 안개 낀 산에 비취색 가로놓이니, 끊어진 낙화가 다시 태어난 게 한스럽

59 전단(田單) : 중국 전국시대 제(齊)나라의 상장군. 전국시대에 연(燕)나라가 제나라를 쳐서 즉묵(卽墨)과 거읍(莒邑) 두 성만 남고 칠십 성이 모두 함락되었는데 전단이 즉묵성(卽墨城)을 지켜서 마침내 연나라 군사를 부수고 나라를 완전히 수복하였다.

구나[皇子陂頭好月明, 强踏華筵到曉行. 烟波山色翠黛橫, 折得落花還恨生]”라는 시를 짓고 백학으로 변하여 날아갔다. 그리고 이튿날에 또 내려와 1수를 지었다. “드넓은 호수는 한밤 거울과 같아, 푸른 나무 붉은 꽃이 마주 비춘다. 북두 난간이 새벽을 향해 방향 옮기니, 좋은 시절은 언제나 정해지지 않는 듯하다.[湖水團團夜如鏡, 碧樹紅花相掩映. 北斗闌干移曉柄, 有似佳期常不定.]” 장안 남산南山 아래에 사는 서생이 작은 동산을 가꿔 꽃을 심었는데, 하루쯤 지나 소달구지를 탄 아리따운 여인이 찾아와 술자리를 마련하고 그를 청했다. 그녀는 떠날 무렵 지은 시에서 “서로 그릴 길 없으니 그리워하지 말라, 바람 속 버들 꽃은 잠시일 뿐이다. 서글피 깊은 규방으로 홀로 돌아갈 때, 새벽 꾀꼬리는 푸른 버들가지에서 소리 멈춘다[相思無路莫相思, 風裏楊花只片時. 惆悵深閨獨歸處, 曉鶯啼斷綠楊枝]”라고 했다. 모두 귀선鬼仙의 시로서 유연하고 간결한 것이 참 좋다.

司馬公諱池, 仁廟朝待制, 溫國文正公之父也. 作「行色」詩云 : “冷於陂水淡於秋, 遠陌初窮見渡頭. 賴得丹青無畫處, 畫成應遣一生愁.” 又黃公諱庶, 魯直之父, 作「大孤山」詩云 : “銀山巨浪獨夫險, 比干一片崔嵬心.” 人傳溫公家舊有琉璃盞, 爲官奴所碎, 洛尹怒, 令糾錄聽溫公區處. 公判云 : “玉爵弗揮, 典禮雖聞于往記, 彩雲易散, 過差宜恕于斯人.” 又魯直作詩, 用事壓韻, 皆超妙出人意表, 蓋其傳襲文章, 種性如此.

사마지司馬池공은 인종 때의 대제待制로 온국溫國 문정공文正公 사마광의 아버지다. 자신의 「행색行色」에서 “언덕 아래 물보다 차갑고 가을보다 담백해, 저 멀리 비탈 사라진 곳을 나룻가에서 본다. 단청이 가해지지 않은 곳에, 그림으로 그려 시름을 떨치고 싶다[冷於陂水淡於秋, 遠陌初窮見渡頭. 賴得丹靑無畫處, 畫成應遣一生愁]”라고 했다. 황서黃庶공은 황정견의 부친이다. 「대고산大孤山」에서 "은빛 산 큰 물결 독부獨夫의 험난함은, 비간比干의 한 조각 드높은 마음이다[銀山巨浪獨夫險, 比干一片崔嵬心]"라고 했다. 전하는 말에 의하면, 사마광의 집안에 옛날부터 전해오는 유리잔이 있었는데 관노官奴가 이를 깨뜨렸다. 화가 난 낙양윤洛陽尹이 사실을 조사한 뒤 처리하라고 하자 사마광은 이렇게 판결했다. "옥 술잔을 휘두르지 않아야함은, 지난 기록에 전례로 전해온 것이나, 오색 구름은 쉽사리 흩어지는 터, 작은 잘못을 범한 이 사람을 용서해야 한다." 또 황정견이 지은 시는 인용한 고사와 사용한 운이 모두 일상의 생각을 월등히 벗어났다. 가전되어 온 문장을 몸에 익혔고 타고난 본성이 그러했던 것이다.

饒德操爲僧, 號倚松道人, 名曰如璧. 作詩有句法, 苦學副其才情, 不愧前輩. 尤善作銘贊古文, 其作「佛米贊」, 謂武將念佛, 以米計數, 得三升也. 將軍念佛, 難於遣詞, 而曰 : "時平主聖, 萬國自靖, 不殺而武, 不征而正, 矯矯虎臣, 無所用命. 移將東南, 介我佛會, 久聞我曹, 念佛三昧. 喑嗚叱咤, 化爲佛聲, 三令五申, 易爲佛名. 一佛一米, 爲米三升. 自升而斗, 自斗而斛, 念之無窮, 太倉不足." 觀此, 雖柳子厚曲折, 不過是矣.

요절이 승려가 되었을 때 호를 의송도인倚松道人이라 하고 이름을 여벽如璧이라 했다. 시를 지을 때 구법이 있고 자신의 재능과 정서에 부합하게 힘써 배워서 이전 시인들에게 손색이 없었다. 더욱이 명銘과 찬贊, 고문古文에 능했다. 그가 지은 「불미찬佛米贊」은 무장武將이 염불念佛한 숫자를 쌀알로 기록하여 3승升을 얻었다는 내용이다. 장군의 염불은 글로 표현하기 어려운데도 "세상은 평화롭고 군주는 성스러워, 만국이 절로 편안하여, 죽임이 없이도 무武가 존재하고, 정벌하지 않고도 바르며, 호기에 찬 무신이, 임금의 명을 받들 일이 없다. 장수를 동남으로 옮겨, 우리 불회佛會에 참여하니, 우리들이, 염불 삼매에 빠졌다는 말을 오래전에 들어서다. 암오질타喑嗚叱咤[60]가, 부처의 소리로 변하고, 삼령오신三令五申[61]이, 부처의 이름으로 바뀌었다. 염불 한 번에 쌀 한 톨이 더해져, 3승의 쌀이 되었다. 승에서 두斗가 되고, 두에서 곡斛이 되어, 염불이 끝이 없으면, 큰 창고도 부족하리라[時平主聖, 萬國自靖, 不殺而武, 不征而正, 矯矯虎臣, 無所用命. 移將東南, 介我佛會, 久聞我曹, 念佛三昧. 喑嗚叱咤, 化爲佛聲, 三令五申, 易爲佛名. 一佛一米, 爲米三升. 自升而斗, 自斗而斛, 念之無窮, 太倉不足]"라고 했다. 이 글을 보면 비록 유종원의 유연한 문장이라도 이를 앞서지 못할 것이다.

柳子厚守柳州日, 築龍城, 得白石, 微辨刻畫, 曰 : "龍城柳, 神所守. 驅厲鬼, 山左首. 福土氓, 制九醜." 此子厚自記也. 退之作「羅池廟碑」云 : "福我兮壽我, 驅厲鬼兮山之左." 蓋用此事.

유종원이 유주태수로 있을 때, 용성龍城을 축조하다가 백석白石 하나를 얻어 세밀하게 구성해 이렇게 글씨를 새겼다. "용성의 버드나무는, 신이 지키는 곳이다. 악귀를 내쫓았으니, 산좌의 우두머리다. 백성들에게 복을 내리고, 구주의 추한 무리들을 제압하리라.[龍城柳, 神所守. 驅厲鬼, 山左首. 福土氓, 制九醜.]" 이는 유종원이 스스로 적은 것이다. 한유가 「나지묘비羅池廟碑」에서 "내게 복을 내리고 내게 장수를 누리게 할지니, 악귀를 내쫓은 곳은 산의 좌편이다[福我兮壽我, 驅厲鬼兮山之左]"라

60 암오질타(喑嗚叱咤) : 기세가 장성(壯盛)한 것을 형용한다. 송나라 육유(陸遊)의 「雨夜不寐觀壁間所張魏鄭公砥柱銘」에서 "세상에 어찌 훌륭한 인물이 하나 없겠는가, 등등한 기세가 오랑캐를 삼키리라[世間豈無一好漢, 叱咤喑嗚氣呑虜]"라고 하였다.

61 삼령오신(三令五申) : 세 번 호령하고 다섯 번 거듭 말함. 곧 군대에서 자세히 명령하는 것을 뜻한다. 『사기』「손무전(孫武傳)」에서 "약속이 이미 보고되자 바로 부월(鈇鉞)을 설비하고 삼령오신을 하였다"라고 하였다.

고 한 것은 이 고사를 인용한 것이다.

唐高宗御羣臣宴, 賞「雙頭牡丹」詩. 上官昭容一聯云 : "勢如連璧友, 情若臭蘭人." 計之必一英奇女子也.

당 고종이 군신들과의 연회에서 시 「쌍두모란雙頭牡丹」을 감상했다. 상관소용上官昭容이 지은 1연에서 "형세는 연결된 옥 친구와 같고, 정감은 난초 향기 사람과 같다[勢如連璧友, 情若臭蘭人]"라고 했다. 헤아려보면 그녀는 틀림없이 영특하고 기이한 여인이다.

東坡受知神廟, 雖謫而實欲用之, 東坡微解此意, 論賈誼謫長沙事, 蓋自況也. 後作神廟挽詞云 : "病馬空思櫪, 枯葵已泫霜." 此非深悲至痛不能道此語. 在元祐間獲「鬼章」, 作「告裕陵文」云 : "將帥用命, 爭酬未報之恩, 神靈在天, 難逃不漏之網." 後人輒謂東坡以微文謗訕, 天乎, 寧有是哉.

소식은 신묘(神廟 : 신종)로부터 인정을 받았다. 겉으로는 좌천을 당했지만 실제로는 등용하고 싶은 뜻이 담겼었다. 소식은 이런 뜻을 알아차리고 가의賈誼가 장사長沙로 좌천된 이야기를 거론했다. 바로 자신의 처지를 견준 것이었다. 뒤에 지은 「신묘만사神廟挽詞」에서는 "병든 말은 공연히 구유를 생각하고, 마른 해바라기는 이미 서리에 젖었다[病馬空思櫪, 枯葵已泫霜]"라고 했다. 깊은 슬픔과 극진한 고통이 아니면 말할 수 없는 내용이다. 원우 연간에 「귀장鬼章」을 얻은 뒤 지은 「고유릉문告裕陵文」에서는 "장수가 어명을 실행할 때, 보답하지 못한 은혜에 다퉈 보답하고, 신령이 하늘에 있어, 새지 않는 그물을 벗어나기 어렵다[將帥

用命, 爭酬未報之恩, 神靈在天, 難逃不漏之網]"라고 했다. 후인들은 이를 소식이 미묘한 표현으로 헐뜯은 것이라고 하지만 하늘이여, 어찌 그럴 리가 있겠는가.

兪秀老紫芝詩有云: "有時俗事不稱意, 無限好山都上心." 雖峭然中實人情也.

자지紫芝 유수로兪秀老의 시에서 "때로는 세상 일이 내 맘에 들지 않지만, 무한히 좋은 산은 모두 마음에 든다[有時俗事不稱意, 無限好山都上心]"라고 했다. 툭 튀어나온 느낌이지만 인정에는 들어맞는다.

有客泊湘妃廟前, 夜半偶不寐, 見輿衛入廟中, 置酒鼓琴, 心悸不敢窺. 殆明方散, 隱隱絶水浮空去. 因入廟中, 見詩四句, 墨色猶未乾, 云: "碧杜紅蘅縹緲香, 冰絲彈月弄新涼. 峰巒向曉渾相似, 九處堪疑九斷腸." 神怪不足言, 但詩殊佳, 故錄之.

상비묘湘妃廟 앞에 정박을 하던 어느 나그네가 늦은 밤까지 잠들지 않고 있었다. 그때 수레 하나가 사당 안으로 들어간 뒤 술자리가 마련되고 거문고 연주가 들려왔다. 하지만 그는 무서운 마음에 감히 엿보지 못했다. 날이 샐 무렵에 비로소 자리가 파했는데 수레가 아스라이 물 위를 떠나 허공으로 사라졌다. 그는 사당 안으로 들어가 네 구절의 시를 보았다. 먹이 아직 마르지 않은 상태였다. "푸른 팥배나무 붉은 족두리 풀에 향기 스미고, 차가운 현을 달빛 아래 연주하며 새 가을을 농한다. 산봉우리는 새벽 무렵 모두 비슷한데, 아홉 곳에 구곡 간장이 끊어진 듯하구나.[碧杜紅蘅縹緲香, 冰絲彈月弄新涼. 峰巒向曉渾相似, 九處堪

疑九斷腸.]" 기괴한 신의 이야기는 말할 것이 못되지만 시가 특별히 아름답기에 여기에 적는다.

錢昭度能詩, 嘗作「呂申公夷簡生日」詩云:"磻溪重得呂, 維嶽再生申." 當時詩格律止此, 然可謂著題也已.

전소도錢昭度가 시에 능하여, 일찍이 지은 「여신공이간생일呂申公夷簡生日」에서 "반계磻溪가 거듭 여상呂尙[62]을 얻고, 유악維嶽이 다시 신백申伯[63]을 내었네[磻溪重得呂, 維嶽再生申]"라고 했다. 시의 율격이 여기에 그쳤지만 제목을 충분히 드러냈다고 할 만하다.

晁無咎在崇寧間次李承之長短句, 以吊承之, 曰:"射虎山邊尋舊跡, 騎鯨海上追前約, 便與江湖永相忘, 還堪樂." 不獨用事的確, 其指意高古深悲, 而善怨似『離騷』, 故特錄之.

조무구晁無咎가 숭녕 연간에 이승지李承之의 장단구를 차운하여 이승지를 애도했다. "범을 쏜 산에서 옛 자취를 찾고, 고래를 탄 바다 위에서 지난 약속을 더듬으며, 문득 강호와 영원히 서로 잊으니, 도리어 즐겁겠구나.[射虎山邊尋舊跡, 騎鯨海上追前約, 便與江湖永相忘, 還堪樂.]" 용사

62 여상(呂尙) : 주나라 초기의 정치가. 문왕이 위수(渭水) 가에서 처음 만나 그를 스승으로 삼았으며, 뒤에 무왕을 도와 은나라를 멸망시키고 천하를 평정하였다. 태공망 혹은 강태공이라고도 한다.

63 신백(申伯) : 주 선왕(宣王)의 외숙. 『시경』「숭고(崧高)」에 "높고 높은 산악이 치솟아 하늘에 이르도다. 산악이 신을 내려 보와 신을 낳았도다[崧高維嶽, 駿極于天. 維嶽降神, 生甫及申]"라고 하였는데, 보는 중산보(仲山甫)이고 신은 신백이다. 신백과 중산보가 높은 산악의 정기를 타고났음을 노래한 것이다.

가 정확할 뿐만 아니라 내용이 고상하고, 예스러우면서도 깊은 슬픔이 담겨서 절제된 그 원망이 『이소』를 닮았기에 특별히 여기에 적는다.

韓退之云 : "橫空盤硬語, 妥帖力排奡." 蓋能殺縛事實, 與意義合, 最難能之, 知其難則可與論詩矣, 此所以稱孟東野也.

한유가 이르기를 "허공에 딱딱한 말을 늘어놓고, 온당하게 호탕함을 힘쓴다[橫空盤硬語, 妥帖力排奡]"라고 했다. 사실을 얽어 내용과 부합되게 하는 것이 가장 어려우며, 또 어려움을 알면 더불어 시를 논할 수 있으니 이것이 맹교를 높이 사는 점이다.

楊舜韶友夔, 長僕十餘歲, 向同在姑蘇, 時盜發孫堅墓, 楊作詩云 : "闔廬城邊荒古丘, 昔誰葬者孫豫州. 久無行客爲下馬, 時有牧童來放牛." 嗚呼, 舜韶今已矣, 他詩皆工, 必傳于世也.

순소舜韶 양우기楊友夔는 나보다 십여 세 위이다. 지난날 고소에서 그와 함께 지냈다. 당시 손견孫堅의 무덤이 도굴 당하는 사건이 발생했는데, 양우기는 시에서 "합려성 옆 거친 옛 언덕에, 장례 치른 이 누구냐 하면 손예주(孫豫州 : 손견)다. 오랫동안 말에서 내리는 행객은 없고 이따금 목동이 찾아와 소를 먹인다[闔廬城邊荒古丘, 昔誰葬者孫豫州. 久無行客爲下馬, 時有牧童來放牛]"라고 했다. 아, 양우기는 지금 이미 세상에 없지만 그의 시는 모두 훌륭하여 반드시 세상에 전해질 것이다.

楊華旣奔梁, 元魏胡武靈后作「楊白華歌」, 令宮人連臂踏足歌之, 聲甚凄斷. 柳子厚「樂府」云 : "楊白華, 風吹渡江水, 坐令宮樹無顔色, 搖蕩春心幾千里. 回看落日下長秋, 哀歌未斷城烏起." 言婉而情深, 古今絶唱也. 魏舊歌云 : "陽春二三月, 楊柳齊作花. 春風一夜入閨闥, 楊花飄落入南家. 含情出戶脚無力, 拾得楊花淚沾臆. 秋去春來雙燕子, 願銜楊花入巢裏." 此詞亦自奇麗, 錄之以存古樂府題云.

양화楊華가 량梁으로 도망간 뒤, 원위元魏 호무령후胡武靈后가 「양백화가楊白華歌」를 지어 궁녀들로 하여금 팔을 잡고 늘어서서 땅을 밟으며 노래 부르게 했다. 그 소리가 매우 구슬펐다. 유종원은 「악부樂府」에서 "버드나무 흰 꽃이여, 바람이 불자 강을 건너며, 궁궐 나무를 무안하게 하고, 몇천 리 밖까지 춘심을 흔든다. 뒤돌아보니 해는 긴 가을 너머로 지고, 구슬픈 노래는 끊이지 않는데 성 위에 까마귀가 난다[楊白華, 風吹渡江水, 坐令宮樹無顔色, 搖蕩春心幾千里. 回看落日下長秋, 哀歌未斷城烏起]"라고 했다. 시어가 부드러우면서 정이 깊어 고금의 절창이다. 위魏나라의 옛 노래에 "양춘 이삼월에, 수양버들과 버드나무가 모두 꽃을 피운다. 봄바람이 어느 날 밤 집안으로 불어오자, 양화가 흩날리며 남쪽 집으로 들어간다. 정을 안고 문을 나설 때 다리에 힘이 없고, 양화를 주울 때 눈물이 가슴을 적신다. 가을에 떠났다 봄에 찾아오는 한 쌍의 제비가, 양화를 물고 제 집으로 들어가려 한다[陽春二三月, 楊柳齊作花. 春風一夜入閨闥, 楊花飄落入南家. 含情出戶脚無力, 拾得楊花淚沾臆. 秋去春來雙燕子, 願銜楊花入巢裏]"라고 했다. 가사가 또한 기묘하고 아름다워서 여기에 그 내용을 적어 고악부의 하나로 남기려 한다.

"風定花猶舞, 鳥鳴山更幽." 世傳荊公改'舞'字作'落'字, 其語頓工. 然"風定花猶落"乃梁謝貞八歲時所作「春日閒居」詩也, 從舅王筠奇之, 曰 : "追步惠連矣."

"바람이 자도 꽃은 날아가고, 새가 울어도 산은 더욱 그윽하다.[風定花猶舞, 鳥鳴山更幽.]" 전하는 말에 의하면, 왕안석이 '舞'를 '落'으로 고쳐 시어가 아주 좋아졌다고 한다. 하지만 "風定花猶落"은 양사정梁謝貞이 팔 세 때 지은 「춘일한거春日閒居」의 한 구절로서 종구從舅 왕균이 기특해 하며 "사혜련謝惠連을 따라잡을 만하다"라고 했다.

「會老堂口號」曰: "金馬玉堂三學士, 清風明月兩閒人." 初謂'清風'·'明月'古通用語. 後讀『南史·謝譓傳』曰: "入我室者, 但有清風, 對我飮者, 惟當明月." 歐陽文忠公文章雖優, 詞亦精緻如此.

「회로당구호會老堂口號」(구양수)에서 "금마옥당의 세 학사, 청풍명월의 한적한 두 사람[金馬玉堂三學士, 清風明月兩閒人]"이라고 했는데, 처음에는 '清風'과 '明月'이 예로부터 통용돼 온 말이라고 생각했다. 그런데 뒤에 『남사南史』「사혜전謝譓傳」을 읽으니 "내 방안에 들어온 것은, 청풍뿐이고, 나와 마주해 마시는 것은, 명월뿐이다[入我室者, 但有清風, 對我飮者, 惟當明月]"라고 했다. 구양수는 원래 문장이 우수하지만 시 또한 이처럼 정치하다.

老杜「衡州」詩云: "悠悠委薄俗, 鬱鬱回剛腸." 此語甚悲. 昔蒯通讀「樂毅傳」而涕泣, 後之人亦當有味此而泣者也.

두보의 「형주衡州」에서 "아득히 야박한 풍속에 맡기고, 우울하게 강한 창자를 돌린다[悠悠委薄俗, 鬱鬱回剛腸]"라고 한 것은 매우 슬픈 표현이다. 옛날 괴통蒯通이 「악의전樂毅傳」을 읽고 눈물을 흘렸는데, 후인들 중에도 이 시를 음미하며 우는 사람이 있을 것이다.

陳克子高作「贈別」詩云：“淚眼生憎好天色，離觴偏觸病心情.” 雖韓渥・溫庭筠，未嘗措意至此.

자고子高 진극陳克은 「증별贈別」에서 “눈물 흘리는 눈에는 좋은 하늘빛이 밉고, 이별의 술잔은 병든 마음을 건드린다[淚眼生憎好天色，離觴偏觸病心情]”라고 했다. 한악과 온정균이라 해도 이렇게까지 내용을 구성하지는 못할 것이다.

王豐父待制，岐公丞相之子，少年詞賦登科，文章世其家. 我先伯父狀元實岐公客，僕亦獲事待制公. 世所見者，表章序記應用之文耳，其詩精密，人鮮知者. 如“白髮衰天癸，丹砂養地丁.” 意脈貫串，尚勝三甲六丁之語，此所謂參禪中參活句也. 又作「拄杖」詩云：“老境得爲丘壑伴，醉鄉還勝子孫扶.” 其風味雍容如此，天下有公論，僕不敢私. 豐父嘗與僕言，班孟堅「兩都賦」，華壯第一，然只是文詞. 若叔皮「北征賦」云：“劇蒙公之疲民兮，爲強秦而築怨.” 此語不可及. 僕嘗三復玩味之，知前輩觀書，自有見處.

대제待制 왕중王仲은 승상 왕기의 아들로서 소년시절에 사부詞賦로 급제하고 문학 가문의 명성을 이어갔다. 나의 선백부(허안세)가 장원을 할 때, 승상 왕기 집안의 객으로 있었고 나 역시 왕중공을 모셨었다. 세상에서 알고 있는 것은 그의 표表, 장章, 서序, 기記 등의 응용문應用文일 뿐이고 그가 시에 정밀하다는 사실을 아는 사람은 드물다. 예컨대 “백발은 천계天癸에 쇠퇴하고, 단사는 지정地丁에서 기른다[白髮衰天癸，丹砂養地丁]”는 내용의 맥이 관통되어서 삼갑三甲 육정六丁 따위의 시어보다도 앞서니, 이른바 참선參禪에서의 참활구參活句[64]이다. 또 「주장拄杖」에서는 “노경에 언덕배기에서의 반려가 되고, 취향에서는 자손의 부축보다 낫다[老境得爲丘壑伴, 醉鄕還勝子孫扶]"라고 한 것처럼 여유가 넘쳤다. 이에 대해서는 세상의 공론이 있을 터이므로 내가 감히 사사로이 말하지 않겠다. 왕중공은 일찍이 내게 말씀하였다. "반맹견(班孟堅 : 반고班固)의 「양도부兩都賦」는 화려하고 장엄함에서는 으뜸이지만 한낱 문사文詞일 뿐이다. 그런데 반숙피(班叔皮 : 반표班彪)의 「북정부北征賦」에서 "극심한 몽공(몽념蒙恬)의 백성을 괴롭힘이여, 강한 진秦을 위해 원망을 쌓았다[劇蒙公之疲民兮, 爲强秦而築怨]"라고 했는데, 이 시어는 따라갈 수 없다고 하였다. 내가 일찍이 세 번 반복해서 감상을 하면서 선인들이 책을 보며 스스로 간파한 것이 있음을 알았다.

「李夫人賦」序云, "帝悲感爲作詩曰 : '是耶, 非耶, 立而望之偏.'" 僕曰, 因此, 則退之"走馬來看立不正"之所祖述也.

「이부인부李夫人賦」[65]의 시序에서, "황제가 비감에 젖어 시를 짓기를 '맞는가, 아닌가, 한쪽으로 기울어서 바라본다[是耶, 非耶, 立而望之偏]'라고 했다. 나의 견해로는, 이에 의한다면 한유의 '말을 달려서 와 보니 서있는 것이 바르지 않다[走馬來看立不正]'의 원조가 된다고 본다"라고 했다.

---

64 참활구(參活句) : 활구(活句 : 살아있는 말)를 참구함. 송(宋) 임제종(臨濟宗) 양기파(楊岐派)의 승려 대혜 종고(大慧宗杲) 선사가 "무릇 학문을 참구하는 자는 모름지기 활구(活句)를 참구해야지 사구(死句)를 참구해서는 안 된다. 활구 밑에서 깨치면 영원토록 잊지 않고, 사구 밑에서 깨치면 스스로 구제하지 못한다[夫參學者, 須參活句, 莫參死句. 活句下薦得, 永劫不忘, 死句下薦得, 自救不了]"라고 하였다.

65 「이부인부(李夫人賦)」 : 한 무제(漢武帝) 유철(劉徹) 자신의 희첩(姬妾) 이부인을 애도하며 지은 부(賦) 작품이다.

陶彭澤「歸去來辭」云:"旣自以心爲形役, 奚惆悵而獨悲." 是此老悟道處. 若人能用此兩句, 出處有餘裕也.

도연명의 「귀거래사」에서 "이미 마음이 육체의 부림을 당했는데, 어찌 서글프게 홀로 슬퍼만 할 것인가旣自以心爲形役, 奚惆悵而獨悲"라고 한 표현은 이 분이 도를 깨친 부분이다. 사람이 이 두 구절을 쓸 수만 있다면 출사出仕와 은거에 여유가 있을 것이다.

東坡詩, 不可指摘輕議, 詞源如長河大江, 飄沙卷沫, 枯槎束薪, 蘭舟繡鷁, 皆隨流矣. 珍泉幽澗, 澄澤靈沼, 可愛可喜, 無一點塵滓, 只是體不似江湖, 讀者幸以此意求之.

소식의 시는 지적해서 가볍게 논할 수 없다. 사詞의 근원이 긴 황하와 큰 양자강 같아서, 나부끼는 모래와 말리는 거품과 마른 뗏목과 한 묶음 땔나무와 목란배와 수놓은 익주鷁舟[66]가 모두 물결에 따라 만들어진다. 진귀한 샘물, 그윽한 시내와 맑은 연못, 영험한 소沼가 사랑스럽고 좋아서 한 점 티끌이 없다. 다만 몸체가 강호와 닮지 않았을 뿐이다. 독자는 부디 이런 뜻으로 본지를 찾길 바란다.

鮮于子駿作「九誦」, 東坡大稱之, 云友屈·宋于千載之上. 觀「堯祠」·「舜祠」二章, 氣格高古, 自東漢以來鮮及. 前輩稱賛人略緣實也.

선우자준鮮于子駿이 지은 「구송九誦」에 대해 소식이 대단히 칭찬하며

66 익주(鷁舟): 수신(水神)을 누르고 바람을 견딘다는 뜻을 가진 익새[鷁]를 돛대 머리에 단 배이다.

천 년 전 굴원・송옥과 벗할 만하다고 했다. 「요사堯祠」와 「순사舜祠」 2장을 보면 기와 격이 고상하고 예스러워서 동한 이후에 따라갈 자가 드물다. 선대 학자들이 사람을 칭찬할 때는 대부분 사실에 근거한다.

世間花卉, 無踰蓮花者, 蓋諸花皆藉暄風暖日, 獨蓮花得意于水月. 其香清凉, 雖荷葉無花時亦自香也. 梁江從簡爲「采荷調」云: "欲持荷作柱, 荷弱不勝梁. 欲持荷作鏡, 荷暗本無光." 此語嘲何敬容, 而波及蓮荷矣. 春時穠麗, 無過桃柳. "桃之夭夭" "楊柳依依", 詩人言之也. 老杜云: "顚狂柳絮隨風去, 輕薄桃花逐水流." 不知緣誰而波及桃花與楊柳矣.

세상 화훼 가운데 연꽃보다 좋은 것은 없다. 여느 꽃들은 모두 따뜻한 바람과 따스한 햇살에 힘입지만, 연꽃은 홀로 물과 달에서 득의한다. 그 향기는 청량해서 연잎에 꽃이 없을 때도 저절로 향기가 난다. 남조南朝 양의 강종간江從簡이 지은 「채하조采荷調」에서 "연꽃으로 기둥을 만들고 싶지만, 연이 약해 기둥 노릇을 할 수 없다. 연으로 거울을 만들고 싶지만, 연은 어두워 본디 빛이 없다[欲持荷作柱, 荷弱不勝梁. 欲持荷作鏡, 荷暗本無光]"라고 했는데, 연으로 비유삼아 하경용何敬容을 조롱한 것이다. 봄철에는 농염하고 화려한 것 가운데 복사꽃과 버들보다 앞선 것이 없다. "어여쁜 복사꽃이여[桃之夭夭]", "흐드러진 버들이여[楊柳依依]"는 시인(『시경』)이 한 말이다. 두보의 "미치광이 버들개지는 바람 따라 날아가고, 가벼운 복사꽃은 물을 따라 흘러간다[顚狂柳絮隨風去, 輕薄桃花逐水流]"에서는 버들과 복사꽃을 무엇에 견주려 한 것인지 알 수 없다.

樂府記大言小言詩, 錄昭明詞, 而不書始于宋玉, 何也. 豈誤耶, 有說耶.

악부에서 대언大言과 소언小言의 시를 기록할 때, 소명昭明의 사詞를 수록하면서도 송옥에게서 시작된 내용을 쓰지 않은 것은 왜일까? 오류가 있었던 것일까, 다른 이설이 있어서일까?

梁武帝作「白紵舞詞」四句, 令沈約改其詞爲四時白紵之歌. 帝詞云: "朱絃玉柱羅象筵, 飛管促節舞少年. 短歌留目未肯前, 含笑一轉私自憐." 嗟乎麗矣, 古今當爲第一也.

양 무제가 「백저무사白紵舞詞」 4구를 지은 뒤 심약에게 이 가사를 기초로 사계절 백저가白紵歌를 만들도록 했다. 양 무제의 사는 이렇다. "붉은 현과 옥기둥이 상연象筵[67]에 나열되고, 나는 관管 촉박한 장단에 소년이 춤을 춘다. 단가에 눈이 멈춰 앞으로 나가려하지 않고, 웃음 띠고 빙 돌며 스스로 자랑스러워 한다.[朱絃玉柱羅象筵, 飛管促節舞少年. 短歌留目未肯前, 含笑一轉私自憐.]" 아, 미려하다. 고금의 으뜸일 것이다.

作詩淺易鄙陋之氣不除, 大可惡. 客問何從去之, 僕曰: "熟讀唐李義山詩與本朝黃魯直詩而深思焉, 則去也." 客言: "李·杜詩中說馬如『相馬經』, 有能過之者乎." 僕曰: "『毛詩』過之." 曰: "六經固不可擬, 然亦未嘗子細說馬相態行步也." 僕曰: "願熟讀之, '兩驂如舞', 此馹語所謂花踏羊行是也. '兩驂如手', 此馹語所謂熟使喚是也. 思之, 便覺'走過掣電傾城知'與'神行電邁涉恍惚'爲難騎耳."

67 상연(象筵): 상아로 제작된 자리. 호화로운 연석(筵席)을 형용한다. 남조 송나라 안연지가 「황태자석전회작(皇太子釋奠會作)」에서 "집에는 상연을 설치하고, 뜰에는 금현(金懸)을 두었네[堂設象筵, 庭宿金懸]"라고 하였다.

시를 지을 때 천박하고 평이하고 비루한 기를 제거하지 않으면 대단히 추하다. 어떤 사람이 어떻게 제거해야 하느냐고 물어, 나는 "당 이상은의 시와 본조 황정견의 시를 충분히 읽고 깊게 생각한다면 제거될 것이다"라고 했다. 또 "이백과 두보가 시에서 말에 대한 설명을 『상마경相馬經』처럼 했는데, 이보다 앞선 것이 있는가?"라고 하여 내가 "『모시毛詩』가 앞선다"라고 했다. 그러자 "육경은 본디 논할 것이 없지만, 일찍이 말의 모습이나 태도나 걸음걸이를 자세히 설명한 적은 없다"라고 했다. 이에 나는 "자세히 읽어보기 바란다. '두 참마驂馬가 춤추는 듯하다[兩驂如舞]'는, 준마에 대한 글에서 말한 '꽃을 밟고 양이 걷는 듯하다[花踏羊行]'이고 '두 참마가 손과 같다[兩驂如手]'는, 준마에 대한 글에서 말한 '부리기를 익숙하게 한다[熟使喚]'이다. 또한 잘 생각해보면 '번개처럼 질주해 지나가는 것을 온 성이 안다[走過掣電傾城知]'와 '신처럼 우레처럼 황홀하게 달린다[神行電邁涉恍惚]'가 타기 어렵다는 뜻임을 이해하게 된다"라고 했다.

韓退之「元和聖德」詩云 : "駕龍十二, 魚魚雅雅." 其深于詩者耶.

한유는 「원화성덕元和聖德」에서 "용을 타신 지 십이 년 동안, 전아하다[駕龍十二, 魚魚雅雅]"라고 했다. 시에 심원한 분이다.

裴休「題泐潭」云 : "泐潭形勝地, 祖塔在雲湄. 浩劫有窮日, 貞風無墜時. 歲華空自老, 消息竟誰知. 到此輕塵慮, 功名自可遺." 詩格律止此. 然裴參黃檗, 其語不誇不怨不怒也.

배휴裴休의 「제륵담題泐潭」에서 "늑담泐潭 빼어난 곳에, 마조탑馬祖塔

이 구름가에 있다. 무수한 세월이 흘러도, 올곧은 풍모는 추락할 때가 없으리라. 흐르는 세월에 부질없이 늙어갈 때, 그 소식을 누가 알아줄까. 이곳에 오자 속세의 염려가 가벼워져, 공명이 저절로 버려진다[泐潭形勝地, 祖塔在雲湄. 浩劫有窮日, 貞風無墜時. 歲華空自老, 消息竟誰知. 到此輕塵慮, 功名自可遺]"라고 했는데, 시의 격률이 여기에만 그칠 뿐이다. 하지만 배휴는 황벽黃檗[68]을 참조할 때 시어가 과장되지 않고 원망하지 않고 노여워하지 않는다.

"孤村芳草遠, 斜日杏花飛." 大丞相萊國公寇忠愍之語.

"외딴 마을에 저 멀리 아름다운 풀 펼쳐지고, 석양에 살구꽃이 날아간다[孤村芳草遠, 斜日杏花飛]"는 대승상大丞相 내국공萊國公 구준의 시이다.

蜀道觀中, 鑿井得一碑, 刻文似賦似贊, 曰: "有物有物, 可大可久. 采乎蠶食之前, 用乎火化之後. 成湯自上而臨下, 夸父虛中而見受. 氣應朝光, 功參夜漏. 白英聚而雪凘, 黃酥凝而金醜. 轉制不已, 神趣鬼驟. 金輿, 玉輿, 天年上壽. 無著于文, 訣之在口." 後有隱士言: "是漢時陰眞人所著鍊丹法, 後雜著于「子玉碑」." 僕恨不得其門戶, 聊復存之.

촉蜀의 도관道觀에서 샘을 파다 비석 하나를 발견했다. 거기에는 부賦 같기도 하고 찬贊 같기도 한 문장이 새겨져있었다. "여기 사물이 하나

68 황벽(黃檗): 당나라 단제(斷際) 선사 희운(希運)의 별칭. 『전심요결(傳心要訣)』과 『완릉록(宛陵錄)』, 이 두 권의 책은 선종(宣宗) 때의 상국(相國)인 배휴가 그의 법문을 들은 것과 대화한 내용을 편집한 것으로, 화두를 통한 돈오(頓悟)의 중요성을 강조하고 있다. 『전심요결』의 원래 제목은 『황벽산 단제선사 전심법요(黃蘗山斷際禪師傳心法要)』인데, 앞머리에 배휴의 서(序)가 있고 그 말미에 『완릉록』 1권이 부록으로 붙어 있다.

있으니, 크고 오래갈 만하다. 누에가 먹기 전에 채취하고, 불로 변화한 뒤에 사용한다. 성탕成湯이 위에서 아래를 굽어보고, 과보(夸父)[69]가 마음을 비우고 받아들인다. 기운은 아침빛에 응하고, 공은 밤 시각에 참구한다. 흰 꽃이 모일 때 눈발이 부끄럽고, 누런 연유가 엉기면 황금이 추하다. 끝없이 구르며 만들어져, 신神의 뜻 귀鬼의 자취처럼 재빠르다. 황금인가? 옥기인가? 하늘이 내린 으뜸의 수명을 누리겠다. 문장으로 나타낼 수 없고, 비결은 입에 있다.[有物有物, 可大可久. 采乎蠶食之前, 用乎火化之後. 成湯自上而臨下, 誇父虛中而見受. 氣應朝光, 功參夜漏. 白英聚而雪慚, 黃酥凝而金醜. 轉制不已, 神趣鬼驟. 金與, 玉與, 天年上壽. 無著于文, 訣之在口.]" 훗날 어느 은자가 "한나라 때 음진인陰眞人이 지은 연단법鍊丹法으로, 훗날 「자옥비子玉碑」에 섞여 나타난다"라고 했다. 연단에 대해 잘 모르는 것을 안타까워하며 애오라지 그 내용을 여기에 적어둔다.

69 과보(夸父) : 신화 속의 인물. 『산해경』「해외북경(海外北經)」에 "과보가 해를 쫓아가다가 팔 일 만에 목이 말라 하위(河渭)에서 물을 먹었고, 그것이 부족하여 북쪽 대택(大澤)으로 물을 마시러 가다가 이르지 못하고 죽었다. 이때 그가 짚고 간 지팡이가 변하여 등림(鄧林)이 되었다"라고 하였다.

『석림시화石林詩話』

송宋 섭몽득葉夢得

섭몽득葉夢得, 『석림시화石林詩話』 해제

섭몽득(1077~1148)은 자가 소온少蘊이며 호는 석림거사石林居士이고 소주 오현吳縣 사람이다. 철종 소성 4년(1097)에 진사가 되었고 휘종 때 채경蔡京의 추천으로 사부랑관祠部郎官이 되었으며 이후 한림학사, 용도각학사龍圖閣學士, 상서좌승尙書左丞, 행궁유수行宮留守 등을 역임했다. 그는 북송과 남송 교체기의 저명한 학자로서 장서가 삼만 권이 넘었고 조정의 사무에 정통하고 재정을 깊이 이해하여 상주하는 정책마다 당시의 폐단에 주효했다. 또한 시문에 뛰어나서 『사고전서총목제요』에서는 그가 “문장이 고아하고 북송의 유풍을 간직한 듯하여 남도南渡 후 진여의陳與義와 가히 어깨를 나란히 했다[文章高雅, 猶存北宋遺風, 南渡後與陳與義可以肩隨]”라고 칭찬했다. 그는 시로써 일가를 이루었고 사도 잘 지어서 소사小詞의 완약하고 유려함이 이후주 및 온정균의 풍격과 비슷했다. 그의 저서에는 『건강집建康集』, 『석림사石林詞』, 『피서록화避暑錄話』, 『석림연어石林燕語』, 『석림시화』 등이 있다.

섭몽득의 『석림시화』는 섭몽득이 정치적으로 채경과 관계가 밀접했던 탓에 비판을 많이 받았다. 예를 들어 원방회元方回는 『영규율수瀛奎律髓』에서 "오직 왕안석만 위주로 하여 소식, 황정견은 은근히 폄하하니 정론이 아니다[專主半山, 而陰抑蘇黃, 非正論也]"라고 했고 『사고전서총목제요』도 동일한 관점을 피력했다. 그러나 "섭몽득의 시문은 남송과 북송에서 으뜸이었고 그의 평론은 이따금 깊이를 파고들어서, 외피적 견해를 가지고 남을 따라 평가하는 자들과 비교할 수 있는 것이 아니다[夢得詩文, 實南北宋間之巨擘, 其所評論, 往往深中窾會, 終非他家聽聲之見, 隨人以爲是非者比]"라고 인정하기도 했다. 사실 『석림시화』 속의 구양수, 소식, 왕안석과 관련된 십여 조를 검토하면 모두 칭찬과 비판이 다 갖춰져 있어 결코 당파적 관점으로 고하를 나누지는 않았다. 곽소우도 『송시화고』에서 "냉정하게 말하면 책 속의 논의는 오히려 공정한 편이어서 반드시 당쟁의 관점에서 본 것은 아니다[平心而論, 書中論議尙屬公允, 正不必從黨爭角度視之]"라고 하였다.

『석림시화』는 주로 개인의 심미적 취향에 근거하여 전 시대와 북송의 시인 및 시를 평하고 북송 문단의 일화들을 기록했다. 형식상으로 북송 시화의 느슨한 '한담'과 '기록'의 특징에서 벗어나지 못하기는 했지만 시 창작 이론을 집중적으로 탐구함으로써 당시의 시화들 중 비교적 큰 성과를 거뒀다.

섭몽득의 시론의 종지는 첫째, '입의立意'의 강조와 '기격氣格'의 표방이다. 먼저 그는 의미와 시어 중에서 의미를 더 중시하여 "의미가 도달한 경우에는 시어가 구조에 안 맞아도 문제를 제기하지 않는다[意所到處, 雖語有不倫, 亦復不問]"라고 하였다. 시어 때문에 의미를 해쳐서는 절대로 안 되며 가장 좋은 것은 의미와 시어가 다 훌륭한 것이라고 보아서 "의미가 언어와 하나가 되고 언어가 의미를 따라 배치되어 혼연일체가 되는[意與言會, 言隨意遣, 渾然天成]" 상태를 강조했다. 오직 이래야만 범속함에 빠지지 않고 비로소 기격을 드러낼 수 있다는 것이다. 그는 이처럼 의미를 강조하면서 주로 두보의 시를 예로 끌어들였고 두보의 시를 가리켜 "의미의 사용이 깊어 고풍을 잃지 않았다[用意深遠, 不失古風]"고 하는 동시에 왕안석의 입을 빌려 "두보의 '주렴 걷어 올리자 자던 백로가 일어나고, 약을 둥글게 만들 때 꾀꼬리가 노래한다[鉤簾宿鷺起, 丸藥流鶯囀]'는 용의用意가 고상하고 오묘하여 오자 구의 모범이다[老杜'鉤簾宿鷺起, 丸藥流鶯囀'之句, 以爲用意高妙, 五字之模楷]"라고도 했다. 의미가 깊고 아득한 두보의 시 풍격을 높이 평가한 것이다. 그리고 기격을 논하면서는 예를 들어 정곡의 "어지러이 내리는 승사僧舍에 차 연기가 젖고, 세밀하게 씻는 가루歌樓에 술 힘이 약하다[亂飄僧舍茶煙濕, 密灑歌樓酒力微]"에 대해 "체물어를 버리지 않은 것은 아니지만 기격이 이처럼 누추하다[非不去體物語, 而氣格如此其卑]"고 비난하였다. 이로써 입의와 기격이 섭몽득 시 평론의 가장 중요한 기준이었음을 알 수 있다.

두 번째로 자연스러움과 새로움을 주장했다. 예를 들어 그는 말하길 "고금에 시를 논평한 이들이 많지만, 나는 유독 탕혜휴湯惠休가 사령운을 일컬어 '연꽃 도랑에 태양이 막 뜬 것(初日芙渠)'이라 하고, 심약이 왕균을 일컬어 '탄환이 손을 벗어난 것(彈丸脫手)'이라고 한 두 마디가 가장 적합하다고 생각한다. '연꽃 도랑에 태양이 막 뜬 것'은 인력으로 도달할 수 있는 것이 아니며 그 정채와 빛나는 오묘함이 자연스레 조화의 오묘함을 드러내니, 사령운의 시에서도 이에 합당한 것은 얼마 되지 않는다. '탄환이 손을 벗어난 것'은 비록 토로함이 편리하고 체류와 장애가 전혀 없지만, 그 정밀하고 둥글고 빠른 것이 손에서 발사된 것이어서, 왕균 또한 극진하지는 못하다. 하지만 시를 지을 때 이러한 경지에 이른다면 어찌 더 이상 부족한 것이 있겠는가[古今論詩者多矣, 吾獨愛湯惠休稱謝靈運爲"初日芙渠", 沈約稱王筠爲"彈丸脫手"兩語, 最當人意. "初日芙渠", 非人力所能爲, 而精彩華妙之意, 自然見於造化之妙, 靈運諸詩, 可以當此者亦無幾. "彈丸脫手", 雖是輸寫便利, 動無留礙, 然其精圓快速, 發之在手, 筠亦未能盡也. 然作詩審到此地, 豈復更有餘事]"라고 하였다. 여기에서 "인력으로 도달할 수 있는 것이 아니며"와 "자연스레 조화의 오묘함을 드러내니"에서 그가 자연스러움을 시의 기본 덕목으로 보고 있음을 알 수 있다. 이것이 기초가 되어야만 시는 정채와 빛나는 오묘함, 나아가 함축미에까지 다다를 수 있다. 또한 그가 모방을 반대하고 새로움을 강조한 것은 "일찍이 양한兩漢시대에 지어진 소문騷文이 새로운 말은 없고 구절구절마다 굴원, 송옥을 법칙으로 삼아 글자만 다르게 바꾼 것에 대해 이상하게 생각했었다. 진晉・송 이후 시인의 사詞들도 그 폐해가 마찬가지다[嘗怪兩漢間所作騷文, 未嘗有新語, 直是句句規模屈宋, 但換字不同耳. 至晉宋以後, 詩人之詞, 其弊亦然]", "근세의 승려 가운데 시를 배운 이들이 매우 많지만 모두 초연히 자득한 기운은 없으며, 이따금 사대부들이 버린 것을 모방하거나 주워 담을 뿐이다[近世僧學詩者極多, 皆無超然自得之氣, 往往反拾掇摹效士大夫所殘棄]" 등의 글에서 간접적으로 확인할 수 있다.

곽소우는 『석림시화』가 자연스러움, 기상을 비롯해 웅휘함과 선유시禪喩詩 등을 중시한 것을 열거하여 그 종지가 『창랑시화』와 흡사하다고 지적했다. 차이가 있다면 연대가 이른 『석림시화』의 시 이론이 『창랑시화』에 비해 파편적이고 체계적이지 못하다는 정도다. 그러나 엄우가 섭몽득의 영향을 받은 것만은 의심할 여지가 없으며 이로써 송대 시화에서의 『석림시화』의 위치를 가늠할 수 있다.

『석림시화』는 정강靖康 연간에 씌었고 모두 3권 90조이지만 『역대시화』에서 따로 3조를 찾아 추가했다. 『직재서록해제』에서는 집부 문사류로, 『사고전서』에는 시문평류로 기재했으며 청대 하문환이 『역대시화』에 수록한 판본이 현재 통용되고 있다.

석림시화石林詩話 권상卷上

송宋 섭몽득葉夢得

趙淸獻公以淸德服一世, 平生畜雷氏琴一張, 鶴與白龜各一, 所向與之俱. 始除帥成都, 蜀風素侈, 公單馬就道, 以琴・鶴・龜自隨, 蜀人安其政, 治聲藉甚. 元豐間, 旣罷政事守越, 復自越再移蜀, 時公將老矣. 過泗州渡淮, 前已放鶴, 至是復以龜投淮中. 旣入見, 先帝問: "卿前以匹馬入蜀,① 所攜獨琴・鶴, 廉者固如是乎." 公頓首謝. 故其詩有云"馬尋舊路如歸去, 龜放長淮不再來"者, 自紀其實也.

① '以', 原作'已', 據『葉石林遺書』改.

조변趙抃공은 청정한 덕으로 한세상을 풍미했다. 평생 뇌씨금雷氏琴 1장張과 학과 거북이 한 마리씩을 데리고 어느 곳이나 함께 갔다. 처음 성도지주成都知州에 임명됐을 때, 당시 촉蜀의 풍속이 사치스러웠다. 공이 필마를 타고 길을 나서며 금琴과 학, 거북을 대동했고 촉의 백성들은 그의 정치를 편하게 여겨 잘 다스린다는 명성이 자자했다. 원풍(元豐

: 1078~1085) 연간에 참지정사參知政事를 그만두고 항주태수로 있다가 다시 촉으로 이임했는데, 당시 공은 노년을 맞을 무렵이었다. 사주泗州를 지나 회수淮水를 건넜는데, 앞서 학은 이미 놓아주었고 이곳에서 다시 거북을 회수에 넣어주었다. 지방직을 마치고 조정에 들어와 알현하자, 선제(先帝 : 신종)가 "경이 지난날 필마로 촉 땅에 들어가며 금琴과 학만 가지고 갔다 했는데, 청렴한 자는 본디 이러한가?"라고 물었다. 이에 공이 머리를 조아려 사례를 표했다. 그가 시에서 "말은 옛길을 찾아 돌아가는 듯한데, 거북은 회수에 놓아준 뒤 다시 오지 않네[馬尋舊路如歸去, 龜放長淮不再來]"라고 한 것은 자신의 이야기를 쓴 것이다.

① '以'는 원래 '已'로 돼 있었는데 『섭석림유서葉石林遺書』에 의거하여 고쳤다.

劉貢父天資滑稽, 不能自禁, 遇可諧謔, 雖公卿不避. 與王荊公素厚, 荊公後當國, 亦屢謔之, 雖每爲絶倒, 然意終不能平也. 元豐末, 爲東京轉運使, 貶衡州監酒, 雖坐他累, 議者或謂嘗以時相姓名爲戲惡之也.① 元祐初, 起知襄州. 淳于髡墓在境內, 嘗以詩題云 : "微言動相國, 大笑絶冠纓. 流轉有餘智, 滑稽全姓名. 師儒空稷下, 衡蓋盡南荊. 贅婿不爲辱, 旅墳知客卿." 又有「續謝師厚善謔」詩云② : "善謔知君意, 何傷衛武公." 蓋記前事, 且以自解云.

① '嘗', 原作'常', 據『遺書』改.

② '謝', 原作'陳', 據『遺書』改.

유반은 타고난 익살을 스스로 어쩌지 못해서 농담할 상황을 만나면 고관 앞이라도 그만두지 않았다. 왕안석과는 평소 가깝게 지냈으며 훗날 왕안석이 재상이 되었을 때도 여전히 자주 농담을 했다. 왕안석은 매번 요절복통하긴 했으나 마음속으로 끝내 편하지는 않았다. 유반은 원풍 말기에 동경전운사東京轉運使가 되었다가 형주감주衡州監酒로 좌천되었다. 그의 잘못 탓이긴 했지만 논자들 사이에서는 당시 재상의 이름을 갖고 농담을 해서 미움을 산 것이라고도 했다. 원우 초에 다시 양주자사襄州刺史에 임명되었는데, 일찍이 경내에 있던 순우곤淳于髡[1]의 묘에 대해 지은 시에서 "미묘한 말로 상국(相國 : 제 위왕齊威王)을 움직이고, 큰 웃음으로 갓끈이 끊어졌네. 여기저기 나뒹굴어도 남은 지혜 있고, 갖은 익살로 온전한 이름 얻었네. 스승으로 나설 때 직하稷下[2]가 텅 비었고, 수레들 남쪽 초나라에서 다 동원되었네. 데릴사위[3] 욕되지 않거니와, 객지 무덤에서 객경(客卿 : 타국 출신의 경)임을 알겠네[微言動相國, 大笑絶冠纓. 流轉有餘智, 滑稽全姓名. 師儒空稷下, 衡蓋盡南荊. 贅婿不爲辱, 旅墳知客卿]"라고 하고, 또 「속사사후선학續謝師厚善謔」에서 "농담 잘한 데서 그대의 뜻을 알겠거니, 위 무공衛武公 눈치 볼 게 뭐 있겠는가[善謔知君意, 何傷衛武公]"[4]라고 했다. 지난 이야기를 서술하면서 한편으로 자신을 해명한 것이다.

① '嘗'은 원래 '常'으로 돼 있었는데 『섭석림유서』에 의거하여 고쳤다.

② '謝'는 원래 '陳'으로 돼 있었는데 『섭석림유서』에 의거하여 고쳤다.

---

1 순우곤(淳于髡) : 중국 전국시대(戰國時代) 제나라 사람으로 익살에 매우 능했다. 당시 놀며 즐기기를 일삼던 제 위왕을 익살로 설복시켜 제나라를 강국으로 만드는 데 일조했다. 『사기』 「골계열전(滑稽列傳)」.

2 직하(稷下) : 중국 전국시대(戰國時代)에 제 선왕(齊宣王)이 학자를 우대하자 당대의 학자들이 모두 모여들어 성황을 이루었던 제나라의 도시 이름.

3 데릴사위 : 전국시대 진나라의 풍속에 자식이 장성하면 부잣집은 분가를 시켜 따로 살게 하였고 가난한 집은 처가살이를 시켰다. 이때 데릴사위는 장인과 장모를 자기의 부모로 삼고 자녀도 모성(母姓)을 따르게 하였으며 대체로 노비와 같은 천인(賤人)의 대우를 받았다고 한다. 『사기』 「골계열전(滑稽列傳)」에서 "순우곤은 제(齊)나라의 데릴사위이다[淳於髡者, 齊之贅婿也]"라고 했다.

4 위 무공 …… 있겠는가 : 위 무공은 춘추시대 위(衛)나라의 제11대 왕. 강압이 아닌 풍자와 익살로 국가를 잘 다스려, 그를 칭송한 시에서 "건사한 군자여 …… 익살을 잘 부리고, 포학을 일삼지 않는다[有匪君子……善戱謔兮, 不爲虐兮]"라고 했다. 『시경』 「위풍(衛風)」 「기욱(淇奧)」.

晏元獻公留守南郡，王君玉時已爲館閣校勘，公特請于朝，以爲府簽判，朝廷不得已，使帶館職從公．外官帶館職，自君玉始．賓主相得，日以賦詩飮酒爲樂，佳詩勝日，未嘗輒廢也．嘗遇中秋陰晦，齋廚夙爲備，公適無命，旣至夜，君玉密使人伺公，曰："已寢矣．" 君玉亟爲詩以入，曰："只在浮雲最深處，試憑絃管一吹開．" 公枕上得詩，大喜，卽索衣起，徑召客治具，大合樂．至夜分，果月出，遂樂飮達旦．前輩風流固不凡，然幕府有佳客，風月亦自如人意也．

원헌공 안수가 남군유수南郡留守로 있을 때, 왕기王琪가 관각교감館閣校勘이었다. 안수는 특별히 조정에 요청하여 그를 부첨판府簽判으로 삼으려 했다. 그래서 조정에서는 어쩔 수 없이 왕기로 하여금 관직館職을 겸임하여 안수를 따르게 했다. 외관外官이 관직을 겸임한 것은 왕기로부터 시작되었다. 둘은 손님과 주인 관계로 지내며 날마다 시 짓고 술 마시는 것을 즐기고 좋은 시와 좋은 날을 만나면 그냥 넘기지 않았다. 일찍이 중추절을 맞았는데 날씨가 침침했다. 재실 주방에서 미리 음식을 준비했으나 안수는 아무 말이 없었다. 밤이 되자 왕기가 살며시 사람을 시켜 안수를 엿보게 했는데 "이미 잠이 드셨습니다"라고 했다. 왕기는 서둘러 시를 지어 올리기를 "뜬구름 가장 깊은 곳에 있으니, 현絃과 관管을 의지해 한번 열어보구려[只在浮雲最深處, 試憑絃管一吹開]"라고 했다. 공이 베갯머리에서 시를 보고는 크게 기뻐하여 즉시 옷을 찾아 입고 바로 손님들을 불러 자리를 마련하게 해서 기쁨을 만끽했다. 한밤이 되자 달이 정말 환하게 얼굴을 드러냈고 결국 아침까지 즐겼다. 선인들의 풍류가 본디 범상치 않지만, 막부幕府에 가객이 있다면 풍월 또한 저절로 사람 뜻대로 되는 것이다.

歐陽文忠公記梅聖兪「河豚」詩："春洲生荻芽，春岸飛楊花．" 破題兩句, 已道盡河豚好處. 謂河豚出于暮春, 食柳絮而肥, 殆不然. 今浙人食河豚始于上元前, 常州江陰最先得. 方出時, 一尾至直千錢, 然不多得, 非富人大家預以金噉漁人未易致. 二月後, 日益多, 一尾纔百錢耳. 柳絮時, 人已不食, 謂之斑子, 或言其腹中生蟲, 故惡之, 而江西人始得食. 蓋河豚出于海, 初與潮俱上, 至春深, 其類稍流入于江.① 公, 吉州人, 故所知者江西事也.

① '類', 原作'數', 據『遺書』改.

문충공 구양수가 매요신, 「하돈河豚」의 "봄 모래톱에 갈대 싹이 자라고, 봄 언덕에 양화楊花가 나부낀다[春州生荻芽, 春岸飛楊花]"를 거론하며, 제목을 파헤친 두 구절에서 복어의 요점을 다 이야기했다고 하면서 아래와 같은 내용을 말했다. 복어는 늦은 봄에 출현하여 버들개지를 먹고 살이 찐다고 하는데 이 말은 사실이 아니다. 지금 절강 사람들은 복어를 상원(上元 : 대보름) 전에 먹기 시작하는데, 상주常州와 강음江陰에서 가장 먼저 맛본다. 처음 출현하기 시작할 때는 한 마리 값이 천 전錢이나 되며, 많이 구할 수가 없어 부자나 대갓집에서 미리 어부에게 돈을 쥐어주지 않고선 쉽게 구할 수 없다. 2월 이후에 갈수록 늘어나서 한 마리 값이 백 전이면 된다. 버들개지 날아다닐 때쯤이면 사람들이 먹지 않는데, 이때의 복어를 얼룩빼기(斑子)라 부른다. 혹자는 배 속에 벌레가 생긴다고 해 싫어하지만 강서 사람들은 이때 비로소 먹을 수 있다. 복어는 바다에서 자라며, 처음 조수와 함께 올라와 늦은 봄이 되면 그 무리들이 점차 강으로 유입된다. 구양수는 길주吉州 사람이므로 알고 있는 것이 강서江西 지역의 내용인 것이다.

① '類'는 원래 '數'로 돼 있었는데 『섭석림유서』에 의거하여 고쳤다.

姑蘇州學之南, 積水彌數頃, 旁有一小山, 高下曲折相望, 蓋錢氏時廣陵王所做. 旣積土山, 因以其地瀦水, 今瑞光寺卽其宅, 而此其別圃也. 慶曆間, 蘇子美謫廢, 以四十千得之爲居. 旁水作亭, 曰滄浪, 歐陽文忠公詩所謂"淸風明月本無價, 可惜秖賣四萬錢"者也. 子美旣死, 其後不能保, 遂屢易主, 今爲章僕射子厚家所有. 廣其故址爲大閣, 又爲堂山上, 亭北跨水復有山, 名洞山, 章氏並得之. 旣除地, 發其下, 皆嵌空大石, 又得千餘株, 亦廣陵時所藏, 益以增累其隙, 兩山相對, 遂爲一時雄觀. 土地蓋有所歸也.

고소姑蘇 주학州學의 남쪽에 몇 경頃의 물이 가두어져 있고 그 옆에 작은 산이 있는데 구불구불 높고 낮은 것이 서로 바라보고 있다. 바로 광릉왕廣陵王 전원요錢元璙가 만든 곳이다. 토산을 쌓고 그 안에 물을 가둔 것으로서 지금의 서광사瑞光寺가 바로 그의 저택이었으며 이곳은 별도의 정원이다. 경력(慶曆 : 1041~1047) 연간에 소순흠이 이곳에 좌천되어 있을 때 사십 꾸러미 돈을 주고 사서 살았다. 물 옆에 정자를 지어 창랑정滄浪亭이라 했는데, 구양수의 시에서 말한 "청풍과 명월은 본디 값이 없거늘, 안타깝게도 사만 전을 주고 매입했네[淸風明月本無價, 可惜秖賣四萬錢]"가 그것이다. 소순흠이 죽고 나서 그의 후손이 보존하지 못해 결국 여러 차례 주인이 바뀌었고, 지금은 복야僕射 장돈章惇 집안의 소유가 되었다. 옛터를 넓혀서 대각大閣을 만들고 산 위에 당堂을 지었으며, 정자 북쪽에는 물을 건너 다시 산을 하나 만들어 동산洞山이라 했다. 이를 장씨가 모두 소유했다. 땅을 정리하고 나서 그 아래를 파니 구멍 뚫린 큰 돌들이 있었고 그 밖에 천여 그루의 나무가 있었다. 모두 광릉왕시절에 묻어놓은 것이다. 그 사이를 더욱 벌려 두 산이 서로 마주하게 해서 마침내 웅장한 볼거리를 만들었다. 토지도 함께 귀속되었다.

王荊公晩年詩律尤精嚴, 造語用字, 間不容髮. 然意與言會, 言隨意遣,渾然天成, 殆不見有牽率排比處. 如"含風鴨綠鱗鱗起, 弄日鵝黃裊裊垂", 讀之初不覺有對偶. 至"細數落花因坐久, 緩尋芳草得歸遲", 但見舒閒容與之態耳. 而字字細考之, 若經檃括權衡者, 其用意亦深刻矣. 嘗與葉致遠諸人和頭字韻詩, 往返數四, 其末篇有云:"名譽子眞矜谷口, 事功新息困壺頭." 以谷口對壺頭, 其精切如此. 後數日,① 復取本追改云:"豈愛京師傳谷口, 但知鄉里勝壺頭." 至今集中兩本並存.

①'日',『遺書』作'月.'

왕안석의 만년의 시는 율격이 더욱 정밀하고 엄격하여 조어와 용자用字가 머리카락 한 올의 틈도 용납하지 않았다. 하지만 의미는 언어와 하나가 되고 언어는 의미를 따라 배치되어 혼연일체가 됨으로써 거의 자의적인 조작과 배열을 엿볼 수 없다. 예컨대 "바람 머금은 푸른 오리는 차츰차츰 일어나고, 해를 농하는 노란 거위는 흔들흔들 드리웠다[含風鴨綠鱗鱗起, 弄日鵝黃裊裊垂]"는 처음 읽을 때는 대우對偶가 있다는 사실을 느끼지 못한다. "떨어진 꽃을 세세히 세는 것은 오래 앉아 있기 때문이요, 아름다운 풀을 느슨하게 찾는 것은 돌아가는 것이 더뎌서다[細數落花因坐久, 緩尋芳草得歸遲]"에 이르게 되면 한적하고 편한 모습만 엿보인다. 그러나 글자들을 세심히 살펴보면 저울질하고 바로잡는 것을 거친 듯하다. 대단한 고심을 기울였던 것이다. 일찍이 그는 섭도葉濤 등과 두頭 자를 운으로 한 시를 서너 번에 걸쳐 주고받은 적이 있다. 그 마지막 편에서 "명예를 내세운 자진子眞은 곡구谷口에서 자랑하고,[5] 공을 내세운 신식新息은 호두壺頭에서 곤궁했네[名譽子眞矜谷口, 事功新息困壺頭]"[6]라고 하여 곡구를 호두와 대를 이루게 했다. 그 정밀하고 적절함이

5 명예를 …… 자랑하고: 자진(子眞)은 서한(西漢) 정박(鄭璞)의 자이다. 성제 때에 외척 대신 왕봉(王鳳)이 예의를 다해 초빙했지만 응하지 않고 곡구에서 살면서 호를 곡구자진(谷口子眞)이라 했다고 한다. 『한서』 권72 「고사전중(高士傳中)」.

6 공을 …… 곤궁했네: 호두는 중국 교지(交趾) 지방에 있는 산 이름이고, 신식은 신식후(新息侯)에 봉해진 마원(馬援)을 가리킨다. 한 무제 때, 마원이 군사를 거느리고 교지를

이와 같았다. 그로부터 며칠이 지나 다시 고치기를 "어찌 경사京師가 곡구에 전하는 것만 사랑하랴, 향리鄕里가 호두보다 나은 것만 알 뿐이다[豈愛京師傳谷口, 但知鄕里勝壺頭]"라고 했다. 지금 문집 안에는 두 내용이 함께 실려 있다.

① '日'은 『섭석림유서』에 '月'로 돼있다.

蔡天啓云 : "荊公每稱老杜'鈎簾宿鷺起, 丸藥流鶯囀'之句, 以爲用意高妙, 五字之模楷. 他日公作詩, 得'靑山捫虱坐, 黃鳥挾書眠', 自謂不減杜語, 以爲得意, 然不能擧全篇." 余頃嘗以語薛肇明, 肇明後被旨編公集, 求之, 終莫得. 或云, 公但得此一聯, 未嘗成章也.

채조蔡肇가 "왕형공(왕안석)이 매번 두보의 '주렴 걷어 올리자 자던 백로가 일어나고, 약을 둥글게 만들 때 꾀꼬리가 노래한다[鈎簾宿鷺起, 丸藥流鶯囀]'는 구절을 거론하며 용의用意가 고상하고 오묘하여 오자 구의 모범이라고 했다. 훗날 공은 '청산에서 이를 더듬으며 앉아 있고, 꾀꼬리 소리에 책을 끼고 존다[靑山捫虱坐, 黃鳥挾書眠]'를 지은 뒤 스스로 두보의 시에 뒤지지 않는다며 득의만만했지만 전편이 다 그렇지는 못하다"고 했다. 내가 일찍이 설앙薛昂에게 이 이야기를 했고, 설앙은 훗날 성지를 받들어 공의 문집을 편집하면서 이 시를 찾았으나 끝내 찾지 못했다. 혹자는 공이 이 1연만 짓고 글을 채 완성하지 못했다고 한다.

공격하러 가다가 호두산에 이르렀는데, 혹독한 무더위를 만나 역사(疫死)하는 사졸들이 늘어나고 자신도 병에 걸렸다. 그러자 마원은 "찌는 듯 치솟아 올라오는 독기에 솔개도 물속에 툭툭 떨어지나니, 소싯적에 동생이 고향에서 편히 살자고 하던 말을 누워서 떠올린들 무슨 소용이 있겠는가"라고 하면서 탄식하였다. 그 뒤에 마원은 각종 전투에서 승리하여 복파장군(伏波將軍)이 되고 신식후에 봉해지는 등 죽을 때까지 존귀함을 누렸다. 『후한서』 권24 「마원열전」.

禪宗論雲間有三種語：其一爲隨波逐浪句，謂隨物應機，不主故常．其二爲截斷衆流句，謂超出言外，非情識所到．其三爲函蓋乾坤句，謂泯然皆契，無間可伺．其深淺以是爲序．余嘗戲謂學子言，老杜詩亦有此三種語，但先後不同．"波漂菰米沉雲黑，露冷蓮房墜粉紅"爲函蓋乾坤句，以"落花遊絲白日靜，鳴鳩乳燕青春深"爲隨波逐浪句，以"百年地僻柴門迥，五月江深草閣寒"爲截斷衆流句．若有解此，當與渠同參．

선종禪宗에서 운간雲間[7]을 논할 때 세 종류의 말이 있다. 첫 번째는 "물결 따라 움직이다(隨波逐浪)"라는 구절로서 사물에 따라 임기응변하며 기존의 틀을 고집하지 않는다는 말이다. 두 번째는 "물줄기를 단절하다(截斷衆流)"라는 구절로서 시어 밖으로 초월하여 감정과 상식으로는 도달할 수 없다는 말이다. 세 번째는 "온 세상을 감싸다(函蓋乾坤)"라는 구절로서 모든 것이 조용히 합치돼 엿볼 틈새가 없다는 말이다. 깊고 얕음의 순서를 이것들로 기준 삼는다. 내 일찍이 농 삼아 학도들에게 다음과 같은 내용을 말했다. 두보의 시에도 이와 같이 세 종류의 말이 있으며 선후만 다를 뿐이다. "물결에 일렁이는 줄(菰米)에는 검은 구름 잠기고, 이슬 찬 연 씨방에는 붉은 분이 떨어진다[波漂菰米沉雲黑，露冷蓮房墜粉紅]"는 '온 세상을 감싸다'이고, "지는 꽃 아지랑이 한낮이 고요하고, 지저귀는 비둘기와 어린 제비 봄날이 깊다[落花遊絲白日靜，鳴鳩乳燕青春深]"는 '물결 따라 움직이다'이고, "백 년 외진 땅에 사립문은 멀고, 5월 깊은 강에 초가가 차다[百年地僻柴門迥，五月江深草閣寒]"는 '물줄기를 단절하다'이다. 만일 이를 이해하는 사람이 있다면 마땅히 그와 함께 참구參究할 것이다.

---

7 운간(雲間) : 중국 선종의 5대 종파 가운데 하나인 운문종(雲門宗)을 가리킨 것으로 보인다. 당나라 말기의 선승(禪僧)인 운문 문언(雲門文偃)의 종지(宗旨)를 바탕으로 하여 일어난 종파이다.

歐陽文忠公詩始矯‘崑體’, 專以氣格爲主, 故其言多平易疏暢, 律詩意所到處, 雖語有不倫, 亦不復問. 而學之者往往遂失於快直,① 傾囷倒廩, 無復餘地. 然公詩好處豈專在此. 如「崇徽公主手痕」詩: “玉顏自古爲身累, 肉食何人與國謀.” 此自是兩段大議論, 而抑揚曲折, 發見于七字之中, 婉麗雄勝, 字字不失相對, 雖‘崑體’之工者, 亦未易比. 言意所會, 要當如是, 乃爲至到.

① ‘失於快直’, 原作‘失眞’, 據『遺書』改.

구양수는 처음으로 ‘서곤체’를 수정해서 기氣와 격格을 강조했다. 그래서 시어가 평이하거나 성근 경우가 많고 율시에 있어 의미가 도달한 경우에는 시어가 구조에 안 맞아도 문제를 제기하지 않았다. 그런데 이를 배우는 이들이 이따금 통쾌하고 솔직(快直)함에 있어 잘못을 범해, 갖고 있는 것을 모두 쏟아 부어 더 이상 여지가 없곤 했다. 하지만 공의 시에서 훌륭한 면이 어찌 여기에만 있겠는가. 예컨대 「숭휘공주수흔崇徽公主手痕」에서 “옥 같은 얼굴은 예로부터 누가 되었나니, 육식을 하는 어느 누가 국가의 계책에 참여하였는가[玉顏自古爲身累, 肉食何人與國謀]”라고 한 것은 의논이 대단한 두 단락이라고 하겠다. 억양과 곡절이 일곱 자 안에 드러나고 미려함과 웅혼함이 글자마다 대對를 이루는 것을 잃지 않았으므로 서곤체의 뛰어난 작품도 견주기 쉽지 않다. 시어와 내용이 하나가 됨에 있어 마땅히 이래야만 최고에 도달할 수 있다.

① ‘失於快直’은 원래 ‘失眞’으로 돼 있었는데 『섭석림유서』에 의거하여 고쳤다.

許昌西湖與子城密相附, 緣城而下, 可策杖往來, 不涉城市. 云是曲環作鎭時, 取土築城, 因以其地道潩水瀦之. 略廣百餘畝, 中爲橫堤. 初但有其東之半耳, 其西廣于東增倍, 而水不甚深. 宋莒公爲守時, 因起黃河春夫浚治之, 始與西相通, 則其詩所謂“鑿開魚鳥忘情地, 展盡江湖極目天"者也. 其後韓持國作大亭水中, 取其詩名之曰展江. 然水面雖闊, 西邊終易堙塞, 數十年來, 公廚規利者, 遂涸以爲田, 歲入纔得三百斛, 以佐釀酒, 而水無幾矣. 余爲守時, 復以還舊, 稍益開浚, 渺然眞有江湖之趣. 莒公詩更有一篇, 中云 : "向晩舊灘都浸月, 遇寒新水便生煙." 尤風流有味, 而世不傳, 往往但記前聯耳.

허창許昌의 서호西湖는 자성子城과 가깝게 붙어 있어서 성을 따라 내려가면 성 중심을 경유하지 않고도 편하게 왕래할 수 있다. 전하는 바에 의하면, 곡환曲環이 이 지역을 관장할 때 흙을 가져다 성을 쌓은 뒤 그 안에 이수潩水를 끌어다 담아놓은 것이라 한다. 넓이는 대략 백여 무畝이고 중앙에 가로지른 언덕이 있다. 처음에는 동쪽은 절반만 있고 서쪽이 동쪽보다 배나 넓었으며 물은 그다지 깊지 않았다. 송상宋庠이 태수였을 때, 황하黃河의 춘부春夫[8]들에게 이를 파고 정리하게 해 비로소 서쪽과 상통하게 됐으니 그의 시에서 말한 "물고기와 새가 잊어버린 곳을 새로 파서, 상호의 끝없는 하늘을 한없이 펼쳤다[鑿開魚鳥忘情地, 展盡江湖極目天]"가 그것이다. 그 뒤에 한유韓維가 물 위에 큰 정자를 짓고 위 시의 구절을 취하여 전강展江이라 명명했다. 수면이 넓었지만 서쪽 변의 토사 쌓이는 현상이 수십 년을 이어오면서, 이익을 탐하던 공주公廚[9]가 결국 물을 빼 전답으로 만들고 해마다 삼백 곡斛을 거둬들여 술을 빚는 데 사용하면서부터 물이 거의 사라졌다. 내가 태수였을 때 다시 원래 모습으로 돌리기 위해 점차 확장해서 진정한 강호의 풍취가 들게 했다. 송상이 지은 다른 시 한 편이 있는데, 그중에서 "석양 옛 여울에는 달이 잠겼고, 추위 맞은 새 물에 안개가 피어오른다[向晩舊灘都浸月, 遇寒新水便生煙]"가 더욱더 풍류가 감돌지만 세상에 전해오지 않아 이따금 앞 연만 기억날 뿐이다.

8 춘부(春夫) : 국가의 요역(徭役)을 위해 봄에 동원대는 백성을 가리킨다.
9 공주(公廚) : 취사를 관장하던 관원. 관가의 주방을 가리키기도 한다.

賈文元曲水園在許昌城北, 有大竹三十餘畝, 潩河貫其中, 以入西湖, 最爲佳處. 初爲本州民所有, 文潞公爲守, 買得之. 潞公自許移鎭北門, 而文元爲代. 一日, 挈家往遊, 題詩壁間云: "畫船載酒及芳辰, 丞相園林潩水濱. 虎節麟符抛不得, 却將淸景付閑人." 遂走使持詩寄北門. 潞公得之大喜, 卽以地券歸賈氏. 文元亦不辭而受. 然文元居京師後, 亦不復再至, 園今荒廢, 竹亦殘毁過半矣.

가창조賈昌朝의 곡수원曲水園이 허창의 성 북쪽에 있는데 삼십여 무畝의 큰 대밭이 있고 이하潩河가 그 중앙을 관통하여 서호로 들어가는 등, 풍경이 아주 빼어나다. 처음에는 이곳 주민의 소유였으나 문언박文彦博이 태수였을 때 매입했다. 그리고 문언박이 허창에서 북문北門으로 자리를 옮기면서 가창조가 이곳 태수로 왔다. 어느 날, 그가 식구들을 데리고 그곳을 찾아갔다가 벽 위에 시를 쓰기를 "좋은 시절에 화선畫船에 술을 싣고, 승상의 동산과 이수 물가에서 노닌다. 범과 기린의 부절(符節: 관직)을 버리지 못해, 이내 맑은 풍경을 한적한 사람에게 넘겨주셨네[畫船載酒及芳辰, 丞相園林潩水濱. 虎節麟符抛不得, 却將淸景付閑人]"라고 했다. 그리고 사람을 보내 이 시를 북문에 전하자, 문언박이 크게 기뻐하며 바로 지권地券을 가창조에게 돌려보냈으며 가창조도 사양하지 않고 받았다. 하지만 가창조가 경사京師에 머문 뒤 다시 찾아오지 않아, 지금은 동산이 황폐하고 대나무도 절반 이상 훼손되었다.

杜正獻公自少淸羸, 若不勝衣, 年過四十, 鬢髮卽盡白. 雖立朝孤峻, 凜然不可屈, 而不爲奇節危行, 雍容持守, 不以有所不爲爲賢, 而以得其所爲爲幸. 歐陽文忠公素出其門. 公謝事居宋, 文忠適來爲守, 相與歡甚. 公不甚飮酒, 惟賦詩倡酬, 是時年已八十, 然憂國之意, 猶慷慨不已, 每見于色. 歐公嘗和公詩, 有云: "貌先年老因憂國, 事與心違始乞身." 公得之大喜, 常自諷誦. 當時以爲不惟曲盡公志, 雖其形貌亦在摹寫中也.

두연杜衍이 젊어서부터 야위어서 옷을 이길 수 없을 정도였는데, 사십이 지나자 수염과 머리털이 모두 하얗게 변했다. 비록 조정에서 홀로 우뚝하여 늠름한 기상이 꺾이지 않았지만 특별한 절의나 행동을 보이지는 않고 편안한 모습을 간직했다. 그리고 하지 못하는 일이 있음을 표내지 않았으며 할 수 있는 일이 있음을 다행으로 여겼다. 구양수는 본디 그의 문하에서 나왔다. 두연이 일을 그만두고 송宋에 머무를 때, 구양수가 마침 그곳 태수로 와서 기쁘게 서로 지냈다. 두연은 술을 그다지 좋아하지 않아 오직 시만 주고받았는데 당시 나이는 이미 팔십세였다. 하지만 나라를 걱정하는 열정은 변함없어서 언제나 얼굴에 그대로 나타났다. 구양수는 일찍이 두연의 시에 화답하여 "얼굴이 나이보다 앞서 늙은 것은 나라 걱정 때문이고, 일이 마음과 맞지 않자 비로소 물러나셨네[貌先年老因憂國, 事與心違始乞身]"라고 했다. 두연은 이 시를 받고 매우 기뻐하여 언제나 되뇌었다. 당시에 두연의 마음을 곡진하게 나타냈을 뿐만 아니라 외모도 그대로 본뜬 듯하다고 평했다.

元豐初, 虜人來議地界, 韓丞相名縝自樞密院都承旨出分畫. 玉汝有愛妾劉氏, 將行, 劇飲通夕, 且作樂府詞留別. 翼日, 神宗已密知, 忽中批步軍司遣兵爲搬家追送之.① 玉汝初莫測所因, 久之, 方知其自樂府發也. 蓋上以恩澤待下, 雖閨門之私, 亦恤之如此, 故中外士大夫無不樂盡其力. 劉貢父, 玉汝姻黨, 卽作小詩寄之以戲云: "嫖姚不復顧家爲, 誰謂東山久不歸. 卷耳幸容攜婉孌, 皇華何嘗有光輝." 玉汝之詞, 由此亦遂盛傳於天下.

① '爲', 原作'馬', 據『遺書』改.

원풍 초에 북노北虜의 사자가 국경 문제를 논의하기 위해 찾아오자, 승상 한진韓縝이 추밀원樞密院 도승지都承旨의 신분으로 영토 구분을 확정하기 위해 떠났다. 한진에게는 애첩 유씨劉氏가 있었는데, 한진은 떠나기에 앞서 밤새 술을 마시고 또 악부사樂府詞를 지어 이별의 뜻을 전했다. 이튿날 신종이 이 사실을 몰래 안 뒤, 갑자기 보군사步軍司에게 중비中批[10]를 내려, 병사를 보내 집안 식구들을 도와 그를 따라가게 했다. 한진은 처음에는 그 이유를 몰랐다가 한참 뒤에야 악부사로부터 비롯된 일임을 알았다. 성상이 사랑으로 신하들을 대하여 개인의 사적인 일까지도 이처럼 돌봐주었으므로, 중앙과 지방의 사대부들이 모두 힘을 다해 봉사했다. 한진의 인척인 유반이 농담 삼아 단편시를 지어 그에게 보냈다. "표요嫖姚[11]는 다시는 집안을 돌아보지 않았는데, 누가 동산東山[12]이 오랫동안 돌아오지 않는다고 말하는가. 「권이卷耳」[13]는 다행히 아리따운 여인 데려가는 것을 허용했으니, 어찌 「황화皇華」[14]가 광채만 발할 뿐이겠는가.[嫖姚不復顧家爲, 誰謂東山久不歸. 卷耳幸容攜婉孌, 皇華何啻有光輝.]" 한진의 가사는 이 고사로 인해 결국 세상에 널리 알려졌다.

① '爲'는 원래 '馬'로 돼 있었는데 『섭석림유서』에 의거하여 고쳤다.

神宗皇帝天性儉約, 奉慈壽宮尤盡孝道. 慈聖太后嘗以乘輿服物未

10 중비(中批) : 특지(特旨). 소속기관의 절차를 거치지 않고 바로 전달되는 황제의 명령이다.

11 표요(嫖姚) : 표요교위(嫖姚校尉)의 약칭으로, 한 무제 때 기련산(祁連山 : 천산天山) 일대에서 흉노를 정벌한 명장 곽거병을 가리킨다. 곽거병이 병으로 죽자 무제는 그의 죽음을 슬퍼하여 장안에서 무릉(茂陵)에 이르는 넓은 지역에 그의 무덤을 축조하였다. 그 무덤의 모양은 그가 생전에 전공을 세운 기련산을 본떠 만들었다.

12 동산(東山) : 진(晉)나라 사안(謝安)이 회계(會稽) 땅 동산(東山)에서 이십여 년 동안 한가히 은거하면서 조정의 부름에 계속 응하지 않다가, 마침내 나이 사십에 몸을 일으켜 벼슬길에 나아가 삼공(三公)의 지위에 이르렀다는 고사가 전한다.

13 「권이(卷耳)」 : 『시경』의 편명. 주나라 후비(后妃)가 이별한 남편을 그리워하여 지은 작품이다.

14 「황화(皇華)」 : 『시경』의 편명. 임금이 사신을 보내면서 그 노고를 위로한 작품이다.

備, 因同天節作珠子鞍轡爲壽. 神宗一御于禁中, 後藏去不復用. 一日, 與兩宮幸後苑賞花, 慈聖輦至,① 神宗卽降步親扶慈聖出輦, 屢卻不從, 聞者太息. 慈聖上仙, 李奉世時爲侍郎, 進挽詩, 有"珠韉昔御恩猶在, 玉輦親扶事已非." 蓋記此二事, 神宗覽之泣下.

① '聖', 原作'壽', 據『遺書』改.

신종 황제는 천성이 검소하고 간결하며 자성태후慈聖太后를 극진히 봉양했다. 자성태후가 일찍이 신종이 수레를 탈 때 쓰이는 도구가 미비하다고 여겨 동천절同天節[15]에 구슬로 짠 안장과 고삐를 만들어 헌수獻壽했다. 그런데 신종은 궁중에서 한 번 사용한 뒤, 더 이상 사용하지 않았다. 하루는 신종이 양궁兩宮과 함께 후원에 나아가 꽃을 감상하고 있었는데, 자성태후의 연輦이 이르자 바로 내려가 연에서 내리는 것을 직접 부축했다. 자성태후가 누차 물리쳤으나 듣지 않았고 이야기를 들은 사람들이 크게 감탄했다. 자성태후가 세상을 떠나자 당시 시랑侍郎 이봉세李奉世가 올린 애도시에서 "지난날 앉은 구슬 안장에는 은혜가 아직 남아있거늘, 옥 연輦을 직접 부축한 일은 이미 수포로 돌아갔네[珠韉昔御恩猶在, 玉輦親扶事已非]"라고 한 것은 위의 두 일을 기록한 것이다. 신종은 이 시를 보고 눈물을 흘렸다.

① '聖'은 원래 '壽'로 돼 있었는데 『섭석림유서』에 의거하여 고쳤다.

蔡天啓云 : "嘗與張文潛論韓·柳五言警句, 文潛擧退之'暖風抽宿麥, 淸雨卷歸旗', 子厚'壁空殘月曙, 門掩候蟲秋', 皆爲集中第一."

채조가 이르기를 "일찍이 장뢰와, 한유와 유종원의 오언 경구警句에

15 동천절(同天節) : 신종 조욱(趙頊)의 생일을 일컫는 말.

대해 논했는데, 장뢰는 한유의 '따스한 바람에 묵은 보리 이삭 피어나고, 상쾌한 비에 돌아가는 깃발이 말린다[暖風抽宿麥, 淸雨卷歸旗]'와 유종원의 '텅 빈 벽에 쇠잔한 달빛 새벽이요, 문 닫은 곳에 계절 벌레 가을이다[壁空殘月曙, 門掩候蟲秋]'를 거론하며 모두 시집 안에서 제일이라고 했다"라고 했다.

司馬溫公熙寧間自長安得請留臺歸, 始至洛中, 嘗以詩言懷云: "三十餘年西復東, 勞生薄宦等飛蓬. 所存舊業惟清白, 不負明君有樸忠. 早避喧煩眞得策, 未逢危辱早收功. 太平觸處農桑滿, 贏取閭閻鶴髮翁." 出處大節, 世固不容復議. 是時雖以論不合去, 而神宗眷禮之意愈厚, 然猶以避煩畏辱爲言, 況其下者乎. 元祐初, 起相, 至是十七年矣, 度公之意, 初蓋未嘗以自期也.

사마광이 희녕 연간에 장안長安에서 판서경류사어사대判西京留司御史臺를 요청해 낙양으로 돌아갔다. 낙양에 이르러 자신의 회포를 술회하는 시에서 그는 "삼십여 년 동으로 서로 오가며, 피곤한 삶과 하찮은 관직이 떠도는 쑥대 같았다. 지난 배움에서 가진 것은 청백함뿐이고, 현명한 군주를 저버리지 않음은 질박함과 충성이다. 번잡함을 피할 계책을 정말 얻었고, 위기와 오욕을 만나기 전에 공을 거두었다. 태평이 닿는 곳마다 농상農桑이 가득 넘치니, 여염의 학발 노옹이 되기에 충분하다[三十餘年西復東, 勞生薄宦等飛蓬. 所存舊業惟清白, 不負明君有樸忠. 早避喧煩眞得策, 未逢危辱早收功. 太平觸處農桑滿, 贏取閭閻鶴髮翁]"라고 했다. 세상에 나고 들 때의 그의 큰 절의는 굳이 재론할 필요가 없을 것이다. 당시에 의견이 일치하지 않아 떠난 것이고, 신종이 그를 극진히 예우했음에도 번잡함을 피하고 오욕을 두려워한다고 표현하고 있으니 그보다 못한 사람이야 말할 나위가 있겠는가. 원우 초에 재상으로 발탁되었으나 십칠 년의 세월이 흐른 뒤였다. 사마광의 뜻을 헤아려보면 애초에 스스로 기약한 것이 아니었던 것이다.

外祖晁君誠善詩, 蘇子瞻爲集序, 所謂"溫厚靜深如其爲人"者也. 黃魯直常誦其"小雨愔愔人不寐, 臥聽羸馬齕殘蔬",① 愛賞不已. 他日得句云: "馬齕枯萁喧午夢, 誤驚風雨浪翻江." 自以爲工, 以語舅氏無咎曰: "我詩實發于乃翁前聯." 余始聞舅氏言此, 不解風雨翻江之意. 一日, 憩于逆旅, 聞旁舍有澎湃鞺鞳之聲, 如風浪之歷船者, 起視之, 乃馬食于槽, 水與草齟齬于槽間, 而爲此聲, 方悟魯直之好奇. 然此亦非可以意索, 適相遇而得之也.

① '蔬', 疑當作'芻.'

외조外祖 조단우晁端友께서는 시를 잘 지으셨다. 그는 소식이 그의 시집의 서문을 쓰며 "온후하고 조용하고 깊은 것이 그 사람을 닮았나[溫厚靜深如其爲人]"라고 한 그대로였다. 황정견도 항상 "조용히 내리는 가랑비에 사람은 잠들지 못하고, 누워서 파리한 말이 시든 푸성귀 씹는 소리를 듣는다[小雨愔愔人不寐, 臥聽羸馬齕殘蔬]"를 외우며 그를 칭찬해마지 않았다. 훗날 그는 "말이 콩 껍질 씹는 소리에 정오의 꿈이 소란하고, 비바람에 잘못 놀라 물결이 강을 뒤집는 줄 안다[馬齕枯萁喧午夢, 誤驚風雨浪翻江]"를 지은 뒤, 스스로 훌륭하다고 여겨 (나의) 외삼촌 조보지에게 "나의 시는 실로 내옹(乃翁: 네 아버지)의 앞 연에서 나왔다"라고 했다. 나는 처음에 외삼촌의 이 말을 듣고 비바람이 강물을 뒤집는다는 뜻을 이해하지 못했다. 그런데 어느 날 여관에서 쉬고 있을 때 쿵쾅거리는 소리가 들리는데 마치 풍랑에 배가 지나가는 것 같았다. 일어나서 보니 그 소리는 말이 구유에서 먹이를 먹을 때 물과 풀이 그 안에서 서로 섞이는 과정에서 난 것이었다. 이때 비로소 황정견이 호기심이 많다는 사실을 알았다. 하지만 이것은 의도적으로 탐색할 수 있는 것이 아니며 마침 그런 상황에 처하여 얻어진 것이다.

① '蔬'는 '芻'로 써야 할 것 같다.

元豐間, 蘇子瞻繫大理獄. 神宗本無意深罪子瞻, 時相進呈, 忽言蘇軾于陛下有不臣意. 神宗改容曰 : "軾固有罪, 然于朕不應至是, 卿何以知之?" 時相因擧軾「檜」詩"根到九泉無曲處, 世間惟有蟄龍知"之句, 對曰 : "陛下飛龍在天, 軾以爲不知己, 而求之地下之蟄龍, 非不臣而何." 神宗曰 : "詩人之詞, 安可如此論, 彼自詠檜, 何預朕事." 時相語塞. 章子厚亦從旁解之, 遂薄其罪. 子厚嘗以語余, 且以醜言詆時相,① 曰 : "人之害物, 無所忌憚, 有如是也."【時相, 王珪也】②

① '醜', 原作'危', 據『遺書』改.

② 此注據『葉先生詩話』補.

원풍 연간에 소식이 대리옥大理獄에 계류되었다. 신종은 본래 소식을 크게 벌줄 생각이 없었는데, 당시 재상이 글을 올려 갑자기 "소식은 폐하에게 신하 노릇을 안 하려는 생각을 갖고 있습니다"라고 주장했다. 신종은 자세를 곧추 세우며 "식軾이 본디 죄를 지었지만 짐에게 그렇게까지 하지는 않을 터인데, 경은 왜 그렇게 보는가?"라고 물었다. 그러자 재상은 소식이 「영회詠檜」에서 "뿌리가 구천九泉 굴곡 없는 곳에 이르면, 세상에 오직 잠긴 용만이 알 것이다[根到九泉無曲處, 世間惟有蟄龍知]"라는 구절을 들며 대답하기를 "폐하께서는 나는 용(飛龍)으로 하늘에 있는데(제위에 있음을 비유), 소식이 자신을 알아주지 않는다고 하여 지하의 잠자는 용에게 요구하고 있으니, 신하 노릇을 안 하려고 하는 게 아니고 무엇입니까"라고 했다. 신종은 "시인의 말을 어찌 이처럼 해석할 수 있겠는가. 그는 전나무를 노래했을 뿐이지 짐과 무슨 관련이 있는가"라고 하였고 재상은 할 말이 없었다. 마침 옆에 있던 장돈이 사실을 해명해 그 죄를 가볍게 처리했다. 장돈은 일찍이 내게 이 이야기를 하고 또 거친 말로 당시의 재상을 꾸짖으며 "사람이 남을 해칠 때 이처럼 거리낌이 없다"라고 했다【그 재상은 왕규였다】.

① '醜'는 원래 '危'로 돼 있었는데 『섭석림유서』에 의거하여 고쳤다.

② 이 주석은 『섭선생시화』에 의거하여 보충했다.

"開簾風動竹, 疑是故人來.", 與"徘徊花上月, 空度可憐宵.", 此兩聯雖見唐人小說中, 其實佳句也. 鄭谷詩"睡輕可忍風敲竹, 飮散那堪月在花", 意蓋與此同. 然論其格力, 適堪揭酒家壁, 與市人書扇耳. 天下事每患自以爲工處著力太過, 何但詩也.

"주렴 열자 바람이 대나무를 움직이니, 아마 친구가 찾아오나보다[開簾風動竹, 疑是故人來]", "꽃 위 달빛에 배회하며, 하염없이 고운 밤을 보낸다.[徘徊花上月, 空度可憐宵.]" 이 두 연은 당나라 때 소설에 보이지만 실로 좋은 구절이다. 정곡의 시에서 "잠이 설들어도 바람이 대나무 치는 것을 참을 수 있으나, 마시고 헤어질 때 달이 꽃 위에 있는 것은 어찌 감내하라[睡輕可忍風敲竹, 飮散那堪月在花]"가 이 시와 의미가 유사하다. 하지만 그 격과 힘을 논한다면 술집 벽에 걸거나 저잣거리 사람의 부채에 쓸 만한 정도다. 세상의 문제는 언제나 스스로 뛰어나다고 여기는 부분에 지나치게 힘을 쓰는 데에 있다. 이것이 어찌 시만 그러하겠는가.

蜀人石異, 黃魯直黔中時從遊最久. 嘗言見魯直自矜詩一聯云: "人得交遊是風月, 天開圖畫卽江山." 以爲晩年最得意, 每擧以敎人, 而終不能成篇, 蓋不欲以常語雜之. 然魯直自有"山圍燕坐圖畫出, 水作夜窗風雨來"之句, 余以爲氣格當勝前聯也.

촉蜀 출신 석이石異가 황정견이 검주黔州에 있을 때 오랫동안 어울렸다. 그는 일찍이 황정견이 스스로 자랑한 시의 1연, "사람들이 교유할 만한 것은 풍월이요, 하늘이 펼쳐준 그림은 강산이다[人得交遊是風月, 天開圖畫卽江山]"를 두고, 황정견이 만년에 가장 득의한 작품이라고 했다. 그리고 황정견이 매번 이 작품을 들어 사람을 가르쳤지만, 끝내 작품을 완성하지 않은 것은 일상적인 시어와 뒤섞고 싶지 않았기 때문이라고 했다. 하지만 황정견에게는 "산은 연회에 앉은 그림을 빙 두르고, 물은 한밤 창문의 비바람을 만든다[山圍燕坐圖畫出, 水做夜窗風雨來]"라는 구절이 있다. 나는 이 구절이 기운과 격에서 앞 연보다 앞선다고 본다.

詩下雙字極難, 須使七言五言之間除去五字三字外, 精神興致, 全見于兩言, 方爲工妙. 唐人記"水田飛白鷺, 夏木囀黃鸝"爲李嘉祐詩, 王摩詰竊取之, 非也. 此兩句好處, 正在添漠漠陰陰四字, 此乃摩詰爲嘉祐點化, 以自見其妙, 如李光弼將郭子儀軍, 一號令之, 精彩數倍. 不然, 如嘉祐本句, 但是詠景耳, 人皆可到. 要之當令如老杜"無邊落木蕭蕭下, 不盡長江滾滾來", 與"江天漠漠鳥雙去, 風雨時時龍一吟"等, 乃爲超絕. 近世王荊公"新霜浦漵綿綿白, 薄晚林巒往往青",① 與蘇子瞻"浥浥爐香初泛夜, 離離花影欲搖春", 皆可以追配前作也.

① 『遺書』作"新秋浦漵綿綿靜, 薄晚園林往往青."

시에서 쌍자雙字를 쓰기란 극히 어렵다. 반드시 칠언과 오언에서 다섯 글자와 세 글자를 제외하고 정신과 흥치興致가 두 글자에 온전히 나타나야만 빼어나고 오묘한 것이 된다. 당나라 사람이 "논에는 백로가 날고, 여름 나무에는 노란 꾀꼬리가 지저귄다[水田飛白鷺, 夏木囀黃鸝]"는 이가우의 작품인데 왕유가 살며시 훔쳐 썼다고 한 것은 잘못이다. 이 두 구의 좋은 점은 바로 막막음음漠漠陰陰 네 글자를 첨가한 데 있다.[16] 이것이야말로 왕유가 이가우의 것을 점화點化하여 스스로 오묘함을 나타낸 것이다. 예컨대 이광필이 곽자의의 군사를 거느릴 때, 한 번 호령하면 정채精彩가 몇 배나 발한 것과 같다. 그렇지 않고 이가우의 본 구절대로 하면 단지 풍경만 읊은 것이어서 누구나 지을 수 있다. 요컨대 두보의 "끝없는 낙엽은 우수수 지고, 다함없는 강은 콸콸콸 흐른다[無邊落木蕭蕭下, 不盡長江滾滾來]"와 "강 하늘 아득히 새 한 쌍이 날고, 비바람 때때로 용이 울어댄다[江天漠漠鳥雙去, 風雨時時龍一吟]"처럼 해야만 절묘하다. 근세의 왕안석의 "이슬 막 내린 물가는 하염없이 깨끗하고, 해질녘 산림은 이따금 푸르다[新霜浦漵綿綿白, 薄晚林巒往往青]"와 소식의 "이어진 향로 향기가 막 퍼지는 밤이요, 늘어진 꽃 그림자가 흔들거리려는 봄이다[浥浥爐香初泛夜, 離離花影欲搖春]"는 모두 앞의 명작에 짝할 수 있다.

① 『섭석림유서』에는 '新秋浦漵綿綿靜, 薄晚園林往往青'으로 돼있다.

詩終篇有操縱, 不可拘用一律. 蘇子瞻"林行婆家初閉戶, 翟夫子舍尚留關." 始讀殆未測其意, 蓋下有"娟娟缺月黃昏後, 嫋嫋新居紫翠間. 繫懣豈無羅帶水, 割愁還有劍鋩山"四句, 則入頭不怕放行, 寧傷于拙也. 然繫懣羅帶・割愁劍鋩之語, 大是險諢, 亦何可屢打.

시는 전체에 조종(操縱: 자유로움)이 있어야 하며 하나의 규율에만 얽매여서는 안 된다. 소식의 "임행파林行婆의 집은 막 지게문을 닫고, 적

16 왕유의 「적우망천장작(積雨輞川莊作)」에서 "드넓은 논에는 백로가 날고, 어둑한 여름 나무에는 노란 꾀꼬리가 지저귄다[漠漠水田飛白鷺, 陰陰夏木囀黃鸝]"라고 하였다.

부자翟夫子의 집은 여전히 자물쇠가 채워져 있다[林行婆家初閉戶, 翟夫子舍尙留關]"[17]를 처음 읽을 때는 그 의미를 이해하기 어려운데, 그다음에 "황혼이 지나 이지러진 달빛은 곱고, 붉고 푸른 사이에 새 집은 여리다. 번민을 묶는 데 어찌 나대(羅帶 : 비단 띠) 물이 없으랴, 수심을 베어내는 데는 검망(劍鋩 : 칼날)산이 있다[娟娟缺月黃昏後, 嫋嫋新居紫翠間. 繫懣豈無羅帶水, 割愁還有劍鋩山]"라는 네 구절이 있다. 그렇다면 시작에서 마음껏 펼치는 것을 두려워하지 않아야 하는바, 어찌 옹졸함을 걱정할 필요가 있겠는가. 그러나 '계만나대繫懣羅帶'와 '할수검망割愁劍鋩'이라는 표현은 대단히 심한 익살인데 어찌 자주 사용할 수 있겠는가.

長篇最難, 晉・魏以前, 詩無過十韻者. 蓋常使人以意逆志, 初不以序事傾盡爲工. 至老杜「述懷」・「北征」諸篇, 窮極筆力, 如太史公紀・傳, 此固古今絶唱. 然「八哀」八篇, 本非集中高作, 而世多尊稱之不敢議, 此乃揣骨聽聲耳, 其病蓋傷于多也. 如李邕・蘇源明詩中極多累句, 余嘗痛刊去, 僅各取其半, 方爲盡善, 然此語不可爲不知者言也.

장편시가 가장 어려워서 위・진 이전에는 10운韻 이상의 작품이 없다. 시는 일반적으로 사람들이 자신의 생각으로 시인의 본뜻을 파악하도록 해야 하며, 애초에 서사(序事 : 서사敍事)를 완전하게 다하는 것은 훌륭한 것으로 보지 않는다. 두보의 「술회述懷」와 「북정北征」 등은 필력을 모두 발휘하여 마치 사마천의 기紀와 전傳 같아서 본디 고금의 절창이다. 하지만 「팔애八哀」 8편은 시집 안에서 격이 높은 작품이 아니며 세

17 임행파(林行婆) …… 있다 : 임파(林婆)는 본래 술을 팔던 이로, 출가는 하지 않았지만 불심이 강했기에 임행파(林行婆)라 불렀다. 적부자(翟夫子)는 북송(北宋) 때 수재(秀才)였던 적봉형(翟逢亨)으로, 귀선(歸善 : 지금의 혜성구(惠城區) 교동(橋東)) 사람이다. 소식은 혜주(惠州)로 좌천되었을 때 임파 및 적봉형과 교우했다.

상에서 대부분 높게만 평가하고 감히 논란을 가하지 못하고 있다. 이것은 골격만 더듬고 소리만 듣고서 논평[18]하는 것이다. 이 작품의 병폐는 너무 많은 데에 있다. 예컨대 이옹李邕과 소원명蘇源明의 시는 시 안에 누구累句가 너무 많아서 내가 일찍이 과감히 삭제해 절반만 취하고 나서야 훌륭하게 되었다. 하지만 모르는 사람들에게는 이 말을 할 수 없다.

「江干初雪圖」眞跡, 藏李邦直家, 唐蠟本. 世傳爲摩詰所作, 末有元豐間王禹玉・蔡持正・韓玉汝・章子厚・王和甫・張邃明・安厚卿七人題詩. 建中靖國元年, 韓師樸相, 邦直・厚卿同在二府, 時前七人者所存惟厚卿而已, 持正貶死嶺外, 禹玉追貶, 子厚方貶, 玉汝・和甫・邃明則死久矣, 故師樸繼題其後曰 : "諸公當日聚巖廊, 半謫南荒半已亡. 惟有紫樞黃閣老, 再開圖畫看瀟湘." 是時邦直在門下, 厚卿在西府, 紫樞黃閣, 謂二人也. 厚卿復題云 : "曾遊滄海困驚瀾, 晩涉風波路更難. 從此江湖無限興, 不如祇向畫圖看." 而邦直亦自題云 : "此身何補一豪芒, 三辱清時政事堂. 病骨未爲山下土, 尙尋遺墨話存亡." 余家有此摹本, 並錄諸公詩續之, 每出慨然. 自元豐至建中靖國幾三十年, 諸公之名宦亦已至矣, 然始皆有願爲圖中之遊而不暇得, 故禹玉云 : "何日扁舟載風雪, 却將蓑笠伴漁人." 玉汝云 : "君恩未報身何有, 且寄扁舟夢想中." 其後廢謫流竄, 有雖死不得免者, 而江湖間此景無處不有, 皆不得一償. 厚卿至爲危詞, 蓋有激而云, 豈此景眞不可得, 亦自不能踐其言耳.

「강간초설도江干初雪圖」의 진적이 이방직李邦直의 집안에 소장돼있는

18 골격만 …… 논평 : 원문은 '췌골청성(揣骨聽聲)'으로, 본래 옛날 상법(相法)의 일종을 가리킨다. 얼굴을 보지 않은 채 골격을 더듬고 목소리를 들어서 귀천(貴賤)을 판단하는 것이다. 후에 견강부회하거나 망령되이 평판을 가하는 것을 비유하는 데 쓰였다.

데, 당나라시대의 납본蠟本[19]이다. 왕유의 작품이라 전해오며 작품 뒤에 원풍 연간의 왕규・채학蔡确・한진・장돈・왕안례王安禮・장조張璪・안도安燾 칠 인의 제시題詩가 있다. 건중정국建中靖國 원년(1101)에 재상 한충언韓忠彦과 이방직, 안도가 이부二府[20]에 함께 있었는데, 앞에서 거론한 일곱 사람 가운데 남아있는 사람은 안도뿐이었다. 채학은 영외嶺外로 좌천돼 죽었고 왕규는 추후에 좌천되었으며 장돈은 막 좌천이 되었고 한진・왕안례・장조는 죽은 지 오래였다. 그래서 한충언이 그 뒤에 쓴 시에서 "당시 제공들이 드높은 낭청에 모였거늘, 절반은 남쪽 거친 땅에 좌천되고 절반은 세상을 떠났다. 오직 자추(紫樞 : 문하성門下省)와 황각(黃閣 : 추밀원)의 노인만이, 다시 그림을 펼쳐 소상瀟湘을 구경한다[諸公當日聚巖廊, 半謫南荒半已亡. 惟有紫樞黃閣老, 再開圖畫看瀟湘]"라고 했다. 당시 이방직은 문하성에 있었고 안도는 서부(西府 : 추밀원)에 있었으므로 자추와 황각은 두 사람을 가리킨 것이다. 안도가 이를 이어 쓴 시에서 "일찍이 창해를 유람하다 놀란 물결에 힘들었거늘, 만년에 풍파를 겪으며 길이 다시 어려웠다. 이제 강호의 무한한 흥취는, 그림 속에서 보는 것만 못하리라[曾遊滄海困驚瀾, 晚涉風波路更難. 從此江湖無限興, 不如祇向畫圖看]"라고 하고, 이방직도 스스로 쓴 시에서 "이 몸 어찌 털끝만큼의 보답이 있었으랴, 청정한 시대에 정사당政事堂에서 세 번 직을 맡았다. 병든 몸 산 아래 흙도 될 수 없을 터이나, 그래도 유묵遺墨을 찾아 삶을 이야기한다[此身何補一豪芒, 三辱淸時政時堂. 病骨未爲山下土, 尙尋遺墨話存亡]"라고 했다. 나의 집에 이 그림의 모본摹本이 있는데 제공들의 시를 그 뒤에 함께 수록해 놓았다. 그것을 꺼내 볼 때마다 나는 마음이 서글프다. 원풍에서 건중정국까지는 거의 삼십 년이다. 당시 제공들의 명

---

19 납본(蠟本) : 납(蠟)을 명주에 칠해서 원화(原畫)를 임모(臨摹)하는 것을 말한다.

20 이부(二府) : 『전한서(前漢書)』에서 소제(昭帝) 시원(始元) 5년 기해에 두 외부(外府)를 두었는데, 평나(平那), 현도군(玄菟郡) 등을 평주도독부(平州都督府)로 하고, 임둔(臨屯), 낙랑(樂浪), 두 군에는 동부도위부(東部都尉府)를 두었다고 했다.

성과 관직이 이미 극에 이르렀고 모두 그림 속 풍경이 있는 곳을 유람하고 싶어 했지만 틈을 낼 수 없었다. 그래서 왕규는 "어느 날 조각배에 바람과 눈을 싣고, 도롱이에 삿갓 쓰고 어부와 어울릴까[何日扁舟載風雪, 却將蓑笠伴漁人]"라고 하고, 한진은 "임금의 은혜에 보답하지 못한 몸 무엇에 쓰랴, 꿈속에나마 조각배를 부친다[君恩未報身何有, 且寄扁舟夢想中]"라고 했다. 그 뒤에 내쫓기거나 좌천 등을 당하며 죽어서도 벗어나지 못한 경우가 있었지만, 강호의 이런 풍경은 어느 곳이나 있는데도 감상할 기회를 얻지 못했다. 안도가 극적인 표현까지 쓴 것은 마음의 격동 때문이었다. 이런 풍경을 어찌 정말 얻을 수 없었겠는가. 스스로 그 말을 실천하지 못했을 뿐이다.

韓持國雖剛果特立, 風節凜然, 而情致風流, 絶出流輩.① 許昌崔象之侍郎舊第, 今爲杜君章家所有, 廳後小亭僅丈餘, 舊有海棠兩株, 持國每花開時, 輒載酒日飮其下, 竟謝而去, 歲以爲常, 至今故老猶能言之. 余嘗於小亭柱間得公二絶句. 其一云: "濯錦江頭千萬枝, 當年未解惜芳菲. 而今得向君家見, 不怕春寒雨濕衣." 尙可想見當時氣味. 韓忠憲公嘗帥蜀, 持國兄弟皆侍行, 尙少, 故前兩句云爾. 其二云: "長條無風亦自動, 柔艷著雨更相宜." 漫其後句, 曾存之家池中島上亦有海棠十許株, 余爲守時, 歲亦與王幼安諸人席地屢飮, 然此公勝處, 不能繼也.

① '絶出', 原作'高其', 據『遺書』改.

한유韓維는 강단이 있고 과감해서 기풍이 늠름했지만 정감과 풍류도 동료보다 월등했다. 허창에 있는 시랑侍郎 최상지崔象之의 옛집은 지금 두현杜弦 집안의 소유물이 되었는데, 한 길쯤 되는 청廳 뒤의 작은 정자 쪽에 예전부터 두 그루 해당화가 있었다. 한유는 꽃이 필 때면 술을 갖고 와 그 아래에서 마신 뒤 감사를 표하고 가곤 했다. 그는 매년 연례처럼 이를 행해서 지금도 원로들이 이야기하고 있다. 내 일찍이 작은 정자 기둥에서 한유가 지은 2수의 절구를 보았다. 그중 1수에서 "탁금강濯錦江 위 수많은 가지들, 당시에는 꽃들에 아쉬운 줄 몰랐다. 오늘 그대 집에 가서 이를 보니, 봄 추위에 비가 옷에 젖는 것도 두렵지 않다[濯錦江頭千萬枝, 當年未解惜芳菲. 而今得向君家見, 不怕春寒雨濕衣]"라고 했다. 당시의 분위기를 상상해볼 수 있다. 한억韓億이 일찍이 촉蜀을 맡아 다스릴 때 한유 형제가 모두 그를 모셨는데, 아직 어렸으므로 앞 두 구절에서 그렇게 말한 것이다. 두 번째 시에서 "긴 가지는 바람 없이도 스스로 움직이고, 부드럽고 고운 꽃은 비가 내리자 더욱 알맞다[長條無風亦自動, 柔豔著雨更相宜]"라고 했으며 그다음 구절은 기억나지 않는다. 증존지曾存之의 집 연못 안의 섬 위에도 십여 그루의 해당화가 있다. 내가 태수였을 때 해마다 왕유안王幼安 등과 곧잘 그곳에서 자리를 펴고 술을 마셨다. 하지만 이 분(한유)의 훌륭한 면모를 계승하지는 못했다.

① '絶出'은 원래 '高其'로 돼 있었는데 『섭석림유서』에 의거하여 고쳤다.

詩之用事, 不可牽强, 必至于不得不用而後用之, 則事詞爲一, 莫見其安排鬪湊之迹. 蘇子瞻嘗爲人作挽詩云: "豈意日斜庚子後, 忽驚歲在己辰年." 此乃天生作對, 不假人力. 溫庭筠詩亦有用甲子相對者, 云: "風卷蓬根屯戊己, 月移松影守庚申." 兩語本不相類. 其題云: "與道士守庚申, 時聞西方有警事." 邂逅適然, 固不可知, 然以其用意附會觀之, 疑若得此對而就爲之題者. 此蔽于用事之弊也.①

① 此句下『遺書』有"『東軒筆錄』載梅聖俞作劉丞相挽詩: '秋逢庚子日, 夢異戊丁時"句.

시의 용사用事는 억지로 끌어들여서는 안 되며 반드시 어쩔 수 없이 사용해야 할 때 사용해야만 고사와 내용이 하나가 되어, 안배하거나 애써 모아놓은 흔적이 보이지 않는다. 소식이 일찍이 어떤 사람을 위해 쓴 만시挽詩에서 "어찌 날이 경자庚子 후에 기울 줄 예상했으랴, 갑자기 해가 기진己辰년인 것에 깜짝 놀란다[豈意日斜庚子後, 忽驚歲在己辰年]"라고 했다. 이것은 자연스럽게 대구를 만든 것이며 억지로 인력을 빌린 것이 아니다. 온정균의 시에도 갑자甲子를 사용하여 대구를 이룬 것이 있다. "바람이 쑥대 뿌리를 말아 무기戊己에 주둔하고, 달이 소나무 그림을 움직일 때 경신庚申을 지킨다.[風卷蓬根屯戊已, 月移松影守庚申.]" 두 내용은 본디 유사한 것이 아니다. 그 제목에서 "도사道士와 경신 밤을 지키는데, 때마침 서쪽에서 경보(전쟁 소식)가 발생했다는 소식을 들었다[與道士守庚申, 時聞西方有警事]"라고 했는데, 때마침 그런 상황이 발생한 것인지는 본디 알 수 없지만, 의도적으로 붙여 만들었다는 관점에서 보면 아마 이 대구를 얻고 나서 제목을 쓴 것처럼 보인다. 이것은 용사에 얽매인 폐해이다.

① 『섭석림유서』에는 이 구절 다음에 "『동헌필록東軒筆錄』에 매요신이 지은 유승상劉丞相을 위한 만시 '가을에 경자일을 만나고, 꿈은 무정 때와 다르다[秋逢庚子日, 夢異戊丁時]'가 수록되어 있다"는 구절이 있다.

前輩詩材, 亦或預爲儲蓄, 然非所當用, 未嘗强出. 余嘗從趙德麟假陶淵明集本, 蓋子瞻所閱者, 時有改定字, 末手題兩聯云:"人言盧杞有奸邪, 我覺魏公眞嫵媚." 又"槐花黃, 擧子忙. 促織鳴, 懶婦驚." 不知偶書之邪, 或將以爲用也? 然子瞻詩後不見此語, 則固無意于必用矣. 王荊公作韓魏公挽詞云:"木稼曾聞達官怕, 山頹今見哲人萎." 或言亦是平時所得. 魏公之薨, 是歲適雨木冰, 前一歲華山崩, 偶有二事, 故不覺爾.

선인들은 시재詩材를 미리 비축해두기도 했다. 하지만 마땅히 써야 할 곳이 아니면 억지로 내놓지 않았다. 내가 일찍이 조령도趙令畤에게서 도연명의 문집을 빌려왔는데 소식이 열람한 것이었다. 글자를 고친 곳이 있고 그 말미에 손수 두 연을 써놓았다. "사람들은 노기盧杞가 간사하다고들 하지만, 나는 한위공(韓魏公 : 한기)이 참으로 아첨했다고 생각한다[人言盧杞有奸邪, 我覺魏公眞嫵媚]", "괴화槐花가 노랗게 필 때, 거자擧子는 바쁘고. 귀뚜라미 울어댈 때, 게으른 아낙네 깜짝 놀란다.[槐花黃, 擧子忙. 促織鳴, 懶婦驚.]" 우연히 쓴 것인지, 앞으로 사용하려 한 것인지 알 수 없다. 하지만 소식의 시에서 이 내용이 보이지 않는다면 반드시 쓰려는 생각은 본디 없었던 것이다. 왕안석이 지은 한기에 대한 만사에서 "나무에 얼음 달린 데에서 고관이 두려워했다는 말을 들었는데, 산이 무너진 데에서 철인이 시든 것을 본다[木稼曾聞達官怕, 山頹今見哲人萎]"라고 했다. 혹자는 이것이 평소에 지어 놓은 것이라고 했다. 한기가 세상을 떠나던 해에 마침 비가 내려 나무에 얼음이 얼고 일 년 전에는 화산華山이 무너지는 등 우연스레 두 사건이 발생했으므로 그 사실을 감지 못한 것이다.

世言社日飮酒治聾, 不知其何據. 五代李濤有「春社從李昉求酒」詩云:"社公今日沒心情, 爲乞治聾酒一甁. 惱亂玉堂將欲遍, 依稀巡到第三廳." 昉時爲翰林學士, 有日給內庫酒,① 故濤從乞之, 則其傳亦已久矣. 社公, 濤小字也. 唐人在慶侍下, 雖達官高年,② 皆稱小字. 濤性疏達不羈, 善諧謔, 與朝士言, 亦多以社公自名, 聞者無不以爲笑. 然亮直敢言, 後官亦至宰相.

① '日'『遺書』作'月.'
② '達'字據『葉先生詩話』補.

세상에서 사일社日[21]에 술을 마시면 귓병이 고쳐진다고 한다. 이것은 무엇에 근거한 것인지 알 수 없다. 오대五代의 이도李濤가 지은 「춘사종

이방구주春社從李昉求酒」에서 "사공社公이 오늘따라 염치없게, 귓병을 치료한다며 술 한 병을 요구한다. 고뇌에 차 옥당玉堂을 두루 뒤지며, 순서대로 제3청廳에 이르렀다[社公今日沒心情, 爲乞治聾酒一瓶. 惱亂玉堂將欲遍, 依稀巡到第三廳]"라고 했다. 이방李昉은 당시 한림학사였고 날마다 내고內庫의 술을 내주었으므로 이도가 그에게 요구한 것이다. 그렇다면 이것은 오래전부터 전래된 것이다. 사공은 이도의 소자(小字 : 어렸을 때의 자字)이다. 당나라 사람들은 구경(具慶 : 양친이 다 생존함)의 시하侍下에 있을 때면 관직이 높고 나이가 많더라도 모두 소자小字를 칭했다. 이도는 본성이 소탈하고 얽매이지 않으며 농담을 좋아하여 조사朝士들과 이야기를 나눌 때도 대부분 사공이라 자칭했고, 그의 이야기를 듣는 자들은 모두 재미난 웃음거리로 삼았다. 하지만 그는 진실하고 정직하며 용감하게 말할 줄 알아서 나중에 재상에까지 이르렀다.

① '日'은 『섭석림유서』에서 '月'로 돼있다.

② '達'은 『섭선생시화葉先生詩話』에 의거하여 보충했다.

韓退之「雙鳥」詩, 殆不可曉. 頃嘗以問蘇丞相子容, 云 : "意似是指佛老二學." 以其終篇本末考之, 亦或然也.

한유의 「쌍조雙鳥」는 자못 이해하기 어렵다. 지난번에 승상 소송蘇頌에게 물었더니 "아마 불교와 도교의 학문을 지칭한 것인 듯싶다"라고 했다. 전체 내용으로 보면 그런 것도 같다.

21 사일(社日) : 보통은 입춘이나 입추 뒤의 다섯 번째 무일(戊日)을 가리키나, 사시(四時)에 치제(致祭)하는 날을 뜻하기도 한다. 참고로 두보의 시에 "늙은 농부가 사일이 가까워지자, 나를 초청해서 새 술 맛을 보여주네[田翁逼社日, 邀我嘗新酒]"라는 표현이 있다.

杜子美「病柏」·「病橘」·「枯椶」·「枯楠」四詩, 皆興當時事. 「病柏」當爲明皇作, 與「杜鵑行」同意. 「枯椶」比民之殘困, 則其篇中自言矣. 「枯楠」云:"猶含棟梁具, 無復霄漢志." 當爲房次律之徒作. 惟「病橘」始言"惜哉結實小, 酸澀如棠梨", 末以比荔枝勞民, 疑若指近幸之不得志者. 自漢·魏以來, 詩人用意深遠, 不失古風, 惟此公爲然, 不但語言之工也.

두보의 「병백病柏」·「병귤病橘」·「고종枯椶」·「고남枯楠」 네 작품은 모두 당시의 사건을 상기시킨다. 「병백」은 당 현종을 빗대 지은 것으로, 「두견행杜鵑行」과 그 의미가 같다. 「고종」은 백성들의 곤궁함과 쇠잔함을 비교한 것으로 시 안에서 스스로 이야기되고 있다. 「고남」에서는 "아직 동량의 도구를 안고 있으나, 다시는 하늘에 펼칠 뜻이 없다[猶含棟梁具, 無復霄漢志]"라고 했다. 방차율房次律[22] 등을 빗대 지은 것이다. 「병귤」에서는 처음에 "애석하게도 맺은 열매가 작아, 시고 쓴 것이 팥배(棠梨)와 같다[惜哉結實小, 酸澀如棠梨]"라고 했고, 마지막에 여지荔枝가 백성을 피로하게 하는 것으로 비유된 것이라고 한다면 아마 임금을 가까이 모시던 이들 중에서 뜻을 못 얻은 이들을 가리킨 듯하다. 한·위 이래로 시인의 생각이 깊어 고풍古風을 잃지 않은 이로는 오직 이 분뿐이니 시의 언어만 빼어난 것이 아니다.

劉貢父以司空圖詩中咄喏二字, 辯 『晉書』所載石崇豆粥咄嗟而辦, 謂誤以喏爲嗟, 非也. 孫楚詩自有"三命皆有極, 咄嗟不可保"之語, 此亦

22 방차율(房次律): 차율(次律)은 당(唐)나라 때 사람 방관(房琯)의 자. 일찍부터 명망이 있어 현종(玄宗)·숙종(肅宗)의 신임을 받았으며 또 스스로도 고담 준론(高談峻論)으로 세상일을 다 아는 체했지만, 실은 일을 모르고 사람을 잘 쓰지 못하여 진도사(陳濤斜) 싸움에서 군사 사만 명을 잃는 등 실패가 많던 인물이다.

豈是以喏爲嗟. 古今語言, 固有各出于一時, 本不與後世相通者. 咄・嗟, 皆聲也. 自晉以前, 未見有言咄, 殷浩所謂咄咄逼人, 蓋拒物之聲, 嗟乃歎聲, 咄嗟猶言呼吸, 疑是晉人一時語, 故孫楚亦云爾.

유반이 사공도 시의 '돌咄'・'야喏' 두 글자로 『진서晉書』에 실려 있는 '석숭石崇이 콩죽을 돌차咄嗟하며 먹었다'를 논증하면서 '야喏'를 '차嗟'로 잘못 썼다고 말한 것은 잘못이다. 손초孫楚의 시에 "삼명三命이 모두 끝이 있어, 아, 아쉽게도 보존할 수 없다[三命皆有極, 咄嗟不可保]"라는 시어가 있는데 이것이 어찌 '야'를 '차'로 쓴 것이겠는가. 고금의 언어는 본디 그 시대에 각기 출현해서 후대와 잘 통하지 않는다. '돌'과 '차'는 모두 소리다. 진晉 이전에는 '돌'이라는 표현이 보이지 않는다. 은호殷浩가 말한 '돌돌핍인咄咄逼人'은 사물을 거부할 때 나타내는 소리이고 '차'는 탄식의 소리로서 '돌차'는 호흡이라는 말과 같다. 이는 아마 진나라 시대 사람들의 말이므로 손초도 그렇게 말한 것이리라.

頃見晁無咎擧魯直詩: "人家圍橘柚, 秋色老梧桐." 張文潛云: "斜日兩竿眠犢晩, 春波一頃去鳧寒." 皆自以爲莫能及.

지난번에 조보지가 황정견의 "인가는 귤과 유자나무에 둘러 있고, 가을은 오동을 늙게 한다[人家圍橘柚, 秋色老梧桐]"와, 장뢰의 "지는 해 두 칸에 조는 송아지는 늦고, 봄 물결 한 이랑에 떠나는 오리가 차갑다[斜日兩竿眠犢晩, 春波一頃去鳧寒]"를 거론하며 모두 미칠 수 없는 것이라고 하는 것을 보았다.

王荊公詩有"老景春可惜, 無花可留得. 莫嫌柳渾青, 終恨李太白"之句, 以古人姓名藏句中, 蓋以文爲戲. 或者謂前無此體, 自公始見之. 余讀權德輿集, 其一篇云: "藩宣秉戎寄, 衡石崇位勢. 年紀信不留, 弛張良自媿. 樵蘇則爲愜, 瓜李斯可畏. 不顧榮宦尊, 每陳農畝利. 家林類巖巘, 負郭躬斂積. 忌滿寵生嫌,① 養蒙恬勝智. 疏鍾皓月曉, 晩景丹霞異. 澗谷永不諼, 山梁冀無累. 頗符生肇學, 得展禽尙志.② 從此直不疑, 支離疏世事." 則德輿已嘗爲此體, 乃知古人文章之變, 殆無遺蘊. 德輿在唐不以詩名, 然詞亦雅暢. 此篇雖主意在立別體, 然亦自不失爲佳製也.

① '忌', 原作'志', 據『遺書』改.

② '山'下原有'川景'兩字, 衍, '生'下原脫'肇'字, '展'上原脫'得'字, 據『權載之文集·古人名詩』刪補.

왕안석의 시에 "노년에 봄이 아쉬운데, 만류할 만한 꽃이 없다. 버들이 온통 푸른 것을 문제 삼지 말라, 결국 이백이 한스럽다[老景春可惜, 無花可留得. 莫嫌柳渾靑, 終恨李太白]"라는 구절이 있다. 옛사람의 성명을 시 안에 넣은 것은 글을 통해 농담을 한 것이다. 혹자는 이전에는 이런 시체가 없고 왕안석에게서 처음 보인다고 했다. 내가 권덕여權德輿의 문집을 읽었는데, 그중 한 편에서 "변방에 군사를 보내고, 저울로 달아 위세를 높였다.[23] 세월은 참으로 멈출 수 없는 터, 늦추고 당긴 일이 참으로 부끄럽다. 땔감 마련하고 풀 베는 일은 흡족하나, 외밭과 오얏나무 아래는 두렵다. 높은 관직의 영화는 돌아보지 않고, 언제나 농작물 가꾸는 데만 관심을 둔다. 집안 산림은 드높은 암석 같고, 성곽 가까이에서 몸소 농작물 거둔다. 가득 찬 걸 꺼리는 건 총애에 시기가 따라서이고, 어릴 적 마음을 함양하는 건 조용함이 지혜보다 앞서서다. 성긴 종소리에 새벽달 밝고, 석양 하늘에 붉은 노을 아름답다. 산골짜기를 영원히 잊을 수 없나니, 시내 위 다리가 아무 탈 없기를 바란다. 생조生

23 저울로 …… 높였다: 상주(上奏)한 서류의 중량으로 일과(日課)를 정했다는 진시황의 고사를 인용한 것이다. 형(衡)은 저울대이고 석(石)은 저울추이다.

肇[24]의 배움에 부합이 돼, 금경禽慶과 상장尙長[25]의 뜻을 펼칠 수 있다. 이제는 곧장 아무 의심 없이, 세상일과 멀어져 한적하게 지내리라(蕃宣秉戎寄, 衡石崇位勢. 年紀信不留, 弛張良自媿. 樵蘇則爲愜, 瓜李斯可畏. 不顧榮宦尊, 每陳農畝利. 家林類巖巘, 負郭躬斂積. 忌滿寵生嫌, 養蒙恬勝智. 疏鍾皓月曉, 晩景丹霞異. 澗谷永不諼, 山梁冀無累. 頗符生肇學, 得展禽尙志. 從此直不疑, 支離疏世事)”[26]라고 했다면 권덕여가 이미 이 시체를 지은 것이다. 옛사람의 문장의 변화는 거의 여지를 남겨놓은 것이 없음을 알 수 있다. 권덕여는 당나라 때에 시인으로 명성을 날리지는 못했지만 사詞가 고아하고 유창하다. 이 시는 별도의 시체詩體를 확립하는 데 주된 뜻이 있지만, 그럼에도 좋은 작품의 면모를 잃지 않았다.

① ‘忌’는 본래 ‘志’로 돼 있었는데 『섭석림유서』에 의거하여 고쳤다.

② ‘山’ 아래 ‘川景’ 두 글자는 연문衍文[27]이다. ‘生’ 아래에는 원래 ‘肇’가 누락되었고, ‘展’ 위에는 원래 ‘得’이 누락되었는데, 『권재지문집權載之文集』 「고인명시古人名詩」에 의거하여 제거, 보완했다.

---

24 생조(生肇) : 진(晉)나라 승려인 축도생(竺道生)과 승조(僧肇)를 말한다. 진나라 승려인 축도생이 호구산(虎丘山)에서 돌멩이들을 제자로 삼아 한곳에 모아 놓고 『열반경(涅槃經)』을 강의하다가, 성불(成佛)할 수 없다고 인정받은 천제(闡提)까지도 불성이 있다고 하면서 “이것이 부처의 본회(本懷)와 부합되는냐?”라고 묻자, 돌멩이들이 모두 고개를 끄덕였다는 이야기가 전한다. 역시 진(晉)나라의 승려인 승조는 구마라습(鳩摩羅什) 문하 사철(四哲) 가운데 한 사람인데, 그가 지은 『조론(肇論)』은 대승의 공(空) 사상에 대한 깊은 이해를 보여준 것으로 후세에 큰 영향을 미쳤다.

25 금경(禽慶)과 상장(尙長) : 모두 후한 때의 은사이다.

26 蕃宣秉戎寄 …… 支離疏世事 : 밑줄 친 글자는 모두 인명이다. 표면적으로 성명을 이용했으나 내용과는 본질적인 관련이 없다.

27 연문(衍文) : 글 가운데 쓸데없이 붙어있는 군더더기 글귀.

석림시화石林詩話 권중卷中

楊大年・劉子儀皆喜唐彦謙詩, 以其用事精巧, 對偶親切. 黃魯直詩體雖不類, 然亦不以楊・劉爲過. 如彦謙「題漢高廟」云: "耳聞明主提三尺, 眼見愚民盜一抔."① 雖是著題, 然語皆歇後. 一抔事無兩出, 或可略土字, 如三尺, 則三尺律②・三尺喙皆可, 何獨劍乎. '耳聞明主', '眼見愚民', 尤不成語. 余數見交遊, 道魯直語意殊不可解.③ 蘇子瞻詩有"買牛但自捐三尺, 射鼠何勞挽六鈞", 亦與此同病. 六鈞可去弓字, 三尺不可去劍字, 此理甚易知也.

① 『葉先生詩話』此句下有"每稱賞不已, 多示學詩者以爲模式. 三尺一抔"十八字.

② '則三尺'三字原無, 據『葉詩話』補.

③ '語'字據『葉詩話』補.

양억・유균은 모두 당언겸唐彦謙의 시를 좋아했다. 용사用事가 정교

하고 대우對偶가 친절하기 때문이다. 황정견은 시체詩體가 유사하지는 않지만 양억과 유균이 잘못이라고 보지 않았다. 예컨대 당언겸의 「제한고묘題漢高廟」에서 "귀로 명주明主가 삼척(검)을 들었다는 말을 듣고, 눈으로 우민이 한 움큼(흙)을 훔친 것을 보았다[耳聞明主提三尺, 眼見愚民盜一抔]"라고 한 것은 제목에 밀착되긴 했지만 시어 자체는 다 헐후어歇後語[1]이다. '일배一抔'는 내용이 두 가지 이상 겹칠 수 없어 '토土'를 생략할 수도 있지만, '삼척三尺'은 '삼척률三尺律', '삼척훼三尺喙' 등이 모두 가능하니 어찌 검劍뿐이겠는가. '귀로 명주를 듣다[耳聞明主]'와 '눈으로 우민을 보았다[眼見愚民]'는 더더욱 말이 안 된다. 내가 친구들을 만나면 황정견의 시의 내용이 자못 이해가 안 된다고들 했다. 소식의 시에서 "소를 살 때는 삼척(검)을 버려도 되지만, 쥐를 쏠 때 굳이 육균(六鈞 : 활)을 당기랴[買牛但自捐三尺, 射鼠何勞挽六鈞]"라고 한 것도 이와 같은 병폐를 안고 있다. '육균'은 '궁弓' 자를 버릴 수 있지만 '삼척'은 '검' 자를 버려서는 안 되니, 이러한 이치는 매우 쉽게 알 수 있다.

① 『섭선생시화』에는 이 구절 아래에 '每稱賞不已, 多示學詩者以爲模式. 三尺一抔(매번 칭찬해 마지않으며, 시를 배우는 자가 모범으로 삼아야 한다고 했다. 삼척과 일배)'라는 열여덟 자가 있다.

② '則三尺', 이 세 글자는 원래 없었으나 『섭선생시화』에 의거해 보충했다.

③ '語'는 『섭선생시화』에 의거해 보충했다.

蘇子瞻嘗兩用孔稚圭鳴蛙事, 如"水底笙簧蛙兩部, 山中奴婢橘千頭." 雖以笙簧易鼓吹, 不礙其意同. 至"已遣亂蛙成兩部, 更邀明月作三人", 則成兩部不知爲何物, 亦是歇後. 故用事寧與出處語小異而意同, 不可盡牽出處語而意不顯也.

1 헐후어(歇後語) : 말의 끝 부분을 생략하고 그 윗부분만으로 전부의 뜻을 갖게 하는 일종의 은어(隱語)이다.

소식은 일찍이 공치규孔稚圭의 명와鳴蛙 고사[2]를 사용하여 "물속의 생황은 개구리 두 부서[3]이고, 산속의 노비는 귤 천 두이다[水底笙簧蛙兩部, 山中奴婢橘千頭]"[4]라고 했다. 비록 고취(鼓吹 : 북)를 생황笙簧으로 바꿨지만 의미가 같은 것이 문제가 되지는 않는다. 그런데 "이미 혼란스런 개구리를 보내 두 부서를 이루고, 다시 밝은 달을 맞아 세 명이 되었다[已遣亂蛙成兩部, 更邀明月作三人]"에 있어서 '성양부成兩部'는 도대체 뭔지 알 수 없으니, 그저 헐후어歇後語일 뿐인 것이다. 따라서 고사의 활용은 출처의 말과 조금 차이가 나도 의미가 같은 것이 낫지, 출처의 언어를 모두 인용하면서도 의미가 안 드러나면 안 되는 것이다.

學者多議子瞻"木杪見龜趺", 以爲語病, 謂龜趺不當出木杪. 殊未之思, 此題程筠光墓歸眞亭也. 東南多葬山上, 碑亭往往在半山間,① 未必

---

2 공치규 …… 고사 : 『남사(南史)』「공치규열전(孔圭列傳)」에 다음과 같은 내용이 전한다. "공치규는 기풍이 청수하고 시 글 읊기를 좋아하며 7~8 말의 술을 마신다. 거주하는 집에 성대하게 산수를 차려놓고 의자에 앉아 홀로 술잔을 기울이며 아무 일 없이 지냈다. 풀을 베지 않은 마당에 개구리가 울고 있었는데, 혹자가 '진번(陳蕃 : 후한(後漢) 때의 고사(高士))이 되려하는가'라고 물으니 공치규가 웃으며 '나는 이것으로 두 개의 북소리를 삼고 있을 뿐, 어찌 진번을 본받을 일이 있겠는가'라고 했다. 왕안(王晏)이 일찍이 북을 치며 그를 기다리다가, 마침 개구리들이 우는 소리를 듣고 '이 소리가 참 들을 만하다'라고 하자, 공치규가 '내가 당신의 북소리를 들으니 이에 미치지 못한다'라고 했다. 이에 왕안이 매우 창피해했다.[圭風韻淸疏, 好文詠, 飮酒七八鬥. 居宅盛營山水, 憑幾獨酌, 傍無雜事. 門庭之內, 草萊不剪. 中有蛙鳴, 或問之曰 : '欲爲陳蕃乎?' 圭笑答曰 : '我以此當兩部鼓吹, 何必效蕃' 王晏嘗鳴鼓吹候之, 聞群蛙鳴, 曰 : '此殊聒人耳.' 圭曰 : '我聽鼓吹, 殆不及此' 晏甚有慚色.]"

3 두 부서 : 음악을 연주할 때 배치되는 좌부(坐部)와 입부(立部)로, 특별히 은사(恩賜)를 내릴 때 연주하는 성대한 음악이다.

4 귤 천 두 : 천 그루의 귤나무. 삼국시대 오(吳)나라 이형(李衡)이 "강릉에 천 그루의 귤나무만 있으면, 식읍(食邑)을 가진 집에 부러울 것이 없다[江陵千樹橘, 當封君家]"는 한(漢) 태사공(太史公)의 말을 상기하면서, 가족 몰래 귤나무 천 그루를 심어서 자손들이 부유하게 살도록 했다는 고사가 전한다. 『삼국지(三國志)』 권48 「오서(吳書)」 「삼사주전(三嗣主傳)」.

皆平地, 則下視之龜趺出木杪, 何足怪哉.

① '碑亭'下原有'柱'字, 據『遺書』刪.

학자들은 대부분 소식의 "나무 끝에 귀부龜趺[5]가 보인다[木杪見龜趺]"를 들어 시어에 병폐가 있다고 한다. 귀부가 나무 끝에서 나올 수 없기 때문이라는 것인데, 이는 잘 모르고 하는 말이다. 이 구절은 정균광程筠光의 묘, 귀진정歸眞亭에 대해 쓴 시의 일부이다. 동남 지역은 대부분 산 위에 장지를 마련하며 묘의 비정碑亭이 평지가 아닌 산 중턱에 있기도 하다. 따라서 내려다볼 때 귀부가 나무 끝에 보인다는 것에 무슨 문제가 있겠는가.

① '碑亭' 아래에는 원래 '柱'가 있었는데 『섭선생유서葉先生遺書』에 의거하여 삭제했다.

李廌, 陽翟人, 少以文字見蘇子瞻, 子瞻喜之. 元祐初知擧, 廌適就試, 意在必得廌以魁多士. 及考章援程文, 大喜, 以爲廌無疑, 遂以爲魁. 卽析號, 悵然出院. 以詩送廌歸, 其曰①: "平時謾識古戰場, 過眼終迷日五色." 蓋道其本意. 廌自是學亦不進, 家貧, 不甚自愛. 嘗以書責子瞻不薦己, 子瞻後稍薄之, 竟不第而死.

① '其', 原脫, 據『葉詩話』補.

이치李廌는 양적陽翟 출신이며 어렸을 때 문장을 소식에게 보이자 소식이 좋아했다. 소식이 원우 초에 지거知擧로 있을 때, 이치가 마침 시험에 응시했다. 소식은 마음속으로 이치가 반드시 많은 사람들 가운데 으뜸일 것이라고 생각했다. 성적을 평가할 때 그의 정문程文[6]을 앞에

---

5 귀부(龜趺) : 거북 모양으로 만든 비석의 좌판.

6 정문(程文) : 과거시험장에서 쓰는 일정한 법식이 있는 글로, 과문체(科文體)의 문장을 말한다.

두고서도 크게 기뻐하며 틀림없이 이치가 일등을 차지할 것이라고 생각했다. 그러나 성적을 발표하고 나서는 실망스럽게 원院을 나섰다. 그가 이치에게 보낸 시에서 "평소에는 옛 전장戰場을 무심코 알았다가, 눈앞에 나타나자 오색 태양에 어리둥절했다[平時謾識古戰場, 過眼終迷日五色]"라고 한 것은 그 본의를 이야기한 것이다. 이치는 이때부터 학문이 진전되지 않았고 집안이 가난하여 자신도 그다지 돌보지 않았다. 일찍이 소식에게 편지를 보내 자신을 추천하지 않은 것을 문제 삼았지만, 소식은 점차 그를 멀리 대했다. 이치는 결국 급제하지 못하고 세상을 떠났다.

① '其'는 원래 탈락되었는데 『섭선생시화』에 의거하여 보충했다.

劉季孫, 平之子, 能做七字, 家藏書數千卷, 善用事. 「送孔宗翰知揚州」詩有云: "詩書魯國眞男子, 歌吹揚州作貴人." 多稱其精當. 爲杭州鈐轄, 子瞻作守, 深知之. 後嘗以詩寄子瞻云: "四海共知霜滿鬢, 重陽曾插菊花無?" 子瞻大喜. 在潁州和季孫詩, 所謂"一篇向人寫肝肺, 四海知吾雙鬢斑." 蓋記此也.

유계손은 유평劉平의 아들로 칠언시를 잘 지었으며 집안에 수천 권의 도서를 수장하고 고사를 잘 활용했다. 「송공종한지양주送孔宗翰知揚州」에서 "시서로 노국魯國의 참 남자가 되고, 노래로 양주揚州의 귀인이 되었다[詩書魯國眞男子, 歌吹揚州作貴人]"라고 했는데, 많은 사람들로부터 정밀하고 타당하다는 평가를 받았다. 항주검할杭州鈐轄로 있을 때는 소식이 태수여서 서로 깊이 사귀었다. 나중에 그는 소식에게 보낸 시에서 "세상이 모두 서리가 살쩍에 가득함을 알거늘, 중양절에 일찍이 국화를 꽂았던가?[四海共知霜滿鬢, 重陽曾插菊花無]"라고 하니 소식이 크게 기뻐했다. 소식이 영주潁州에 있을 때, 유계손에게 화답한 시에서 "한 편의 시가 사람을 향해 간담을 드러내, 세상이 나의 양 살쩍이 하얗게 아롱진 것을 다 안다[一篇向人寫肝肺, 四海知吾雙鬢斑]"라고 한 것은 이 이야기를 적은 것이다.

文同, 字與可, 蜀人, 與蘇子瞻爲中表兄弟, 相厚.① 爲人靖深, 超然不攖世故. 善畫墨竹, 作詩騷亦過人. 熙寧初, 時論旣不一, 士大夫好惡紛然, 同在館閣, 未嘗有所向背. 時子瞻數上書論天下事, 退而與賓客言, 亦多以時事爲譏誚, 同極以爲不然, 每苦口力戒之, 子瞻不能聽也. 出爲杭州通判, 同送行詩有"北客若來休問事, 西湖雖好莫吟詩"之句. 及黃州之謫, 正坐杭州詩語, 人以爲知言.

① 『遺書』無'爲中表兄弟, 相'六字.

문동文同의 자字는 여가與可이고 촉蜀 출신이며 소식과는 중표中表 형제[7] 사이로 서로 친했다. 인품이 안정되고 사려가 깊어서 세상일에 얽매이지 않고 초연했다. 묵죽墨竹을 잘 그렸으며 시와 소騷도 남들보다 뛰어났다. 희녕 초에 시론時論이 일치하지 않아 사대부들 사이에 호오가 분분했는데 그들과 관각(館閣: 한림)에 함께 있으면서도 어느 한 쪽에 기울지 않았다. 당시 소식이 여러 차례 상소를 올려 천하의 일을 논했고 물러나서 빈객들과 이야기할 때도 시사를 비판했다. 이에 문동은 절대 그렇지 않다며 적극적으로 말렸다. 하지만 소식은 듣지 않았다. 소식이 항주통판杭州通判으로 나갈 때 문동은 전송하며 지은 시에서 "북객北客이 오거들랑 시사를 묻지 말고, 서호가 좋다 해도 시를 읊지 말라[北客若來休問事, 西湖雖好莫吟詩]"는 구절을 남겼다. 소식이 황주黃州로 좌천된 것은 바로 항주에서 지은 시의 내용과 연관이 있었으므로

7 중표(中表) 형제: 아버지의 자매의 자식과 어머니의 형제자매의 자식을 통칭하는 말.

사람들은 이 시를 두고 미래를 예감한 것이라 했다.

① 『섭석림유서』에는 '爲中表兄弟, 相' 여섯 자가 없다.

楊文公在翰林, 以讒佯狂去職, 然聖眷之不衰. 聞疾愈, 卽起爲郡, 未幾, 復以判秘監召. 旣到闕, 以詩賜之曰 : "瑣闥往年司制誥, 共嘉藻思類相如. 蓬山今日詮墳史, 還仰多聞過仲舒. 報政列城歸覲後, 疏恩高閣拜官初. 諸生濟濟彌瞻望, 鉛槧咨詢辨魯魚." 祖宗愛惜人材, 保全忠賢之意如此. 文公後卒與寇萊公力排宮闈, 協定大策, 功雖不終, 其盡力于國者, 亦可以無愧也.

양억이 한림에 있을 때 참소를 당하자 거짓 미치광이가 되어 관직을 그만두었다. 하지만 성상의 돌봄은 시들지 않았다. 병이 치유됐다는 소식을 듣고 바로 등용하여 태수에 임명하고 얼마 되지 않아 다시 판비감判秘監으로 불렀다. 궁궐에 이르자 성상이 시를 지어 하사하기를 "지난해 궁 내에서 제고制誥[8]를 담당하여, 모두들 미려한 문체가 사마상여를 닮았다고 가상해했다. 봉산蓬山[9]이 오늘 분사墳史[10]를 전담하니, 많은 식견이 동중서董仲舒보다 앞선다고 우러러본다. 각 성城의 정무 보고는 근친覲親[11]하고 나서고, 처음 관직에 임명될 때 고각高閣[12]의 은혜는 아직 성기다. 제생들이 높이 우러러보고 있으니, 자문에 부응하여

8 제고(制誥) : 임금을 대신하여 글을 짓는 것.

9 봉산(蓬山) : 삼신산(三神山)의 하나인 봉래산의 약칭. 원래 신선이 사는 곳이라 하여, 한림원, 비서성 등 청환(淸宦)의 관서를 비유한다.

10 분사(墳史) : 삼분오전(三墳五典). 여러 가지 설이 있으나 공안국(孔安國)의 설을 따르면, 삼분은 복희·신농·황제의 글이고, 오전은 소호(少昊)·전욱(顓頊)·고신(高辛)·요·순의 글을 가리킨다.

11 근친(覲親) : 어버이를 찾아가 뵙는 일.

12 고각(高閣) : 당 태종(唐太宗)이 공신(功臣)의 화상을 그린 능연각을 연상하는 것으로, 널리 임금에 대한 대칭으로 보인다.

노어魯魚를 구분[13]할지어다[瑣闥往年司制誥, 共嘉藻思類相如. 蓬山今日詮墳史, 還仰多聞過仲舒. 報政列城歸覲後, 疏恩高閣拜官初. 諸生濟濟彌瞻望, 鉛槧咨詢辨魯魚]"라고 했다. 조정에서 인재를 아끼고 충신과 현자를 보존하려는 마음이 이러했다. 양억은 뒤에 구준과 함께 환관을 배척하는 데 힘을 들여 큰 계책을 세웠다. 비록 그 일을 완료하지는 못했지만 나라를 위해 온 힘을 바친 것만은 아무 부끄럼이 없다고 할 것이다.

古詩有離合體, 近人多不解. 此體始于孔北海,① 余讀『文類』, 得北海四言一篇云: "漁公屈節, 水潛匿方, 與時進止, 出寺弛張. 呂公磯釣, 闔口渭旁, 九域有聖, 無土不王. 好是正直, 女回于匡, 海外有截, 隼逝鷹揚. 六翮將奮, 羽儀未彰, 龍蛇之蟄, 俾也可忘. 玟琁隱曜, 美玉韜光. 無名無譽, 放言深藏, 按轡安行, 誰謂路長." 此篇離合"魯國孔融文擧"六字. 徐而考之, 詩二十四句, 每四句離合一字. 如首章云: "漁父屈節, 水潛匿方, 與時進止, 出寺弛張." 第一句漁字, 第二句水字, 漁犯水字而去水, 則存者爲魚字. 第三句有時字, 第四句有寺字, 時犯寺字而去寺, 則存者爲日字. 離魚與日而合之, 則爲魯字. 下四章類此. 殆古人好奇之過, 欲以文字示其巧也.

① '始于孔北海始于孔北海'五字原無, 據『遺書』補.

고시古詩에 이합체離合體[14]가 있는데 요즘 사람들은 대부분 이해하지 못한다. 이 시체는 공융孔融에게서 시작되었다. 내가 『문류文類』를 읽다가 공융의 사언四言 한 편을 보았는데, "어공漁公이 절개를 접어, 수水가

13 노어(魯魚)를 구분: '노(魯)'와 '어(魚)', 곧 이 두 글자처럼 모양이 비슷한 데서 오는 잘못을 이른다. 노어지류(魯魚之謬), 노어해시(魯魚亥豕), 노어도음(魯魚陶陰) 등으로 쓰인다.

14 이합체(離合體): 잡체시(雜體詩)의 한 가지로 시구의 일정한 글자를 파자한 다음 다시 합성함으로써 어떤 뜻을 나타내는 일종의 유희다.

조용히 한쪽으로 숨고, 시대(時)와 추이를 함께하며, 사寺에서 나가 조절을 한다. 여공呂公이 낚시터에서 낚시하며, 위수渭水 가에서 입(口)을 닫고, 온 누리(九域)에 성인이 있어, 왕의 땅 아닌 곳이 없다. 정직을 좋아하여(好) 여인(女)이 광匡으로 돌아가고, 바다 밖에 절단할 게 있어, 매가 높이 날아간다. 여섯 깃축이 날려 할 때, 깃 모양이 드러나지 않았다. 용과 뱀이라는 벌레(蟄)를, 잊게 할 수 있겠는가. 문선(玟璇)이 은은히 빛나니, 아름다운 옥은 빛을 감추는 법이다. 이름도 없고 명예도 없어, 말(言)을 깊이 감춘다. 말고삐를 잡고(按) 편하게 나서나니, 누가 길이 멀다 하는가[漁公屈節, 水潛匿方, 與時進止, 出寺弛張. 呂公磯釣, 闔口渭旁, 九域有聖, 無土不王. 好是正直, 女回于匡, 海外有截, 隼逝鷹揚. 六翮將奮, 羽儀未彰, 龍蛇之蟄, 俾也可忘. 玟璇隱曜, 美玉韜光. 無名無譽, 放言深藏, 按轡安行, 誰謂路長]"[15]라고 하였다. 이는 "魯國孔融文擧" 여섯 글자를 이합離合한 것이다. 가만히 들여다보면 이 시는 24구이며 매 4구마다 한 글자를 이합離合했다. 예컨대 수장首章에서 "어공漁公이 절개를 접어, 수水가 조용히 한쪽으로 숨고, 시대(時)와 추이를 함께하며, 절(寺)에서 나가 조절을 한다[漁父屈節, 水潛匿方, 與時進止, 出寺弛張]"라고 했는데, 제1구는 '漁'이고 제2구는 '水'이다. '漁'가 '水'를 침범하여 '水'를 제거하면 남은 것은 '魚'가 된다. 제3구에 '時'가 있고 제4구에 '寺'가 있는데, '時'가 '寺'를 침범하여 '寺'를 제거하면 남은 것은 '日'이 된다. 그리고 '魚'와 '日'을 합치하면 '魯'가 된다. 아래 4장章도 비슷하게 진행된다. 이는 고인古人

15 漁公屈節 …… 誰謂路長 : 이 시는 문자유희에 해당하며 해석이 목적이 아니므로 번역을 하지 않았다. 전체 내용을 풀이하면 다음과 같다. 처음 4구에서 '漁'에서 '魚'를 취하고 '水'(氵)를 버려 '魚'가 되고, '時'에서 아래 '日'을 취하고 '寺'를 버려 日이 되었는데, 두 글자 '魚'와 '日'을 합하면 '魯'가 된다. 같은 원리로 5구에서 '口'를 취하고 7구에서 '或'을 취하여 '國'이 되고, 9구에서 '子'를 취하고 11구에서 '乙'을 취하여 '孔'이 되고 13구에서 '鬲'을 취하고 15구에서 '虫'을 취하여 '融'이 되고, 17구에서 '文'을 취하되 합성할 필요가 없으므로 두 구만 묶었다. 19구에서는 '與'를 취하고 21구에서는 '手'를 취하여 '거(擧)'가 되었다. 이렇게 해서 만들어진 글자가 '노국공융문거(魯國孔融文擧)'라는 시의 제목이 된다. 결국 공융 자신을 암시적으로 이 시에 내포하고 있는 것이다.

이 기특한 것을 좋아하는 마음이 과했던 것으로, 문자로 기교를 보이려 한 것이다.

① '始于孔北海' 다섯 글자는 원래 없었는데 『섭석림유서』에 의거하여 보충했다.

劉丞相莘老殿試時, 蘇丞相子容爲詳定官. 子容後尹南京, 莘老復僉判在幕中, 相與歡甚. 元祐初, 莘老自中司入爲左丞, 子容猶爲翰林學士承旨, 及莘老遷黃門, 子容始爲左丞. 莘老宿東省, 嘗以詩寄子容云: "膺門早歲預登龍, 僉幕中間托下風. 敢謂彈冠煩貢禹, 每思移疾避胡公." 蓋記前事. 而子容答之, 有"末路自驚黃髮老, 平時曾識黑頭公"之句, 當時以爲盛事. 又三年, 莘老旣相而罷, 子容始踐其位云.

승상 유지가 전시殿試를 치를 때, 승상 소송이 상정관詳定官[16]이었다. 나중에 소송이 남경윤南京尹으로 있을 때 유지가 참판으로 막료 안에 있으면서 서로 아주 가깝게 지냈다. 원우 초에 유지가 중사中司에서 들어가 좌승左丞이 될 때 소송은 여전히 한림학사 승지였고, 유지가 황문黃門으로 옮길 때 소송은 비로소 좌승이 되었다. 유지가 동성東省에서 묵을 때 소송에게 지어 보낸 시에서 "이른 나이에 응문膺門[17]에 미리 등용되었고, 중간에 막료에서 끼치신 영향에 의탁하였네. 관을 털며 공우貢禹 번거롭게 함[18]을 감히 말하랴, 병이라 핑계 대며 호공(胡公·胡廣) 피한 걸[19] 매번 생각한다[膺門早歲預登龍, 僉幕中間托下風. 敢謂彈冠煩貢禹,

16 상정관(詳定官): 비망록에 보태어 전시(殿試) 때 검사하고, 아울러 최후에 시권(試卷) 등제(等第)를 평정(評定)하는 시험관이다.

17 응문(膺門): 용문(龍門)과 같은 말이다. 이응(李膺)은 동한 양성(襄城) 사람이요, 자는 원례(元禮)인데, 풍재(風裁)가 준정(峻整)하여 "천하의 모해(模楷) 이원례"라는 말이 있었다. 선비로서 용접(容接)을 입은 자를 '용문(龍門)에 올랐다'고 하였다.

18 관을…… 번거롭게 함: 서한의 왕길(王吉)이 관직에 임명되자 친구 공우도 덩달아 갓의 먼지를 털고 벼슬길에 나설 준비를 했다는, '王陽在位, 貢公彈冠'이라는 말이 『한서』 권72 「왕길전」에 나온다.

每思移疾避胡公]"라고 했다. 이는 지난 일을 적은 것이다. 이에 소송이 "말년에 스스로 황발黃髮 늙은이인 것에 깜짝 놀라거니와, 평소에는 검은 머리 공만을 알았다[末路自驚黃髮老, 平時曾識黑頭公]"라고 했다. 당시에 이를 두고 성대한 일이라 했다. 그로부터 삼 년이 흐른 뒤 유지가 재상에서 물러났고 소송이 비로소 그 지위에 올랐다.

王荊公少以意氣自許, 故詩語惟其所向, 不復更爲涵蓄. 如"天下蒼生待霖雨, 不知龍向此中蟠", 又"濃綠萬枝紅一點, 動人春色不須多", "平治險穢非無力, 潤澤焦枯是有材"之類, 皆直道其胸中事. 後爲羣牧判官, 從宋次道盡假唐人詩集, 博觀而約取, 晚年始盡深婉不迫之趣. 乃知文字雖工拙有定限, 然亦必視初壯, 雖此公, 方其未至時, 亦不能力强而遽至也.

왕안석은 어려서부터 스스로 기개를 드러냈으므로 시어가 바로 표출되고 더 이상 함축되지 않았다. "천하 창생이 장맛비를 기다리는데, 용이 이곳에 서렸는 줄 몰랐다[天下蒼生待霖雨, 不知龍向此中蟠]", "짙푸른 수많은 가지에 붉은 점 하나, 사람을 감동시키는 봄빛은 많을 필요가 없다[濃綠萬枝紅一點, 動人春色不須多]", "찌든 때를 말끔히 씻는데 힘이 없지 않지만, 메마른 것을 윤택하게 하는 것이 재능 있는 것이다[平治險穢非無力, 潤澤焦枯是有材]" 등은 모두 가슴속에 있는 것을 바로 표현한 것이다. 나중에 여러 주의 판관判官으로 있을 때, 송민구宋敏求로부터 당나라 시인들의 시집을 모두 빌려 읽으며 넓게 살피고 요약해 취하였

19 병이라 …… 피한 걸 : 한나라 호광(胡廣)은 자(字)가 백시(伯始)이다. 경학에 익숙하고 나라의 원로로서 삼공의 지위에 있으며 모든 정무를 잘 처리했다. 그래서 당시 사람들이 "모든 일이 처리되지 않거든 백시에게 물어라. 천하의 중용(中庸)은 호공에게 있네"라고 하였다. 그러나 당시에 왕씨가 세력을 부려 나라를 빼앗는데도 그는 나라를 생각하지 않고 자기 몸만 보전했으니, 후세에서는 이를 '호광의 중용'이라 비웃었다.

고, 만년에야 비로소 깊고 완곡하고 촉박하지 않은 맛을 완전히 갖췄다. 이를 통해 문장은 공졸工拙에 있어 정해진 한계가 있긴 하지만 반드시 초기의 것을 봐야 하며, 왕안석 역시 경지에 이르지 못했을 때는 힘으로 밀어붙여 갑자기 도달할 수는 없었음을 알 수 있다.

高荷, 荊南人, 學杜子美作五言, 頗得句法. 黃魯直自戎州歸, 荷以五十韻見, 魯直極愛賞之, 嘗和其言, 有云: "張侯海內長句, 晁子廟中雅歌, 高郎少加筆力, 我知三傑同科." 張謂文潛, 晁謂無咎也. 無咎聞之, 頗不平. 荷晩爲童貫客, 得蘭州通判以死. 旣不爲時論所與, 其詩亦不復傳云.

고하高荷는 형남荊南 출신이며 두보에게서 배워 오언시를 지었고 구법을 상당히 터득했다. 황정견이 융주戎州에서 돌아올 때 고하가 오십운五十韻을 보이자 매우 애독하고 찬탄했다. 일찍이 고하의 시에 화답한 시에서 "장후張侯는 해내海內의 장구長句이고, 조자晁子는 종묘 안의 아가雅歌이고, 고랑高郎은 약간 필력을 가했으니, 나는 삼걸三傑이 같은 과인 줄 안다張侯海內長句, 晁子廟中雅歌, 高郎少加筆力, 我知三傑同科"라고 했다. '장張'은 장뢰를 말하고 '조晁'는 조보지를 말한다. 조보지가 이 이야기를 듣고 상당히 불편해했다. 고하는 만년에 동관童貫의 객이 되었다가 난주통판蘭州通判에 임명된 뒤 세상을 떠났다. 그는 당시의 논평에 포함되지 않았으므로 시 역시 더 이상 전해지지 않았다.

『雪浪齋日記』云: 高子勉上山谷詩云: "點檢金閨彦, 飄零玉筍班. 尚令清廟器, 猶隔鬼門關." 爲谷所喜. 又子勉詩云: "沙軟綠頭相並鴨, 水深紅尾自跳魚." 怪麗之甚.①

① 此則據『葉詩話』補.

『설랑재일기雪浪齋日記』에서 고하가 황정견에게 올린 시에서 "금규金閨[20]의 선비들을 점검하다가, 옥순玉筍의 반班[21]에 떨어졌다. 아직도 청묘淸廟[22]의 그릇이, 여전히 귀문관鬼門關[23]에 막혀 있게 한다[點檢金閨彦, 飄零玉筍班. 尙令淸廟器, 猶隔鬼門關]"라고 하여 황정견으로부터 찬사를 들었다. 또 고하의 시에서 "모래 부드러운 곳에 푸른 머리 서로 겹친 오리이고, 물 깊은 곳에 붉은 꼬리 스스로 튀어 오른 물고기다[沙軟綠頭相並鴨, 水深紅尾自跳魚]"라고 했는데 매우 괴려怪麗하다.

① 이 부분은 『섭석림유서』에 의거하여 고쳤다.

杜牧詩:"淸時有味是無能, 閒愛孤雲靜愛僧. 擬把一麾江海去, 樂遊原上望昭陵." 此蓋不滿于當時, 故末有'望昭陵'之句. 汪輔之在場屋, 能作賦, 略與鄭毅夫・滕達道齊名, 以意氣自負. 旣登第, 久不得志, 常鬱鬱不樂, 語多譏刺. 元豐初, 始爲河北轉運使, 未幾, 坐累謫官累年, 遇赦幸復知處州, 謝表有云:"淸時有味, 白首無能." 蔡持正爲侍御史, 引杜牧詩爲證, 以爲怨望, 遂復罷.

---

20 금규(金閨) : 중국 한나라 때 궁궐의 문으로 금마문(金馬門)이 있었는데, 이를 금문(金門) 또는 금규로도 불렀다. 임금과 가까운 곳을 말한다. 『문선(文選)』 강엄(江淹) 「별부(別賦)」.

21 옥순(玉筍)의 반(班) : 옥순은 곧 재능이 뛰어난 사람을 비유한 것으로, 전하여 조정 관원의 반열을 말한다.

22 청묘(淸廟) : 왕자(王者)의 태묘(太廟)로서 국가의 정교(政敎)를 행하는 곳을 말한다. 하(夏)나라는 세실(世室), 은(殷)나라는 중옥(重屋), 주(周)나라는 명당(明堂) 또는 청묘라고 불렀다. 『주례(周禮)』 「고공기(考工記)」 「장인(匠人)」.

23 귀문관(鬼門關) : 중국 광서성(廣西省)에 있는 변방 요새로, 산세가 험준한 데다 장려(瘴癘)가 만연하는 등 풍토가 험악하여 생환(生還)하는 자가 드물었으므로 "열에 아홉은 못 돌아오는 귀문관[鬼門關 十人九不還]"이라는 속요(俗謠)까지 유행했다 한다. 『구당서(舊唐書)』 「지리지(地理志) 4」.

두목의 시에서 "태평성대에 흥미가 있으나 무능한 몸이라서, 한가히 떠도는 구름을 사랑하고 조용히 승려를 좋아한다. 지휘봉 들고 강해江海로 가, 낙유원樂遊原에서 소릉昭陵을 바라보고 싶다[淸時有味是無能, 閒愛孤雲靜愛僧. 擬把一麾江海去, 樂遊原上望昭陵]"라고 했다. 당시 불만이 있었으므로 마지막 구절에서 "소릉을 바라본다[望昭陵]"[24]라는 글귀를 쓴 것이다. 왕보지汪輔之는 장옥(場屋 : 과거시험장)에서 부賦를 잘 지어서 정해鄭獬, 등원발滕元發과 함께 명성을 드날리며 기세가 등등했다. 그러나 급제하고 나서 오랫동안 뜻을 펼치지 못해 우울하게 지내며 풍자와 비판의 말이 많았다. 원풍 초에 비로소 하북전운사河北轉運使가 되었지만 얼마 지나지 않아 사건과 연루되어 여러 해 동안 좌천되었다가, 사면된 뒤 다시 처주處州를 맡았다. 이때 올린 사표謝表에서 "태평시절에 흥미가 있으나, 백수에 잘하는 것이 없다[淸時有味, 白首無能]"라고 했다가, 당시 시어사侍御史로 있던 채확이 두목의 시를 증거로 인용하면서 원망이 담긴 것이라고 지적한 탓에 결국 다시 파직되었다.

古今人用事有趁筆快意而誤者, 雖名輩有所不免. 蘇子瞻"石建方欣洗牏厠, 姜龐不解歎蚼蝛", 據『漢書』, 牏厠本作厠牏, 蓋中衣也, 二字義不應可顚倒用. 魯直"啜羹不如放麑, 樂羊終愧巴西", 本是西巴, 見『韓非子』, 蓋貪于得韻, 亦不暇省爾.

예나 지금이나 시인들은 고사를 활용할 때, 빠른 필치로 거침없이

24 "소릉을 바라본다[望昭陵]" : 당 태종(唐太宗)이 문덕황후(文德皇后)를 소릉에 장사지낸 뒤 황후를 잊지 못하여 원중(苑中)에 층루(層樓)를 짓고 소릉을 바라보곤 하였다. 하루는 위징(魏徵)과 함께 층루에 올라 소릉을 가리키며 바라보라고 하자, 위징이 일부러 딴 데를 바라보고 있다가 "신(臣)은 폐하께서 헌릉(獻陵 : 당 고조의 능)을 바라보시는 줄 알았습니다. 소릉은 벌써 보았습니다"라고 하니, 그날로 층루를 헐어버렸다는 고사가 전한다.

쓰다가 오류를 범하곤 한다. 이는 명사들도 모면하지 못하는 경우가 있다. 소식이 "석건石建[25]은 바야흐로 기쁘게 유칙牏厠을 씻고, 강姜·방龐[26]은 이위(蛜蝛 : 쥐며느리)를 탄식할 줄 모른다[石建方欣洗牏厠, 姜龐不解歎蛜蝛]"라고 했는데, 『한서』에 의하면 유칙은 본디 측유厠牏이며 중의中衣를 지칭한다. 따라서 두 글자는 도치해서 사용할 수 없다. 황정견이 "국을 마시는 것은 사슴을 놓아주는 것만 못하니, 악양樂羊[27]은 결국 파서巴西[28]에 부끄럽다[啜羹不如放麑, 樂羊終愧巴西]"라고 했는데, 파서巴西는 본디 서파西巴[29]이며 『한비자』에 나온다. 운을 얻는 데만 탐닉하여 미처 살피지 못한 것이다.

寇萊公南遷, 道過襄州, 嘗留一絶句于驛亭, 曰 : "沙堤築處迎丞相, 驛吏催時送逐臣. 到了輸他林下客, 無榮無辱自由身." 林下客, 大槪言之, 初無所主名也. 胡秘監旦素不爲公所喜, 時適居郡下, 旣聞之, 遂以林下客謂公爲己發, 且有稱快之語, 聞者無不皆笑.

구준이 남쪽으로 좌천될 때 양주襄州를 경유하다가 일찍이 절구 한

---

25 석건(石建) : 한 무제 때의 효자. 벼슬이 낭중령(郎中令)에 이르렀다.

26 강(姜)·방(龐) : 강(姜)은 강시(姜詩)이고, 방(龐)은 강시의 아내 방삼춘(龐三春)이다. 당시의 효자와 효부들이다.

27 악양(樂羊) : 전국시대 위(魏)나라의 장수. 위의 문후(文侯)가 중산(中山)을 치려고 할 때 그의 아들이 중산에 있었는데, 중산의 임금이 그 아들을 삶아 국을 끓여 보내자, 그것을 먹었다고 한다. 『사기』 권71 참고.

28 파서(巴西) : 지금의 사천성 일대 지역으로, 파군(巴郡), 파동(巴東)과 함께 삼파(三巴)라 불린다.

29 서파(西巴) : 진서파(秦西巴). 춘추시대 노(魯)나라 대부(大夫) 맹손(孟孫)이 사냥을 하다가 사슴 새끼를 잡아서 진서파(西巴)에게 갖고 돌아오게 했는데, 어미 사슴이 울면서 따라오자 진서파가 사슴 새끼를 놓아 주었다. 맹손이 크게 노하여 진서파를 쫓아냈지만 석 달 만에 다시 불러들여 아들의 스승으로 삼으며 "사슴 새끼에게도 못할 짓을 차마 못했는데 내 아들에게 못할 일을 차마 하겠는가"라고 했다는 고사가 전한다.

수를 역정驛亭에 남겼다. “모래 둑 쌓인 곳에서 승상을 맞이하며, 역리驛吏는 서둘러 축출된 신하를 보낸다. 임하객林下客으로 보내지고 나면, 영화도 오욕도 없는 자유의 몸이리라.[沙堤築處迎丞相, 驛吏催時送逐臣. 到了輪他林下客, 無榮無辱自由身.]” 임하객은 일반적인 표현이지, 누굴 가리켜 말한 것은 아니다. 비감秘監 호단胡旦은 구준이 평소에 좋아하지 않았는데, 당시 마침 이 군에 머물고 있었다. 이 이야기를 듣고 호단이 임하객은 구준이 자기 자신을 위해 발언한 것이라고 하고 또 (좌천에 대해) 통쾌하다고 하자, 듣는 자들이 모두 쓴웃음을 지었다.

詩人以一字爲工, 世固知之, 惟老杜變化開闔, 出奇不窮, 殆不可以形跡捕. 如“江山有巴蜀, 棟宇自齊梁.” 遠近數千里, 上下數百年, 祇在‘有’與‘自’兩字間, 而呑納山川之氣, 俯仰古今之懷, 皆見于言外. 「滕王亭子」“粉牆猶竹色, 虛閣自松聲”, 若不用‘猶’與‘自’兩字, 則餘八言凡亭子皆可用, 不必滕王也. 此皆工妙至到, 人力不可及, 而此老獨雍容閒肆, 出于自然, 略不見其用力處. 今人多取其已用字模放用之, 偃蹇狹陋, 盡成死法. 不知意與境會, 言中其節, 凡字皆可用也.

시인이 글자 하나를 훌륭하게 여긴다는 것은 세상이 잘 알고 있지만, 두보만은 변화가 자유로워 끝없이 기묘함이 솟아나서 형태와 자취만으로 포착할 수 없다. 예컨대 “강산에 파촉巴蜀이 있고, 건물은 제량齊梁으로부터이다[江山有巴蜀, 棟宇自齊梁]”[30]에서 원근 수천 리와 상하 수백 년이 단지 ‘有’와 ‘自’ 두 글자 안에 들어있어, 산천을 삼키는 기와 고금을 껴안은 회포가 언어 밖에 다 드러난다. 「등왕정자滕王亭子」에서는 “분칠한 담장은 아직도 대나무 빛깔이고, 텅 빈 집에는 절로 솔바람

30 시의 제목은 「상두솔사(上兜率寺)」이다.

인다[粉牆猶竹色, 虛閣自松聲]”라고 했는데, 만일 ‘猶’와 ‘自’ 두 글자를 사용하지 않았다면 나머지 여덟 글자는 여느 정자亭子에도 모두 사용할 수 있으며 굳이 「등왕정자滕王亭子」여야 할 필요가 없다. 이것은 오묘함이 극도에 이르러 인력으로 닿을 수 없다. 오직 이 노인만이 홀로 편안하게 몸에 밴 것이 자연스럽게 흘러 나와서 조금도 애쓴 흔적을 엿볼 수 없다. 지금 사람들은 많이들 이미 사용된 글자를 취해 모방해서 사용하지만, 전도되고 비좁고 누추하여 모두 죽은 법(死法)이 되고 만다. 의미가 외경과 일치하고 말이 절도에 맞으면 일상의 글자를 모두 사용할 수 있음을 모르는 것이다.

讀古人詩多, 意所喜處, 誦憶之久, 往往不覺誤用爲己語. “綠陰生晝寂, 孤花表春餘”, 此韋蘇州集中最爲警策, 而荊公詩乃有“綠陰生晝寂, 幽草弄秋妍”之句. 大抵荊公閱唐詩多, 于去取之間, 用意尤精, 觀『百家詩選』可見也. 如蘇子瞻“山圍故國城空在, 潮打西陵意未平”, 此非誤用, 直是取舊句縱橫役使, 莫彼我爲辨耳.

고인의 시를 많이 읽고 자기 마음에 드는 시를 오랫동안 외우고 기억하다보면 이따금 저도 모르게 자신의 것으로 잘못 사용하는 경우가 있다. “녹음은 한낮 고요한 데서 생기고, 고독한 꽃은 봄의 뒷자락을 드러낸다.[綠陰生晝寂, 孤花表春餘.]” 이 구절은 위응물의 시집에서 가장 빼어난 것인데, 왕안석의 시에 “녹음은 한낮 고요한 데서 생기고, 그윽한 풀은 가을 고운 모습으로 희롱한다[綠陰生晝寂, 幽草弄秋妍]”라는 구절이 있다. 왕안석은 당시를 많이 읽어서 취사선택에 있어 그 생각이 더욱더 정밀했다. 그의 『백가시선百家詩選』을 보면 알 수 있다. 예컨대 소식은 “산 두른 고국故國은 성터만 남아있고, 조수 치는 서릉西陵은 마음이 편하지 않다[山圍故國城空在, 潮打西陵意未平]”라고 했다. 이것은 옛 시구를 잘못 사용한 것이 아니라, 옛 시구를 취하여 마음대로 부림으로써 피아를 구분할 수 없게 만든 것이다.

慶曆八年, 王則叛貝州,① 旣誅, 始析河北大名·定武·眞定·高陽爲四路, 置帥, 更命儒臣以輯邊備. 韓魏公自鄆州徙鎭武定,② 則大興方略,③ 事無不自親. 嘗有「題養眞亭」詩云: "所期淸策慮, 不是愛精神." 又云: "吏民還解否, 吾豈苟安人." 其志可見矣. 郡圃號衆春, 會歲饑, 涉春未嘗一遊. 陳薦在幕府, 以詩請公云: "水底魚龍思鼓吹, 沙頭鷗鷺望旌旗." 公亟答之云: "細民溝壑方援手, 別館鶯花任送春." 在鎭五年, 政聲流聞, 自是天下遂屬以爲相.

① '貝州', 原作'眞定', 據『葉詩話』改.

② '韓'·'武定', 原無, 據『葉詩話』補. '武定'承上文疑當作'定武.'

③ '則', 原作'各', 據『葉詩話』改.

경력 8년(1048)에 패주貝州에서 반란을 일으킨 왕칙王則이 처단되고 나서 비로소 하북河北의 대명大名, 정무定武, 진정眞定, 고양高陽을 사로四路로 나누어 장수를 두고 다시 유신儒臣에게 변방을 관리하라는 명이 내려졌다. 한기는 운주鄆州에서 무정武定으로 옮기면서 대책을 크게 마련하였고 모든 일을 직접 챙겼다. 일찍이 지은 「제양진정題養眞亭」에서 "고려하는 것은 태평성대일 뿐, 정신을 아끼는 것이 아니다[所期淸策慮, 不是愛精神]"라고 하고, 또 "관리와 백성들이 이해하고 있을까, 내 어찌 안주를 추구하는 사람이랴[吏民還解否, 吾豈苟安人]"라고 한 데에서 그의 뜻을 엿볼 수 있다. 그 지역에 중춘衆春이라는 공원이 있었는데 마침 흉년이 든 해여서 한기는 봄날에 한 번도 그곳을 유람하지 않았다. 막부에 있던 진천陳薦이 시를 지어 청하기를 "물속 물고기와 용이 북소리 피리 소리를 그리워하고, 백사장 갈매기와 백로가 깃발을 바란다[水底

魚龍思鼓吹, 沙頭鷗鷺望旌旗]”라고 하자, 한기는 바로 답하기를 “미약한 백성들이 구렁텅이에서 손을 붙잡아 달라 하고 있으니, 별관의 꾀꼬리 꽃들이 제멋대로 봄을 보내도록 놔두리라[細民溝壑方援手, 別館鶯花任送春]”라고 했다. 한기가 무정을 맡아 다스린 오 년 동안 그의 치적에 대한 명성이 널리 퍼졌다. 결국 세상에서 그를 재상으로 삼아야 한다고 들 했다.

① ‘貝州’는 원래 ‘眞定’으로 돼 있었는데 『섭석림시화』에 의거하여 고쳤다.

② ‘韓’과 ‘武定’이 없었으나 『섭석림시화』에 의거하여 보완했다. ‘武定’은 위 문장의 내용에 맞춰 ‘定武’로 수정해야 할 것으로 보인다.

③ ‘則’은 원래 ‘各’으로 돼 있었는데 『섭석림시화』에 의거하여 고쳤다.

王荊公在鍾山, 有馬甚惡, 踶齧不可近. 一日, 兩校牽至庭下告公. 請鬻之. 蔡天啓時在坐, 曰:“世安有不可調之馬, 第久不騎, 驕耳.” 卽起捉其騣, 一躍而上, 不用銜勒, 馳數十里而還. 荊公大壯之, 卽作集句詩贈天啓, 所謂“蔡子勇成癖, 能騎生馬駒”者. 後又有“身著青衫騎惡馬, 日行三百尙嫌遲. 心源落落堪爲將, 却是君王未備知.” 士大夫自是盛傳荊公以將帥之材許天啓.① 紹聖初, 章申公當國, 首欲進天啓侍從, 會執政有不悅者, 乃出爲永興軍路提擧常平, 因欲稍遷爲帥, 會丁內艱, 不果, 猶是用荊公遺意也.

① ‘自是’據『葉詩話』補.

왕안석이 종산鍾山에 있을 때, 매우 사나운 말 한필이 있었다. 그 말은 발로 차거나 물어뜯어서 가까이 갈 수가 없었다. 하루는 두 교위가 마당으로 그 말을 끌고 와 왕안석에게 팔아버리자고 했다. 그러자 마침 자리에 함께 있던 채조가 “세상에 길들이지 못할 말이 어디 있겠는가. 오랫동안 타지 않아서 교만해졌을 뿐이다”라고 하고 곧바로 일어나 말의 갈기를 잡고 한 번에 뛰어올랐다. 그리고 고삐와 재갈도 사용하지 않은 채 수십 리를 내달리다 돌아왔다. 왕안석이 대단히 장하게 여기며 즉시 집구시集句詩를 지어 채조에게 주었다. 이른바 "채자蔡子는 용맹함이 버릇이 되어, 생 망아지를 능히 탄다[蔡子勇成癖, 能騎生馬駒]"가 그것이다. 뒤에 또 "푸른 적삼 옷으로 못된 말을 타고, 하루에 삼백 리를 가고서도 더디다고 한다. 훤칠한 마음씨는 장수감이지만, 군왕께서 미처 알고 계시지 못한다[身著青衫騎惡馬, 日行三百尙嫌遲. 心源落落堪爲將, 却是君王未備知]"라고 했다. 이때부터 사대부들은 왕안석이 장수의 재목으로 채조를 인정했다고 널리 알렸다. 소성 초에 장돈이 재상이었을 때, 가장 먼저 채조를 추천하여 황제를 모시게 하고 싶었지만 마침 정권을 잡고 있던 사람 중에 채조를 안 좋아하는 사람이 있었다. 그래서 우선 외지로 내보내 영흥군로永興軍路의 제거상평提擧常平[31]으로 삼은 뒤 점차 자리를 옮겨 장수로 삼으려 했지만 마침 그가 내간(內艱 : 모친상)을 당하여 실행에 옮기지는 못했다. 하지만 왕안석이 남긴 뜻을 실현하려 했다.

① '自是'는 『섭석림시화葉石林詩話』에 의거하여 보충했다.

元豐間, 嘗久旱不雨, 裕陵禁中齋禱甚力. 一日, 夢有僧乘馬馳空中, 口吐雲霧, 旣覺而雨大作. 翼日, 遣中貴人尋夢中所見, 物色于相國寺三門五百羅漢中, 第十三尊像仿彿, 卽迎入內視之, 正所夢也. 王丞相禹玉作「喜雨」詩云 : "良弼爲霖辜宿望,① 神僧作霧應精求." 元參政厚之云 : "仙驥籋雲穿仗下, 佛花吹雨匝天流." 蓋記此事.② 相國寺羅漢, 本江南

31 제거상평(提擧常平) : 이재민의 구제와 염철의 전매를 관리하는 관직. 송은 지방에 대한 통제를 강화하기 위해 주(州) 위에 로(路)를 설치해 지방의 최고 권력으로 삼아 전국을 15로(뒤에 증감됨)로 나누었다. 또한 제점형옥(提点刑獄)을 설치해 사법을 관장하게 하고, 제거상평사(提擧常平使)를 설치해 이재민 구제와 염철의 전매를 관리하게 했다. 장진범, 『중국법제사』, 소나무, 2006 참고.

李氏時物, 在廬山東林寺. 曹翰下江南, 盡取其城中金帛寶貨, 連百餘舟, 私盜以歸, 無以爲之名, 乃取羅漢, 每舟載十許尊獻之, 詔因賜于相國寺, 當時謂之押載羅漢云.

① 此句原作'良弼爲孤霖雨望', 據『葉詩話』改.

② '事'字據『葉詩話』補.

원풍 연간에 오랫동안 가뭄이 들어 비가 내리지 않자, 신종은 궁중에서 몸과 마음을 재계하고 매우 간절히 기도를 했다. 하루는 꿈속에서 승려가 말을 타고 허공을 달리며 입에서 구름과 안개를 내뿜는 것을 보았는데, 꿈에서 깨어보니 큰 비가 내렸다. 이튿날 신종은 궁중의 귀인貴人을 보내 꿈속에서 보았던 내용을 찾도록 했다. 그 귀인이 상국사相國寺 삼문三門의 오백나한五百羅漢 가운데 제13존상尊像이 그 승려와 유사하다고 해서 신종은 즉시 대내(大內 : 궁내)로 들여오게 하여 바라보았다. 바로 꿈속에서 보았던 그대로였다. 승상 왕규가 「희우喜雨」에서 "어진 보필은 장마를 바라는 오랜 기대를 저버렸으나, 신묘한 승려가 안개를 만들어 간절한 요구에 응하였다[良弼爲霖辜宿望, 神僧作霧應精求]"라고 하고, 참정參政 원후지元厚之가 "선기(仙驥 : 신선의 말)는 구름 밟으며 의장을 뚫고 내려가고, 우담바라는 빗물에 쓸리며 하늘 두루 흐른다[仙驥躡雲穿仗下, 佛花吹雨匝天流]"라고 한 것은 이 이야기를 적은 것이다. 상국사의 나한상은 본래 강남 이씨(남당의 이욱) 시대의 유물로, 원래 여산廬山 동림사東林寺에 있었다. 조한曹翰이 강남으로 내려가 성안에 있는 금은보화를 모두 절취하여 백여 척 배에 싣고 사사로이 훔쳐 돌아왔는데, 명분을 내세울 것이 없자 나한을 빌미로 삼아 배마다 십여 개의 나한존상을 실어다 조정에 바쳤다. 뒤이어 상국사에 하사하라는 조칙이 내려졌다. 당시에 이 일을 두고 '나한을 압수해 실었다[押載羅漢]'라고 했다.

① 이 구절은 원래 '良弼爲孤霖雨望'으로 돼 있었는데 『섭석림시화』에 의거해 고쳤다.

② '事'는 『섭석림시화』에 의거해 보충했다.

荊公詩用法甚嚴, 尤精于對偶. 嘗云, 用漢人語, 止可以漢人語對, 若參以異代語, 便不相類. 如"一水護田將綠去, 兩山排闥送青來"之類, 皆漢人語也. 此法惟公用之不覺拘窘卑凡.① 如"周顒宅在阿蘭若, 婁約身隨窣堵波", 皆因梵語對梵語, 亦此意. 嘗有人面稱公詩"自喜田園安五柳, 但嫌尸祝擾庚桑"之句,② 以爲的對. 公笑曰: "伊但知柳對桑爲的, 然庚亦自是數." 蓋以十干數之也.

① '法'字據『葉詩話』補.

② '面稱公詩', 原作'向公稱', 無'詩'字, 據『葉詩話』改補.

왕안석의 시는 용법用法이 매우 엄격하고 대우對偶는 더욱 정밀하다. 일찍이 "한인漢人의 말을 사용했다면 한인의 말로 대구를 만들어야 한다. 만일 다른 시대의 말이 끼어들면 서로 유사하지 않다. 예컨대 '한 물줄기 밭을 보호하며 푸르름을 갖고 흘러가고, 두 산이 문을 밀치며 푸르름을 보내온다[一水護田將綠去, 兩山排闥送青來]' 따위는 모두 한인의 말이다"라고 했다. 이러한 법은 오직 왕안석이 사용해야만 구애되거나 궁색하거나 촌스러운 것이 느껴지지 않는다. 예컨대 "주옹周顒[32]의 집은 아난야阿蘭若[33]에 있고, 누약婁約[34]의 몸은 솔도파窣堵波[35]를 따른다

32 주옹(周顒): 남제(南齊) 때의 문인. 일찍이 북산(北山)에 은거하다가 조정의 부름을 받고 변절하여 해염령(海鹽令)에 취임해서 임기를 마치고는 드디어 경사(京師)로 가는 도중에 다시 북산에 들르려고 했다. 이때 공치규(孔稚珪)가 그의 변절을 배척하여 「북산이문(北山移文)」에서 "마음은 조정에 두고 있으면서도 혹 거짓 발걸음을 산문에 들여놓으리라[雖情投於魏闕, 或假步於山扃]"라고 하였다.

33 아난야(阿蘭若): 범어이며 줄여서 난야라고도 한다. '적정한 곳[寂靜處]', '시끄러움이 없는 곳[無諍處]'이라고 번역한다. 절이나 한적한 곳 등을 말한다.

34 누약(婁約): 양 무제가 대궐에 단을 쌓고 누약법사(婁約法師)에게 수계를 하고 불도에 귀의하였다고 전해진다.

[周顒宅在阿蘭若, 婁約身隨窣堵波]"에서 모두 범어梵語로 범어의 대구를 삼은 것도 그러하다. 일찍이 어떤 사람이 그의 시 "전원이 오류五柳를 편안하게 여김[36]을 스스로 기뻐하나, 다만 시축尸祝이 경상庚桑을 흔드[37]는 것이 싫다[自喜田園安五柳, 但嫌尸祝擾庚桑]"를 칭찬하며 적합한 대우라고 했다. 이에 그는 웃으며 "그대는 단지 '류柳'와 '상桑'의 대구만 적합한지 아는데, '경庚' 또한 숫자요"라고 했다. 이는 십간十干을 숫자화한 것이다.

① '法'은 『섭석림시화』에 의거하여 보충했다.

② '面稱公詩'은 원래 '向公稱'으로 돼있고 '詩'가 없는데 『섭석림시화』에 의거하여 개정하고 보충했다.

舊中書南廳壁間, 有晏元獻題「詠上竿伎」一詩云 : "百尺竿頭裊裊身, 足騰跟挂駭旁人. 漢陰有叟君知否, 抱甕區區亦未貧." 當時固必有謂. 文潞公在樞府, 嘗一日過中書, 與荊公行至題下, 特遲留誦詩久之, 亦未能無意也. 荊公他日復題一篇于詩後云 : "賜也能言未識眞, 誤將心許漢陰人. 桔槔俯仰何妨事, 抱甕區區老此身."

옛 중서성 남청南廳의 벽 위에 안수가 지은 「영상간기詠上竿伎」의 "백

35 솔도파(窣堵波) : 사리(舍利)를 봉안하거나 절의 장엄함을 표시하려는 목적으로 쌓은 탑이다.

36 전원이 …… 여김 : 진나라 때 도연명이 문 앞에 다섯 그루의 버드나무를 심고 자신을 오류선생(五柳先生)이라 부르며 전원생활을 즐겼던 고사를 인용한 것이다.

37 시축(尸祝) …… 흔드 : 시축은 제사에서 축문을 담당하는 제관(祭官). 경상은 경상초(庚桑楚)로 노자(老子)의 제자인데, 노자의 도를 터득하고 북쪽 외루라는 산에 들어가 살며 첩이나 하인 중에 지혜로운 자는 멀리하고 어리석은 자들만 데리고 살았는데, 그곳에 산 지 삼 년 만에 큰 풍년이 들어 백성들이 잘 살게 되었다는 고사가 전한다. 이 시는 『장자(莊子)』 「소요유(逍遙遊)」에서 "요리하는 사람이 주방에서 일을 잘 처리하지 못한다고 해서, 시동이나 축관이 제기를 뛰어넘어 와서 그 일을 대신할 수는 없는 일이다[庖人雖不治庖, 尸祝不越樽俎而代之矣]"라는 말을 인물을 바꿔 전용한 것으로 보인다.

척간두의 가녀린 몸이, 발로 밟고 올라 몸을 걸쳐서 사람을 놀라게 한다. 한음漢陰의 어르신을 그대가 아는가? 독을 안고 있지만 가난하지는 않다네[百尺竿頭嫋嫋身, 足騰跟掛駭旁人. 漢陰有叟君知否? 抱甕區區亦未貧]" 라는 글이 있었다. 당시 누군가를 거론한 글이다. 문언박이 중추부中樞府에 있을 때, 어느 날 왕안석과 함께 중서성을 찾아가 그 시가 쓰인 곳에 이르러 특별히 한참을 머물면서 읽었다. 생각이 없지 않았던 것이다. 훗날 왕안석이 다시 이 시 뒤에 한 편을 썼다. "사賜 또한 말에 능하지만 참을 알지 못해,[38] 마음을 한음 사람[39]에게 잘못 허락했다. 두레박틀 오르내리는 게 무슨 문제가 되겠는가, 독을 안고 그저 이 한 몸 늙는다.[賜也能言未識眞, 誤將心許漢陰人. 桔槔俯仰何妨事, 抱甕區區老此身.]"

張景修字敏叔, 常州人, 余大父客也. 少刻苦作詩, 至老不衰, 典雅平易, 時多佳句. 元豐末, 爲饒州浮梁令, 邑子朱天錫以神童應詔, 景修作詩送之. 天錫到闕, 會忘取本州公據, 爲禮部所却, 因擊登聞鼓, 院繳景修所送詩爲證, 神宗一見, 大稱賞之. 翌日, 以語宰相王禹玉, 恨四方有遺材, 卽令召對. 禹玉言不欲以一詩召人, 恐長浮競, 不若俟其秩滿赴部命之, 遂止, 令中書籍記姓名. 比景修罷官任, 神宗已升遐, 亦云命矣. 大觀中, 始與余同爲祠曹郎中, 年已幾七十, 有詩數千篇. 大父元祐間自湖南憲請宮祠歸, 景修嘗以詩寄曰 : "聞說年來請洞霄, 江湖奉使久勤

38 사(賜) …… 알지 못해 : 사는 공자의 제자인 자공(子貢)의 이름. 노 문공(魯文公)이 종묘에 삭일(朔日)을 고유(告由)하는 제사에 참석하지 않으므로, 자공이 그 제사에 소용되는 양(羊)마저 없애려 하자, 공자가 "사(賜)야, 너는 그 양을 아끼느냐? 나는 그 예를 아끼노라[子曰 賜也 爾愛其羊, 我愛其禮]"라고 하였다. 『논어(論語)』「팔일편(八佾篇)」.

39 한음 사람 : 한음 장인(漢陰丈人). 길고(두레박틀)를 이용하면 쉬운 줄 알면서도 굳이 우물 속으로 들어가 어렵게 항아리에 물을 퍼 담아 밭에 물을 주면서 "기계가 있으면 기교를 부리는 일이 있게 마련이고, 그런 일이 있으면 기교 부리는 마음이 생기게 마련이다[有機械者必有機事, 有機事者必有機心]"라고 하고, 굳이 자공(子貢)의 권유를 뿌리쳤다 한다. 『장자』「천지(天地)」.

勞. 有神仙處閒方得, 用老成時退更高. 借宅但須新種竹, 尋仙想見舊栽桃. 浮梁居士塵埃甚, 鬚髮而今也二毛." 其詩大抵類此. 流落無聞, 亦可惜也.

장경수張景修는 자가 민숙敏叔이고 상주常州 출신이며 나의 대부(大父 : 조부)의 막객幕客이었다. 어려서부터 각고의 노력으로 시를 짓고 노년에 이르기까지 이는 변함이 없었으며 전아하고 평이하여 좋은 시구가 많았다. 원풍 말에 그는 요주饒州의 부량령浮梁令이 되었는데, 읍내의 학동 주천석朱天錫이 신동으로서 조칙에 응하자 시를 지어 전송했다. 주천석이 궁에 이르렀을 때 마침 본주의 공거公據[40]를 잃어버려 예부禮部로부터 거부를 당하자 등문고登聞鼓를 두드렸다. 이에 담당 원院에서는 장경수가 보낸 시를 증거로 받아들였고 신종이 그 시를 보고 크게 칭찬했다. 이튿날 신종은 재상 왕규에게 이를 거론하며 사방에 버려진 인재가 있음을 탄식하고 즉시 소대召對[41]하도록 명했다. 그러자 왕규는 시 한 수로 사람을 부르면 무턱대고 경쟁하려는 심리를 낳을까 우려되므로 정해진 재임 기한이 찰 때를 기다려 관련 부서에서 조처토록 하는 것이 옳다고 이야기해 결국 무산되었다. 그래서 중서성에 그의 성명을 기록해두게 하는 데 그쳤다. 그런데 장경수가 직책을 마칠 때쯤 신종이 이미 승하했으니 또한 운명이라 하겠다. 대관(大觀 : 1107~1110) 연간에 그는 비로소 나와 같이 사조랑중祠曹郎中이 되었다. 그때 나이가 벌써 칠십이었으며 수천 편의 시를 남겼다. 대부大父가 원우 연간에 호남헌湖南憲에서 궁사宮祠[42]를 요청해 돌아올 때, 장경수가 전송하며 지은

40 공거(公據) : 증명(證明). 남송 때의 일종의 전표(錢票)이다.

41 소대(召對) : 신하를 불러 정사를 논의하는 일, 또는 임금이 경연청의 참찬관(參贊官) 이하를 불러 몸소 글을 강론하던 일을 말한다.

42 궁사(宮祠) : 관명(官名)으로 궁관사(宮觀使)의 약칭이다. 송나라의 궁관(宮觀)은 본래 도교를 숭상하여 설치했는데, 대중상부(大中祥符) 5년 옥청소응궁(玉淸昭應宮)을 건설하면서 궁관사를 두기 시작했다. 전임 재상이나 현임 재상도 이 직책을 맡았다. 이 밖에

시에서 "동소洞霄[43]를 요청했다 하니, 강호江湖에서 사신 일 받드느라 오랫동안 힘들었겠구려. 신선 있는 곳에서 비로소 한가함 얻고, 원숙할 때 물러날수록 더욱 고상하리다. 집을 빌릴 때는 새로 심은 대나무가 필요할 뿐이고, 신선을 찾을 때는 지난날 심은 복숭아나무가 생각나리다. 부량거사(浮梁居士 : 장경수의 호)는 먼지가 가득 쌓여, 수염과 머리털이 두 가지 색깔이 되었다오[聞說年來請洞霄, 江湖奉使久勤勞, 有神仙處閒方得, 用老成時退更高. 借宅但須新種竹, 尋仙想見舊栽桃. 浮梁居士塵埃久, 鬚髮而今也二毛]"라고 했다. 그의 시는 대부분 이러하다. 세상에 내팽개쳐져 별로 알려진 게 없으니 또한 애석한 일이다.

常待制秩, 居汝陰, 與王深父皆有盛名于嘉祐・治平之間, 屢召不至, 雖歐陽文忠公亦重推禮之, 其詩所謂"笑殺潁川常處士, 十年騎馬聽朝雞"者是也. 熙寧初, 荊公當國, 力致之, 遂起判國子監太常禮院, 聲譽稍減于前. 嘗一日, 大雪趨朝, 與百官待門于仗舍, 時秩已衰, 寒甚不可忍, 喟然若有所恨者, 乃擧文忠詩以自戲曰 : "凍殺潁川常處士, 也來騎馬聽朝雞."

대제待制 상질常秩이 가우・치평 연간에 여음汝陰에서 지낼 때, 왕회王回와 함께 명성을 떨쳤다. 그런데 여러 번 조정의 부름을 받고도 나아가지 않았다. 문충공 구양수마저 거듭 추대하여 예우를 했는데, 구양수의 시에서 말한 "우습구나 영천潁川의 상처사常處士가, 십 년 동안 말을 타고 아침 닭소리를 듣는다[笑殺潁川常處士, 十年騎馬聽朝雞]"가 그것

제점(提點), 주관(主管), 판관(判官), 도감(都監) 등의 관직도 있었는데, 모두 한산관원(閑散官員)에게 안배되었으니 실직(實職)은 아니었다.

43 동소(洞霄) : 도관(道觀)의 이름이다. 지금의 절강성 여항현(餘杭縣) 남(南)쪽의 대척(大滌)과 천주(天柱) 두 산 사이에 있다. 송나라의 재상과 대신이 물러나길 청하거나 해직되면 늘 임안부(臨安府) 동소궁(洞霄宮) 계함(系銜)에 제거(提擧)했다.

이다. 희녕 초에 왕안석이 주요 권좌에 있을 때 힘써 조치하여 결국 그는 판국자감判國子監 태상예원太常禮院에 나오게 되었다. 하지만 명성은 이전보다 조금 줄어들었다. 큰 눈이 내리던 어느 날, 상질은 조정으로 나가며 백관과 함께 장사(仗舍 : 호위병의 숙소)에서 문이 열리기를 기다렸다. 당시 이미 노쇠기에 접어들었던 그는 심한 추위를 견딜 수 없어하며 마치 한이 담긴 듯한 한숨을 내쉬고 구양수의 시를 들어 스스로 농을 했다. "꽁꽁 언 영천의 상처사가, 말을 타고와 아침 닭소리를 듣는다.[凍殺潁川常處士, 也來騎馬聽朝雞.]"

前輩詩文, 各有平生自得意處, 不過數篇, 然他人未必能盡知也. 毘陵正素處士張子厚善書, 余嘗于其家見歐陽文忠子棐以烏絲欄絹一軸, 求子厚書文忠「明妃曲」兩篇, 「廬山高」一篇. 略云 : "先公平日, 未嘗矜大所爲文, 一日被酒, 語棐曰 : '吾「廬山高」, 今人莫能爲, 惟李太白能之. 「明妃曲」後篇, 太白不能爲, 惟杜子美能之, 至于前篇, 則子美亦不能爲, 惟我能之也.' 因欲別錄此三篇也."

선대 시인들의 시문을 보면 각기 일생에 스스로 득의한 작품은 몇 편에 지나지 않는다. 그러나 다른 사람들은 이런 사실을 알아내지 못한다. 비릉毘陵 정소처사正素處士 장거張擧는 글씨에 능했다. 내 일찍이 그의 집에서 문충공 구양수의 아들 구양비歐陽棐가 1축의 오사난견烏絲欄絹을 갖고 와 구양수의 「명비곡明妃曲」 2편과 「여산고廬山高」 1편을 써달라고 요청하는 것을 보았다. 이때 그가 대략 이렇게 이야기했다. "선공께선 평소에 지으신 문장을 자랑하거나 대단해하지는 않으셨는데, 하루는 술을 드시고 비棐에게 말씀하시기를 '나의 「여산고」는 요즘 사람은 지을 수 없고 오직 이백만 능히 지을 수 있으며, 「명비곡」 후편은 이백도 능히 지을 수 없고 오직 두보만 능히 지을 수 있다. 그러나 「명비곡」의 제1편은 두보도 능히 지을 수 없고 오직 나만 능히 지을 수 있다'라고 말씀하셨다. 그래서 이 세 편을 특별히 기록해두고자 한다."

余居吳下, 一日出閶門, 至小寺中, 壁間有題詩一絶云: "黃葉西陂水漫流, 籧篨風急滯扁舟. 夕陽暝色來千里, 人語雞聲共一丘." 句意極可喜. 初不書名氏, 問寺僧, 云吳縣寇主簿所作, 今官滿去矣. 歸而問之吳下士大夫, 云寇名國寶, 蓋與余同年, 然皆莫知其能詩. 余與國寶榜下未嘗往來, 亦漫不省其爲人. 已而數爲好事者擧此詩, 乃有言國寶徐州人, 久從陳無己學, 始知文字淵源有所自來, 亦不難辨, 恨不得多見之也.

내가 오하吳下에 있을 때, 하루는 창문閶門을 나가 작은 절에 이르렀는다. 그곳의 벽 위에 절구시 한 수가 쓰여 있었다. "누런 잎 서쪽 기슭에는 물이 졸졸 흐르고, 거친 대자리 세찬 바람 맞으며 조각배 멈춰져 있나. 석양 어둑한 빛이 천 리를 왔는데, 사람 발소리 닭소리가 한 언덕에 섞여 있다.[黃葉西陂水漫流, 籧篨風急滯扁舟. 夕陽暝色來千里, 人語雞聲共一丘.]" 그 의미가 극히 음미할 만했다. 처음에 작자가 적혀 있지 않아 절 승려에게 물었다. 승려는 오현吳縣 구주부寇主簿가 지은 것이며 지금은 만기가 돼 떠났다고 했다. 돌아가 오하의 사대부들에게 물으니 구寇의 이름은 국보國寶이고 나와 나이가 같은데, 그가 시에 능한지는 모두 알지 못한다고 했다. 나와 국보는 함께 급제했으나 일찍이 왕래하지 않았고, 또 내가 무심하여 그의 사람 됨됨이를 살피지 못했다. 그 뒤에 여러 번 호사가들에게 이 시를 거론하자, 국보는 서주徐州 출신이며 오랫동안 진사도로부터 배웠다고 했다. 비로소 그의 시어가 연원이 있다는 사실을 알았고 어렵지 않게 판별할 수 있었다. 하지만 많이 볼 수 없는 것이 아쉽다.

宋景文公子京, 不甚爲韓魏公所知, 故公當國, 子京多補外. 嘉祐末, 始再入爲翰林學士. 偶朝會, 子京因病謁告, 以表自陳云 : "不獲預率舞之列." 魏公見之, 殊不樂.

경문공景文公 송기는 한기에게 그다지 알려지지 않아서, 한기가 주요 관직을 맡을 때 대부분 외직에 있었다. 가우 말에 비로소 다시 조정에 들어와 한림학사가 되었다. 어느 날 조회朝會에서 송기가 병고로 휴가를 요청하며 올린 표문表文에서 "솔무率舞[44]의 열에 참여하는 것을 얻지 못했다"고 하자, 한기가 매우 언짢아했다.

元祐初, 駕幸太學, 呂丞相微仲有詩, 中間押行字韻, 館閣諸人皆和. 秦學士觀一聯云 : "涵天璧水遙迎仗, 映月深衣不亂行." 諸生聞之, 亦鬨然. 觀爲人喜傲謔, 然此句實迫于趁韻, 未必有意也.

원우 초에 어가御駕가 태학에 행행幸行했다. 이때 승상 여대방이 시를 지었는데 중간에 '행行' 자를 압운押韻으로 사용했고 관각館閣에 나온 사람들이 모두 화답의 시를 지었다. 학사 진관이 그중 1연에서 "하늘을 머금은 벽수璧水는 멀리 의장을 맞이하고, 달이 비친 심의深衣는 걸음걸이가 어지럽지 않다[涵天璧水遙迎仗, 映月深衣不亂行]"라고 하자, 제생諸生이 듣고 모두 술렁였다. 진관이 농담을 좋아하긴 했지만, 이 구절은 운을 맞추느라 다급했던 것일 뿐, 꼭 의도를 집어넣은 것은 아니다.

---

44 솔무(率舞) : 조수솔무(鳥獸率舞)의 약칭. '솔(率)'은 '함께'이다. 나는 새와 달리는 짐승들이 일제히 덩실덩실 춤을 춘다는 뜻으로, 곧 정치가 청명(清明)하여 조수도 감화되었음을 의미한다.

高麗自太宗後, 久不入貢, 至元豐初, 始遣使來朝. 神宗以張誠一館伴, 令問其復朝之意. 云:"其國與契丹爲鄰, 每因契丹誅求, 藉不能堪, 國主王徽常頌『華嚴經』, 祈生中國. 一夕, 忽夢至京師, 備見城邑宮闕之盛, 覺而慕之, 乃爲詩以記曰:'惡業因緣近契丹, 一年朝貢幾多般. 移身忽到京華地, 可惜中宵漏滴殘.'" 余大觀間, 館伴高麗人, 嘗見誠一語錄, 備載此事. 故事, 使人到闕不過月許日, 卽遣發, 余館伴時, 上欲留觀殿試放榜及上巳, 遂幾七十日. 使者頗修謹詳雅, 余撫之旣厚, 每相感, 餞行至占雲館而別. 其副韓繳如, 馬上忽使人持一大玉帶贈余云:"此唐故物, 其家世傳以爲寶, 今以爲獻." 且于笏上自書一詩相別云:"泣涕汍瀾欲別離, 此生無復再來期. 謾將寶玉陳深意, 莫忘思人見物時." 余以高麗使故事無解挽例, 力辭之. 其詞雖樸拙, 然亦可見其意也.

고려高麗는 태종 이후부터 오랫동안 조공을 바치지 않다가, 원풍 초에 이르러 비로소 사신을 파견해 조회하게 했다. 신종이 장성일張誠一을 관반館伴[45]으로 삼아 다시 조회한 뜻을 사신에게 묻게 하였다. 장성일이 말하기를 "그 나라는 거란과 가까워서 매번 거란의 강압적인 요구를 감당해 낼 수 없었습니다. 그런데 국왕 왕휘王徽[46]는 언제나 『화엄경華嚴經』을 암송하며 중국에서 태어나기를 기도했습니다. 어느 날 꿈에 그는 경사京師에 이르러 성읍과 궁궐의 성대한 모습을 두루 본 뒤, 이를 사모하여 시를 짓기를 '악업의 인연으로 거란과 가까워, 일 년에 조공을 몇 번이나 바쳤던가. 몸을 옮겨 어느 날 경화京華의 땅에 이르렀으나, 아쉽게도 밤 시간이 짧기만 하구나[惡業因緣近契丹, 一年朝貢幾多般. 移身忽到京華地, 可惜中宵漏滴殘]'라고 했습니다"라고 하였다. 내가 대관 연간에 고려인의 관반이었는데, 일찍이 이 이야기를 적은 장성일의

45 관반(館伴) : 고대에 명을 받들어 외족(外族) 빈객(賓客)을 모시던 사신(使臣).

46 왕휘(王徽) : 고려 11대 국왕 문종(1019~1083). 휘는 휘(徽), 자는 촉유(燭幽), 시호는 문종강정명대장성인효대왕(文宗剛定明大章聖仁孝大王)이다.

어록을 보았다. 이전에는 사신이 궁궐에 도착하면 한 달여를 지나지 않아 즉시 내보냈는데, 내가 관반으로 있을 때는 성상이 전시殿試의 방방(放榜: 합격 발표)과 상사上巳[47]를 관람할 수 있도록 해 거의 칠십 일을 머물렀다. 사신은 몸가짐이 조심스럽고 자상하며 전아했다. 나도 후하게 대우하여 매사에 서로 고마움을 느꼈다. 헤어질 때는 점운관占雲館까지 나가 전송했다. 당시의 부사副使 한격여韓繳如[48]가 말 위에서 갑자기 사람을 시켜 큰 옥대玉帶 하나를 내게 주며 "이것은 당나라 때의 옛 물건이며 집안 대대로 보물로 전해오고 있는데 지금 드립니다"라고 하였고, 또 홀笏 위에 직접 이별의 시 한 수를 썼다. "헤어짐에 아쉬움의 눈물 흘리는 건, 이생에 다시금 올 기약이 없어서라오. 그저 보옥으로 마음속 뜻을 표하고자 하니, 그리울 때 보는 것을 잊지 말구려.[泣涕汍瀾欲別離, 此生無復再來期. 謾將寶玉陳深意, 莫忘思人見物時.]" 나는 일전에 고려 사절단을 대하던 관습을 이번 경우에 적용할 수 없었기 때문에 극력 사절했다. 그 시가 비록 질박하고 옹졸하지만 또한 그의 마음을 엿볼 수 있다.

唐詩僧, 自中葉以後, 其名字班班爲當時所稱者甚多, 然詩皆不傳, 如"經來白馬寺, 僧到赤烏年"數聯, 僅見文士所錄而已. 陵遲至貫休·齊己之徒, 其詩雖存, 然無足言矣. 中間惟皎然最爲傑出, 故其詩十卷獨全, 亦無甚過人者. 近世僧學詩者極多, 皆無超然自得之氣, 往往反拾掇摹效士大夫所殘棄. 又自作一種僧體, 格律尤凡俗, 世謂之酸餡氣. 子瞻有「贈惠通」詩云: "語帶烟霞從古少, 氣含蔬筍到公無." 嘗語人曰: "頗解蔬筍語否? 爲無酸餡氣也." 聞者無不皆笑.

47 상사(上巳): 음력 3월 상순(上旬)에서 지지(地支)의 사(巳)에 해당되는 날.
48 한격여(韓繳如): 한교여(韓皦如). 인종 초에 평장사(平章事)였던 그는 이자겸(李資謙)의 간계로 유배당했다.

당나라의 시승詩僧 가운데 중엽 이후로 문단의 칭찬을 받아 명성이 자자한 이들이 매우 많지만, 시가 모두 전하지는 않는다. 예컨대 "경전은 마백사白馬寺에서 오고, 승려는 적오년赤烏年[49]에 도착했다[經來白馬寺, 僧到赤烏年]" 등의 몇 연은 문사들의 기록에만 보일 뿐이다. 전성기가 쇠퇴하여 관휴貫休와 제기齊己 등에 이르게 되면 시가 남아있긴 하지만 거론할 만한 것이 없다. 중간에 교연皎然이 걸출하여 그의 시 10권이 홀로 온전하지만, 그렇다고 여느 사람보다 아주 앞선 것은 없다. 근세의 승려 가운데 시를 배운 이들이 매우 많지만 모두 초연히 자득한 기운은 없으며, 이따금 사대부들이 버린 것을 모방하거나 주워 담을 뿐이다. 또 일종의 승려체(僧體)를 짓는데 격률이 더욱더 범속해서 산함기(酸餡氣 : 쉰 찰떡 냄새)라는 말을 듣는다. 소식은 「증혜통贈惠通」에서 "시어가 연하煙霞를 띠는 것은 예로부터 적거니와, 기운이 채소와 죽순을 머금은 것은 공에게서 없다[語帶煙霞從古少, 氣含蔬筍到公無]"라고 했다. 그리고 일찍이 어떤 사람에게 "채소와 죽순이라는 말을 이해하는가? 산함기가 없기 때문이다[頗解蔬筍語否? 爲無酸餡氣也]"라고 하자, 그 말을 들은 이들이 모두 껄껄 웃었다.

"池塘生春草, 園柳變鳴禽." 世多不解此語爲工, 蓋欲以奇求之耳. 此語之工, 正在無所用意, 猝然與景相遇, 借以成章, 不假繩削, 故非常情所能到. 詩家妙處, 當須以此爲根本, 而思苦言難者, 往往不悟. 鍾嶸『詩品』論之最詳, 其畧云 : "'思君如流水', 旣是卽目, '高臺多悲風', 亦惟所見, '清晨登隴首', 羌無故實, '明月照積雪', 非出經史. 古今勝語, 多非補假, 皆由直尋. 顏延之・謝莊尤爲繁密, 于時化之, 故大明・泰始中, 文章殆同書抄. 近任昉・王元長等, 辭不貴奇, 競須新事. 邇來作者, 寖

49 적오년(赤烏年) : 오나라 손권 때의 연호(238~250). 적오 10년(247)에 서역의 강승회(康僧會)에 의해서 정안사(靜安寺 : 원래의 이름은 중원사(重元寺))가 지어졌다고 한다.

以成俗, 遂乃句無虛語, 語無虛字, 牽攣補衲, 蠹文已甚, 自然英旨, 罕遇其人." 余每愛此言簡切, 明白易曉, 但觀者未嘗留意耳. 自唐以後, 旣變以律體, 固不能無拘窘, 然苟大手筆, 亦自不妨削鐻於神志之間, 斲輪于甘苦之外也.

"연못에는 봄풀이 자라고, 동산 버들에 지저귀는 새가 변한다.[池塘生春草, 園柳變鳴禽.]" 세상에서는 대부분 이 시구가 뛰어난 줄을 모른다. 기묘함에 기준을 두고 의미를 찾으려하기 때문이다. 이 시구가 뛰어난 것은, 억지로 의미를 전달하려 하지 않고 경물과 만나는 순간 시를 완성하였으되 다시 손 댈 필요가 없다는 점에 있다. 그래서 이는 일상의 감정으로는 도달할 수 있는 것이 아니다. 시의 묘는 마땅히 이것으로 근본을 삼아야 한다. 생각만 고달프고 말이 어려운 사람은 종종 이를 깨치지 못한다. 종영鍾嶸의 『시품』에서 매우 상세하게 이 점을 논했다. 그 대략을 살펴보면 "'그대를 그리기를 흐르는 물처럼 한다[思君如流水]'는 바로 눈에 보이는 대로이고, '높은 누대에 슬픈 바람이 많다[高臺多悲風]' 역시 보이는 그대로이며, '맑은 새벽 언덕머리에 오른다[淸晨登隴首]'는 전혀 고사의 인용이 없으며, '밝은 달이 쌓인 눈에 비추다[明月照積雪]'도 경사經史에서 나온 것이 아니다. 고금의 빼어난 시어는 대부분 도움을 받고 빌린 것이 아니라 모두 솔직함에서 찾은 것이다. 안연지와 사장謝莊은 더욱더 번잡하고 세밀한데, 당시에 이를 본받았으므로 대명(大明 : 457~464)과 태시(泰始 : 465~471) 연간의 글은 거의 베낀 것과 같다. 근래에 임방任昉과 왕원장王元長 등이 기묘한 표현을 중시하지 않고 앞다퉈 새로운 고사를 요구했는데, 작가들 사이에서 점차 이것이 기풍이 되어 마침내 구절에 빈 어휘가 없고 어휘에 빈 글자가 없이 억지로 끌어다 붙여 두문蠹文[50]이 너무 심하다. 그래서 자연의 영특한 내

50 두문(蠹文) : 본래 '두(蠹)'는 사물을 좀 먹는 벌레를 가리키는데, 해를 끼친다는 의미를 내포한다. 곧, 두문이란 글에서 해가 되는 문장이란 의미인 듯하다.

용을 발휘하는 사람을 만나기가 어렵다"라고 했다. 나는 언제나 간결하면서도 절실하여 이해하기 쉬운 이 글을 좋아했는데, 읽는 자들이 잘 유념하지 않고 있다. 당나라 이후 율체律體로 변모하면서 본디 구애와 군색함이 없지 않지만, 정말 큰 솜씨를 지닌 사람이라면 정신과 의지 사이에서 수정을 가하고 감고甘苦 밖에서 규율을 논하는 데에 아무 문제가 발생하지 않는다.

"姑蘇城外寒山寺, 夜半鐘聲到客船." 此唐張繼題城西楓橋寺詩也. 歐陽文忠公嘗病其夜半非打鐘時. 蓋公未嘗至吳中, 今吳中山寺, 實以夜半打鐘. 繼詩三十餘篇, 余家有之, 往往多佳句.

"고소성 밖 한산사에서, 한밤 종소리가 객선客船까지 들린다.[姑蘇城外寒山寺, 夜半鍾聲到客船.]" 이 시는 당나라의 장계張繼가 성 서쪽 풍교사楓橋寺에서 쓴 것이다. 구양수가 일찍이 야반夜半은 종을 칠 때가 아니라며 문제 삼았다. 이는 구양수가 일찍이 오중吳中에 와보지 않은 탓인데, 지금 오중의 산사는 실제로 야반에 종을 친다. 장계가 남긴 시는 삼십여 편이고 나의 집에도 있다. 좋은 구절이 곧잘 많다.

王荊公編『百家詩選』, 嘗從宋次道借本, 中間有"暝色赴春愁", 次道改'赴'字作'起'字, 荊公復定爲赴字, 以語次道曰: "若是起字, 人誰不能到." 次道以爲然.

왕안석이 『백가시선』을 편집하면서 일찍이 송민구로부터 책을 빌렸다. 내용 가운데 "어둠이 봄 시름에 내몬다[暝色赴春愁]"의 '부赴'를 송민구가 '기起'로 바꾸자, 왕안석이 다시 '부赴'로 확정하며 송민구에게

"'기起'로 해버리면 누군들 도달하지 못하겠는가"라고 하였다. 송민구는 그렇겠다고 수긍했다.

張文定安道未第時, 貧甚, 衣食殆不給, 然意氣豪擧, 未嘗稍貶. 與劉潛・李冠・石曼卿往來山東諸郡, 任氣使酒, 見者皆傾下之. 沛縣有漢高祖廟並歌風臺, 前後題詩人甚多, 無不推頌功德, 獨安道「高祖廟」詩曰: "縱酒疏狂不治生, 中陽有土不歸耕. 偶因亂世成功業, 更向翁前與仲爭." 又「歌風臺」曰: "落魄劉郎作帝歸, 樽前感慨大風詩. 淮陰反接英彭族, 更欲多求猛士爲?" 蓋自少已不凡矣.

문정文定 장방평은 급제하기 전에 매우 가난하여 입는 것, 먹는 것도 넉넉하지 않았다. 하지만 의기意氣가 호방하여 조금도 굽힘이 없었다. 유잠劉潛・이관李冠・석연년石延年과 함께 산동山東의 제군諸郡들을 왕래하며 호기를 부리고 술을 마셔서 보는 자들이 모두 몸을 낮추었다. 패현沛縣에 한고조묘와 가풍대歌風臺가 있어서 전후에 많은 사람들이 시를 지으며 모두 그 공덕을 칭송했지만, 장방평은 「고조묘」에서 "술 먹고 광기 부리며 살림살이 돌보지 않고, 중양中陽[51]에 농토가 있어도 돌아가 밭 갈지 않았다. 우연히 난세를 만나 공을 이루고 나서도, 다시 부친 앞에서 중형(류중劉仲)과 다투었다[縱酒疏狂不治生, 中陽有土不歸耕. 偶因亂世成功業, 更向翁前與仲爭]"라고 하고, 「가풍대」에서는 "낙백한 유랑劉郎이 황제 되어 돌아가, 술잔 두고 감개에 젖어 「대풍가大風歌」를 읊었다. 회음(한신)도 영포英布 팽월彭越을 이어 삼족이 멸했거늘, 또다시 많은 맹사들을 찾으려한단 말인가[落魄劉郎作帝歸, 樽前感慨大風詩. 淮陰反接英彭族, 更欲多求猛士爲]"라고 하였다. 소년시절부터 이미 범상치 않았

51 중양(中陽) : 유방의 고향. 유방은 패현(沛縣) 풍읍(豐邑) 중양리(中陽里) 사람이다.

던 것이다.

京師職事官, 舊皆無公廨, 雖宰相執政, 亦僦舍而居, 每遇出省或有中批外奏急速文字, 則省吏遍持於私第呈押, 旣稽緩, 又多漏泄. 元豐初, 始建東西府于右掖門之前, 每府相對爲四位, 俗謂之八位. 裕陵幸尚書省, 駐輦環視久之. 時張侍郎文裕以詩慶宰執, 元參政厚之和云 : "黃閣勢連東鳳闕, 紫樞光直右銀臺." 蓋東府與西闕相近, 西府正直右掖門. 崇寧末, 蔡魯公罷相, 始賜第于梁門外, 大觀初再入, 因不復遷府居. 自是相繼, 何丞相伯通·鄭丞相達夫與今王丞相將明, 皆賜第, 援魯公例, 皆于私第治事, 而二府往往多虛位, 或爲書局官指射以置局, 與元豐本意稍異也.

과거에 경사京師에서 직책을 맡은 관리들은 모두 공관(公廨)이 없어서 재상 등의 핵심 관리들도 모두 집을 세 내어 지냈으며, 성省을 나서거나 중비中批[52] 외에 속히 상주해야 할 글이 있을 경우에는 성의 관리가 그걸 갖고 사저로 가서 서명을 받았다. 따라서 일이 지체됐을 뿐더러 누락도 많았다. 원풍 초에 비로소 동부東府와 서부西府를 우액문右掖門 앞에 세웠는데, 각 부는 서로 마주하는 형태의 사위四位로 만들어서 세상에서는 이를 팔위八位라 했다. 신종이 상서성에 행행幸行하여 연輦을 멈추고 오랫동안 빙 둘러 보았다. 당시 시랑侍郎 장섬張掞이 시를 지어 재상을 경하하자, 참정參政 원강元絳이 화답하기를 "황각黃閣의 형세는 동쪽 봉궐鳳闕과 이어지고, 자추紫樞의 빛은 오른쪽 은대를 곧장 비추네[黃閣勢連東鳳闕, 紫樞光直右銀臺]"라고 했다. 이는 동부가 서쪽 궁궐과 서로 가깝고 서부는 바로 우액문과 일직선상에 있어서였다. 숭녕

52 중비(中批) : 전형을 거치지 않고 임금의 특지(特旨)로 벼슬을 시키는 것.

말에 채경蔡京이 정승에서 물러날 때 비로소 양문梁門 밖에 저택을 하사하였고, 대관 초에 재차 관직에 임명됐을 때 그는 다시 부府로 옮기지 않았다. 이것이 계기가 되어 이후로 승상 하집중何執中·승상 정거중鄭居中과 지금의 승상 왕보王黼가 모두 저택을 하사 받았고 채경의 관례에 따라 사저에서 일을 보았다. 동서 2부府는 종종 빈자리가 많아서 때로는 서국관書局官이 지정하여 국局을 설치하기도 했다. 원풍 때의 본의와는 약간 달라진 것이다.

俞紫芝字秀老, 揚州人, 少有高行, 不娶, 得浮圖心法, 所至翛然, 而工于作詩. 王荊公居鍾山, 秀老數相往來, 尤愛重之, 每見于詩, 所謂"公詩何以解人愁, 初日芙蓉映碧流. 未怕元劉爭獨步, 不妨陶謝與同遊"是也. 秀老嘗有"夜深童子喚不起, 猛虎一聲山月高"之句, 尤爲荊公所賞, 亟和云 : "新詩比舊仍增峭, 若許追攀莫太高." 秀老卒于元祐初, 惜時無發明之者, 不得與林和靖一流, 概見于隱逸. 其弟澹, 字清老, 亦不娶, 滑稽善諧謔, 洞曉音律, 能歌. 荊公亦善之, 晚年作「漁家傲」等樂府數闋, 每山行, 卽使澹歌之. 然澹使酒好罵, 不若秀老之恬靜. 一日見公云 : "我欲去爲浮圖, 但貧無錢買祠部爾." 公欣然爲置祠部, 澹約日祝髮. 旣過期, 寂無耗, 公問其然, 澹徐曰 : "我思僧亦不易爲, 公所贈祠部, 已送酒家償舊債矣." 公爲之大笑. 黃魯直嘗作三詩贈澹, 其一云 : "有客夢超俗, 去髮脫塵冠. 平明視清鏡, 正爾良獨難." 蓋述荊公事也.①

① '述'字據『遺書』補.

유자지俞紫芝는 자字가 수로秀老이고 양주揚州 사람이다. 어려서부터 고상한 행동을 하고 장가를 들지 않았으며 불교의 심법心法을 터득하여 이르는 곳마다 초연하고 시에 뛰어났다. 왕안석이 종산鍾山에 머무를 때 유자지가 자주 찾아가서 더욱더 사랑과 중시를 받았다. 그래서 매번 시에 그 마음이 나타났다. 이른바 "공의 시는 어찌하여 시름을 풀어주는가, 막 뜨는 해에 부용芙蓉이 푸른 물에 비치는 것 같다. 완(阮 : 완우)·류(劉 : 류정劉楨)가 독보를 다투는 걸 두려워하지 않고, 도(陶 : 도연명)·사(謝 : 사령운)가 함께 노니는 것도 문제되지 않는다[公詩何以解人愁, 初日芙蓉映碧流. 未怕元劉爭獨步, 不妨陶謝與同遊]"가 그것이다. 유자지는 일찍이 "한밤 동자는 불러도 일어나지 않고, 맹호의 포효소리에 산 달은 드높다[夜深童子喚不起, 猛虎一聲山月高]"라는 시를 지었는데 왕안석이 높이 평가하며 바로 화답하기를 "새로운 시는 이전 시보다 더욱 드세니, 따라잡기를 허락하려면 너무 드높지 말게나[新詩比舊仍增峭, 若許追攀莫太高]"라고 했다. 유자지는 원우 초에 세상을 떠났는데, 애석하게도 당시에 그를 알리는 자가 없어 은일계隱逸界에서 임포林逋 등과 같이 명성을 드러내지는 못했다. 그의 아우 유담兪澹은 자가 청로淸老이다. 역시 장가를 들지 않았고 익살과 해학이 뛰어났으며 음률을 훤히 꿰뚫어 노래를 잘 불렀다. 왕안석은 그와도 잘 지냈는데, 만년에 「어가오漁家傲」 등의 익부 몇 곡을 시어 산실을 설을 때마다 유담에게 노래를 부르게 했다. 그런데 유담은 술 마시고 욕하기를 좋아해서 자기 형처럼 조용하고 안정되지는 않았다. 하루는 왕안석을 보고 "내가 부도(浮圖 : 승려)가 되려하지만 가난하여 사부첩祠部牒[53]을 살 돈이 없습니다"라고 하자, 왕안석이 흔쾌히 사부첩을 마련해주어 유담은 삭발할 날짜를 정했다. 그런데 정한 시기가 지났는데도 전혀 소식이 없었다. 왕안석이 그 까닭을 묻자, 유담은 조용히 "승려 되는 것 또한 쉽지 않다는 생각이 들어 공이 주신 사부첩은 이미 술집 빚을 갚는 데 썼습니다"라고 했다. 이에 왕안석이 껄껄 웃었다. 황정견이 일찍이 세 편의 시를 지어 유담에게 주었는데, 그중 한 편에서 "어떤 객이 세속을 벗어난 꿈을 꾸어, 머리를 깎고 속세의 관을 벗으려 했다. 이른 아침 맑은 거울을 보니, 실

53 사부첩(祠部牒) : 사부(祠部)가 발령하던 도첩(度牒). 당송 이래, 사부가 이를 발급해줘서 출가인(出家人)이라 증명해주면 지세(地稅) 및 요역(徭役)을 면할 수 있었다.

행하기가 참으로 어려웠다[有客夢超俗, 去發脫塵冠. 平明視淸鏡, 正爾良獨難]"라고 했다. 이는 유담과 왕안석의 이야기를 기술한 것이다.

① '述'은 『섭석림유서』에 의거하여 보충했다.

석림시화石林詩話 권하卷下

姑蘇南園, 錢氏廣陵王之舊圃也. 老木皆合抱, 流水奇石, 參錯其間, 最爲上.① 王翰林元之爲長洲縣宰時, 無日不攜客醉飮, 嘗有詩曰:"他年我若功成後, 乞取南園作醉鄕." 今園中大堂, 遂以醉鄕名之. 大觀末, 蔡魯公罷相, 欲東還, 詔以園賜公, 公卽戲以詩示親黨云:"八年帷幄竟何爲, 更賜南園寵退師. 堪笑當時王學士, 功名未有便吟詩."

① '上', 原作'工', 據『遺書』改.

고소姑蘇 남원南園은 전씨錢氏 광릉왕廣陵王의 옛 정원이다. 노목들이 한 아름이나 되고 흐르는 물과 기괴한 바위들이 그 사이에 펼쳐져 아주 훌륭하다. 한림翰林 왕우칭이 장주현재長洲縣宰였을 때, 날마다 손님을 이끌고 이곳에서 취하지 않은 적이 없었다. 그는 일찍이 지은 시에서 "훗날 내가 성공하고 나면, 남원을 요청하여 취향醉鄕으로 만들리라[他年我若功成後, 乞取南園作醉鄕]"라고 했는데, 지금 정원의 대당大堂이 결국 취향醉鄕이라고 명명됐다. 대관 말에 채경이 재상을 그만두고 동쪽으로 돌아가려할 때 정원을 공에게 하사하라는 조칙이 내려졌다. 채경은 즉시 친지들에게 보려주려고 장난삼아 시를 지어 "팔 년 동안 휘장 안에서 무슨 일을 하였던가, 다시 남원을 하사하여 물러나는 이에게 총애를 베푸셨네. 하하 당시의 왕학사(왕우칭)는, 공명도 못 이룬 채 시만 읊었네[八年帷幄竟何爲, 更賜南園寵退師. 堪笑當時王學士, 功名未有便吟詩]"라고 했다.

① '上'은 원래 '工'으로 돼 있었는데 『섭석림유서』에 의거하여 고쳤다.

至和・嘉祐間, 場屋擧子爲文尚奇澀, 讀或不能成句. 歐陽文忠公力欲革其弊, 旣知貢擧, 凡文涉雕刻者, 皆黜之. 時范景仁・王禹玉・梅公儀・韓子華同事,① 而梅聖兪爲參詳官, 未引試前, 唱酬詩極多. 文忠"無嘩戰士銜枚勇, 下筆春蠶食葉聲", 最爲警策. 聖兪有"萬蟻戰時春晝永,② 五星明處夜堂深", 亦爲諸公所稱. 及發榜, 平時有聲, 如劉輝輩, 皆不預選, 士論頗洶洶. 未幾, 詩傳, 遂哄哄然,③ 以爲主司耽于唱酬, 不暇詳考校, 旦言以五星自比, 而待吾曹爲蠶蟻, 因造爲醜語. 自是禮闈不復敢作詩, 終元豐末幾三十年. 元祐初, 雖稍稍爲之, 要不如前日之盛. 然是榜得蘇子瞻爲第二人, 子由與曾子固皆在選中, 亦不可謂不得人矣.

① '韓子華', 原作'等', 據葉廷琯楙花庵本改.

② '晝永', 原作'日暖', 據『苕溪漁隱叢話』引改.

③ '詩', 原作'時', 據『遺書』改.

지화・가우 연간에 과거장의 수험생들은 글을 지을 때 기묘하고 난삽한 것을 숭상하여 글을 읽다보면 문구가 형성되지 않기도 했다. 구양수는 힘써 그 폐해를 바꾸고자 하여 공거貢擧[1]를 맡고 나서는 너무 꾸미고 다듬은 글은 모두 물리쳤다. 당시 범진・왕규・매지梅摯・한강

韓絳 등이 함께 일하고 있었고 매요신은 참상관參詳官으로 있었는데, 시험을 보기 전에 서로 주고받은 시가 매우 많았다. 구양수의 "소리 없는 전사의 함매銜枚[2]의 용맹, 붓이 닿을 때 봄누에가 잎사귀 먹는 소리[無嘩戰士銜枚勇, 下筆春蠶食葉聲]"가 가장 빼어났고, 매요신의 "수많은 개미가 전쟁을 벌일 때 봄 낮은 길고, 다섯 별 밝은 곳에 밤 집은 깊다[萬蟻戰時春晝永, 五星明處夜堂深]"도 제공들의 호평을 받았다. 방榜이 발표되자 평소 명성이 있던 유휘劉輝 등이 모두 낙방돼 사론士論이 자못 흉흉했다. 그리고 얼마 되지 않아 그들이 수창한 시들이 전해지자 마침내 여론이 터져, 주사主司가 수창에 탐닉하느라 미처 상세히 내용을 못 살펴봤다고도 하고, 또 자기들은 오성五星에 견주고 응시생들은 누에나 개미로 대했다며 추잡한 말을 만들기까지 했다. 이때부터 예부에서는 감히 다시는 시를 짓지 않았으며, 원풍 말까지 거의 삼십 년 동안 이런 기풍이 계속됐다. 원우 초에 약간씩 시를 지어보긴 했지만 이전처럼 융성하진 않았다. 하지만 그때 발표한 방에서 소식이 이등에 선발되고 소철과 증공도 모두 선발되었으니 또한 인재를 얻지 못했다고는 말할 수 없다.

① '韓子華'는 원래 '等'으로 돼 있었는데 섭정관葉廷琯의 무화암楙花庵본에 의거하여 고쳤다.

② '晝永'은 원래 '日暖'으로 돼 있었는데 『초계어은총화苕溪漁隱叢話』에서 인용한 글에 의거하여 고쳤다.

③ '詩'는 원래 '時'로 돼 있었는데 『섭석림유서』에 의거하여 고쳤다.

蘇明允至和間來京師, 旣爲歐陽文忠公所知, 其名翕然. 韓忠憲諸公

1 공거(貢擧) : 공거는 과거인데, 주시관(主試官)을 지공거(知貢擧)라 하고 부시관(副試官)을 동지공거(同知貢擧)라 한다.

2 함매(銜枚) : 병사들이 시끄러운 소리를 내지 못하게 젓가락 같은 막대기를 입에 물리는 것을 말한다.

皆待以上客. 嘗遇重陽, 忠憲置酒私第, 惟文忠與一二執政, 而明允乃以布衣參其間, 都人以爲異禮. 席間賦詩, 明允有"佳節屢從愁裏過, 壯心時傍醉中來"之句, 其意氣尤不少衰. 明允詩不多見, 然精深有味, 語不徒發, 正類其文. 如「讀易」詩云: "誰爲善相應嫌瘦, 後有知音可廢彈." 婉而不迫, 哀而不傷, 所作自不必多也.

소순이 지화 연간에 서울에 와서는 구양수로부터 지지를 받아 그 명성이 자자했다. 한억 등 제공들이 모두 그를 상객上客으로 대접했다. 일찍이 중양절을 만나 한억이 사저에서 술자리를 마련했을 때 구양수와 한두 사람의 관리만 참여한 자리에서 소순이 평민으로 참여하여 도성 사람들이 남다른 예우로 여겼다. 이 자리에서 시를 지을 때 소순은 "좋은 계절은 시름 속에 여러 번 지나가고, 장쾌한 마음은 취중에 이따금 찾아온다[佳節屢從愁裏過, 壯心時傍醉中來]"라는 구절을 남겨, 그 의기意氣가 조금도 쇠퇴하지 않았다. 소순은 시가 많이 보이진 않지만 정밀하고 심오하여 음미할 만하고 시어 또한 아무렇게나 내뱉지 않아 그의 문장과 아주 닮았다. 예컨대 「독역讀易」에서 "훌륭한 관상쟁이라면 파리한 것을 싫어할 테고, 훗날에 지음知音이 있다면 연주를 멈춰야 하리라[誰爲善相應嫌瘦, 後有知音可廢彈]"라고 했다. 부드러우면서 급박하지 않고 슬프면서 손상되지 않았다. 이래서 그가 지은 작품이 많지 않은 것이다.

張先郎中字子野, 能爲詩及樂府, 至老不衰. 居錢塘, 蘇子瞻作倅時, 先年已八十餘, 視聽尚精强, 家猶畜聲妓, 子瞻嘗贈以詩云: "詩人老去鶯鶯在, 公子歸來燕燕忙." 蓋全用張氏故事戲之. 先和云: "愁似鰥魚知夜永, 嬾同蝴蝶爲春忙." 極爲子瞻所賞. 然俚俗多喜傳詠先樂府, 遂掩其詩聲, 識者皆以爲恨云.

낭중郎中 장선은 자가 자야子野이며 시와 악부를 잘 지었고 노년에 이르기까지 이를 멈추지 않았다. 그가 전당錢塘에서 지낼 때 소식이 그곳 원으로 있었다. 당시 장선의 나이가 팔십여 세였지만 눈과 귀가 여전히 건강하여 집안에 가기歌妓까지 두었다. 소식이 일찍이 지어준 시에서 "시인이 늙어도 앵앵(鶯鶯 : 가기의 이름)이 있고, 공자가 돌아올 때 연연(燕燕 : 가기의 이름)은 바쁘다[詩人老去鶯鶯在, 公子歸來燕燕忙]"라고 했다. 장선의 이야기를 그대로 인용하여 농한 것이다. 장선이 화답한 시에서 "시름은 밤이 긴 줄만 아는 환어鰥魚[3]와 같고, 나른함은 봄날 날갯짓 바쁜 나비와 같다[愁似鰥魚知夜永, 懶同蝴蝶爲春忙]"라고 하여 소식으로부터 대단한 호평을 받았다. 하지만 세속에선 대부분 장선의 악부만을 전하려 해 결국 시의 명성이 가려졌다. 이를 식자들은 모두 안타깝게 여긴다.

元厚之知荊南, 嘗夢至仙府, 與三人者聯書名, 旁有告之曰 : "君三人蓋兄弟也." 覺而思之, 莫知所謂. 未幾, 召入爲學士. 時韓持國維・楊元素繪先已在院, 一日因書奏列名, 三人名皆從絞絲, 始悟夢中兄弟之意. 豈造物以是爲戲邪. 已而持國・元素皆外補, 厚之尹京. 後三年, 復與元素還職, 而鄧文約相繼爲直院, 則三人之名又皆從絞絲, 蓋終始皆同, 決非偶然. 以此推之, 仕宦升沉進退, 亦何可以人力計. 許大夫選嘗作「四翰林」詩記其事, 厚之和云 : "聯名適似三株樹, 傳玩驚看五朵雲." 此亦一時之異也.

원강이 형남荊南을 맡아 다스릴 때 일찍이 꿈을 꾸었다. 그가 선부仙府에 도착해 세 사람이 함께 이름을 이어 쓰자, 누군가가 옆에서 "그대 세 사람은 형제이다"라고 했다. 깨어나서 생각해보니 무슨 뜻인지 알

3 환어(鰥魚) : 전설상의 물고기로, 늘 근심걱정이 많아 밤잠을 못 이루고 밤새 눈물을 흘린다고 한다.

수 없었다. 얼마 되지 않아 그는 조정의 부름을 받아 중앙으로 들어와 학사가 되었다. 당시 지국持國 한유韓維와 원소元素 양회楊繪가 그보다 앞서 한림원에 있었는데, 하루는 상주자上奏者의 이름을 나열해 쓸 때 세 사람의 이름이 함께 어울려 있었다. 결국 원강은 꿈속에서의 형제가 무엇이었는지 알게 되었다. 혹시 조물주가 이것으로 농을 친 것인가? 그러고 나서 한유와 양회는 모두 외직에 보임되었고 원강은 서울의 판윤判尹이 되었다. 그로부터 삼 년 뒤, 그는 다시 양회와 함께 원래의 직책으로 돌아갔고 등관鄧綰이 이어 직원直院이 되면서 세 사람의 이름이 또다시 한데 어울렸다. 이는 처음과 끝이 모두 같아서 결코 우연한 일이 아니다. 이 일로 미루어보면 벼슬길의 승강과 진퇴가 어찌 인력으로 헤아릴 수 있는 것이겠는가. 대부大夫 허선許選이 일찍이 「사한림四翰林」을 지어 그 내용을 적었는데, 원강은 화답하기를 "연명聯名은 마침 세 그루의 나무와 같아, 완상물玩賞物로 전해져 오색 빛깔 구름을 놀란 눈으로 본다[聯名適似三株樹, 傳玩驚看五朵雲]"라고 했다. 역시 한때의 기이한 일이다.

晉·魏間詩, 尚未知聲律對偶, 然陸雲相謔之詞, 所謂"日下荀鳴鶴, 雲間陸士龍"者, 乃指爲的對. 至"四海習鑿齒, 彌天釋道安"之類不一. 乃知此體出于自然, 不待沈約而後能也. 舊不解'四海'·'彌天'爲何等語, 因讀梁慧皎『高僧傳』, 載鑿齒與道安書云: "夫不終朝而雨六合者, 彌天之雲也, 宏淵源而潤八極者, 四海之流也." 故摘其語以爲戲耳. 始晉初爲佛學者, 皆從其師姓, 如支遁本姓關, 從支謙學, 故爲支. 道安以佛學皆本釋迦爲師, 請以釋命氏, 遂爲定制. 則釋道安者, 亦其姓也.

진晉·위魏시대의 시는 아직 성률의 대우對偶를 몰랐다. 하지만 육운陸雲의 해학적인 시어, 이른바 "태양 아래 순명학(荀鳴鶴: 순은荀隱), 구름

사이 육사룡(陸士龍 : 육운)[陸士龍日下荀鳴鶴, 雲間陸士龍]"은 적확한 대우로 평가된다. 그 밖에도 "사해가 습착치習鑿齒요, 하늘 가득 석도안釋道安이다[四海習鑿齒, 彌天釋道安]" 등 한두 가지가 아니다. 이러한 시체는 자연스레 우러난 것이며 심약에 기대지 않고도 능했다는 것을 알 수 있다. 지난날에는 '사해四海'와 '미천彌天'이 무슨 말인지 몰랐는데, 양梁 혜교慧皎의 『고승전』을 읽어보니 습착치와 석도안의 편지가 실려 있었다. "아침이 채 끝나기 전에 육합六合[4]에 비가 내린 것은 미천彌天의 구름이요, 연원이 깊어서 팔극八極[5]을 윤택하게 하는 것은 사해의 물줄기다. [夫不終朝而雨六合者, 彌天之雲也, 宏淵源而潤八極者, 四海之流也.]" 바로 이 내용을 취하여 농 삼아 지은 것이다. 진晉 초기에는 불교를 배우는 자들이 모두 스승의 성을 따랐다. 지둔支遁은 본래 성이 '관關'이었지만 지겸支謙에게 배웠으므로 '지支'가 된 것이다. 도안은, 불교는 모두 석가를 근본 스승으로 삼고 있으므로 '석釋'을 성씨로 해 줄 것을 요청해 그것이 결국 법으로 확정된 것이다. 따라서 석도안의 석도 그의 성이 되는 것이다.

詩語固忌用巧太過, 然緣情體物, 自有天然工妙, 雖巧而不見刻削之痕. 老杜"細雨魚兒出, 微風燕子斜", 此十字殆無一字虛設. 雨細著水面爲漚, 魚常上浮而淰, 若大雨則伏而不出矣. 燕體輕弱, 風猛則不能勝, 唯微風乃受以爲勢, 故又有"輕燕受風斜"之語. 至"穿花蛺蝶深深見, 點水蜻蜓款款飛", 深深字若無穿字, 款款字若無點字, 皆無以見其精微如此. 然讀之渾然, 全似未嘗用力, 此所以不礙其氣格超勝. 使晩唐諸子

4 육합(六合) : 상하(上下)와 사방(四方), 즉 천 · 지 · 동 · 남 · 서 · 북을 의미한다. 『여씨춘씨(呂氏春秋)』 「심분람(審分覽)」에서 "정신은 육합에 통하고 덕은 해외까지 빛난다[神通乎六合, 德耀乎海外]"고 한 데 대해, 고유(高誘)의 주(註)에서 '육합은 사방과 상하이다[六合, 四方上下也]'라고 했다.

5 팔극(八極) : 팔방의 궁극의 지역을 말한다. 아주 먼 곳을 가리키는 말로 쓰인다.

爲之, 便當如"魚躍練波抛玉尺, 鶯穿絲柳織金梭"體矣.

시어는 본디 기교가 너무 지나친 것을 꺼리지만, 감정을 표현하고 사물을 체득하면 기교와 오묘함이 저절로 생기므로 그러면 기교가 있더라도 조탁과 첨삭의 흔적이 보이지 않는다. 두보가 "가랑비에 물고기가 나오고, 산들 바람에 제비가 비껴 날아간다[細雨魚兒出, 微風燕子斜]"라고 했는데, 이 10자는 거의 한 글자도 허투루 설정된 것이 없다. 가랑비가 수면에 부딪혀 거품을 만들 때 물고기는 항상 위로 떠서 물놀이를 하지만, 큰 비가 내리면 숨어서 나오지 않는다. 제비는 몸이 가볍고 약해서 바람이 세차면 이겨내지 못하지만, 산들바람은 잘 수용하여 기세로 운용한다. 그래서 또 "가벼운 제비는 바람을 받아 가로 난다[輕燕受風斜]"라는 구절이 있는 것이다. "꽃을 파헤친 나비는 깊이깊이 보이고, 물에 점찍는 잠자리는 산들산들 난다[穿花蛺蝶深深見, 點水蜻蜓款款飛]"에서 '심심深深'에 '천穿'이 없고 '관관款款'에 '점點'이 없으면 이토록 정밀하고 미묘한 것을 볼 수 없다. 그러나 이 구절을 읽으면 전혀 힘을 들이지 않은 듯 혼연일체를 띠고 있으니 바로 이것이 완미完美한 기氣와 격格에 장애가 되지 않는 이유이다. 당唐의 여러 시인들이 지었으면 "물고기는 흰 물결 뛰어올라 옥척玉尺을 던지고, 꾀꼬리는 실버들을 뚫으며 황금 북을 짠다[魚躍練波抛玉尺, 鶯穿絲柳織金梭]" 따위의 모습이 되어버린다.

七言難於氣象雄渾, 句中有力, 而紆徐不失言外之意. 自老杜"錦江春色來天地, 玉壘浮雲變古今", 與"五更鼓角聲悲壯, 三峽星河影動搖"等句之後, 嘗恨無復繼者. 韓退之筆力最爲傑出, 然每苦意與語俱盡. 「和裴晉公破蔡州回」詩所謂"將軍舊壓三司貴, 相國新兼五等崇", 非不壯也, 然意亦盡于此矣. 不若劉禹錫「賀晉公留守東都」云, "天子旌旗分一半, 八方風雨會中州", 語遠而體大也.

기상이 웅혼하고 구절 안에 힘이 있어야 하면서도 한편으로 완곡하되 말 밖의 의미를 잃지 않기가 대단히 어려운 것이 칠언시다. 나는 일찍이 두보의 "금강錦江의 봄이 천지에 오고, 옥루玉壘의 구름이 고금에 변한다[錦江春色來天地, 玉壘浮雲變古今]"와 "오경의 고각鼓角 소리는 비장하고, 삼협三峽의 은하 그림자 흔들린다[五更鼓角聲悲壯, 三峽星河影動搖]" 등의 구절이 있고 나서 그 뒤를 계승한 자가 없음을 애석해했다. 한유는 가장 걸출한 필력을 지니고 있었지만 의경과 시어가 고스란히 드러나 버리는 것이 매번 안타까웠다. 「화배진공파채주회和裴晉公破蔡州回」에서 "장군은 지난날 삼사三司의 귀함을 압도하고, 상국相國은 새롭게 오등五等의 높은 지위를 겸하였다[將軍舊壓三司貴, 相國新兼五等崇]"가 장엄하지 않은 것은 아니지만, 내용이 다 드러나 버렸다. 이는 유우석의 「하진공유수동도賀晉公留守東都」의 "천자의 깃발이 절반으로 나뉘고, 팔방의 비바람이 중주中州에 모인다[天子旌旗分一半, 八方風雨會中州]"가 표현이 유원悠遠하고 규모가 장대한 것만 못하다.

人之材力, 信自有限, 李翺・皇甫湜皆韓退之高弟, 而二人獨不傳其詩, 不應散亡無一篇存者, 計是非其所長, 故不多作耳. 退之集中有「題湜公安園池詩後」云: "爾雅注蟲魚, 定非磊落人." 又有"用將濟諸人, 捨得業孔顏." 意若譏其徒爲無益, 而勸之使不作者. 翺見於遠遊聯句, 惟"前之詎灼灼, 此去信悠悠." 一出之後, 遂不復見, 亦可知矣. 然二人以非所工而不作, 愈於不能而强爲之, 亦可謂善用其短矣.

인간의 재능과 역량은 참으로 한계가 있다. 이고李翺와 황보식은 모두 한유의 뛰어난 제자들이지만 그들만 유독 시가 전하지 않는다. 유실되어 한 편도 남아있지 않은 것이 아니라 그들의 장점이 시가 아니어서 많이 짓지 않았던 것이다. 한유 문집의 「제식공안원지시후題湜公安園池詩後」에 "『이아爾雅』의 문자 주석을 내는 것은, 결코 가슴이 탁 트인 사람이 아니다[爾雅注蟲魚, 定非磊落人]"와 "장차 사람들을 구제해야 하니, 놓아두고 공(孔 : 공자)·안(顏 : 안연)을 업으로 삼아야한다[用將濟諸人, 捨得業孔顏]"가 있는데, 아마 한낱 무익한 일만 하는 것을 비판하며 시를 짓지 말도록 권유한 것인 듯하다. 이고의 작품은 '원유遠遊' 연구聯句에 보인다. 오직 "앞일을 어찌 훤히 알랴, 이 발길은 참으로 아득하다[前之詎灼灼, 此去信悠悠]"가 나온 후로 두 번 다시 볼 수 없는 것도 알 만한 일이다. 이 시가 발표된 후로 결국 다시는 보이지 않는 데에서도 알 수 있다. 그러나 두 사람은 능력이 부족해서 시를 쓰지 않은 것이 아니기에, 능력이 부족한 사람을 데려다 억지로 시키는 경우보다는 낫다고 하겠다. 그러므로 이 두 사람은 자신의 단점을 제대로 파악한 경우에 해당된다고 할 수 있다.

元豐旣行官制, 準唐故事, 定宰相上事儀, 以御史中丞押百官班, 拜于階下, 宰相答拜于阼階上. 時王禹玉除左僕射, 蔡持正右僕射, 神宗命卽尙書省行之. 二人力辭, 帝不可, 曰 : "旣以董正治官, 不得不正其名分於始, 此國體, 非爲卿設也." 二人乃受命. 時元厚之已致仕居吳, 以詩賀王禹玉, 有"前殿聽宣中禁制, 南宮看集外朝班. 星辰影落三階下, 桃李陰成四海間"之句, 時最爲盛事. 自是相繼入相者, 皆不復再講此禮, 信不可常行也.

원풍 연간에 관제官制를 시행하고 나서 당나라의 예에 기준하여 재상의 상사上事[6]의식을 확정했다. 어사御史 중승中丞이 백관을 압반押班[7]하여 계하階下에서 절을 하면 재상이 조계阼階 위에서 답배를 한다. 당시 왕규가 좌복야左僕射에 제수되고 채학이 우복야右僕射에 제수되었는데, 신종이 상서성에서 이 의식을 시행하도록 명령했다. 두 사람이 애써 사양하자, 신종이 안 된다고 하며 "이미 오래전부터 정치 관료들을 바로잡아 왔으니 처음부터 그 명분을 바로잡지 않을 수 없다. 이것은 국체國體이며, 경들을 위해 만든 것이 아니다"라고 하여 두 사람이 그 명령을 따랐다. 당시 원강은 이미 벼슬을 그만두고 오吳에 있었다. 그는 왕규에게 보낸 축하의 시에서 "어전 앞에서 궁중의 제도 펼치는 것을 따르고, 남궁南宮에서 외조外朝의 반열들이 모인 것을 본다. 별빛 그림자 세 계단 아래 떨어지고, 복사꽃 오얏꽃 그늘이 사해 사이에 이루어졌다[前殿聽宣中禁制, 南宮看集外朝班. 星辰影落三階下, 桃李陰成四海間]"라는 구절을 남겼다. 이는 당시에 가장 성대한 일이었다. 그 후로 뒤이어 승상이 된 이들은 다시는 이 의식을 밟지 않았다. 실제로 상례화하여 실행할 수는 없었던 것이다.

劉季孫初以左班殿直監饒州酒, 王荊公爲江東提刑, 巡歷至饒, 按酒務. 始至廳事, 見屛間有題小詩曰: "呢喃燕子語梁間, 底事來驚夢裏閒. 說與旁人應不解, 杖藜攜酒看芝山." 大稱賞之. 問專知官誰所作, 以季孫言. 卽召與之語, 嘉歎升車而去, 不復問務事. 旣至傳舍, 適郡學生持狀立庭下, 請差官攝州學事, 公判監酒殿直, 一郡大驚, 遂知名云.

6 상사(上事) : 직무를 물려받다. 취직하다. 『속자치통감(續資治通鑒)』「송인종지화 2년(宋仁宗至和二年)」에서 "갑자(甲子)에 조칙을 내리기를, '무릇 재상 중 외부에서 부른 사람은 백관들에게 반열에 나아가 맞이하도록 하고, 내부에서 벼슬 받는 사람은 상사의 의식을 기다려 행한다'라고 했다[甲子, 詔: "凡宰相召自外者, 令百官班迎之, 自內拜者, 聽行上事儀"]"라고 했다.

7 압반(押班) : 조회 때 백관의 위차(位次)와 질서를 유지하는 일, 혹은 그런 일을 맡은 관원을 말한다.

유계손이 애초에 좌반전직左班殿直에서 요주감주饒州監酒로 가 있을 때, 왕안석이 강동제형江東提刑이 돼 이곳저곳을 두루 거친 뒤 요주에 이르러 주무酒務를 살폈다. 처음 청사에 도착해 병풍 위에 쓰인 단편시, "재잘재잘 제비는 들보 위에서 떠들어, 꿈속 한가로움을 어찌하여 깨우는가. 사람들에게 이야기해도 알아듣지 못할 터, 청려장靑藜杖에 술잔 들고 지산芝山이나 보리라[呢喃燕子語梁間, 底事來驚夢裏閒. 說與旁人應不解, 杖藜攜酒看芝山]"를 보고 대단히 호평했다. 책임자에게 누구 작품이냐고 물어 유계손이라는 얘기를 듣자, 즉시 그를 불러 이야기를 나누고 가상해하여 함께 수레를 타고 떠나면서 다시는 업무에 대해 묻지 않았다. 왕안석이 전사傳舍[8]에 이르자 마침 군郡 학교 학생學生이 장계狀啓를 들고 마당 아래에 서서 섭주학사攝州學事를 파견해줄 것을 요청했다. 왕안석은 감주전직監酒殿直(유계손)을 임명하였고, 이에 군 전체가 크게 놀라 마침내 유계손이 저명해졌다고 한다.

舊說徐敬業敗, 與駱賓王俱不死, 皆去爲浮圖以免. 賓王居杭州靈隱寺, 因續宋之問詩, 人始知之, 而『新唐書』不載.① 今宋詩乃見賓王集中, 惟題"鷲嶺鬱岧嶢, 龍宮隱寂寥"兩句是宋作, 自"樓觀滄海日, 門聽浙江潮"以後五韻, 皆賓王所續. 方武后初革命, 天下所共疾, 敬業與賓王首倡義, 則世哀之而爲隱藏, 理或有之. 此詩不知後人因其傳而錄之賓王集邪, 或本集固自爲賓王作而收之也. 然賓王集乃古本, 非後人所裒次者, 若此詩當時已自錄于集中, 則賓王之不死, 亦一證也.

① '新唐書', 原作'唐新書', 據『葉詩話』改.

8 전사(傳舍) : 행인이 휴식하고 머무르도록 제공하는 장소. 도읍 안에 있는 전사를 도정(都亭)이라 했는데, 진(秦)나라 때 십 리마다 한 개의 정(亭)을 세우고 군현의 치소(治所)에는 도정을 두었다고 한다.

구설에 의하면, 서경업徐敬業[9]이 패퇴한 뒤 낙빈왕駱賓王과 함께 죽지 않고 모두 승려가 돼 화를 모면했다고 한다. 낙빈왕이 항주 영은사靈隱寺에서 지내면서 송지문의 시에 이어 새로 시를 씀으로써 사람들이 비로소 그를 알게 되었다 하는데, 『신당서新唐書』에는 이 내용이 실려 있지 않다. 지금 송지문의 시는 낙빈왕의 시집 안에 보인다. "축령鷲嶺은 울창하게 드높고, 용궁龍宮은 조용히 숨어있다[鷲嶺鬱岧嶢, 龍宮隱寂寥]", 이 두 구만 송지문의 저작이고 "누대에서 푸른 바다 태양을 보고, 문에서 절강의 조수 소리를 듣는다[樓觀滄海日, 門聽浙江潮]" 이후의 다섯 운韻은 모두 낙빈왕이 새로 이어 쓴 것이다. 측천무후가 처음 혁명을 일으키며 천하가 모두 질시할 때 서경업과 낙빈왕이 가장 앞서 창의倡義를 부르짖었으므로 세상에서 이를 안타깝게 여겨 감춰준 것이라고 하는데, 이치상 그럴 듯하다. 이 시는 후인들이 전하는 것에 따라서 낙빈왕의 문집 안에 수록된 것인지, 아니면 본집에 낙빈왕 작으로 되어 있어 그대로 수록된 것인지 알 수 없다. 그러나 낙빈왕의 문집은 고본으로서 후인들이 엮은 것이 아니므로 만일 이 시가 당시 문집에 이미 수록돼 있었다면 낙빈왕이 죽지 않았다는 것이 하나의 증거가 될 것이다.

① '新唐書'는 본래 '唐新書'로 돼 있었는데 『섭석림시화』에 의거하여 고쳤다.

魏・晉間人詩, 大抵專工一體, 如侍宴從軍之類, 故後來相與祖習者, 亦但因其所長取之耳. 謝靈運「擬鄴中七子」與江淹「雜擬」是也. 梁鍾嶸作『詩品』, 皆云某人詩出于某人, 亦以此. 然論陶淵明乃以爲出于應璩, 此語不知其所據. 應璩詩不多見, 惟『文選』載其「百一」詩一篇, 所

9 서경업(徐敬業) : 당 초기 명장 이적(李績)의 손자로 조주(曹州) 이호(離狐 : 지금의 산동 견성(山東鄄城)의 서남쪽) 사람이다. 서경업이 군대를 동원하여 무후(武后)를 치려 하자 낙빈왕이 그를 위해 무후를 토벌하는 격문(檄文)을 지어주기도 했는데, 그 후 서경업이 무후에게 패하자, 피살되었다는 설, 망명하였다는 설, 영은사(靈隱寺)의 중이 되었다는 설 등이 전하고 있다.

謂“下流不可處, 君子愼厥初”者, 與陶詩了不相類. 五臣注引『文章錄』云: “曹爽用事, 多違法度, 璩作此詩, 以刺在位, 意若百分有補于一者.” 淵明正以脫略世故, 超然物外爲意, 顧區區在位者何足累其心哉. 且此老何嘗有意欲以詩自名, 而追取一人而模放之. 此乃當時文士與世進取競進而爭長者所爲, 何期此老之淺, 蓋嶸之陋也.

위・진시대 시인들의 시는 대체로 한 체體만을 전공하였다. 시연(侍宴: 연회)과 종군從軍 따위다. 그래서 후대에 이를 원조로 삼아 익힌 이들은 각자의 장점에 따라 그 내용을 취했을 뿐이다. 사령운의 「의업중칠자擬鄴中七子」와 강엄江淹의 「잡의雜擬」가 이에 해당한다. 양나라 종영이 지은 『시품』에서 “아무개의 시는 아무개에서 나왔다”고 하는 것도 모두 이 때문이다. 하지만 도연명을 논하면서 그가 응거應璩에서 나왔다고 했는데, 이 말은 무엇에 근거한 것인지 모르겠다. 응거의 시는 많이 보이지 않고 『문선文選』에 「백일百一」 한 편만 실려 있다. 이른바 “하류는 머물 수 없으니, 군자는 처음에 신중해야 한다(下流不可處, 君子愼厥初”로, 도연명의 시와 전혀 닮지 않았다. 『문선』 오신五臣의 주석에서 인용한 『문장록文章錄』에서 “조상曹爽의 용사用事가 대부분 법도를 어겨 응거가 이 시를 지어 지위에 있는 자들을 비판한 것이니, 그는 백분의 일이나마 도움이 됐으면 했던 것이다”라고 했다. 하지만 도연명은 세상 일에서 벗어나 사물 밖에 초연한 것을 중심에 두었는데, 구구하게 지위에 있는 자들이 어찌 그의 마음속에 들어 있었겠는가. 또 이 노인(도연명)이 어찌 일찍이 시인의 명성을 얻고 싶어서 한 사람을 택해 모방하려 했었겠는가. 그것은 당시, 세상 사람들과 앞을 다투고 장점을 내세우는 자들이 했던 일인데, 어찌 이 노인이 자기가 천시한 것을 돌아볼 여유가 있었겠는가. 이는 종영의 좁은 소견이다.

江淹「擬湯惠休」詩曰："日暮碧雲合，佳人殊未來." 古今以爲佳句. 然謝靈運"圓景早已滿, 佳人猶未還", 謝玄暉"春草秋更綠, 公子未西歸", 卽是此意. 嘗怪兩漢間所作騷文, 未嘗有新語, 直是句句規模屈·宋, 但換字不同耳. 至晉·宋以後, 詩人之詞, 其弊亦然. 若是雖工, 亦何足道. 蓋當時祖習共以爲然, 故未有譏之者耳.

강엄이 지은 「의탕혜휴擬湯惠休」의 "해 저물어 푸른 구름이 합쳤거늘, 가인佳人은 아직 돌아오지 않네[日暮碧雲合, 佳人殊未來]"를 고금의 좋은 시구로 여기고 있다. 하지만 사령운의 "둥근 그림자 일찍이 가득 찼거늘, 가인은 아직 돌아오지 않네[圓景早已滿, 佳人猶未還]"와 사현휘謝玄暉의 "봄풀은 가을이 돼 더욱 푸르거늘, 공자公子는 서쪽으로 돌아오지 않네[春草秋更綠, 公子未西歸]"도 같은 의미를 지니고 있다. 일찍이 양한兩漢시대에 지어진 소문(騷文 : 시문詩文)이 새로운 말은 없고 구절구절마다 굴원·송옥을 법칙으로 삼아 글자만 다르게 바꾼 것에 대해 이상하게 생각했었다. 진晉·송 이후 시인의 사詞들도 그 폐해가 마찬가지다. 빼어난 것이 있긴 하지만 또한 어찌 말할 것이 있겠는가. 이는 당시에 원조를 본받는 것을 모두 당연시하여 그것을 비판하는 자가 없었기 때문이다.

嵇康「幽憤」詩云："性不傷物, 頻致怨憎. 昔慚下惠, 今愧孫登." 蓋志鍾會之悔也. 吾嘗讀『世說』, 知康乃魏宗室婿. 審如此, 雖不忤鍾會, 亦安能免死邪. 嘗稱阮籍口不臧否人物, 以爲可師, 殊不然. 籍雖不臧否人, 而作青白眼, 亦何以異. 籍得全于晉, 直是早附司馬師, 陰託其庇耳. 史言禮法之士, 嫉之如讐, 賴司馬景王全之. 以此而言, 籍非附司馬氏, 未必能脫禍也. 今『文選』載蔣濟「勸進表」一篇, 乃籍所作, 籍忍至此, 亦何所不可爲. 籍著論鄙世俗之士, 以爲猶虱處乎裩中, 籍委身于司馬氏, 獨非裩中乎. 觀康尙不屈于鍾會, 肯賣魏而附晉乎. 世俗但以迹之近似者取之, 槪以爲嵇・阮, 我每爲之太息也.

혜강은 「유분幽憤」에서 "본성이 사물을 손상시키지 않아, 곧잘 원망과 증오를 불렀다. 지난날은 유하혜에게 부끄럽고, 지금은 손등孫登에게 부끄럽다[性不傷物, 頻致怨憎. 昔慚下惠, 今愧孫登]"라고 했다. 이는 종회鍾會의 후회를 기술한 것이다. 나는 일찍이 『세설신어』를 읽고 혜강이 위魏나라의 종실宗室임을 알았다. 그렇다면 비록 종회를 거역하지 않았다 해도 어떻게 죽음을 모면할 수 있었겠는가. 일찍이 완적에 대해, 그가 인물을 논평하지 않아 스승 삼을 만하다고 일컬었지만 이는 자못 사실이 아니다. 완적이 사람을 논평하진 않았지만 분명한 눈으로 살펴보면 여느 사람과 어찌 다르겠는가. 완적이 진晉에서 온전했던 것은 일찍이 사마사司馬師에게 의지하여 살며시 그의 비호를 입었기 때문이다. 기록에 의하면 '예법을 지키는 선비들이 원수처럼 질시했지만 완적은 사마경왕(司馬景王 : 사마사)에게 기대 온전했다'라고 했다. 이렇게 볼 때 완적이 사마씨에게 기대지 않았으면 필경 재앙을 벗어날 수 없었을 것이다. 『문선』에 장제蔣濟의 「권진표勸進表」가 실려 있는데, 이는 완적의 저작이다. 완적이 차마 이를 썼다면 하지 못할 일이 어디 있었겠는가. 완적은 세속의 선비들을 비하하는 글을 쓰면서 마치 이가 속옷에 붙어사는 것과 같다고 했다. 사마씨에게 몸을 맡긴 그의 처지가 바로 속옷 안의 이가 아니라면 또 무엇이겠는가. 혜강이 종회에게 굽히지 않은 것을 보면, 설마 그가 위나라를 팔아 진나라에 달라붙으려 했겠는가. 세상 사람들은 단지 겉으로 드러난 자취의 유사한 것만 취하여 개괄해서 혜嵇・완阮이라고 하는데, 이에 대해 나는 늘 크게 한숨을 쉰다.

晉人多言飮酒有至于沈醉者, 此未必意眞在于酒. 蓋時方艱難, 人各懼禍, 惟託於醉, 可以粗遠世故. 蓋自陳平・曹參以來, 已用此策. 『漢書』記陳平於劉・呂未判之際, 日飮醇酒, 戲婦人, 是豈眞好飮邪. 曹參雖與此異, 然方欲解秦之煩苛, 付之淸淨, 以酒杜人, 是亦一術. 不然, 如蒯通輩無事而獻說者, 且將日走其門矣. 流傳至嵇・阮・劉伶之徒, 遂全欲用此爲保身之計. 此意惟顔延年知之, 故「五君詠」云: "劉伶善閉關, 懷情滅聞見. 韜精日沈飮, 誰知非荒宴." 如是, 飮者未必劇飮, 醉者未必眞醉也. 後世不知此, 凡溺于酒者, 往往以嵇・阮爲例, 濡首腐脅, 亦何恨於死邪.

진晉시대의 문인들은 술을 마셨다 하면 취하도록 마셨다고 말하는 경우가 많은데, 그 진의가 반드시 술에 있는 것은 아니다. 시대가 혼란에 빠지자 저마다 재앙이 두려워 술에 의탁해야만 세상일로부터 멀리 벗어날 수 있었던 것이다. 진평陳平과 조참曹參 이후로 이런 방법을 이미 사용했다. 『한시』에서 유(劉 : 유방)・러(呂 : 여지呂雉)가 아직 판가름 나지 않은 즈음에 진평이 날마다 술을 마시며 여인들과 농을 했다고 기록하고 있는데, 어찌 정말로 술을 좋아해서 그랬겠는가. 조참은 이와는 다른 경우이지만 진秦나라의 가혹하고 번잡함을 벗어나 맑고 깨끗한데 붙고자 하여 술로써 사람을 거부했던 것이다. 이 또한 하나의 방법이었다. 그렇지 않았으면 괴통蒯通처럼 하릴없이 좋은 말만 지껄이는 사람들이 날마다 그의 문으로 찾아 들었을 것이다. 이것이 전해져 혜강・완적・유령劉伶 등에 이르러서는 결국 이것으로 온전히 몸을 보존할 계책을 삼은 것이다. 이런 생각을 안연지가 알았으므로 「오군영五君詠」에서 "유령은 문 닫기를 잘하여, 그의 회포를 보고 들을 수 없다. 정수를 감추며 날마다 술에 빠져 있으나, 흥청망청하는 연회가 아닌 줄 누가 알겠는가[劉伶善閉關, 懷情滅聞見. 韜精日沈飮, 誰知非荒宴]"라고 했다. 그렇다면 마시는 사람은 필경 맘껏 마신 것이 아니고, 취한 사람은 필경 정말로 취한 것이 아니다. 이것을 모르는 후세 사람들 가운데 술에 빠진 이들이 혜강과 완적을 예로 들며 술독에 빠져서 가슴을 썩인다. 그러면 어찌 죽음만 맞을 뿐이겠는가.

古今論詩者多矣, 吾獨愛湯惠休稱謝靈運爲"初日芙渠", 沈約稱王筠爲"彈丸脫手"兩語, 最當人意. "初日芙渠", 非人力所能爲, 而精彩華妙之意, 自然見於造化之妙, 靈運諸詩, 可以當此者亦無幾. "彈丸脫手", 雖是輸寫便利, 動無留礙, 然其精圓快速, 發之在手, 筠亦未能盡也. 然作詩審到此地, 豈復更有餘事. 韓退之「贈張籍」云: "君詩多態度, 靄靄春空雲." 司空圖記戴叔倫語云: "詩人之詞, 如藍田日暖, 良玉生煙." 亦是形似之微妙者, 但學者不能味其言耳.

고금에 시를 논평한 이들이 많지만, 나는 유독 탕혜휴湯惠休가 사령운을 일컬어 '연꽃 도랑에 태양이 막 뜬 것(初日芙渠)'이라 하고, 심약이 왕균을 일컬어 '탄환이 손을 벗어난 것(彈丸脫手)'이라고 한 두 마디가 가장 적합하다고 생각한다. '연꽃 도랑에 태양이 막 뜬 것'은 인력으로 도달할 수 있는 것이 아니며 그 정채와 빛나는 오묘함이 자연스레 조화의 오묘함을 드러낸다. 사령운의 시에서도 이에 합당한 것은 얼마 되지 않는다. '탄환이 손을 벗어난 것'은 비록 토로함이 편리하고 체류와 장애가 전혀 없지만, 그 정밀하고 둥글고 빠른 것이 손에서 발사된 것이어서 왕균 또한 극진하지는 못하다. 하지만 시를 지을 때 이러한 경지에 이른다면 어찌 더 부족한 것이 있겠는가. 한유가 「증장적贈張籍」에서 "그대의 시는 자태가 많아, 봄날 허공의 희뿌연 구름이다[君詩多態度, 靄靄春空雲]"라고 하고, 사공도가 대숙륜戴叔倫의 말을 적으며 "시인의 사詞는 남전藍田에 햇빛 따뜻할 때 좋은 옥에 연기가 피어난 것과 같다[詩人之詞, 如藍田日暖, 良玉生煙]"라고 했다. 이는 형사形似의 미묘한 것인데, 학자들이 그 말을 음미해내지 못할 뿐이다.

王介字中甫, 衢州人, 博學善譏謔. 嘗擧制科不中, 與王荊公遊, 善欵曲, 然未嘗降意少相下. 熙寧初, 荊公以翰林學士被召, 前此屢召不起, 至是始受命. 介以詩寄云 : "草廬三顧動幽蟄, 蕙帳一空生曉寒." 用蕙帳事, 蓋有所諷. 荊公得之大笑. 他日作詩, 有"丈夫出處非無意, 猿鶴從來自不知"之句, 蓋爲介發也.

왕개王介의 자는 중보中甫이고 구주衢州 출신이며 학문이 깊고 풍자와 해학에 뛰어났다. 일찍이 과거에 응시했으나 급제하지 못했고, 왕안석과 어울릴 때 정성스레 대했지만 일찍이 생각을 낮추거나 조금도 서로 무시하지 않았다. 희녕 초에 왕안석이 한림학사로 부름을 받았다. 이전에 여러 번 부름을 받고도 나아가지 않다가 이때 비로소 명을 받든 것이었다. 이때 왕개가 지어 보낸 시에서 "초려를 세 번 찾아오자 깊숙한 벌레가 움직이고, 혜초蕙草 장막이 텅 비어 새벽 한기가 돈다[草廬三顧動幽蟄, 蕙帳一空生曉寒]"라고 했다. 혜장蕙帳[10]의 고사를 사용한 것은 풍자가 담긴 것이다. 왕안석이 이를 받고 나서 크게 웃었다. 훗날 그가 지은 시에 "장부의 출처에 생각이 없지 않은데, 원숭이와 학은 본디 알지 못하네[丈夫出處非無意, 猿鶴從來自不知]"라는 구절이 있다. 이는 왕개를 의식해 한 말이다.

10 혜장(蕙帳) : 혜장은 혜초(蕙草)로 엮은 장막으로, 은둔하던 사람이 벼슬길로 떠나감을 말한다. 공치규(孔稚珪)의 「북산이문(北山移文)」에서 "혜초 장막이 텅 비어 밤 학이 원망하고, 산인이 떠나가자 새벽 원숭이가 놀란다[蕙帳空兮夜鶴怨, 山人去兮曉猿驚]"라고 하였다.

詩禁體物語, 此學詩者類能言之也. 歐陽文忠公守汝陰, 嘗與客賦雪于聚星堂, 擧此令, 往往皆閣筆不能下. 然此亦定法, 若能者, 則出入縱橫, 何可拘礙. 鄭谷"亂飄僧舍茶煙濕, 密灑歌樓酒力微", 非不去體物語, 而氣格如此其卑. 蘇子瞻"凍合玉樓寒起粟, 光搖銀海眩生花", 超然飛動, 何害其言玉樓銀海. 韓退之兩篇, 力欲去此弊, 雖冥搜奇譎, 亦不免有縞帶銀杯之句. 杜子美"暗度南樓月, 寒生北渚雲", 初不避雲月字. 若"隨風且開葉, 帶雨不成花", 則退之兩篇, 工殆無以愈也.

시에서 체물어體物語를 금한다[11]는 것은 시를 배우는 이들이 능히 할 수 있는 말이다. 구양수가 여음汝陰태수로 있을 때 일찍이 취성당聚星堂에서 손님과 함께 눈에 대해 시를 지으면서 이 원칙을 거론하면 이따금 붓을 내려놓은 채 써내려가지 못했다. 하지만 이는 또한 정해진 법일 뿐이며, 만일 능한 자라면 출입이 종횡으로 이루어지는데 어찌 구애될 것이 있겠는가. 정곡의 "어지러이 내리는 승사僧舍에 차 연기가 젖고, 세밀하게 씻는 가루歌樓에 술 힘이 약하다[亂飄僧舍茶煙濕, 密灑歌樓酒力微]"는 체물어를 버리지 않은 것은 아니지만 기개와 격이 이처럼 누추하다. 소식의 "옥루玉樓[12]를 얼어붙게 해 한기가 돌고, 은해銀海[13]를 흔들어 현란한 빛이 인다[凍合玉樓寒起粟, 光搖銀海眩生花]"는 초연하게 날아 움직이는 옥루玉樓와 은해銀海를 거론했다고 해서 무슨 문제가 있겠는가. 한유의 두 편은 이러한 폐해를 버리려 애쓰며 조용히 기묘한 것을 찾았지만 호대縞帶와 은배銀杯 구절[14]이 끼어드는 것을 면하지는

---

11 시에서 …… 금한다 : 체물어를 금한 시는, 일종의 특정한 금례(禁例)를 지켜서 쓴 시이다. 구양수의 「설(雪)」의 자주(自注)와 『육일시화(六一詩話)』 및 소식의 「취성당설시서(聚星堂雪詩敍)」에 기록된 바에 의하면, 그 금례(禁例)는 대략 통상적으로 시에 늘 보이는 명상(名狀)과 체물을 자안(字眼)으로 운용할 수 없다는 것이다. 예를 들어 눈을 읊을 때 옥(玉), 월(月), 리(梨), 매(梅), 련(練), 서(絮), 백(白), 무(舞) 등을 쓰지 않으면 뜻이 어려운 가운데 기발함이 나온다.

12 옥루(玉樓) : 도가 용어로, 어깨를 가리킨다.

13 은해(銀海) : 도가 용어로, 눈을 가리킨다.

못했다. 두보의 "조용히 남쪽 누각의 달을 헤아리니, 찬 기운이 북쪽 물가 구름에서 솟아난다[暗度南樓月, 寒生北渚雲]"에서는 애초에 운雲과 월月을 피하지 않았다. 예컨대 "바람 따라 잎이 피고, 비가 젖어 꽃을 완성하지 못했네[隨風且開葉, 帶雨不成花]"(두보, 「대설對雪」)라고 했다면 한유의 그 두 편은 기교로도 자못 앞설 수 없는 것이다.

韓魏公初鎭定武時, 年纔四十五, 德望偉然, 中外莫不傾屬. 公亦自以天下爲己任, 御事不憚勤勞.① 晩作閱古堂, 嘗爲八詠, 其「疊石」·「藥圃」·「溝泉」三篇, 卒章云:"主人未有銘功處, 日視崔嵬激壯懷. 吾心盡欲醫民病, 長得憂民病不消. 誰知到此幽閒地, 多少餘波濟物來." 其意氣所懷, 固已見于造次賦詠之間, 終成大勳, 豈徒言之而已哉.

① '御', 原作'遇', 據『遺書』改.

한기가 처음 정무定武를 다스릴 때 나이가 겨우 사십오 세였으나 덕망이 깊어 내·외가 모두 주목했다. 한기 역시 세상일을 자신의 임무로 여겨 국가를 위한 일에 노력을 아끼지 않았다. 만년에 열고당閱古堂을 짓고 팔영八詠을 지었는데, 「첩석疊石」·「약포藥圃」·「구천溝泉」 3편이 있다. 그 마지막 장에서 "주인이 공을 새기지 않는 곳에서, 날마다 드높은 산을 보며 장엄한 회포를 불러일으킨다. 내 마음은 온통 백성의 병을 치료하고 싶어, 오랫동안 백성을 걱정하는 병이 낫지 않았다. 누가 여기 그윽하고 한적한 곳에 온 것이, 사물을 구제하러 온 여파임을 알까[主人未有銘功處, 日視崔嵬激壯懷. 吾心盡欲醫民病, 長得憂民病不消.

14 호대(縞帶) …… 구절: 한유(韓愈)의 「영설증장적(詠雪贈張籍)」시에 "수레를 따라서는 흰 띠가 나부끼고, 말을 좇아서는 은잔이 흩어지네[隨車翻縞帶, 逐馬散銀杯]" 한 데서 온 말인데, 흰 띠는 곧 눈 쌓인 도로의 수레바퀴 자국을 비유한 말이고, 은잔은 역시 눈 쌓인 도로의 말발굽 자국을 비유한 말이다.

誰知到此幽閒地, 多少餘波濟物來]"라고 하였다. 품고 있는 뜻과 기개가 이미 읊은 시에서도 나타나고 있다. 그리고 결국 큰 공을 이루고 말았으니 어찌 한낱 말로만 그친 것이겠는가.

① '御'는 원래 '遇'로 돼 있었는데 『섭석림유서』에 의거하여 고쳤다.

五代王仁裕知貢擧, 王丞相溥爲狀元, 時年二十六. 後六年, 遂相周世宗, 猶及本朝以太子太保罷歸班, 年纔四十二, 前此所未有也. 溥初拜相, 仁裕猶致仕無恙, 嘗以詩賀溥云: "一戰文場拔趙旗, 便調金鼎佐無爲. 白麻驟降恩何極, 黃髮初聞喜可知. 跋敕案前人到少, 築沙堤上馬歸遲. 立班始得遙相見, 親洽爭如未貴時." 溥在位, 每休沐必詣仁裕, 從容終日. 蓋唐以來, 座主門生之禮尤厚. 今王丞相將明・霍侍郎端友榜南省奏名時, 知擧四人, 安樞密處厚・劉尚書彦修, 與今鄧樞密子常・范右丞謙叔. 我亦忝點檢試卷官. 鄧・范不惟及見其登庸, 可以繼仁裕, 且同在政府, 則仁裕所不及也.

오대五代 시기 왕인유王仁裕가 지공거知貢擧[15]였을 때 승상 왕부王溥가 장원을 차지했다. 당시 왕부의 나이는 이십육 세였다. 그로부터 육 년 뒤 주 세종(世宗: 후주後周 세종 시영柴榮)의 재상이 되었고 본조에 와서는 태자태보太子太保를 역임하다 관직을 그만두고 귀반歸班[16]했다. 당시 나이가 겨우 사십이 세로서 전에 없던 일이었다. 왕부가 처음 재상에 임명될 때 왕인유는 벼슬을 그만두고 별 탈 없이 지내고 있었다. 일찍이 그는 왕부에게 보낸 축시에서 "한번 나선 글 솜씨의 장에서 조나라 깃

15 지공거(知貢擧): 과거(科擧)에서 주시관(主試官)을 가리킨다.

16 귀반(歸班): 작록(爵祿)이 있던 사람이 취한(就閑: 벼슬을 그만두고 산직(散職)으로 물러남)하여 선발되기를 기다리는 것을 말한다. 송나라 주밀(周密)의 『제동야어(齊東野語)』 「효종성정(孝宗聖政)」에서 "후에 수저(秀邸) 여러 자제들이 모두 귀반했다[後, 秀邸, 諸子弟悉歸班焉]"라고 했다.

발을 뽑고,[17] 이내 황금 정鼎[18]을 조절하여 무위의 정치를 보좌했네. 갑자기 내린 백마白麻[19]의 은혜 어찌 다함이 있겠는가, 황발黃髮[20] 때 처음 듣는 기쁨 알 만하리라. 조칙을 엮는 책상 앞에 오는 사람 적고, 모래 쌓은 언덕 위에 돌아오는 말 더디구나. 반班에 서서[21] 비로소 멀리 바라볼 수 있을 터, 친근함이 귀하기 이전과 어떠한가[一戰文場拔趙旗, 便調金鼎佐無爲. 白麻驟降恩何極, 黃髮初聞喜可知. 跋敕案前人到少, 築沙堤上馬歸遲. 立班始得遙相見, 親洽爭如未貴時]"라고 했다. 왕부가 관직에 있을 때, 쉬는 날이면 반드시 왕인유를 찾아와 종일 함께 지냈다. 당나라 이후로 좌주座主와 문생門生 간의 예절은 매우 후했다. 현 승상 왕보王黼와 시랑侍郎 곽단우霍端友가 남성南省에 방榜을 내걸고 주명奏名[22]을 할 때, 지공거가 추밀樞密 안처후(安處厚 : 안췌安悴), 상서尙書 유언수(劉彦修 : 유자우劉子羽), 현 추밀樞密 등순무鄧洵武, 우승右丞 범충范沖, 네 사람이었다. 나 역시 정검시권관點檢試卷官으로 있었다. 등순무와 범충은 단지 등용을 보는 데만 그치지 않은 데에서 왕인유를 계승할 만하며, 또 정부政府에 함께 있기까지 했으므로 이는 왕인유가 미치지 못한 점이다.

17 조나라 …… 뽑고 : 몰래 승리를 바꾸어 얻거나 전승(戰勝)·승리(勝利)한 전례를 비유한다. 한신이 조나라를 칠 적에 거짓 패주하자 조군(趙軍)이 성을 비우고 추격하였다. 그 사이에 한신의 군사가 조나라 성을 점령하고 한나라의 붉은 기를 세워 승리하였다. 『사기』 권92 「회음후열전」.

18 황금 정(鼎) : 금정(金鼎)은 재상의 지위를 말한다. 은나라 고종(高宗)이 부열(傅說)을 정승으로 임명하면서, "국을 끓이면 너를 소금과 매실로 삼아 국 맛을 조화시키겠다"라고 하였다.

19 백마(白麻) : 삼으로 만든 흰 종이를 말한다. 당나라시대의 조서(詔書)는 마지(麻紙)를 썼는데 황마(黃麻)·백마(白麻)의 구분이 있었다. 사서(赦書)·덕음(德音)·입후(立后)·건저(建儲)·대주토(大誅討)와 장(將)·상(相)을 제수하고 면직시키는 책서(冊書)는 모두 백마를 쓰고, 제(制)·칙(勅)은 황마를 사용하였다. 『당회요(唐會要)』.

20 황발(黃髮) : 장수를 누리고 있는 노인을 말한다. 춘추시대 진 목공이 군사들 앞에서 맹세한 말 가운데 "황발파파(黃髮皤皤)에게 자문을 구하면 잘못됨이 없다"는 내용이 있다. 『사기』 「진기(秦紀)」.

21 반(班)에 서서 : 고대 관원은 조회할 때 품계에 맞춰 섰다.

22 주명(奏名) : 과거시험에서 예부가 심사를 거친 진사 명부를 황제에게 올리면 황제가 이를 다시 심사, 재가하는 것이다.

석림시화 습유石林詩話拾遺

王明之懷所愛詩왕명지의 「회소애」

王明之, 岐公之子. 在姑蘇有所愛, 比至京師, 爲公强留之. 逾時作詩云: "黃金零落大刀頭, 玉箸歸期畫到秋. 紅錦寄魚風逆浪, 碧簫吹鳳月當樓. 伯勞知我經春別, 香蠟窺人一夜愁. 好去渡江千里夢, 滿天梅雨是蘇州." 句甚工.【葉廷琯輯自范成大『吳郡志』】

왕명지는 왕기의 아들이다. 소주에 있을 때 사랑하는 여인이 있었는데 경사京師에 올 때 (여인이) 왕기에게 붙잡혔다. 시간이 지나 지은 시에서 "황금이 큰 칼에 떨어진 뒤, 옥저玉箸[1]가 돌아갈 날이 가을까지 왔네.

---

1 옥저(玉箸) : 옥저(玉筯)라고도 한다. 소전체(小篆體)의 하나로, 글자의 형태가 대칭성이 강하며 양쪽으로 내리는 필획을 길게 하기 때문에 마치 나란히 놓인 젓가락 같다고 하여 붙여진 이름이다.

붉은 비단(편지)을 물고기에 부쳤거늘 바람이 물결을 거스르고, 푸른 퉁소로 봉곡鳳曲[2]을 연주할 때 달빛이 누각 위에 떠있네. 백로伯勞[3]는 나의 봄 이별을 알고 있고, 향랍香蠟[4]은 사람의 한밤 시름을 엿보고 있네. 강 건너 천 리 길 찾아가는 꿈, 하늘 가득 매우梅雨[5] 내리는 소주라네[黃金零落大刀頭, 玉箸歸期畫到秋. 紅錦寄魚風逆浪, 碧簫吹鳳月當樓. 伯勞知我經春別, 香蠟窺人一夜愁. 好去渡江千里夢, 滿天梅雨是蘇州]"라고 했다. 시구가 매우 빼어나다【석정관葉廷琯이 범성대范成大의 『오군지吳郡志』로부터 편집했다】.

韋蘇州詩위응물의 시

蘇州詩律深妙, 白樂天輩固皆尊稱之, 而行事略不見唐史爲可恨. 以其詩語觀之, 其人物亦當高勝不凡. 劉禹錫集中有大和六年擧自代一狀, 然應物「溫泉行」云:"北風慘慘投溫泉, 忽憶先皇巡幸年. 身騎廐馬引天仗, 直至華淸列御前." 則嘗逮事天寶間也, 不應猶及大和時, 蓋別是一人或集之誤. 【葉廷琯輯自趙與時『賓退錄』. 葉廷琯按:『賓退錄』引此條作葉石林『南宮詩話』, 似別是一書而佚不傳者, 以其同爲詩話, 坿采於此. 是錄又引『漁隱叢話』指此條爲蔡寬夫語, 與時夾注云:『南宮詩話』世誤傳蔡寬夫作,『漁隱』故云】

위응물은 시의 운율이 깊고 오묘해서 백거이 등이 모두 높이 평가했

2 봉곡(鳳曲) : 한나라 사마상여가 촉나라 부호(富豪) 탁왕손(卓王孫)의 집 연회에 초대 받았다. 그때 탁왕손의 딸 문군(文君)이 새로 과부가 되었는데, 얼굴이 아름답고 음율을 좋아한다는 것을 사마상여가 알고 거문고로 수봉이 암컷을 구하는 곡조[鳳求凰曲]를 탔더니 과연 문군이 밤에 상여에게 달려와서 서로 부부가 되었다고 한다.

3 백로(伯勞) : 까치보다 좀 작은 새이며 여름새이다.

4 향랍(香蠟) : 향기로운 봉랍(蜂蠟)을 가리키기도 하고 납매화(蠟梅花)를 비유하기도 한다.

5 매우(梅雨) : 매실이 노랗게 익는 늦은 봄이나 초여름에 내리는 비를 말한다.

으나, 그의 행적이 당나라 역사서에 조금도 보이지 않는 것이 안타깝다. 그 시의 면모로 보면 인물의 됨됨이도 고상하고 뛰어나서 범상치 않았을 것이다. 유우석의 문집 안에 대화大和 6년(832)에 유우석이 위응물을 추천하며 쓴 「거위중승자대상擧韋中丞自代狀」이 있는데, 위응물의 「온천행溫泉行」에서 "북풍이 매서워 온천에 몸을 던지며, 문득 선왕께서 임하셨던 때를 생각한다. 몸소 말을 타고 천자의 의장을 이끌어, 곧바로 화청지華淸池에 이르러 어전에 나열했네[北風慘慘投溫泉, 忽憶先皇巡幸年. 身騎廐馬引天仗, 直至華淸列御前]"라고 했다면 이는 천보(天寶: 742~756) 연간에 해당되고 아직 태화大和까지는 미치지 못한다. 따라서 (유우석의 것은) 아마 다른 사람이거나 문집의 오류일 것이다【섭정관葉廷琯이 조여시趙與時의 『빈퇴록賓退錄』으로부터 편집한 것이다. 섭정관 안按 : 『빈퇴록』에서 이 조항을 인용하며 섭석림의 『남궁시화南宮詩話』로 적었는데, 이 책은 별도의 책으로서 유실되고 전하지 않은 듯하며 같은 시화이기에 여기에 덧붙여 채록한다. 『빈퇴록』에서는 또 『초계어은총화』를 인용하며 이 조항을 채관부蔡寬夫의 글로 보았는데, 조여시의 협주夾注에서는 『남궁시화』가 세상에 채관부의 저작으로 와전되어 『어은총화』에서 그렇게 말한 것이라고 했다】.

子雲淸自守今日起爲官 '자운청자수금일기위관'

葉石林曰："杜工部詩對偶至嚴, 而「送楊六判官」云：'子雲淸自守, 今日起爲官.' 獨不相對. 竊意'今日'字當是'令尹'字傳寫之訛耳." 余謂不然. 此聯之工, 正爲假'雲'對'日', 兩句一意, 乃詩家活法. 若作'令尹'字, 則索然無神, 夫人能道之矣. 且送楊姓人, 故用子雲爲切題, 豈應又泛然用一令尹耶. 如"次第尋書札, 呼兒檢贈篇"之句, 本是假以'第'對'兒', 詩家此類甚多.【葉德輝輯自宋羅大經『鶴林玉露』】

섭석림이 이르기를 "두공부(두보)의 시는 대우가 매우 엄격한데, 「송양륙판관送楊六判官」에서 '자운(子雲 : 양웅)이 청정함을 스스로 지키더니, 오늘 발탁돼 관리가 되었네[子雲淸自守, 今日起爲官]'는 유독 대우를 이루고 있지 않다. 조심스런 견해로는, '금일今日'은 마땅히 '영윤令尹'이어야 하며 이는 옮겨 쓰는 과정에서의 오류일 뿐이라고 본다"라고 했다. 하지만 나는 이에 동의하지 않는다. 이 연의 빼어난 점은 바로 '운雲'을 빌려 '일日'의 대구로 삼은 것이며 두 구절이 하나의 의미로 이어져야만 시인의 활법活法이 된다. 만일 '영윤令尹'으로 쓰게 되면 전혀 신묘함이 없어져서 여느 사람들도 쓸 수 있다. 또 양楊씨 성을 가진 사람을 전송한 것이므로 '자운子雲'을 사용하여 제목에 붙인 것인데, 어떻게 평범하게 '영윤令尹'을 사용했겠는가. 예컨대 "차례대로 서찰을 찾고, 아이를 불러 보내온 시편을 점검하게 한다[次第尋書札, 呼兒檢贈篇]"는 본디 '제第'를 '아兒'의 대구로 삼은 것이니, 시인들의 이러한 예는 매우 많다【섭덕휘葉德輝가 송나라 나대경羅大經의 『학림옥로鶴林玉露』에서 편집한 것이다】.

『당자서문록唐子西文錄』

송宋 강유안强幼安

강유안强幼安, 『당자서문록唐子西文錄』 해제

『당자서문록』은 당경唐庚이 구술한 시론을 나중에 당경이 죽은 뒤 강유안이 기억해 정리하여 완성한 책이다. 당경은 자가 자서子西이고 미주眉州 미산眉山 사람이다. 철종 소성紹聖 때 진사가 되었고 종학박사宗學博士를 지냈다. 나중에 이상영李商英이 지은 「내전행內前行」의 필화에 연루되어 혜주惠州로 좌천되었다가 사면되어 돌아오던 중에 사망했다. 소식과 동향이었고 시도 그에게서 배웠다. 일찍이 '소동파小東坡'라는 칭호를 얻었다. 저서는 구술록인 『당자서문록』 한 권 35조뿐이다. 한편 당경이 구술한 시점은 선화宣和 원년(1119)이었고 강유안이 이를 떠올려 정리한 시점은 소흥 8년(1138)이었다. 강유안은 이름이 행보行父이고 '유안'은 자이며 여항余杭 사람이다. 일찍이 목주睦州와 선주宣州의 통판通判을 지냈다.

『당자서문록』은 한 권, 35칙이며 내용은 주로 시 평론이고 문과 부도 아우른다. 또한 어록체 시화에 속한다. 이 시화에 담긴 당경의 시론은 주로 『역대시화』본에는 없는, 부록의 3칙에 담겨 있는데 크게 두 가지 내용을 갖고 있다. 하나는 이른바 '혼연천성混然天成'이다. 먼저 당경은 "사령운謝靈運이 영가永嘉에 있을 때 꿈에 사혜련謝惠連을 보고 '지당에 봄풀이 자라네'라는 시구를 남겼고, 사현휘(謝玄暉 : 謝朓)가 선성宣城에 있을 때 삼산三山에 올랐다가 '맑은 강물 누인 비단처럼 조용하네'라는 시구를 남겼다. 두 분의 오묘한 경지는 바로 코에 백토가 없고 눈에 망막이 없는 데에 있다. 코에 백토가 없는데 도끼를 어떻게 휘두르며,[1] 눈에 망막이 없는데 금비金篦[2]를 어디에 펼치겠는가. 이른바 혼연한 자연 그대로이며 조탁하지 않은 천구天球[3]인 것이다![靈運在永嘉因夢惠連, 遂有'池塘生春草'之句, 玄暉在宣誠, 因登三山, 遂有'澄江靜如練'之句. 二公妙處, 蓋在于鼻無堊, 目無膜爾. 鼻無堊, 斤將曷運? 目無膜, 斤將曷施? 所謂混然天成, 天球不琢者歟!]"라고 하였다. 또한 자유롭고 스스로 득의한 정취를 칭찬하여 "지금 사령운, 사혜련, 사조의 시 64편을 모아 사삼三謝의 시집을 만들었다. 이 세 사람의 시를 살펴볼 때 사현휘에 와서 시어가 더욱 뛰어나지만, 소쇄와 자득의 묘미는 약간 줄어들면서 당나라의 시풍이 조금씩 보이기 시작하니 여기에서 세상의 변화를 엿볼 수 있다[今取靈運, 惠連, 玄暉詩合六十四篇, 爲三謝詩. 是三人者, 詩至玄暉, 語益工, 然蕭散自得之趣, 亦復少減, 漸有唐風矣. 于此可以觀世變也]"라고 하기도 했다. 이런 부분들에서 당

1 코에 …… 휘두르며: 이와 관련하여 도끼를 휘둘러 코끝의 백토를 깎아낸 고사가 전한다. 『장자(莊子)』「서무귀(徐無鬼)」에 "영 지방 사람이 코끝에 백토를 파리 날개처럼 묻혀 놓고 장석(匠石)을 시켜 그것을 깎아 내게 하였다. 그러자 장석이 바람을 일으키며 도끼를 휘둘러 마음대로 깎아 내기 시작하였는데, 백토를 다 깎았는데도 코를 다치게 하지 않았다[郢人堊漫其鼻端, 若蠅翼, 使匠石斫之, 匠石運斤成風, 聽而斫之, 盡堊而鼻不傷]"라는 문장이 보인다. 기예가 매우 뛰어남을 묘사한 말인데, 인신하여 잘못된 부분을 지적하여 바로잡는 것을 비유하기도 한다.

2 금비(金篦) : 금으로 만든 빗으로, 고대 인도에서 의사가 맹인의 안막(眼膜)을 제거해 줄 때 사용하던 도구이다. 후세에는 불가(佛家)에서 중생들의 눈을 가리고 있는 무지(無智)의 막(膜)을 제거해 준다는 뜻으로 사용한다.

3 천구(天球) : 옛날 옹주(雍州)에서 공물(貢物)로 바쳤던 구슬로서, 하늘과 같은 색깔을 지녔다고 한다. 『서경(書經)』「고명(顧命)」.

경이 소식의 영향을 받았음을 알 수 있다.

『당자서문록』의 또 하나의 내용은 '고음苦吟'에 관한 주장이다. 당경은 먼저 "시를 짓는 것은 가장 어려운 일이다. 내가 여타의 장르엔 그다지 어려움을 느끼지 못하지만 시만큼은 매우 어렵다. 여러 날을 힘들게 구상해서 겨우 탈고한 것을 처음 읽을 땐 별로 부끄러운 점이 발견되지 않아 우선 놔둔다. 그런데 이튿날 다시 들여다보면 수많은 문제점이 발견돼 다시 여러 날 고민하며 여러 번의 수정을 거치고 나서야 앞의 것보다 조금 나아 보인다. 하지만 며칠이 지나 다시 읽어보면 다시 문제점이 보인다. 이렇게 여러 번의 수정을 거치고 나서 비로소 친구에게 보이지만 결국 특별한 것이 되지 못한다. 이하李賀의 어머니가 그의 문제점을 지적하며 '이 아이는 반드시 토해내야만 그만둔다.' 라고 한 것은 지나친 것이 아니다. 지금 식자들은 지었다 하면 수천 마디를 지어내며 조금도 주의를 기울이지 않으니 참으로 수치스런 일이다[詩, 最難事也. 吾于他文不至蹇澁, 惟作詩甚苦. 悲吟累日, 僅能成篇, 初讀時未見羞處, 姑置之, 明日取讀, 瑕疵百出, 輒復悲吟累日, 反復改正, 比之前時稍稍有加焉. 復數日取出讀之, 疵病復出. 凡如此數四, 方敢示人, 然終不成奇. 李賀母責賀曰: '是兒必欲嘔出心乃已!' 非過論也. 今之君子, 動輒千百言, 略不經意, 眞可愧哉!]"라고 하였다. 또한 시어의 정련을 강조하여 "시는 그것에 가장 알맞은 글자가 있지만 생각이 도달하지 못할 뿐이다[作詩自有穩當字, 第思之未到耳]"라고 하고 많은 독서를 강조해 시에 반영할 것을 권했다. 두보의 시를 거듭 칭찬한 것을 비롯해 당경이 주장한 이상의 내용에서 황정견과 강서시파에서 받은 영향을 여실히 볼 수 있다.

흔히 소식과 황정견을 병칭하곤 하지만 사실 두 시인의 시와 시 쓰기는 상당히 대조적이다. 대체로 소식의 시는 선천적인 재능에 기대고 황정견은 인위적인 기술을 높이 평가한다. 또 소식의 시는 초연하며 황정견의 시는 정심情深하다. 당경은 이 양대 연원을 다 받아들이고 축적하였다. 그러나 양자를 융합하고 관통하지는 못해서 그가 쓴 시를 살펴보면 상대적으로 강서시파에 더 가깝다. 따라서 표면적으로는 소식을 존중했지만 실질적으로는 황정견 쪽에 기울었다고 할 수 있다.

『당자서문록』은 『사고전서총목』에서 집부 시문평류로 분류되었고 『백천학해』본, 『격치총서』본, 『설부』본, 『학해유편』본, 『역대시화』본이 있다.

당자서문록唐子西文錄

송宋 강유안强幼安

記기

宣和元年, 行父自錢塘罷官如京師, 眉山唐先生同寓于城東景德僧舍, 與同郡關注子東日從之遊, 實聞所未聞, 退而記其論文之語, 得數紙以歸. 自己亥九月十三日盡明年正月六日而別. 先生北歸還朝, 得請宮祠歸瀘南, 道卒於鳳翔, 年五十一. 自己亥距今紹興八年戊午, 二十年矣, 舊所記, 更兵火無復存者. 子東書來, 屬余追錄, 且欲得僕自書, 云: "將置之隅坐, 如見師友." 衰病廢忘, 十不省五六, 乃爲書所記, 得三十五條. 先生嘗次韻行父「冬日旅舍」詩: "殘歲無多日, 此身猶旅人. 客情安枕少, 天色擧杯頻. 桂玉黃金盡, 風塵白髮新. 異鄕梅信遠, 誰寄一枝春." 又次「留別」韻云: "白頭重踏軟紅塵, 獨立鴛行覺異倫. 往事已空誰敍舊, 好詩乍見且嘗新. 細思寂寂門羅雀, 猶勝累累塚臥麟. 力請宮祠知意否, 漸謀歸老錦江濱." 蓋絶筆于是矣. 集者逸之, 故並記云. 三月癸巳, 餘杭强行父幼安記.

선화 원년(1119)에 내가 전당錢塘에서의 관직을 그만두고 서울로 갔을 때, 미산眉山 당경唐庚과 성 동쪽 경덕景德 승사僧舍에서 함께 지냈다. 이때 관주關注와 날마다 어울리며 일찍이 듣지 못한 것을 듣고 물러나서 문장을 논한 이야기들을 몇 쪽에 걸쳐 적어 돌아왔다. 우리는 기해년(1119) 9월 13일부터 시작해서 이듬해 정월 6일에 헤어졌다. 당경은 북쪽으로 돌아가 조정에 귀환했다가 궁사宮祠를 요청하여 노瀘 남쪽으로 돌아오던 중에 봉상鳳翔의 노상에서 생을 마쳤다. 당시 나이가 오십일 세였다. 기해년부터 지금 소흥紹興 8년(1138) 무오까지는 이십 년이 되며 지난날 기록했던 것은 모두 전쟁으로 인해 남은 것이 없다. 관주가 내게 편지를 보내와 그때의 이야기를 다시 적을 것을 부탁했고, 또 내가 직접 쓴 글씨를 얻고자하며 이르기를 "자리 옆에 두고 사우師友를 보듯 하겠소"라고 했다. 노쇠하고 병든 몸으로 모든 것을 잊어버려 열에 대여섯도 기억하지 못한 채, 기억나는 것을 적어보니 모두 35조항이다. 당선생은 일찍이 나의 「동일려사冬日旅舍」에 차운한 시에서 "저무는 해에 나날도 많지 않은데, 이 몸은 아직도 나그네다. 나그네 삶은 베개 편한 날이 적고, 하늘 아래 술잔을 곧잘 든다. 계옥桂玉[1]에 황금은 다 닳고, 풍진에 백발이 새롭다. 타향에 매화 소식 아득한데, 누가 한 가지 봄을 부쳐줄까[殘歲無多日, 此身猶旅人. 客情安枕少, 天色擧杯頻. 桂玉黃金盡, 風塵白髮新. 異鄕梅信遠, 誰寄一枝春]"라고 하고, 또 「유별留別」에 차운한 시에서는 "백발에 다시 가벼운 홍진紅塵을 밟으니, 홀로 선 원앙은 무리들과 다름을 깨닫는다. 지난 일 이미 공허한데 누구와 옛이야기 나눌까, 좋은 시 잠시 보며 다시 새로움을 맛본다. 적적한 문 앞 그물의 참새를

1 계옥(桂玉) : 옛날 초나라에서 땔나무가 계수나무보다 비싸고 밥이 옥보다 귀하였다는 고사에서 나온 말로 식생활의 어려움을 말한다.

생각하니, 그래도 겹겹의 무덤에 누운 기린보다 낫다. 애써 궁사宮祠를 요청한 뜻을 아는가, 금강錦江에 돌아가 노년을 도모하려함이네[白頭重踏軟紅塵, 獨立鴛行覺異倫. 往事已空誰敍舊, 好詩乍見且嘗新. 細思寂寂門羅雀, 猶勝纍纍塚臥麟. 力請宮祠知意否, 漸謀歸老錦江濱]"라고 하였으니 이때 절필하신 것이다. 시를 모은 사람이 이를 잃어버린 탓에 함께 기록해 둔다. 3월 계사일에 여항餘杭 유안幼安 강행보江行父가 쓴다.

古樂府命題皆有主意, 後之人用樂府爲題者, 直當代其人而措詞, 如「公無渡河」須作妻止其夫之詞, 太白輩或失之, 惟退之「琴操」得體.

고악부의 명제命題에는 모두 주된 뜻이 있다. 후인들이 악부를 이용하여 제목을 삼는 것도 바로 그 사람을 대신해서 시어를 배치하는 것일 뿐이다. 예컨대 「공무도하公無渡河」는 반드시 아내가 남편을 붙드는 시어로 이루어져야 하는 경우나. 이백 등은 더러 이를 잃었지만 한유의 「금조琴操」만은 본체를 터득했다.

六經已後, 便有司馬遷, 三百五篇之後, 便有杜子美. 六經不可學, 亦不須學, 故作文當學司馬遷, 作詩當學杜子美. 二書亦須常讀, 所謂"何可一日無此君"也.

육경六經 이후에 바로 사마천이 있고 『시경』 이후에는 바로 두보가 있다. 육경은 배울 수도 없을 뿐더러 반드시 배워야 할 것도 아니다. 그러므로 문장을 지으려면 마땅히 사마천을 배워야 하고 시를 지으려면 마땅히 두보를 배워야 한다. 두 책은 반드시 늘 읽어야 한다. 이른바 "어떻게 하루도 이 친구가 없어서야 되겠는가[何可一日無此君]"[2]이다.

司馬遷敢亂道却好, 班固不敢亂道却不好. 不亂道又好是『左傳』, 亂道又不好是『唐書』. 八識田中, 若有一毫『唐書』, 亦爲來生種矣.

사마천은 감히 아무렇게나 지껄여도 좋지만 반고는 감히 아무렇게나 지껄이지 않는데도 좋지 않다. 아무렇게나 지껄이지 않고도 좋은 것은 『좌전左傳』이고 아무렇게나 지껄이면서도 좋지 않은 것은 『당서唐書』다. 팔식八識[3]의 밭 가운데 털끝만큼이라도 『당서』가 있다면 씨앗이 생겨날 것이다.

三謝詩, 靈運爲勝, 當就『文選』中寫出熟讀,① 自見其優劣也.

① '文', 據『學海類編』補.

삼사(三謝 : 사령운 · 사혜련 · 사조)의 시 가운데 사령운이 가장 앞선다. 『문선』에서 그들의 시를 베껴 숙독하면 저절로 그 우열을 확인할 수 있을 것이다.

① '文'은 『학해유편學海類編』에 의거하여 보완했다.

唐人有詩云 : "山僧不解數甲子, 一葉落知天下秋." 及觀陶元亮詩云 : "雖無紀曆志, 四時自成歲." 便覺唐人費力. 如「桃源記」言"尚不知有漢, 無論魏 · 晉." 可見造語之簡妙. 蓋晉人工造語, 而元亮其尤也.

---

2 '어떻게 …… 되겠는가 : 진나라 왕희지가 대나무를 무척 사랑하여 "어떻게 하루도 이 친구가 없어서야 되겠는가"라는 말을 남겼다. 『진서』 권80 「왕희지전」.

3 팔식(八識) : 오관(五官)과 몸을 통하여 외계(外界)의 사물을 인식할 수 있는 여덟 가지의 심적 작용. 곧, 안식(眼識), 이식(耳識), 비식(鼻識), 설식(舌識), 신식(身識), 의식(意識), 말나식(末那識), 아뢰야식(阿賴耶識)을 말한다.

당나라 시인의 시에 "산의 승려가 갑자를 셀 줄 몰라, 잎 하나만 져도 온 세상이 가을인 줄만 안다[山僧不解數甲子, 一葉落知天下秋]"[4]라는 구절이 있다. 도연명의 시, "계절을 기록한 책이 없어도, 사계절은 절로 한 해가 된다[雖無紀曆志, 四時自成歲]"를 읽고 나서는 문득 당시가 힘을 들이고 있다는 느낌이 든다. 「도화원기」의 "아직 한漢이 있는 줄도 모르는데, 위·진은 논할 것도 없다[尙不知有漢, 無論魏·晉]"라고 한 데서 조어造語가 간소하고 오묘함을 엿볼 수 있다. 원래 진나라 시인들의 조어가 뛰어났는데 도연명은 더욱 뛰어났던 것이다.

杜子美「秦中紀行」詩, 如"江間饒奇石", 未爲極勝, 到"暝色帶遠客", 則不可及已.

두보의 「진중기행秦中紀行」에서 "강에 기묘한 돌들이 많다[江間饒奇石]"는 아주 훌륭하지는 않지만 "어두운 빛이 번 길손을 내동한다[暝色帶遠客]"에 이르면 아무도 미칠 수가 없다.

子美詩云: "天欲今朝雨, 山歸萬古春." 蓋絶唱也. 余惠州詩亦云: "雨在時時黑, 春歸處處靑." 又云: "片雲明外暗, 斜日雨邊晴. 山轉秋光曲, 川長暝色橫." 皆閒中所得句也.

두보의 시에서 "하늘이 오늘 비를 내리려하니, 산이 만고의 봄으로 돌아간다[天欲今朝雨, 山歸萬古春]"라고 했는데 이는 절창이다. 나의 혜주惠州 시에서의 "비는 수시로 검고, 봄은 곳곳이 푸르다[雨在時時黑, 春歸處

4 당나라의 일명시(逸名詩)이다.

處靑]"와, "조각구름은 밝음 너머 어둡고, 석양은 비 옆에 맑다. 산이 돌아 가을빛이 굽고, 강물이 길어 어두운 빛이 가로놓였다[片雲明外暗, 斜日雨邊晴. 山轉秋光曲, 川長暝色橫]"는 모두 한적함 속에서 지은 시구이다.

子美云: "舜擧十六相, 身尊道何高. 秦時用商鞅, 法令如牛毛." 其於治道深矣.

두보는 "순舜은 열여섯 정승을 천거했으니, 몸도 존귀하고 도는 얼마나 드높았던가. 진나라는 상앙을 등용하여, 법령이 소털처럼 많았다[舜擧十六相, 身尊道何高. 秦時用商鞅, 法令如牛毛]"라고 했다. 그는 다스리는 법에 대해 조예가 깊었던 것이다.

東坡作「病鶴」詩, 嘗寫"三尺長脛瘦軀", 缺其一字, 使任德翁輩下之, 凡數字. 東坡徐出其藁, 蓋'閣'字也. 此字旣出, 儼然如見病鶴矣.

소식이 「병학病鶴」을 지으며 "삼척장경수구三尺長脛瘦軀"[5]만 쓰고 한 자를 빼놓은 뒤, 임백우任伯雨 등에게 채우게 했다. 곧 여러 글자들이 나왔다. 소식이 서서히 자기 원고를 내놓아 확인하니 '각閣' 자였다. 이 글자가 나타나자 비로소 병든 학을 바로 눈앞에서 보는 듯하였다.

「琴操」非古詩, 非騷詞, 惟韓退之爲得體. 退之「琴操」, 柳子厚不能作, 子厚「皇雅」, 退之亦不能作.

---

5 "삼척장경수구(三尺長脛瘦軀)": 원래 구는 '삼척장경각수구(三尺長脛擱瘦軀)'로, '삼 척 긴 목을 시든 몸 위에 놓아두고'로 풀이된다.

「금조琴操」는 고시古詩가 아니고 소사騷詞도 아니다. 오직 한유만 그 본체를 터득했다. 한유의 「금조」는 유종원이 지을 수 없고 또 유종원의 「황아皇雅」는 한유가 지을 수 없다.

東坡詩, 敍事言簡而意盡. 忠州有潭, 潭有潛蛟, 人未之信也. 虎飮水其上, 蛟尾而食之, 俄而浮骨水上, 人方知之. 東坡以十字道盡云: "潛鱗有饑蛟, 掉尾取渴虎." 言'渴'則知虎以飮水而召災, 言'饑'則蛟食其肉矣.

소식의 시는 서사에 있어 표현이 간소한데도 의미가 곡진하다. 충주忠州에 호수가 있고 호수에 교룡이 살았지만 사람들이 믿지 않았다. 호랑이가 그 물가에서 물을 마시다 교룡의 꼬리에 맞아 잡아먹혔고 얼마 뒤 물 위에 호랑이 뼈가 뜨고 나서야 사람들은 비로소 사실을 알았다. 소식이 이를 열 글자로 완전하게 표현해서 "물속에 굶주린 교룡이 있어, 꼬리로 쳐 목마른 호랑이를 취하였다[潛鱗有饑蛟, 掉尾取渴虎]"라고 했다. '갈渴'이라는 표현에서 호랑이가 물을 마시다 재앙을 불렀음을 알게 되고, '기饑'라는 표현에서 교룡이 그 고기를 먹은 것을 알 수 있다.

謝固爲綿州推官, 推官之廨, 歐陽文忠公生焉. 謝作六一堂, 求余賦詩. 余雅善東坡以約詞紀事, 冥搜竟夕,① 僅得句云: "卽彼生處所, 館之與周旋." 然深有愧于東坡矣.

① '夕', 原作'久', 據『類編』改.

사고謝固가 면주추관綿州推官일 때, 추관推官의 공해(公廨: 공관)에서 구양수가 태어났다. 사고가 육일당六一堂을 짓고 내게 시를 지어줄 것을 부탁했다. 내가 평소 소식과 친해서 간략한 말로 내용을 적기 위해 밤

새 내용을 탐색했는데, 겨우 얻은 시에서 "저기 태어난 곳에서, 공관 삼아 지냈다[卽彼生處所, 館之與周旋]"라고 했다. 하지만 소식에게 매우 부끄럽다.

① '夕'은 원래 '久'로 돼 있었는데 『학해유편學海類編』에 의거하여 고쳤다.

韓退之作古詩, 有故避屬對者, "淮之水舒舒, 楚山直叢叢"是也.

한유는 고시를 지을 때 일부러 속대屬對를 피한 경우가 있다. "회淮의 물은 서서히 흐르고, 초楚의 산은 총총하다[淮之水舒舒, 楚山直叢叢]"가 그것이다.

杜子美祖「木蘭」詩.

두보는 「목란木蘭」을 원조로 삼았다.

晚學遽讀『新唐書』, 輒能壞人文格. 『舊唐書』贊語云 : "人安漢道之寬平, 不厭高皇之嫚罵." 其論唐亡云 : "注江海以救焚, 焚收而溺至, 引鴆爵以止渴, 渴止而身亡." 亦自有佳處.

늦은 나이에 공부를 하다가 『신당서新唐書』를 읽고 나서 갑자기 문격文格이 망가졌다. 『구당서舊唐書』의 찬어贊語에서 "사람들이 한나라 정치의 관대하고 평온한 것을 편안히 여기고, 고황(高皇 : 한 고조 유방)의 거만함과 욕지거리를 싫어하지 않는다[人安漢道之寬平, 不厭高皇之嫚罵]"라고 했다. 그리고 당나라가 망한 것을 논하면서는 "강물과 바닷물을 끌어와 불타는 것을 구제하여, 불타는 것이 수습되자 물에 빠지는 것이 뒤따르고, 짐새 술잔[6]을 들어 목마름을 멈추게 하여, 목마름이 멈추자 몸이 망하였다[注江海以救焚, 焚收而溺至, 引鴆爵以止渴, 渴止而身亡]"라고 했는데, 또한 스스로 가상한 점이 있다.

詩在與人商論, 深求其疵而去之, 等閒一字放過則不可, 殆近法家, 難以言恕矣, 故謂之詩律. 東坡云 : "敢將詩律鬪深嚴." 余亦云 : "律傷嚴, 近寡恩." 大凡立意之初, 必有難易二塗, 學者不能强所劣, 往往舍難而趨易, 文章罕工, 每坐此也. 作詩自有穩當字, 第思之未到耳. 皎然以詩名于唐, 有僧袖詩謁之, 然指其「御溝」詩云 : "'此波涵聖澤', 波字未穩當改." 僧艴然作色而去. 僧亦能詩者也, 皎然度其去必復來, 乃取筆作'中'字掌中, 握之以待. 僧果復來, 云欲更爲'中'字如何, 然展手示之, 遂定交. 要當如此乃是.

사람들과 함께 시에 대해 논할 때는 그 흠을 깊이 있게 찾아 없애야 하며 한 글자도 등한시하여 지나쳐서는 안 된다. 이는 법가法家에서 용서를 말하기 어려운 것과 자못 가깝다. 그래서 시의 율법(詩律)이라 한 것이다. 소식이 "감히 시율을 엄격하게 따진다[敢將詩律鬪深嚴]"라고 하고, 나 또한 "시율의 엄격함이 손상되면 은혜의 결핍이라고 할 만하다[律傷嚴, 近寡恩]"라고 했다. 무릇 처음 생각을 가다듬을 때는 필경 어려운 길과 쉬운 길이 있다. 학자들은 부족한 것을 힘써 극복하려 하지 않고 종종 어려운 것을 버리고 쉬운 것을 추구한다. 뛰어난 문장이 드문 것은 언제나 이와 관계가 있다. 시를 지을 때는 그에 맞는 온당한 글자

6 짐새 술잔[鴆爵] : 짐조(鴆鳥)의 깃을 술에 담가 마시면 그 독이 사람을 죽인다는 데서, 사람이 유흥(遊興)이나 일삼는 것은 짐독과 같이 사람을 해친다 하여, 예로부터 유흥을 일삼는 것을 짐독에 비유했다.

가 있지만 생각이 도달하지 못할 뿐이다. 시로써 당나라에서 명성이 높았던 교연에게 어떤 승려가 시를 갖고 찾아왔다. 교연은 그 승려의 「어구御溝」에서 "'이 물결 성상의 은혜가 적셨네[此波涵聖澤]'를 지적하며 '파波'가 온당하지 않아 고쳐야 한다"라고 했다. 그 승려는 얼굴이 붉게 변해서 가버렸다. 그 승려 역시 시에 능한 사람이었다. 교연은 그가 반드시 다시 올 것이라고 생각하여 손바닥 위에 '중中'을 써 두고 주먹을 쥔 채 기다렸다. 승려가 정말 다시 찾아오자, 교연이 "'중'으로 바꾸고자 하는데 어떻소?"라고 하고 손을 펼쳐 보였다. 두 사람은 결국 서로 가깝게 지내기로 했다. 요컨대 마땅히 이와 같이 해야 한다.

近世士大夫習爲時學, 忌博聞者, 率引經以自强. 余謂挾天子以令諸侯, 諸侯必從, 然謂之尊君則不可. 挾六經以令百氏, 百氏必服, 然謂之知經則不可.

근세의 사대부는 공부를 할 때 박학을 꺼린 채 대부분 경문을 인용하며 잘난 체한다. 천자라는 권위를 이용해 제후에게 명을 내리면, 제후가 필경 따르기야 하겠지만 임금을 존중한다고는 말할 수 없을 것이다. 마찬가지로 육경이라는 권위를 이용해 백가百家들에게 명을 내리면, 백가들이 필경 굴복하기야 하겠지만 경을 안다고는 할 수 없을 것이다.

王荊公五字詩, 得子美句法, 其詩云: "地蟠三楚大, 天入五湖低."

왕안석의 오언시는 두보의 구법句法을 터득했다. 그의 시에서 "땅은 삼초三楚에 도사려 크고, 하늘은 오호五湖로 들어가 낮다[地蟠三楚大, 天

入五湖低]"라고 했다.

『文選』三賦, 「月」不如「雪」, 「雪」不如「風」.

『문선』의 3부賦에서, 「월부月賦」는 「설부雪賦」만 못하고 「설부」는 「풍부風賦」만 못하다.

東坡隔句對 : "著意尋彌明, 長頸高結喉, 無心逐定遠, 燕頷飛虎頭." 或云 : '結', 古'髻'字也. 退之序, 是"長頸高結喉, 中又作楚語."

소식은 격구대隔句對[7]에서 "마음먹고 미명彌明[8]을 찾으니, 긴 목에 높은 상투 목이고, 무심히 정원定遠[9]을 뒤쫓으니, 제비턱에 나는 호랑이 머리이다[著意尋彌明, 長頸高結喉, 無心逐定遠, 燕頷飛虎頭]"라고 했다. 혹자가 '결結'은 옛날의 '계髻' 자字라고 했는데, 한유의 서문에서 "긴 목에 높은 상투 목은, 중간에 다시 초어楚語를 쓴 것이다[長頸高結喉, 中又作楚語]"라고 한 것이 그것이다.

---

7 격구대(隔句對) : 기련(起聯)과 함련(頷聯)이 서로 대가 되는 것을 말한다. 성호 이익은 격구대의 한 예로 두보, 「방선구당(放船瞿塘)」의 "천황사가 가까워서 몹시 기쁘네, 옛날 그림 먼저 펴 보겠기에. 제자저도 응당 지날 터이니, 순임금의 창오산과 함께 울리라[喜近天皇寺, 先披古畵圖. 應經帝子渚, 同泣舜蒼梧]"를 들었다.

8 미명(彌明) : 형산의 도사인 헌원미명(軒轅彌明)이 한유의 제자들과 '석정(石鼎)'이란 제목으로 연구(聯句) 짓기를 해 한유 제자들을 압도했다고 전해진다. 『창려집(昌黎集)』 「석정연구시서(石鼎聯句詩序)」.

9 정원(定遠) : 후한의 반초(班超). 그는 집이 가난하여 문서를 서사(書寫)하는 품을 팔아 모친을 봉양하고 살았는데, 관상 보는 사람이 그를 보고 말하기를 "제비의 턱이고 범의 머리이니, 만리후(萬里侯)에 봉해질 상(相)이다"라고 하였다. 뒤에 반초는 서역 오십 개국을 평정하여 그 공으로 서역도호(西域都護)가 되고 정원후(定遠侯)에 봉해졌다. 『후한서』 권47 「반초열전」.

余作「南征賦」, 或者稱之, 然僅與曹大家輩爭衡耳. 惟東坡「赤壁」二賦, 一洗萬古, 欲彷彿其一語, 畢世不可得也.

내가 지은 「남정부南征賦」에 대해 혹자들이 평가하기도 한다. 하지만 이것은 겨우 조대가(曹大家 : 반소班昭) 등과 어깨를 겨룰 뿐이다. 오직 소식의 「적벽」 두 부賦만이 만고의 으뜸이어서, 한 마디라도 비슷하게 만들고 싶지만 결국 평생 얻을 수 없다.

凡爲文, 上句重, 下句輕, 則或爲上句壓倒. 「晝錦堂記」云 : "仕宦而至將相, 富貴而歸故鄕." 下云 : "此人情之所榮, 而今昔之所同也." 非此兩句, 莫能承上句. 「居士集序」云 : "言有大而非誇." 此雖只一句, 而體勢則甚重. 下乃云 : "達者信之, 衆人疑焉." 非用兩句, 亦載上句不起. 韓退之與人書云 : "泥水馬弱不敢出, 不果鞠躬親問, 而以書." 若無'而以書'三字, 則上重甚矣. 此爲文之法也.

무릇 문장을 지을 때 상구가 무겁고 하구가 가벼우면 더러 상구에 압도되기도 한다. 「주금당기晝錦堂記」에서 "벼슬에 나아가 장상將相에 이르고, 부귀를 이루어 고향으로 돌아간다[仕宦而至將相, 富貴而歸故鄕]"라고 하고, 그 아래에서 "이는 인정에서 영화로 여기는 것이고, 고금에 공통으로 여기는 점이다[此人情之所榮, 而今昔之所同也]"라고 했다. 아래의 이 두 구절이 아니면 위 구절을 계승할 수 없다. 「거사집서居士集序」에서는 "말이 크지만 과장이 아니다[言有大而非誇]"라고 했는데, 비록 한 구절이지만 체體와 형세가 매우 무겁다. 그 아래에서 "현달한 사람은 믿지만, 뭇사람들은 의심한다[達者信之, 衆人疑焉]", 이 두 구절을 사용하지 않았다면 위 구절을 실을 수 없다. 한유는 어떤 사람에게 보낸 편지에서 "진흙탕 물에 말이 약해 감히 나가지 못하듯, 몸을 굽혀 직접 문

안드릴 수 없어 편지로 한다[泥水馬弱不敢出, 不果鞠躬親問, 而以書]"라고 했다. 만일 '무이서而以書' 세 글자가 없었다면 위 구절이 무거웠을 것이다. 이것이 문장을 짓는 법이다.

東坡赴定武, 過京師, 館于城外一園子中. 余時年十八, 謁之. 問余: "觀甚書?" 余云: "方讀『晉書』." 卒問: "其中有甚好亭子名?" 余茫然失對, 始悟前輩觀書用意蓋如此.

소식이 정무定武로 갈 때 서울을 지나다가 성 밖의 어느 정원에서 잠시 머물렀다. 내가 당시 십팔 세였는데 그를 찾아뵈었다. 소식이 내게 "무슨 책을 읽는가?"라고 하여 "『진서晉書』를 읽습니다"라고 하자, 그는 갑자기 "그 안에 무슨 좋은 정자 이름이 있는가?"라고 했다. 나는 망연자실해서 할 말을 잃었다. 이때 비로소 선배들이 책을 볼 때의 마음자세가 이러하다는 것을 깨달았다.

關子東一日寓辟雍, 朔風大作, 因得句云: "夜長何時旦, 苦寒不成寐." 以問先生云: "夜長對苦寒, 詩律雖有剉對, 亦似不穩." 先生云: "正要如此. 一似藥中要存性也."

관주가 어느 날 벽옹(辟雍: 태학)에서 지내는데 북풍이 크게 일었다. 이때 지은 "긴긴 밤 언제 아침이 오나, 추위에 떨며 잠 못 이룬다[夜長何時旦? 苦寒不成寐]"라는 시를 갖고 선생에게 물었다. "야장夜長과 고한苦寒의 대對는, 시의 율법에 좌대剉對[10]가 있긴 하지만 온당치 못한 듯합니

10 좌대(剉對): 대구(對句)의 구성에 있어 내용이 서로 잘 조화된 정격의 대구가 아닌, 단순히 표면적 형태만 갖춘 대구를 가리킨다.

다"라고 했다. 이에 선생이 이르기를 "바로 이렇게 해야 하니, 약에 그 약의 성분이 들어 있는 것과 같아야 한다"라고 하였다.

蜀道館舍壁間題一聯云："天不生仲尼, 萬古如長夜." 不知何人詩也.

촉도관사蜀道館舍의 벽 위에 "하늘이 중니(仲尼 : 공자)를 내지 않았다면, 만고 세월이 긴긴 밤과 같았으리라[天不生仲尼, 萬古如長夜]"라는 1연이 쓰여 있다. 그것이 누구의 시인지 알 수 없다.

蘇黃門云："人生逐日, 胸次須出一好議論. 若飽食煖衣, 惟利欲是念, 何以自別于禽獸. 予歸蜀, 當杜門著書, 不令廢日, 只效溫公『通鑑』樣, 作議論商畧古人, 歲久成書, 自足垂世也."

소철이 말했다. "사람이 나날을 보낼 때 가슴속에서 하나의 좋은 논의를 내놓아야 한다. 만일 배불리 먹고 따뜻한 옷이나 입으며 오직 이익과 욕심만 추구한다면 금수와 무슨 차이가 있겠는가. 내가 촉蜀으로 돌아가면 마땅히 문을 닫고 책을 저술하면서 헛된 나날을 보내지 않을 것이다. 사마광의 『통감通鑑』을 본받아 옛사람을 논평하는 글을 지어, 그것이 세월이 흘러 저절로 책이 되면 충분히 세상에 전해지게 될 것이다"라고 했다.

張文昌詩："六宮才人大垂手, 願君千年萬年壽, 朝出射麋暮飮酒." 古樂府「大垂手」·「小垂手」·「獨搖手」, 皆舞名也.

장적의 시에서 "육궁六宮 재인才人의 「대수수大垂手」여, 그대 천년만년의 수를 누려, 아침에 사슴사냥 나가고 저녁에 술 마시며 즐길지어다[六宮才人「大垂手」, 願君千年萬年壽, 朝出射麋暮飮酒]"라고 했다. 고악부의 「대수수」·「소수수小垂手」·「독요수獨搖手」는 모두 춤 이름이다.

「南征賦」"時廓舒而浩蕩, 復收斂而凄涼." 詞雖不工, 自謂曲盡南遷時情狀也.

「남정부南征賦」[11]에서 "때로는 활짝 펼쳐 호탕하다가, 다시 거두어들여 처량하다[時廓舒而浩蕩, 復收斂而凄涼]"라고 했는데, 말이 빼어나지는 않지만 남쪽으로 좌천됐을 때의 심정을 곡진하게 표현했다고 할 만하다.

讀退之「羅池廟碑」"北方之人兮爲侯是非, 千秋萬歲兮侯無我違", 輒流涕有感.

한유의 「나지묘비羅池廟碑」 중에서 "북방 사람은 유후(柳侯 : 유종원)에게 시비를 걸지만, 천추만세 동안 유후는 나를 거역하지 않았네[北方之人兮爲侯是非, 千秋萬歲兮侯無我違]"를 읽다보면 문득 감격의 눈물이 흐른다.

『樂府解題』, 熟讀大有詩材. 余詩云 : "時難將進酒, 家遠莫登樓." 用古樂府名作對也.

11 「남정부(南征賦)」: 당경(唐庚) 자신이 지은 작품으로, 그의 시집 『미산시집(眉山詩集)』 권1에 전문이 실려 있다.

『악부해제樂府解題』는 숙독하다 보면 대단한 시재詩材가 들어있다. 내가 지은 시에서 "시대가 혼란스러우니 '술을 들게 될 터'(「장진주將近酒」), 고향이 머니 '누대에 오르지 말라'(「막등루莫登樓」)[時難將近酒, 家遠莫登樓]"는 고악부의 이름을 사용하여 대구를 만든 것이다.

過岳陽樓觀杜子美詩, 不過四十字爾, 氣象閎放, 涵蓄深遠, 殆與洞庭爭雄, 所謂富哉言乎者. 太白·退之輩率爲大篇, 極其筆力, 終不逮也. 杜詩雖小而大, 餘詩雖大而小.

악양루를 찾아가 두보의 시를 보면, 사십 자에 지나지 않지만 기상이 방대하고 함축이 깊어 자못 동정호와 자웅을 겨룰 만하다. 이른바 "풍부하도다, 말이여"인 것이다. 이백·한유 등이 대작을 지으며 문장력을 최대한 발휘한다 해도 결국 미치지 못한다. 두보의 시는 작아도 큰데, 다른 시들은 커도 작다.

凡作詩, 平居須收拾詩材以備用. 退之作「范陽盧殷墓誌」云: "於書無所不讀, 然止用以資爲詩"是也.

무릇 시를 지으려면 평소에 시재詩材를 수습해서 사용에 대비해야 한다. 한유가 쓴 「범양로은묘지范陽盧殷墓誌」에서 "책을 읽지 않은 것이 없어야 하지만, 이는 단지 시를 짓는 데 자료로 삼기 위함이다"가 이를 두고 한 말이다.

詩疏不可不閱, 詩材最多, 其載諺語, 如"絡緯鳴, 懶婦驚"之類, 尤宜入詩用.

시의 주소注疏를 보지 않으면 안 되는 까닭은 그곳에 시의 재료가 가장 많기 때문이다. 언어諺語가 실려 있는 곳, 예컨대 "베짱이가 울자, 게으른 아낙네가 놀란다[絡緯鳴, 懶婦驚]" 따위는 시의 재료로 활용하기에 아주 좋다.

謝玄暉詩云: "寒城一以眺, 平楚正蒼然." '平楚', 猶平野也. 呂延濟乃用 "翹翹錯薪, 言刈其楚", 謂楚, 木叢. 便覺意象殊窘, 凡五臣之陋, 類若此.

사조謝朓의 시에서 "차가운 성을 바라보니, 평초平楚가 정녕 창연蒼然하다[寒城一以眺, 平楚正蒼然]"라고 했다. '평초平楚'는 평야와 같다. 그런데 여연제呂延濟가 "우거져 뒤섞인 섶나무 속에서, 싸리를 벤다[翹翹錯薪, 言刈其楚]"를 인용하며 '초楚'는 싸리무더기라고 했다. 하지만 그렇게 풀이하면 의미의 상징이 아주 궁색한 느낌이 든다. 무릇 『문선』의 오신五臣(여연제 · 유량劉良 · 장선張銑 · 여향呂向 · 이주한李周翰)의 누추함이 대개 그러하다.

古之作者, 初無意于造語, 所謂因事以陳詞, 如杜子美「北征」一篇, 直紀行役爾, 忽云"或紅如丹砂, 或黑如點漆, 雨露之所濡, 甘苦齊結實." 此類是也. 文章只如人作家書乃是.

옛날 작가들은 애초에 시어를 만들려는데 생각이 없을 때는 이른바 사항에 맞춰 시어를 구성했다. 예컨대 두보의 「북정北征」은 단지 행역行役을 기록한 것일 뿐이다. 그가 홀연히 말하길 "단사丹砂처럼 붉기도

하고, 점칠點漆처럼 검기도 하며, 비와 이슬에 젖어, 달고 쓴 것이 모두 열매를 맺는다[或紅如丹砂, 或黑如點漆, 雨露之所濡, 甘苦齊結實]"라고 한 것 따위가 그것이다. 글은 사람이 자기 집에 편지를 쓰듯 하면 된다.

於三謝詩可觀世變 세 사씨의 시에서 세상의 변화를 엿볼 수 있다

江左諸謝, 詩文見『文選』者六人. 希逸無詩, 宣遠·叔源有詩不工. 今取靈運·惠連·玄暉詩合六十四篇, 爲三謝詩. 是三人者, 詩至玄暉, 語益工, 然蕭散自得之趣, 亦復少減, 漸有唐風矣. 於此可以觀世變也.

강좌江左의 사씨들 가운데 시문이 『문선文選』에 실린 사람은 여섯이다. 사희일(謝希逸 : 謝莊)은 시가 없고 사선원(謝宣遠 : 謝瞻)과 사숙원(謝叔源 : 謝源)은 시가 있지만 뛰어나지 않다. 지금 사령운, 사혜련, 사현휘(謝玄暉 : 謝朓)의 시 64편을 모아 사삼三謝의 시집을 만들었다. 이 세 사람의 시를 살펴볼 때 사현휘에 와서 시어가 더욱 뛰어나지만, 소쇄와 자득의 묘미는 약간 줄어들면서 당나라의 시풍이 조금씩 보이기 시작하니 여기에서 세상의 변화를 엿볼 수 있다.

詩爲最難事 시를 짓는 것은 가장 어려운 일이다

詩, 最難事也. 吾於他文不至蹇澁澀, 惟作詩甚苦. 悲吟累日, 僅能成篇, 初讀時未見羞處, 姑置之, 明日取讀, 瑕疵百出, 輒復悲吟累日, 反複改正, 比之前時, 稍稍有加焉. 復數日取出讀之, 疵病複出. 凡如此數四, 方敢示人, 然終不能奇. 李賀母責賀曰 : "是兒必欲嘔出心乃已." 非過論也. 今之君子, 動輒千百言, 略不經意, 眞可愧哉.

내가 여타의 장르엔 그다지 어려움을 느끼지 못하지만 시만큼은 매우 어렵다. 여러 날을 힘들게 구상해서 겨우 탈고한 것을 처음 읽을 땐 별로 부끄러운 점이 발견되지 않아 우선 놔둔다. 그런데 이튿날 다시 들여다보면 수많은 문제점이 발견돼 다시 여러 날 고민하며 여러 번의 수정을 거치고 나서야 앞의 것보다 조금 나아 보인다. 하지만 며칠이 지나 다시 읽어보면 다시 문제점이 보인다. 이렇게 여러 번의 수정을 거치고 나서 비로소 친구에게 보이지만 결국 특별한 것이 되지 못한다. 이하李賀의 어머니가 그의 문제점을 지적하며 "이 아이는 반드시 토해내야만 그만둔다[是兒必欲嘔出心乃已]"라고 한 것은 지나친 것이 아니다. 지금 식자들은 지었다하면 수천 마디를 지어내며 조금도 주의를 기울이지 않으니 참으로 수치스런 일이다.

詩以混然天成爲妙 시는 자연 그대로인 것을 중시한다

靈運在永嘉因夢惠連, 遂有"池塘生春草"之句, 玄暉在宣城, 因登三山, 遂有"澄江靜如練"之句. 二公妙處, 蓋在於鼻無堊, 目無膜爾. 鼻無堊, 斤將曷運, 目無膜, 斤將曷施. 所謂混然天成, 天球不琢者歟. 靈運如"矜名道不足, 適己物已忽", "清暉能娛人, 遊子淡忘歸", 玄暉詩如"春草秋更綠, 公子未西歸", "大江流日夜, 客心悲未央"等語, 皆得三百篇之餘韻. 是以古今以爲奇作.

사령운이 영가永嘉에 있을 때 꿈에 사혜련을 보고 "연못가에 봄풀이 자라네[池塘生春草]"라는 시구를 남겼고, 사현휘(謝玄暉 : 謝朓)가 선성宣城에 있을 때 삼산三山에 올랐다가 "맑은 강물 누인 비단처럼 조용하네[澄江靜如練]"라는 시구를 남겼다. 두 분의 오묘한 경지는 바로 코에 백토가 없고 눈에 망막이 없는 데에 있다. 코에 백토가 없는데 도끼를 어떻게 휘두르며,[12] 눈에 망막이 없는데 금비金篦[13]를 어디에 펼치겠는가. 이른바 자연 그대로이며 조탁하지 않은 천구天球[14]인 것이다. 사령운의 "명성을 자랑하면 도가 부족하고, (무엇이든) 내게 맞으면 사물은 하찮은 것일 뿐이다[矜名道不足, 適己物已忽]", "맑은 빛이 사람을 즐겁게, 유랑객은 돌아갈 줄 잊는다[淸暉能娛人, 遊子淡忘歸]"와 사현휘의 "봄풀은 가을 돼 더욱 푸르거늘, 공자는 서쪽에 돌아오지 않누나[春草秋更綠, 公子未西歸]", "큰 강물 밤낮을 흐르는데, 나그네는 하염없이 슬프다[大江流日夜, 客心悲未央]" 등은 모두 『시경』의 여운을 터득한 것이다. 그래서 모두들 빼어난 작품이라 평한다.

---

12 코에 …… 휘두르며 : 이와 관련하여 도끼를 휘둘러 코끝의 백토를 깎아낸 고사가 전한다. 『장자(莊子)』「서무귀(徐無鬼)」에 "영 지방 사람이 코끝에 백토를 파리 날개처럼 묻혀 놓고 장석(匠石)을 시켜 그것을 깎아 내게 하였다. 그러자 장석이 바람을 일으키며 도끼를 휘둘러 마음대로 깎아 내기 시작하였는데, 백토를 다 깎았는데도 코를 다치게 하지 않았다[郢人堊漫其鼻端, 若蠅翼, 使匠石斫之, 匠石運斤成風, 聽而斫之, 盡堊而鼻不傷]"라는 문장이 보인다. 기예가 매우 뛰어남을 묘사한 말인데, 인신하여 잘못된 부분을 지적하여 바로잡는 것을 비유하기도 한다.

13 금비(金篦) : 금으로 만든 빗으로, 고대 인도에서 의사가 맹인의 안막(眼膜)을 제거해 줄 때 사용하던 도구이다. 후세에는 불가(佛家)에서 중생들의 눈을 가리고 있는 무지(無智)의 막(膜)을 제거해 준다는 뜻으로 사용한다.

14 천구(天球) : 옛날 옹주(雍州)에서 공물(貢物)로 바쳤던 구슬로서, 하늘과 같은 색깔을 지녔다고 한다. 『서경(書經)』「고명(顧命)」.

『산호구시화珊瑚鉤詩話』

송宋 장표신張表臣

장표신張表臣, 『산호구시화珊瑚鉤詩話』 해제

장표신은 자가 정민正民이며 생졸년이 알려져 있지 않고 단보單父 사람이다. 일찍이 우승의랑右丞議郎, 상주통판常州通判으로 일했고 고종 소흥 연간에 사농승司農丞을 지냈다. 의미 위주의 시론을 주장했고 함축과 자연스러움, 그리고 평이함과 염담恬淡함을 시학의 최고 경계로 보았다. 두보, 소식, 황정견 등을 추존하는 그의 시관은 원우 연간의 문인들과 비슷했으며 자구의 단련, 기운氣韻, 풍격과 힘을 제창했다. 또한 고금의 시체詩體의 변화에 대한 해석은 매우 독창적이었다. 장표신은 북송 말기에 살면서 조설지晁說之 등과 교류하며 시로써 권력자들에게 아첨하는 행태를 보여 비난을 받았다.

『산호구시화』의 서명은 두보의 "문채가 산호 고리처럼 뛰어나네[文采珊瑚鉤]"라는 시구에서 따왔다. 눈부시게 빛나는 문채라는 뜻이다. 이 책은 시화라는 이름을 갖고 있기는 하지만 비碑, 명銘, 찰기札記, 수필 등 각종 문체를 다루며 자질구레한 이야기와 일화가 섞여 있어 모두 시에 관한 논의는 아니다. 그리고 책 안에서 시인들의 작품을 여러 차례 인용하고 그 장점을 드러내는 한편, 명사들과 증답한 시편도 수록해 스스로 과시하는 면이 없지 않다. 사실 이런 글들은 모두 이론적 가치가 떨어진다. 그러나 일부 시 평론은 적잖이 뛰어난 견해를 담고 있다.

장표신의 몇몇 견해는 아직 강서시파의 정형적인 틀을 못 벗어났지만 그렇다고 완전히 선배들의 속박을 받지는 않았다. 간혹 진보적이고 활달한 면을 보여준다. 문학 창작의 형식상의 전후 계승 관계를 논하면서 그는 역대의 우수한 시편들이 "비록 문체는 시대를 따랐지만 체제와 선율은 서로 비슷하다[雖華藻隨時, 而體律相倣]"라고 인식했다. 그래서 시인은 반드시 "조술을 하고 법도를 드러내 밝혀야[祖述憲章]" 바야흐로 "높이 날 수 있는[超騰飛翥]" 것이다. 모든 훌륭한 작품은 다 근본과 유래가 있어야 한다는 이런 관점은 사실 "한 글자도 출처가 없는 것이 없어야 한다"는 강서시파 이론을 이어받은 것이다.

장표신은 원진과 백거이의 시풍을 논하면서 "시는 내용을 위주로 해야 하고, 또 한 편 안에서 구절을 연마하고 구절 안에서 글자를 연마해야만 빼어난 작품을 얻을 수 있다. 기와 운이 청고淸高하고 심묘深眇한 것이 빼어나고, 격格과 힘이 아건雅健하고 웅혼雄豪한 것이 우수하다. 원진이 가볍고 백거이가 속되고 맹교가 차갑고 가도가 메마른 것은 모두 그 병폐이다[詩以意爲主, 又須篇中鍊句, 句中鍊字, 乃得工耳. 以氣韻淸高深眇者絶, 以格力雅健雄豪者勝. 元輕白俗, 郊寒島瘦, 皆其病也]"라고 하였다. 결론은 송나라 시인들의 보편적인 인식에 가깝지만 '기와 운', '격과 힘'을 높여 예술적 기준으로 삼아서 원진, 백거이, 맹교, 가도의 폐단을 지적한 것은 독창적이면서도 정확한 탁견이다.

그는 두보와 도연명, 이 두 시인의 시를 추천한다. 먼저 두보 시가 내용 면에서 우국과 애민, 깊은 걱정과 아득한 생각을 함유하고 예술 풍격 면에서는 '함축', '청려淸麗', '분신奮迅', '웅심雄深', '아건雅健'을 겸비한 것을 극찬하고 스스로 "이는 내가 어려서부터 가슴에 담았으면서도 백발이 되도록 도달하지 못한 점이다[此予所以稚齒服膺, 華顚未至也]”라고 했다. 이처럼 현실주의적 창작 정신과 예술 풍격, 이 두 면에서 두보 시를 정확하게 평가했다. 또 도연명 시를 논할 때는 “함축과 자연스러움을 상등으로 보고, 파쇄破碎와 조탁을 하등으로 보며[以含蓄天成爲上, 破碎雕鏤爲下]”, “평이하고 염담恬淡한 것을 상등으로 보고 기괴하고 절뚝거리며 내달리는 것을 하등으로 보는[以平夷恬淡爲上, 怪險蹶趨爲下]” 견해에서 출발하여 자신의 농촌 체험을 바탕으로 “넓은 밭은 먼 바람과 사귀고, 좋은 싹은 새로움을 품었다[平疇交遠風, 良苗亦懷新]”라는 시구의 특수한 운치를 품평하는 한편, 도연명 작시作詩가 “사물을 제대로 체득하고 있다[善體物也]”고 매우 칭찬했다. 이것들은 모두 그 전까지는 없었던 접근 방법이다.

이 밖에 장표신은 각종 시체詩體의 발전과 변화에 대해 선진부터 북송까지 상세한 해석을 시도하면서 ‘풍風’, ‘아雅’, ‘송頌’, ‘소騷’, ‘사辭’, ‘잠箴’, ‘요謠’, ‘음吟’ 등의 시체를 새롭게 정의했다. 그래서 시체와 그 발전사에 대한 연구에 새로운 이론을 제공하였다.

『산호구시화』는 역시 북송 시화의 우감식偶感式 수필에 속하긴 하지만 시에 대한 평론은 모두 일가一家의 말로서 비교적 개성적이다. 편안하고 자유로운 풍격 안에 풍부하고 혼융적인 내용을 담아 상당히 참고할 만한 가치가 있다.

『산호구시화』는 『백천학해』본은 두 권이며 『역대시화』본과 『형설헌』본은 모두 세 권이다. 『설부』본은 한 권이지만 완전하지 않다. 『사고전서』에는 집부 시문평류로 수록되어 있다.

산호구시화珊瑚鉤詩話 권1卷一

송宋 **장표신**張表臣

古之聖賢, 或相祖述, 或相師友, 生乎同時, 則見而師之, 生乎異世, 則聞而師之. 仲尼祖述堯舜, 憲章文武, 顔回學孔子, 孟軻師子思之類是也. 羲『易』成于四聖, 『詩』『書』歷乎帝王, 晉之『乘』, 楚之『檮杌』, 魯之『春秋』, 其義一也. 孔子曰 : “其事則齊桓晉文, 其文則史, 其義則丘竊取之矣.” 揚雄作『太玄』以準『易』, 『法言』以準『論語』, 作「州箴」以準「虞箴」. 班孟堅作「二京賦」擬「上林」「子虛」. 左太沖作「三都賦」擬「二京」, 屈原作「九章」, 而宋玉述「九辯」, 枚乘作「七發」, 而曹子建述「七啓」, 張衡作「四愁」, 而仲宣述「七哀」, 陸士衡作「擬古」, 而江文通述「雜體」. 雖華藻隨時, 而體律相傚. 李唐羣英, 惟韓文公之文・李太白之詩, 務去陳言, 多出新意. 至於盧仝・貫休輩效其顰, 張籍・皇甫湜輩學其步, 則怪且醜, 僵且仆矣. 然退之「南山」詩, 乃類杜甫之「北征」, 「進學解」乃同於子雲之「解嘲」, 「鄆州溪堂」之什依于「國風」, 「平淮西碑」之文近于「小雅」, 則知其有所本矣. 近代歐公「醉翁亭記」步驟類「阿房宮賦」, 「晝錦堂記」議論似「盤谷序」. 東坡「黃樓賦」氣力同乎「晉問」, 「赤壁賦」卓絶近于雄風, 則知有自來矣. 而「韓文公廟記」「鍾子翼哀詞」, 時出險怪, 蓋遊戱三昧, 間一作之也. 善學者當先量力, 然後措詞. 未能祖述憲章, 便欲超騰飛翥, 多見其嘆唶而狼狽矣.

옛 성현은 서로 조술祖述[1]하기도 하고 서로 사우師友로 삼기도 했다. 동시대에 태어났을 때는 직접 보고 스승을 삼고 다른 세대에 태어났을 때는 이야기를 듣고 스승으로 삼았다. 공자가 요순을 조술하고 문왕과 무왕을 벗 삼았고, 안회가 공자를 배웠고, 맹자가 자사를 스승으로 삼은 것 등이 그 예이다. 복희의 『역易』은 네 성인[2]에 의해 완성되었고, 『시詩』와 『서書』는 역대 제왕을 두루 망라했고, 진晉의 『승乘』, 초楚의 『도올檮杌』, 노魯의 『춘추』는 그 의미가 같아서 공자는 "그 내용은 제 환공과 진 문공에 대해서이고 그 문장은 역사서이며 그 의미는 내가 살며시 취택한 것이다"라고 했다. 양웅은 『태현太玄』을 지을 때 『역』을 준거로 했고 『법언法言』은 『논어』를 준거로 했으며 「수잠州箴」은 「우삼虞箴」을 준거로 했다. 반고는 「이경부二京賦」를 지을 때 「상림부上林賦」와 「자허부子虛賦」를 본떴고, 좌사左思는 「삼도부三都賦」를 지을 때 「이경부」를 본떴다. 그리고 굴원이 「구장九章」을 지었는데 송옥은 「구변九辯」을 서술했고, 매승枚乘이 「칠발七發」을 지었는데 조식은 「칠계七啓」를 서술했으며, 장형張衡이 「사수四愁」를 지었는데 왕찬은 「칠애七哀」를 서술했으며, 육기가 「의고擬古」를 지었는데 강엄은 「잡체雜體」를 서술했다. 비록 문체는 시대를 따랐지만 체제와 선율은 서로 비슷하다. 당나라의 뭇 영웅들 가운데 오직 한유의 산문과 이백의 시만이 묵은 말

1 조술(祖述) : '조(祖)'는 조종(祖宗)처럼 높인다는 뜻이고, '술(述)'은 이어서 따른다는 뜻이다. 곧 옛사람의 도에 근거하여 자신의 주장을 글로 쓰는 것을 말한다.

2 네 성인 : 복희가 괘(卦)를 만들고 문왕이 괘사(卦辭)를 짓고 주공이 효사(爻辭)를 짓고 공자가 십익(十翼)을 지음으로써 네 성인에 의해 현재의 『주역』이 완성되었다고 한다.

을 없애는 데 힘쓰고 새로운 뜻을 많이 만들어냈다. 노동과 관휴貫休 등이 그 겉모습을 본받았고, 장적과 황보식 등이 그 걸음걸이를 배웠지만 기괴하고 추했으며 자빠지고 엎어졌다. 하지만 한유의 「남산南山」은 두보의 「북정北征」과 유사하고, 「진학해進學解」는 양웅의 「해조解嘲」와 같으며, 「운주계당鄆州溪堂」은 「국풍國風」에 의거했고, 「평회서비平淮西碑」[3]의 문장은 「소아小雅」에 가까워서 근본을 삼은 바가 있음을 알 수 있다. 근대의 구양수가 지은 「취옹정기醉翁亭記」의 흐름은 「아방궁부阿房宮賦」와 유사하고, 「주금당기晝錦堂記」의 논의는 「반곡서盤谷序」[4]와 유사하다. 소식의 「황루부黃樓賦」는 기와 힘이 「진문晉問」과 같고, 「적벽부赤壁賦」의 탁월함은 웅장한 기풍에 가깝다고 한다면 내원이 있음을 알 수 있다. 「한문공묘기韓文公廟記」와 「종자익애사鍾子翼哀詞」[5]는 이따금 기괴하고 험난한 것을 내보이지만 유희遊戲의 삼매三昧로서 시간이 날 때 한번 지어본 것이다. 배우기를 잘하는 사람은 마땅히 먼저 역량을 헤아리고 나서 단어를 구성해야 한다. 조술과 헌장憲章[6]을 하지 않은 채 바로 높이 날려고 하면 대부분 큰소리치다 낭패를 당할 것이다.

杜甫云"軒墀曾寵鶴", 杜牧云"欲把一麾江海去", 皆用事之誤. 蓋衛懿公好鶴, 鶴有乘軒者, 則軒車之軒耳, 非軒墀也. 顔延年詩云 : "屢薦不入

3 「남산(南山)」 …… 「평회서비(平淮西碑)」 : 「남산(南山)」, 「진학해(進學解)」, 「운주계당(鄆州溪堂)」, 「평회서비(平淮西碑)」는 모두 한유의 작품이다.

4 「취옹정기(醉翁亭記)」 …… 「반곡서(盤谷序)」 : 「취옹정기(醉翁亭記)」와 「주금당기(晝錦堂記)」는 구양수의 작품이고, 「아방궁부(阿房宮賦)」는 두목의 작품이고, 「반곡서(盤谷序)」는 한유의 작품이다.

5 「한문공묘기(韓文公廟記)」와 「종자익애사(鍾子翼哀詞)」 : 두 작품은 모두 소식의 작품이다.

6 헌장(憲章) : 법도를 드러내어 밝히는 것이다. 『중용장구(中庸章句)』 제30장에 "공자는 멀리 요임금과 순임금을 조종(祖宗)으로 받들어 계승하고, 가까이로는 문왕과 무왕의 법도를 드러내 밝혔다[仲尼, 祖述堯舜, 憲章文武]"라는 말이 나온다.

官, 一麾乃出守." 則麾, 麾去耳, 非麾旄也. 然子美讀萬卷書, 不應如是, 殆傳寫之繆. 若雲軒車, 則善矣. 牧之豪放一時, 引用之誤, 或有之邪.

두보의 "우뚝 선 언덕에서 일찍이 학을 사랑하고[軒墀曾寵鶴]"와 두목의 "깃발 하나 들고 강과 바다를 나서려 한다[欲把一麾江海去]"는 모두 고사 인용의 오류이다. 위적衛赤이 학을 좋아해서 학이 수레를 타기도 했다면 '헌軒'의 본 뜻은 '헌거軒車'의 '헌'이지 '헌지軒墀'의 '헌'(훤칠한)이 아니다. 안연지의 시에서 "여러 번 천거 받았으나 관직에 들어가지 않다가, 한 번 휘저어 이내 태수로 나섰다[屢薦不入官, 一麾乃出守]"라고 했다면 '휘麾'는 손을 휘젓는다는 것이지 '휘모'(麾旄 : 깃발을 펄럭임)가 아니다. 그러나 두보는 만 권의 책을 읽었으므로 응당 이처럼 잘못을 범하지는 않았을 것이고, 아마 옮겨 적는 과정에서의 오류일 것이다. '헌거軒車'라고 썼다면 좋았을 것이다. 두목은 한 시대의 호방함이어서 인용의 오류가 있기도 했을 것이다.

東坡「讀隋書地理志」云 : "黃州永安郡, 州東有永安城, 『圖經』謂春申君故城, 蓋非是. 春申之居, 乃在吳國, 今無錫惠山有春申君廟, 庶幾是乎. 余謂楚都申郢, 故黃歇封于春申, 如齊之孟嘗 · 魏之信陵 · 趙之平原, 各在其地也. 黃之永安爲春申故城, 蓋始封也. 謂之'春'者, 蘄春壽春是也, 謂之'申'者, 申光之間是也, 其必兼二城而封焉, 猶田文之食常薛耳. 後楚併吳, 秦侵申郢, 楚遷壽春, 黃歇始請吳之故宮都焉, 然行相事未嘗去國. 所以有廟者, 後人作之也."

소식의 「독수서지리지讀隋書地理志」에서 "황주黃州에 영안군永安郡이 있고 주 동쪽에 영안성永安城이 있는데, 『도경圖經』에서 이곳을 춘신군春申君의 고성故城이라고 말한 것은 잘못된 해석이다. 춘신군의 거처는 오국吳國에 있었고 지금 무석無錫 혜산惠山에 춘신군의 묘가 있는데 거의 맞지 않을까싶다. 나의 생각으로는 초나라가 신영申郢을 도읍으로 삼았으므로 황헐黃歇을 춘신군에 책봉한 것이다. 이는 마치 제齊의 맹상孟嘗, 위魏의 신릉信陵, 조趙의 평원平原이 각자 자기들이 사는 곳에 책봉된 것과 같은 예이다. 『도경圖經』에서처럼 황주의 영안군이 춘신군의 고성이 된 것은 처음 책봉된 곳이었기 때문이다. '춘春'이라고 말한 것은 기춘蘄春,[7] 수춘壽春[8]이 그것이며 '신申'이라고 말한 것은 신주申州와 광주光州 사이라는 뜻이다. 그리고 두 성을 겸하여 책봉한 것은 전문(田文 : 맹상군)이 상常과 설薛을 식읍食邑[9]으로 삼은 것과 같다. 후에 초가 오를 병합하고, 진이 신영을 침략하고, 초가 수춘으로 옮기고, 황헐이 처음 오의 고궁을 요청하여 도읍으로 삼았지만 재상의 일을 해야 했으므로 일찍이 나라 안을 떠나지는 못했다. 따라서 건립돼 있는 사당은 후인들이 지은 것이다"라고 했다.

東坡作詩, 歎賈梁道爲魏忠臣, 然不能紹其子於後, 而使充懷姦附晉, 以首成濟之禍. 徐世勣爲唐佐命, 乃不能正其君於初, 而使敬業發憤僞周, 以倡誅武之謀. 嗚呼, 豈忠孝之道, 父不能傳於于其子, 子不能獻之於其父耶. 熙豐間, 王氏變法, 新進附之, 而仲弟平甫譏焉, 不其賢乎. 呂公守正, 舊交佐之, 而子弟背焉, 不其戾乎. 噫, 是是非非, 非是是非, 人各有心, 不可革而化耶. 安得嵇·卞二家世濟忠誠者乎.

---

7 기춘(蘄春) : 지금의 호북성 기춘현(蘄春縣)이다.

8 수춘(壽春) : 지금의 안휘성 수현(壽縣)이다.

9 식읍(食邑) : 국가에서 종실(宗室)과 공신에게 내려주어 거기서 나오는 조세를 받아쓰게 한 고을인데, 채지(采地)라고도 한다. 『사기』 「번쾌전(樊噲傳)」에 "무성(武成)의 육천 호를 식읍으로 하사한다"라고 하였다. 그러나 후대에 내려오면서 뜻이 변하여 봉작에 으레 붙는 투식(套式)으로 바뀌었다.

소식이 시를 지으며, 가규賈逵가 위나라의 충신이었으나 아들 가충賈充이 잘 계승하지 못하고 간악한 마음을 품어 진晉나라에 붙어서 성제成濟의 화[10]를 일으키고, 서세적徐世勣이 당나라의 좌명佐命[11]이었으나 처음에 임금을 바로잡지 못해 서경업(徐敬業 : 서세적의 손자)으로 하여금 위주僞周에 분노하여 측천무후를 죽이는 도모를 주창케 한 것에 대해 탄식했다. 아, 어찌 충효의 도를 아버지가 자식에게 전하지 못하고 자식은 아버지에게 바치지 못한단 말인가. 희녕 · 원풍 연간에 왕안석의 변법에 대해 신진들이 부응하자, 중제仲弟 왕안국王安國이 이를 비난했으니 훌륭하지 않은가. 여공저呂公著가 정도를 지킬 때 옛 교우들은 도왔지만 자제들은 배신했으니 어긋나지 않는가. 아, 옳은 것을 옳다 하고 그른 것을 그르다 하며, 옳은 것을 그르다고 하고 그른 것을 옳다고 하는 데에 저마다 마음이 다르니 이를 바꿔 변화시킬 수 없단 말인가. 어찌하면 혜강[12]과 변수卞隨[13]의 두 집안처럼 대대로 충성을 다해 세상을 구제한 예를 얻을 수 있단 말인가.

黃帝史倉頡四目神明, 觀察衆象, 始爲古文. 古文者, 科斗是也. 周宣

10 성제(成濟)의 화 : 위 문제의 손자인 고귀향공(高貴鄕公)이 사마소(司馬昭)의 전횡을 미워하여 황제의 몸으로 직접 칼을 빼들고 아랫사람 수백 명을 지휘하며 치러 나가자 상대편 군사들이 멈칫하며 물러나려 하였다. 이때 태자사인(太子舍人)으로 있던 성제가 어떻게 할지 가충에게 물어보았다. 가충이 “너희들을 길러온 것은 오늘을 위해서이니, 물어볼 것도 없다”라고 하자, 성제는 곧 앞으로 나아가 고귀향공을 칼로 찔러 등까지 관통시켰다.

11 좌명(佐命) : 고대 제왕이 천하를 얻으면 천명에 상응했다고 스스로 칭하였으므로 제왕의 창업을 보좌하는 것을 ‘좌명’이라 하였다.

12 혜강(嵇康) : 삼국(三國) 때 위(魏)나라 죽림칠현(竹林七賢) 중의 한 사람으로 세속에 초연한 태도를 유지하고 금서(琴書)와 시화(詩畫)를 즐기며 살았다.

13 변수(卞隨) : 하(夏)나라 때의 고사(高士). 『여씨춘추(呂氏春秋)』「이속(離俗)」에 “탕(湯)이 마침내 이윤(伊尹)과 함께 걸(桀)을 쳐서 이기고 천하를 변수에게 사양하니, 변수는 군이 마다하고 스스로 영수(潁水)에 투신하여 죽었다”라고 하였다.

史籀, 變古文而爲大篆, 是謂籀文. 秦焚『詩』『書』, 丞相李斯始變籀文而爲小篆, 是名玉箸. 獄吏程邈創作新書, 法務徑便, 是名隸書. 後漢王次仲初作八分, 是爲楷法. 楷法之變, 行草生焉, 張伯英·王右軍之徒善之, 此古今通行之書體也. 篆法又有'繆書'者, 不知所起, 用以書符印, 取綢繆糾纏之象. 有'倒薤'者, 世傳務光辭湯之禪, 居清泠之陂, 植薤而食, 清風時至, 見葉交偃, 像爲此書, 以寫道經. 有'鳥書'者, 周史佚作, 所寫赤雀丹書之祥, 以書旗幡, 取飛翔之狀. 有'懸針'者, 漢曹喜所作, 象針鋒纖抽之勢, 以書『五經』篇目, 取貫穿經指之義. 有'垂露'者, 亦喜所創, 取草木婀娜垂露之象, 皆出新意. 有'飛白'者, 生於隸法, 漢靈帝時, 修鴻都門, 蔡邕見役人以堊成字, 心有悅焉, 歸而作之, 用以題宮殿門榜. 有'散隸'者, 小變隸體, 晉黃門郎衛巨山所作也. 又云兼善'蟲書.' 或云'蟲書'卽蟲鳥之書, 余疑鳥書自爲雀烏之祥, 專作禽鳥之象, 當別有蟲篆. 如孫臏斬龐涓于古木之下, 作'蟲書'以揭之. 今人傳寫蟲蛾之狀, 殆其遺法耶.

황제의 사관 창힐倉頡이 신비하고 밝은 네 개의 눈으로 뭇 형상을 관찰하여 처음 고문古文을 만들었다. 고문이란 과두科斗를 말한다. 주 선왕宣王의 사관 주籒는 고문을 변모시켜 대전大篆을 만들었다. 이것이 주문籒文이다. 진秦이 『시詩』·『서書』를 불태운 뒤 승상 이사李斯가 처음 주문을 변모시켜 소전小篆을 만들었으니, 그것을 옥저玉箸라 한다. 또한 옥리獄吏 정막程邈이 새로운 글씨를 창작하여 빠르고 편리함에 힘썼다. 그것을 예서隸書라 한다. 후한의 왕중王仲이 처음 팔분八分을 만든 것은 해법楷法이라 한다. 해법의 변화에서 행초行草가 생겼으며 장지張芝·왕희지 등이 잘 써서 고금에 통용되었다. 전서 중의 '무서繆書'는 누구에 의해 만들어졌는지는 알 수 없고 부절과 인장에 사용되었으며 휘감는 형상을 취했다. 또 '도해倒薤'라는 것도 있다. 전하는 말에 의하면 무광務光이 탕湯의 선위禪位를 사양하고 청정한 언덕에 살며 염교[14]를 재배

해서 먹었는데, 마침 맑은 바람이 불자 잎이 엇갈려 넘어지는 것을 보고 이 서체를 만들어 도경道經을 썼다고 한다. '조서鳥書'라는 것은 주周의 사관 일佚이 만든 것이다. 적작赤雀이 단서丹書를 물고 있는[15] 상서로운 모습에 관한 묘사를 깃발에 쓴 것인데, 날아가는 형상을 취했다. '현침懸針'은 한나라 때 조희曹喜가 만든 것이다. 침 끝이 섬세하게 튀어 나온 형세를 형상화해서 『오경』의 편목篇目을 썼다. 경經의 뜻을 꿰뚫는다는 의미를 취했다. '수로垂露'도 조희가 만든 것이며 부드러운 초목에 이슬이 맺힌 형상을 취했다. 모두 새로운 뜻을 담아낸 것이다. '비백飛白'이라는 것은 예서의 법에서 생겨났다. 한 영제靈帝 시기, 홍도문鴻都門을 수리할 때 채옹蔡邕이, 백토로 일꾼들이 글자를 만든 것을 보고 마음속으로 기뻐하여 돌아와 이 글자를 만들어서 궁전 문에 썼다. '산례散隸'라는 것은 예서의 자형을 약간 변모시킨 것으로서 진晉의 황문시랑黃門侍郎 위거산衛巨山이 만들었다. 그는 '충서蟲書'에도 뛰어났다고도 한다. 혹자는 '충서'가 바로 충조蟲鳥 글씨를 말한다고 하는데, 나는 '조서鳥書'는 적작赤雀의 상서로움을 표시한 것으로서 오직 새의 형상을 취하고 있으므로 마땅히 별도의 충전蟲篆이 있을 것이라고 보고 있다. 예컨대 손빈孫臏이 방연龐涓을 고목 아래에서 베고 나서 '충서'를 만들어 걸었던 것이 그것이다. 지금 사람들이 충아蟲蛾의 형상을 옮겨 적고 있는데 아마 그것이 전해진 게 아닌가 싶다.

---

14 염교: 백합과(百合科: Liliaceae)에 속하는 다년생초. 중국이 원산지로 생김새가 부추(A.tuberosum)와 비슷하다. 한 고조(漢高祖)에게 반기를 들다 패망한 전횡(田橫)의 죽음을 두고 그 무리가 지은 만가 2장 중 1장에 "부추 위에 맺힌 이슬 어이 쉽게 마르나. 이슬은 말라도 내일이면 다시 내리지만, 사람은 죽어 한번 가면 언제나 돌아오나[薤上朝露何易晞. 露晞明朝更復落, 人死一去何時歸]"라고 하였다. 『고금주(古今注)』 「음악(音樂)」.

15 적작(赤雀) …… 물고 있는: 전하는 바에 의하면, 주 문왕 희창(姬昌)이 서백(西伯)이었을 때, 적색의 새가 단서(丹書)를 물고 그의 문 앞에 멈추어 천명을 받았다고 한다. 나중에 그의 아들인 무왕이 과연 상나라를 멸망시키고 주 왕조를 세웠다. 후대에 제왕이 하늘에 순응하여 명을 받는 상서로운 징조를 범칭하게 되었다. 조식은 「적작찬(赤雀贊)」에서 "서백은 덕을 쌓아 천명이 돌아본바, 적작이 책을 물고 희창의 문호에 이르렀네[西伯積德, 天命攸顧, 赤雀銜書, 爰集昌戶]"라고 하였다.

東坡云："董如郎中,① 安丘人, 能詩于寶元·康定間. 其書尤工, 而人莫知, 僕以爲勝李西臺也." 豫章與李端叔書云："比得荊州一詩人高荷, 極有篆力. 使之凌厲中州, 恐不減晁·張, 恨公不識耳." 夫高·董之詞翰, 二公稱道如此, 必非尋常者, 而人或不知識, 矧今之世, 抱負材術而嗟不遇者, 可勝數哉.

① '董如',『百川』本作'董儲.'

소식이 이르기를 "낭중郎中 동여董如는 안구安丘 출신이며 보원(寶元 : 1038~1040)·강정(康定 : 1040~1041) 연간에 시에 능했다. 그의 글씨는 더욱 빼어나지만 아는 사람이 없는데, 나는 이건중李建中보다도 뛰어나다고 생각한다"라고 했다. 황정견이 이지의에게 보낸 편지에서 "근래 형주荊州에 사는 고하高荷라는 시인을 만났는데, 전서에 대단한 능력을 갖고 있소. 그가 중앙에 알려진다면 조보지·장뢰에도 뒤지지 않으리라 생각되오. 공이 모르고 있는 것이 안타깝소"라고 했다. 고하와 동여의 글솜씨에 대해 두 분이 이처럼 칭찬했다면 필경 보통 사람이 아닐 텐데도 사람들이 잘 모르고 있다. 더구나 지금 세상에 재능과 학문을 갖고 있으면서도 안타깝게 기회를 못 얻은 이들을 이루 다 셀 수 있겠는가.

① '董如'는 『백천학해』본에 '董儲'로 돼 있다.

東坡先生, 人有尺寸之長, 瑣屑之文, 雖非其徒, 驟加獎借, 如雲秀"吹將草木作天香"·妙總"知有人家住翠微"之句, 仲殊之曲, 惠聰之琴, 皆咨嗟歎美, 如恐不及. 至于士大夫之善, 又可知也. 觀其措意, 蓋將攬天下之英才, 提拂誘掖, 教裁成就之耳. 夫馬一騤驥阪, 則價十倍, 士一登龍門, 則聲烜赫, 足以高當時而名後世矣. 嗚呼, 惜公逝矣, 而吾不及見之矣.

소식 선생은, 사람이 조금만 장점이 있거나 문장력이 엿보이면 자기 생도가 아니라도 이내 장려하곤 했다. 예컨대 담수曇秀의 "초목에게 불어 천향天香을 만든다[吹將草木作天香]"와 묘총妙總의 "인가가 취미(翠微 : 먼 산의 아련한 푸르름)에 머무른 줄 안다[知有人家住翠微]"라는 구절, 그리고 중수仲殊의 악곡과 혜총惠聰의 금琴에 대해 모두 남김 없는 찬탄과 찬미를 보였다. 사대부의 미덕을 찬미한 것에서도 미루어 알 수 있다. 거기에 담긴 뜻을 들여다보면 천하의 영재들을 모두 이끌고 인도하고 다듬어 성취시키려 했던 것이다. 말이 천리마의 발판에 한 번만 참여하면 값이 열배나 뛰고, 선비가 용문龍門에 한번만 오르면 명성이 빛나서 당대에 드높고 후세에도 이름이 난다. 아, 공께서 세상을 떠나 내가 미처 뵐 수 없는 것이 아쉽다.

予讀杜詩云 : "江漢思歸客, 乾坤一腐儒", "功業頻看鏡, 行藏獨倚樓", 歎其含蓄如此, 及云"虎氣必騰上, 龍身寧久藏", "蛟龍得雲雨, 鵰鶚在秋天", 則又駭其奮迅也. "草深迷市井, 地僻懶衣裳", "經心石鏡月, 到面雪山風", 愛其淸曠如此, 及云"退朝花底散, 歸院柳邊迷", "君隨丞相後, 我住日華東", 則又怪其華豔也. "久客得無淚, 故妻難及晨", "囊空恐羞澀, 留得一錢看", 嗟其窮愁如此, 及云"香霧雲鬟濕, 淸輝玉臂寒", "笑時花近靨, 舞罷錦纏頭", 則又疑其侈麗也. 至讀"讖歸龍鳳質, 威定虎狼都", "風塵三尺劍, 社稷一戎衣", 則又見其發揚而蹈厲矣, "五聖聯龍袞, 千官列雁行", "聖圖天廣大, 宗祀日光輝", 則又得其雄深而雅健矣, "許身一何愚, 自比稷與契", "雖乏諫諍姿, 恐君有遺失", 則又知其許國而愛君也, "對食不能餐, 我心殊未諧", "人生無家別, 何以爲烝黎", 則知其傷時而憂民也, "未聞夏商衰, 中自誅褒妲", "堂堂太宗業, 樹立甚宏達", 斯則隱惡揚善而『春秋』之義耳, "巡非瑤水遠, 跡是雕牆後", "天王守太白, 竚立更搔首", 則憂深思遠而詩人之旨耳, 至于"上有蔚藍天, 垂光抱瓊臺", "風帆倚翠蓋, 暮把東皇衣", 乃神仙之致耶. "惟有摩尼珠, 可照濁水源", "欲聞第一義, 回向心地初", 乃佛乘之義耶. 嗚呼, 有能窺其一二者, 便可名家, 況深造而具體者乎. 此予所以稚齒服膺, 華顚未至也.

내가 두보의 시를 읽으며 "강한江漢에서 고향 생각하는 나그네요, 하늘과 땅 사이 보잘것없는 선비이다[江漢思歸客, 乾坤一腐儒]", "공업功業을 위해 곧잘 거울을 보고, 행장(行藏 : 나서고 숨음) 속에 홀로 누대를 기댄다[功業頻看鏡, 行藏獨倚樓]"에선 그 함축미에 감탄하고, "호랑이 기상은 반드시 위로 오르고, 용의 몸은 어찌 오랫동안 잠자고 있으랴[虎氣必騰上, 龍身寧久藏]", "교룡이 구름과 비를 얻고, 수리와 징경이는 가을 하늘에 있다[蛟龍得雲雨, 鵰鶚在秋天]"에선 그 재빠름에 놀란다. "풀이 깊어 시정市井이 혼미하고, 땅이 외져 옷 걸치는 것이 게으르다[草深迷市井, 地僻懶衣裳]", "마음에는 석경石鏡의 달이 거쳐 가고, 얼굴에는 설산雪山의 바람이 닿는다[經心石鏡月, 到面雪山風]"에선 그 맑고 트임을 사랑하다가, "조정에서 물러날 때 꽃 아래서 흩어지고, 원院으로 돌아올 때 버들 옆이 혼미하다[退朝花底散, 歸院柳邊迷]", "그대는 승상 뒤를 따르고, 나는 일화(日華 : 태양)의 동쪽에 머문다[君隨丞相後, 我住日華東]"에선 화려함에 기괴해 한다. "오랜 나그네 삶에 눈물이 없겠는가, 옛 처는 새벽까지 견디기 어렵다[久客得無淚, 故妻難及晨]", "텅 빈 주머니에 수치 살까 두려워, 돈 한 푼을 남겨둔다[囊空恐羞澀, 留得一錢看]"에선 곤궁하고 시름에 젖음을 안타까워 하다가, "향기로운 안개에 구름머리 젖고, 맑은 빛에 옥빛 팔이 차갑다[香霧雲鬟濕, 淸輝玉臂寒]", "웃을 때 꽃은 보조개에 가깝고, 춤추고 나자 비단이 머리를 두른다[笑時花近靨, 舞罷錦纏頭]"에선 그 화사하고 미려함에 의아해한다. "참서讖書는 용봉龍鳳의 바탕으로 돌아가고, 위엄은 호랑虎狼의 도읍을 평정한다[讖歸龍鳳質, 威定虎狼都]", "풍진 속 삼 척 검이요, 사직社稷은 한 벌의 융의戎衣[16]이다[風塵三尺劍, 社稷一戎衣]"를 읽을 때면 떨치고 일어나 험난한 길을 밟고 있음을 보고, "다섯 성인은 용의 곤룡포로 이어지고, 수많은 관리들은 기러기 줄처럼 도열했다[五聖聯龍袞, 千官列雁行]", "성상의 도모함은 하늘처럼 넓고 크고, 종묘의 제사는 태양처럼 빛난다[聖圖天廣大, 宗祀日光輝]"에선 웅대하고 심오하고 전아하고 강건함을 보며, "허락받은 몸이 얼마나 어리석은가, (그러나) 스스로 직稷과 설契[17]에 견준다[許身一何愚, 自比稷與契]", "비록 간쟁諫諍의 자질은 부족하지만, 임금께 유실遺失이 있을까 두렵다[雖乏諫諍姿, 恐君有遺失]"에선 나라를 위해 자신을 허락하고 임금을 사랑하고 있음을 알며, "밥을 대하고도 먹지 못하니, 내 마음은 자못 알 수 없다[對食不能餐, 我心殊未諧]", "인생이 집과의 이별이 없으면, 어떻게 뭇 백성이 되겠는가[人生無家別, 何以爲烝黎]"에선 시대를 슬퍼하고 백성을 걱정하고 있음을 알며, "하나라와 상나라가 쇠퇴할 때, 궁중에서 스스로 포사褒姒와 달기妲己를 베었음을 듣지 못했다[未聞夏商衰, 中自誅褒妲]", "당당한 태종의 사업은, 수립한 것이 얼마나 넓고 큰가[堂堂太宗業, 樹立甚宏達]"는 악을 숨기고 선을 선양한 『춘추』의 의義가 담겼으며, "순행은 요수瑤水의 먼 곳이 아니지만, 자취는 조각한 담장의 뒤이다[巡非瑤水遠, 跡是雕牆後]", "천왕天王이 태백太白을 지키며, 우두커니 서서 다시 머리를 긁적인다[天王守太白, 佇立更搔首]"는 걱정이 깊고 생각이 심원하여 시인의 뜻이 담긴 것이며, "위에는 진하게 푸른 하늘이 있어, 드리운 광채가 경대瓊臺[18]를 안는다[上有蔚藍天, 垂光抱瓊臺]", "바람 돛에 푸른 덮개를 의지하고, 석양에 동황東皇[19]의 옷자락을 잡는다[風帆倚翠蓋, 暮把東皇衣]"는 바로 신선의 생각이 담긴 것일 것이고, "오직 마니주摩尼珠만이, 탁한 수원水源을 비출 수 있네[惟有摩尼珠, 可照濁水源]",

16 융의(戎衣) : 싸울 때 입는 전투복(戰鬪服).

17 직(稷)과 설(契) : 둘 다 상고시대 순(舜)임금의 신하이다.

18 경대(瓊臺) : 경궁요대(瓊宮瑤臺)의 준말. 경궁은 옥으로 만든 궁전으로, 극도로 사치스럽게 꾸민 궁전을 뜻한다. 하나라의 걸왕이 말희를 총애하여 그녀를 위해 경궁과 요대를 만들고 주지육림을 조성하여 함께 즐겼다고 한다.

19 동황(東皇) : 동황태일(東皇太一)의 약칭으로, 봄을 관장하는 천신(天神)의 이름이다.

"으뜸가는 의체義諦를 듣고자 하여, 마음의 첫 상태로 되돌아가고 싶다[欲聞第一義, 回向心地初]"는 불가의 의의가 담긴 것일 것이다. 아, 한두 가지만 엿보아도 명사가 될 수 있는데, 깊이 나아가서 그 전체를 구비한 경우야 말할 나위가 있겠는가. 이는 내가 어려서부터 가슴에 담았으면서도 백발이 되도록 도달하지 못한 점이다.

韓退之作「羅池廟碑迎饗送神」詩, 蓋出于『離騷』, 而鼂無咎效之, 作「楊府君碣系」云 : "范之山兮石如砥,① 木蕭蕭兮草靡靡, 侯愛我邦兮歸萬里. 山中人兮春復秋, 日慘慘兮雲幽幽, 侯壯長兮所居遊. 侯之來兮民喜, 風飄帷兮雨沾几, 鼓淵淵兮舞侯卮, 紛進拜兮侯鄰里. 侯不可見兮德可思, 侯行不來兮民心悲, 謂侯飮食兮無去斯, 福爾之土兮以慰民之思." 余謂雜之韓文中, 豈復可辨邪.

① '如', 原作'水', 據『百川』本改.

한유가 지은 시, 「나지묘비영향송신羅池廟碑迎饗送神」은 『이소』에서 나온 것이다. 조보지는 이를 본받아 지은 「양부군갈계楊府君碣系」에서 "범范 땅 산은 바위가 숫돌 같고, 나무는 쓸쓸하고 풀은 시들었는데, 후侯는 우리 나라를 사랑해 만 리 길을 돌아왔다. 산속 사람은 봄 지나 가을이 되고, 해는 스산하고 구름은 자욱한데, 씩씩한 후가 이곳에 머물렀네. 후가 오자 백성이 기뻐해, 바람은 휘장을 나부끼고 비는 책상을 적시며, 북소리 울리며 후의 섬돌에서 춤을 추고, 우우 몰려와 절을 하는 이들은 후의 이웃마을 사람들이네. 후를 볼 수는 없지만 그 덕이 그립고, 후가 떠나오지 않자 백성의 마음 슬프네. 후여 이 음식 드시고 이곳을 버리지 마셔서, 당신의 영토에 복을 내려 백성의 그리움을 달래주소서[范之山兮石如砥, 木蕭蕭兮草靡靡, 侯愛我邦兮歸萬里. 山中人兮春復秋, 日慘慘兮雲幽幽, 侯壯長兮所居遊. 侯之來兮民喜, 風飄帷兮雨沾几, 鼓淵淵兮舞

侯祀, 紛進拜兮侯鄰里. 侯不可見兮德可思, 侯行不來兮民心悲. 謂侯歆食兮無去斯, 福爾之土兮以慰民之思]”라고 했다. 나는 이 글을 한유의 문장 안에 섞어놓으면 어찌 구분할 수 있겠느냐고 말하고 싶다.

① ‘如’는 본래 ‘水’로 돼 있었는데 『백천학해』본에 의거하여 고쳤다.

「度世古玄歌」云 : “始青之下月與日, 兩半銅斗合成一. 大如彈丸黃如橘, 就中佳味甜如蜜. 出彼玉堂入金室, 子若得之愼勿失.” 退之「樊宗師銘」云 : “惟古於詞必己出, 降而不能乃剽賊. 後皆指前公相襲, 從漢迄今用一律. 寥寥久哉莫覺屬, 神徂聖伏道絶塞. 旣極乃通發紹述, 文從字順各識職, 有欲求之此其躅.” 宋子京「唐奸臣贊」云 : “三宰嘯凶牝奪晨, 林甫將藩黃屋奔. 鬼質敗謀興元蹙, 崔柳倒持李宗覆.” 韓・宋之文, 皆宗於古, 然退之爲之則有餘, 子京勉之則不足, 又施于史詞, 似非所宜矣.

「탁세고현가度世古玄歌」에서 “첫 푸름 아래 달과 해, 두 개의 반쪽 동銅을 하나로 합쳤다. 크기는 탄환만 하고 노랗기는 귤과 같아, 그 가운데 좋은 맛은 꿀처럼 달다. 옥당玉堂을 나가 금실金室로 들어가노니, 그대 얻거들랑 부디 잃어버리지 말게나[始青之下月與日, 兩半銅斗合成一. 大如彈丸黃如橘, 就中佳味甛如蜜. 出彼玉堂入金室, 子若得之愼勿失]”라고 했다. 한유의 「번종사명樊宗師銘」에서는 “오직 옛것을 추구하는 문사文詞는 반드시 자신에게서 나온 것인 터, 후대로 오며 능하지 못하자 이를 무찔렀다. 후인들은 모두 선대에서 계승돼, 한나라에서 지금까지 한 운율만 사용했다고 했다. 아득한 오랜 세월에 이을 줄 모른 채, 신도 떠나고 성인도 사라져 도가 끊겼다. 극에 이르면 통하는 것이 소술(紹述 : 번종사)에게서 발하여, 문文이 따르고 글자가 순조로워 각자 맡은 일을 인식하였으니, 이를 구하려 한다면 여기에 접촉해야 한다[惟古于詞必己出, 降而

不能乃票賊. 後皆指前公相襲, 從漢迄今用一律. 寥寥久哉莫覺屬, 神徂聖伏道絶塞. 旣極乃通發紹述, 文從字順各識職, 有欲求之此其躅]”라고 하고, 송기의 「당간신찬唐奸臣贊」에서는 “세 정승(허경종許敬宗 · 이림보李林甫 · 유찬柳璨)이 흉악을 부르짖고 암탉이 새벽을 빼앗았으며, 이림보가 황옥(黃屋 : 황제의 수레)을 장악하려 분주했다. 귀신 바탕에 패망의 모의로 흥원(興元 : 당 덕종唐 德宗)은 쭈그러들고, 최(崔 : 최소위崔昭緯)와 유(柳 : 유찬)가 창을 거꾸로 들어 이씨 종가가 전복됐다[三宰嘯凶牝奪晨, 林甫將藩黃屋奔. 鬼質敗謀興元蹙, 崔柳倒持李宗覆]”라고 했다. 한유와 송기의 문장은 모두 고문에 근본을 두었지만, 한유가 지으면 여유가 있고 송자경은 힘을 써도 부족하다. 그런데 또다시 역사를 논한 글에 이를 펼치려는 것은 그에 걸맞지 않은 듯하다.

高郵陸仲仁畫王右軍・支道林・許遠遊三高圖, 以獻晁以道. 以道命予題詩其後, 中有云 : “已乘雲氣翳鳳鱗, 六百餘歲無斯民. 想象壁月何當親, 虎頭摩詰俱泯淪. 誰其畫者陸仲仁, 遠紹乃祖高無倫.” 以道歎曰 : “後世視陸生爲何等人耶.” 余觀高郵寺壁曹仁熙畫水, 感事傷時, 呈以道舍人. 舍人先有題詠, 高不可及. 余詩云 : “曹生畫手信有神, 毫端風雨生龠沄. 波濤不合來翻屋, 鮫鰐何須欲噬人. 湯湯此水勢方割, 陽侯鬱怒馮夷搏. 鼉擲鯨呿海岳驚, 霧塞雲昏光景薄. 開元將軍愛驊騮, 拳奇滅沒隘九州. 時危此物豈易得, 寫此尚可消人憂. 末有乃孫工畫水, 逋客見之心欲死. 雷奔電擊走中原, 魚怖龍愁寧忍視. 先生道眼高崑崙, 聊將妙語破迷津. 中流險絶待舟楫, 四海浩蕩須經綸. 我衰甘作淮海客, 身脫垂涎頭雪白. 驚心未定畏湍湍, 欲覓平波泛家宅. 此身端的老江湖, 雨笠烟蓑是所圖. 他年但飽揚州米, 今日寧論甓社珠.” 以道覽之云 : “此詩波瀾, 亦可駭矣.” 因擧昔人云 : “斯文可愛可畏亦可妬也.”

고우高郵 육중인陸仲仁이 왕희지 · 지둔支遁 · 허현許玄의 세 고사도高士

圖를 그려 조이도에게 바쳤다. 조이도는 내게 그림 뒤에 시를 써 줄 것을 부탁했다. 내가 쓴 시에서 "이미 구름을 타고 봉황과 기린을 벗 삼았으니, 육백여 년 동안 이러한 인물이 없었다. 상상 속 옥처럼 둥근 달을 어찌하면 가까이 할까, 호두(虎頭 : 고개지顧愷之)와 마힐(摩詰 : 왕유)이 모두 사라졌는데. 그림 그린 육중인은 누구인가, 멀리 그 선조를 계승하여 고상하기 견줄 데 없다[已乘雲氣驂鳳麟, 六百餘歲無斯民. 想象璧月何當親, 虎頭摩詰俱泯淪. 誰其畫者陸仲仁, 遠紹乃祖高無倫]"라고 했다. 조이도가 찬탄하기를 "후세에 육생陸生을 어떠한 인물로 보겠는가!"라고 했다. 고우高郵의 절 벽에 그린 조인희曹仁熙의 물 그림을 보고 나는 감상에 젖어 시를 지어서 조이도에게 올렸다. 조이도가 앞서 글을 남겼는데, 그 고상한 품격을 따라갈 수 없었다. 내가 지은 시에서 "조생曹生의 그림 솜씨는 참으로 신비하여, 붓 끝에 바람과 비가 뭉클하게 피어난다. 파도가 지붕을 뒤엎으러 와서는 안 되는 터, 악어 따위가 어찌 굳이 사람을 물려하는가. 넘치는 물의 형세가 갈라지려 하는 즈음, 양후陽侯[20]는 분노에 젖고 풍이馮夷[21]는 내려친다. 악어가 몸을 던지고 고래가 숨 내뿜어 바다와 산이 깜짝 놀라고, 안개가 막히고 구름이 어둑해 광경이 희미하다. 개원開元 시절 장군은 화류(驊騮 : 명마)를 사랑해, 권기拳奇가 침몰하며 구주九州가 막혔다. 위태로운 시대에 이런 사물을 어찌 쉬이 얻으랴만, 이를 그려 그나마 사람의 시름을 덜게 한다. 후대에 그의 자손이 물 그림에 뛰어나, 포객(逋客 : 은사)이 이를 보고 푹 빠지려 한다. 우레와 번개가 치듯 중원을 내달리니, 물고기 두려워하고 용이 시름하는 것을 어찌 차마 보랴. 선생의 도안道眼은 곤륜崑崙보다 높으니, 애오라지 오묘한 말로 혼미한 길을 열어젖혀야겠다. 물줄기 험난한 곳은 배

20 양후(陽侯) : 늘 풍파를 일으켜 배를 전복시킨다는 물귀신의 이름이다. 『회남자(淮南子)』 「남명훈(覽冥訓)」 주(注) 참조.

21 풍이(馮夷) : 강신(江神)의 이름으로, 풍수(馮脩) 또는 풍지(馮遲) 혹은 빙이(氷夷)라고도 한다.

를 필요로 하고, 사해의 드넓음은 경륜을 요한다. 나는 노쇠하여 회해淮海의 객을 달갑게 여기나, 몸은 탈기해 침 흘리고 머리는 세었다. 놀란 마음 안정되지 않아 성난 여울을 두려워하며, 잔잔한 물결의 여느 집안에 머물고 싶다. 이 몸 단출하게 강호에서 늙으며, 비에 삿갓, 안개에 도롱이를 도모하려 한다. 훗날 양주揚州의 쌀을 배불리 먹고 싶을 뿐, 오늘 어찌 벽사甓社[22]의 구슬을 논할쏘냐[曹生畫手信有神, 毫端風雨生瀰沄. 波濤不合來翻屋, 鮫鰐何須欲噬人. 湯湯此水勢方割, 陽侯鬱怒馮夷搏. 鼉擲鯨呿海岳驚, 霧塞雲昏光景薄. 開元將軍愛驊騮, 拳奇滅沒隘九州. 時危此物豈易得, 寫此尙可消人憂. 末有乃孫工畫水, 逋客見之心欲死. 雷奔電擊走中原, 魚怖龍愁寧忍視. 先生道眼高崑崙, 聊將妙語破迷津. 中流險絶待舟楫, 四海浩蕩須經綸. 我衰甘作淮海客, 身脫垂涎頭雪白. 驚心未定畏湍湍, 欲覓平波泛家宅. 此身端的老江湖, 雨笠烟蓑是所圖. 他年但飽揚州米, 今日寧論甓社珠]"라고 했다. 조이도는 이 시를 보고 "이 시의 파란은 깜짝 놀랄 만하다"라고 했고, 이어서 옛사람의 "이 문장은 사랑스럽고 두렵고 질투할 만하다"라는 말을 거론했다.

詩以意爲主, 又須篇中鍊句, 句中鍊字, 乃得工耳. 以氣韻淸高深眇者絶, 以格力雅健雄豪者勝. 元輕白俗, 郊寒島瘦, 皆其病也.

시는 내용을 위주로 해야 하고, 또 한 편 안에서 구절을 연마하고 구절 안에서 글자를 연마해야만 빼어난 작품을 얻을 수 있다. 기와 운이 청고淸高하고 심묘深眇한 것이 빼어나고, 격格과 힘이 아건雅健하고 웅혼雄豪한 것이 우수하다. 원진이 가볍고 백거이가 속되고 맹교가 차갑고 가도가 메마른 것은 모두 그 병폐이다.

22 벽사(甓社) : 송나라 손각(孫覺)이 벽사호(甓社湖)에서 밤에 찬란히 빛나는 큰 구슬을 보고 그해에 등제(登第)하였으므로 흔히 과거급제자를 가리키는 말로 쓰이게 되었다.

篇章以含蓄天成爲上, 破碎雕鎪爲下. 如楊大年西崑體, 非不佳也, 而弄斤操斧太甚, 所謂七日而混沌死也. 以平夷恬淡爲上, 怪險蹶趨爲下. 如李長吉錦囊句, 非不奇也, 而牛鬼蛇神太甚, 所謂施諸廊廟則駭矣.

작품은 함축과 자연스러움을 상등으로 보고 파쇄破碎와 조탁을 하등으로 본다. 예컨대 양억의 서곤체가 아름답지 않은 것은 아니지만 조탁을 가한 것이 너무 지나치다. 이른바 칠 일 만에 혼돈에 빠져 죽는다는 것이다. 평이하고 염담恬淡한 것을 상등으로 보고 기괴하고 절뚝거리며 내달리는 것을 하등으로 본다. 예컨대 이상은의 금낭錦囊[23] 시가 기묘하지 않은 것은 아니지만 소 귀신과 뱀 신[24]이 너무 지나치다. 이른바 조정과 사당에 펼치면 놀란다는 것이다.

精粗不可不擇也, 不擇則龍蛇蛙蚓, 往往相雜矣. 瑕瑜不可不知也, 不知則瓊杯玉斝, 且多玷缺矣.

정밀한 것과 거친 것을 가리지 않으면 안 된다. 골라내지 않으면 용・뱀과 개구리・지렁이가 이따금 섞여 있게 된다. 또한 결점과 장점을 몰라서는 안 된다. 모르면 옥 술잔과 옥그릇에 티가 많게 될 것이다.

23 금낭(錦囊) : 비단으로 만든, 시고(詩稿)를 넣는 주머니. 당나라 시인 이상은의 「이장길소전(李長吉小傳)」에 의하면, 이상은은 매일 지인들과 어울렸는데 항상 어린 종자를 데리고 나귀를 타고 다녔다. 이때 어린 종자에게 오래 묵은 비단 주머니를 갖고 다니게 하여 이따금 좋은 시구를 얻으면 즉시 써서 그 주머니에 넣었다고 한다.

24 소 귀신과 뱀 신 : 두목이 「이하집서(李賀集序)」에서 그의 시를 평하면서 "큰 입을 벌리는 고래와 엄청난 속도로 뛰어오르는 자라, 소머리를 한 귀신과 뱀의 몸을 한 귀신 같은 것으로도 그의 시의 허황하고 환상적인 면을 형용하기에는 부족하다[鯨呿鼇擲, 牛鬼蛇神, 不足爲其虛荒幻誕也]"라고 하였다. 두목은 본래 이하의 시가 다른 사람이 미치지 못하는 독특함을 지니고 있다고 칭찬하는 의미로 우귀사신이라는 말을 사용하였으나, 나중에는 온갖 잡귀신 또는 나쁜 사람을 비유하는 말로 사용되었다. 또 내용이 허황된 문학작품이나 용모가 추한 사람을 비유하는 말로도 쓰인다.

斯文盛於漢魏之前, 而衰於齊梁之後. 杜老云:"縱使盧王操翰墨, 劣于漢魏近風騷." 又云:"竊攀屈宋宜方駕, 恐與齊梁作後塵." 意謂是耳.

사문(斯文: 문학)은 한·위 때 성대하고 제·량 때 쇠퇴했다. 두보가 "노(盧: 노조린盧照鄰)·왕(王: 왕발王勃)에게 문필을 가지게 한다 해도, 풍소風騷에 가까운 한·위에게는 뒤지리라[縱使盧王操翰墨, 劣于漢魏近風騷]"라고 하고, 또 "살며시 굴(굴원)·송(송옥)을 붙잡아 함께 나란히 함이 마땅하나, 제·량과 함께 뒷길 먼지가 될까 두렵다[竊攀屈宋宜方駕, 恐與齊梁作後塵]"라고 한 것은 아마 이를 두고 말한 것이다.

退之作「南海神廟碑」, 序祀事之大, 神次之尊, 固已讀之令人生肅恭之心. 其述孔公嚴天子之命必躬必親云:"遂陞舟, 風雨少弛, 雲陰解駁, 日光穿漏." 又云:"省牲之夕, 載暘載陰, 將事之夜, 天地開除, 月星明概.① 五鼓旣作, 牽牛正中, 公乃盛服, 以入卽事." 又云:"牲肥酒香, 神具醉飽, 百靈秘怪, 慌惚畢出, 蜿蜿虵虵, 來饗飮食." 又云:"祥飈送颿, 旗纛旌麾, 飛揚晻靄, 穹龜長魚, 踴躍後先." 其造語用字, 一至如此, 不知何物爲五臟, 何物爲心胸耶.

① '月', 原作'日', 據『百川』本改.

한유가 지은 「남해신묘비南海神廟碑」는 제사의 위대함과 신의 존귀함을 서술하였다. 읽고 있으면 엄숙하고 공손한 마음이 느껴진다. 공자가 천자의 명을 엄숙히 받들어 반드시 몸소 하고 반드시 친히 하는 것을 서술한 부분에서는 "마침내 배에 오르니, 비바람이 조금 느슨해지며, 자욱한 구름이 풀리고, 햇빛이 틈새로 빛을 발한다[遂陞升舟, 風雨少弛, 雲陰解駁, 日光穿漏]"라고 하고, 또 "제물을 살피는 밤에, 맑기도 하고 흐리기도 하며, 일을 집행하는 밤에, 하늘과 땅이 활짝 열리고, 달이 휘영청 밝고 별빛이 초롱초롱하다. 오고(五鼓 : 오경)가 시작되고, 견우牽牛가 중앙에 자리 잡자, 공이 성대한 복장을 하고, 들어가 일을 집행한다[省牲之夕, 載暘載陰, 將事之夜, 天地開除, 月星明概. 五鼓既作, 牽牛正中, 公乃盛服, 以入卽事]"라고 하고, 또 "제물이 살찌고 술이 향기로워, 신이 실컷 배부르고, 모든 영령이 신비롭고 기이하게 여겨, 황홀하게 모두 나와, 꿈틀거리며, 내려와 흠향한다[牲肥酒香, 神具醉飽, 百靈秘怪, 慌惚畢出, 蜿蜿蛇蛇, 來饗飮食]"라고 하고, 또 "상서로운 바람이 돛에 불며, 깃발이 어둑한 안개에 펄럭이고, 큰 거북과 기다란 물고기가, 앞뒤에서 튀어오른다[祥飆送颿, 旗纛旄麾, 飛揚晻靄, 穹龜長魚, 踴躍後先]"라고 했다. 그 조어造語와 용자用字가 여기까지 이르렀는데, 어떤 것이 오장五臟이고 어떤 것이 심장이란 말인가!

① '月'은 본래 '日'로 돼 있었는데 『백천학해』본에 의거하여 고쳤다.

又退之「大理評事王適墓志」云 : "聞金吾李將軍年少喜士, 乃踏門告曰 : '天下奇男子王適願見白事.' 一見, 語合意. 盧從史節度昭義軍, 張甚, 奴視法度士, 欲聞無顧忌大語. 有以君平生告者, 卽遣客鉤致. 君曰 : '狂子不足以共事.' 立謝客. 仕至鳳翔判官, 不樂, 去. 王涯·獨孤郁欲薦, 不可, 病卒. 銘曰 : '鼎也不可以拄車, 馬也不可使守閭. 佩玉長裾, 不利走趨. 祇繫其逢, 不繫巧愚. 不諧其須, 有銜不祛. 鑽石埋辭, 以列幽墟.'" 予歎曰 : "斯文中之虎耶." 晁無咎爲其季父沈丘縣令端中作志, 亦無甚行事,① 但嗟其不遇, 而云"詩文草隸,② 則元和以前勝士也." 黃庭堅見而歎曰 : "永懷而善怨, 鬱然類『騷』." 黃未嘗以此許人也. 銘曰 : "目賤耳貴, 藍田之璞以爲塊, 東家尙爾, 而況乃雄輩. 虎炳不玩, 以遠沒身, 雜蓀茝以爲詞兮, 以慰夫離散之魂. 擧斯世而一人知兮, 則吾不旣以聞, 尙遺此後昆." 余曰 : "斯文中之鳳邪. 不然, 何魁雄如彼, 而煥爛若是乎."

① '甚', 原作'茝', 據『百川』本改.

② '草', 原作'章', 據『百川』本改.

또 한유의 「대리평사왕적묘지大理評事王適墓志」에서 "듣자하니 금오金吾 이장군李將軍은 소년시절부터 선비들을 좋아했는데, 누군가 찾아와 고하기를 '천하에 기특한 사내 왕적王適이 찾아뵙고 아뢰기를 원합니다'라고 하여 그를 만나고서 이야기를 나누니 뜻이 서로 부합되었다. 소의군昭義軍을 지휘하던 노종사盧從史는 매우 과장되어, 법도를 지키는 선비를 무시하고 거리낌 없이 내뱉는 말을 듣고자했다. 어떤 이가 왕적의 삶을 이야기하자 노종사는 즉시 객을 보내 왕적을 초치하였다. 하지만 왕적이 이르기를 '미치광이와는 일을 함께 할 수 없다'라고 하고 바로 떠났다. 그는 벼슬이 봉상판관鳳翔判官에 이르렀으나 별로 달갑게 안 여기고 떠났다. 왕애王涯와 독고욱울獨孤郁이 그를 추천하려 했으나 뜻대로 되지 않았고 병고로 생을 마쳤다. 명銘은 이러하다. '정鼎도 수레를 지탱할 수 없고, 말도 집안을 지킬 수 없다. 긴 옷에 옥을 차는 것은 길을 걷는 데 이롭지 못하다. 그 만남만 중계할 수 있을 뿐, 재치어린 어리석음은 묶어둘 수 없다. 그 필요에 맞지 않으면, 직함을 줘도 (본 위치를) 털지 않았다. 묻을 말을 돌에 새겨, 그윽한 터에 세워둔다[鼎也不可以拄車, 馬也不可使守閭. 佩玉長裾, 不利走趨. 祗系其逢, 不系巧愚. 不諧其須, 有銜不祛. 鑽石埋辭, 以列幽墟]'"라고 했다. 나는 "이는 문장 가운데 범(虎)이다"라고 했다. 조보지가 계부季父 침구현령沈丘縣令 조단중晁端中을 위해 묘지명을 지었는데, 특별한 행적이 없어 단지 그의 불우함만 안타까워하며 "시문과 초서와 예서에 있어서는 원화元和 이전의 뛰어난 인물이다"라고 했다. 황정견이 보고 감탄하기를 "가슴에 오래 새기고 안타까움을 잘 표현해서 『이소』를 아주 닮았다"라고 하였다. 황정견은 일찍이 이렇게 사람을 인정한 적이 없었다. 그 명銘은 이렇다. "눈은 천하고 귀는 귀하여, 남전藍田의 옥덩이가 흙덩이가 되었나니, 동쪽집에서도 그러한데, 영웅의 무리들이야 말할 게 있으랴. 빛나는 광채가 완상되지 못하고, 멀리서 삶을 마쳤으니, 향초 같은 글을 섞어 말을 만들어서, 멀리 떠난 넋을 위로하노라. 이 세상에서 한 사람만 안다면, 나는 이를 알리지 못하고, 후손에게 남기노라.[目賤耳貴, 之璞以爲塊, 東家尙爾, 而況乃雄輩. 不玩, 以遠沒身, 雜蓀莒以爲詞兮, 以慰夫離散之魂. 擧斯世而一人知兮, 則吾不旣以聞, 尙遺此後昆.]" 나는 이에 대해 "이는 문장에서의 봉황일 것이다. 그렇지 않다면 어찌 저토록 웅장하고 이처럼 찬란하단 말인가"라고 했다.

① '甚'은 본래 '莒'로 돼 있었는데 『백천학해』본에 의거하여 고쳤다.

② '草'는 본래 '章'으로 돼 있었는데 『백천학해』본에 의거하여 고쳤다.

金陵鳳凰臺, 在城之東南, 四顧江山, 下窺井邑, 古題詠惟謫仙爲絶唱. 其詩曰: "鳳凰臺上鳳凰遊, 鳳去臺空江自流. 吳宮花草埋幽徑, 晉代衣冠成古丘. 三山半落靑天外, 二水中分白鷺洲. 總爲浮雲能蔽日, 長安不見使人愁." 予遊覽, 壁間刻宋齊丘詩與梁棟間懸今人詩, 而乃無此篇. 予作絶句曰: "騎鯨仙伯已凌波, 奈爾三山二水何. 地老天荒成脉脉, 鳳凰臺上獨來過."

금릉金陵 봉황대鳳凰臺는 성 동남쪽에 있으며 사방으로 강산을 돌아볼 수 있고 아래로 정읍井邑을 굽어볼 수 있다. 이곳에 관해 전해오는 시 가운데 오직 이백의 것만이 절창絶唱이다. 그 시에서 "봉황대 위에서 봉황이 놀더니, 봉황이 떠난 뒤 누대는 비고 강물만 흐른다. 오나라 궁궐의 화초는 으슥한 길에 묻히고, 진나라 고관의 집은 옛 무덤이 되었다. 세 산은 푸른 하늘 밖에 절반이 떨어졌고, 두 강물은 백로주를 두고 나뉘었다. 이는 다 뜬구름이 해를 가렸기 때문인 터, 장안長安이 보이지 않아 사람을 시름겹게 한다[鳳凰臺上鳳凰遊, 鳳去臺空江自流. 吳宮花草埋幽徑, 晉代衣冠成古丘. 三山半落靑天外, 二水中分白鷺洲. 總爲浮雲能蔽日,

長安不見使人愁]"라고 했다. 내가 이곳을 유람했는데, 벽 위에 송제구宋齊丘의 시가 새겨져 있고 들보와 기둥 사이에 지금 사람이 쓴 시가 걸려 있을 뿐, 이백의 작품은 없었다. 나는 다음의 절구를 지었다. "고래를 탄 선백(仙伯 : 이백)이 물결을 헤치고 떠났으니, 삼산三山과 이수二水[25]를 어쩌란 말인가. 땅은 늙고 하늘은 황폐해 막막하기만 한데, 봉황대 위를 홀로 찾아왔다.[騎鯨仙伯已凌波, 奈爾三山二水何? 地老天荒成脈脈, 鳳凰臺上獨來過.]"

睢陽雙廟, 俗謂之五侯廟. 雙廟者, 爲張・許忠烈而始建廟也. 五侯者, 南・雷・賈與同功, 皆受封爵, 亦作其像于廊廡耳. 古今歌詠, 惟王荊公・黃豫章爲警策. 王詩云 : "就死得處所, 至今猶耿光. 此獨身如在, 誰令國不亡." 黃詩云 : "縱使賀蘭非長者, 未妨南八是男兒." 余官宋城, 題詩云 : "張許昭鴻烈, 南雷賈共靈. 無瑕雙白壁, 有曜五華星. 懷哲音容在, 傷時涕淚零. 向來丹鳳闕, 猶帶犬羊①腥." 蓋當是時, 金人始去城下之役,② 故云耳. 又絶句云 : "漁陽突騎滿關東, 百戰孤城挫賊鋒. 唐室興亡繫公等, 九原可作更誰從." 自以爲無愧前人.

① '犬羊', 原缺, 據『百川』本補.

② '金人', 原缺, 據『百川』本補.

수양睢陽의 쌍묘雙廟는 속칭 오후묘五侯廟라 한다. 쌍묘는 충렬忠烈인 장순張巡과 허원許遠을 위해 처음 건립한 사당이며, 오후五侯는 남제운南霽雲・뇌만춘雷萬春・가분賈賁이 위 두 사람과 함께 공을 세웠음을 말한

25 삼산(三山)과 이수(二水) : 삼산은 봉래(蓬萊), 방장(方丈), 영주(瀛州) 등 삼신산(三神山)으로, 자라 등 위에 얹혀서 바다에 떠 있다는 전설이 전한다. 이수는 장강의 두 물줄기. 진회강(秦淮江)이 남경의 동남쪽에서 성 안으로 흘러들어가 남경을 관통한 뒤, 서쪽에서 장강으로 유입되는데, 백로주(白鷺洲)가 그 사이에 있고, 그곳에서 강물이 두 줄기로 나뉘기 때문에 이수라 칭하는 것이다.

것으로, 모두 작호를 책봉 받아서 낭무廊廡에 그 상像을 만들어놓았다. 이곳에 관한 고금의 시들 가운데 오직 왕안석과 황정견의 것이 가장 뛰어나다. 왕안석의 시에서 "목숨을 바치는 데 제자리를 얻어, 지금도 광채가 빛난다. 이곳만 홀로 몸이 살아있는 듯하니, 누가 국가를 망하지 않게 하였던가[就死得處所, 至今猶耿光. 此獨身如在, 誰令國不亡]"라고 하고, 황정견의 시에서는 "하란賀蘭[26]이 어른이 아니라 해도, 남팔(南八 : 남제운)이 남아임에는 문제될 것이 없다[縱使賀蘭非長者, 未妨南八是男兒]"라고 했다. 내가 송성宋城에서 관직 생활을 할 때 지은 시에서 "장순과 허원은 큰 충렬이 빛나거늘, 남제운・뇌만춘・가분의 영령이 함께 했다. 한 쌍의 백옥은 티 하나 없고, 다섯 개의 빛이 환하게 빛난다. 철인을 그리니 소리와 모습이 남아 있는 듯하고, 시대를 슬퍼하니 눈물이 뚝뚝 떨어진다. 지난날 단봉丹鳳의 궁궐에서는, 아직도 견양犬羊의 비린내가 남아있다[張許昭鴻烈, 南雷賈共靈. 無瑕雙白璧, 有曜五華星. 懷哲音容在, 傷時涕淚零. 向來丹鳳闕, 猶帶犬羊腥]"라고 했다. 이는 당시 금나라 사람들이 성 아래의 노역을 없앴으므로 이렇게 말한 것이다. 또 지은 절구에서 "어양漁陽의 우뚝한 기마가 관동關東에 가득하여, 외로운 성에서 수없는 싸움을 벌여 적의 예봉을 꺾었다. 당나라 황실의 흥망이 공 등에게 맡겨졌으니, 구천에서 다시 일어난다면 누가 따를 수 있으랴[漁陽突騎滿關東, 百戰孤城挫賊鋒. 唐室興亡系公等, 九原可作更誰從]"라고 했다. 스스로 지난 시인에게 부끄러울 것이 없다고 생각한다.

① '犬羊'은 본래 누락돼 있었는데 『백천학해』본에 의거하여 보충했다.

② '金人'은 본래 누락돼 있었는데 『백천학해』본에 의거하여 보충했다.

---

26 하란(賀蘭) : 당 숙종(唐肅宗) 때의 하남 절도사(河南節度使) 하란진명(賀蘭進明)을 가리킨다. 윤자기(尹子奇)가 수양(睢陽)을 포위했을 때, 수양태수 장순(張巡)이 남제운(南齊雲)을 보내 하란진명에게 구원을 요청하였으나, 하란진명은 장순의 위세가 자기보다 월등함을 시기하여 구원해 주지 않음으로써 수양이 마침내 함락되고 말았다.

劉禹錫作「金陵」詩云:“千尋鐵鎖沈江底, 一片降旗出石頭.” 當時號爲絶倡. 又六朝中「石頭城」詩云:“山圍故國周遭在, 潮打空城寂寞回.” 白樂天讀之曰:“我知後人不復措筆矣.” 其自矜云:“餘雖不及, 然亦不孤樂天之賞耳.”

유우석이 지은 「금릉오제金陵吾題」의 “천 길 철쇄는 강 밑에 가라앉고, 한 조각 항복 깃발은 석두성石頭城 위로 올라온다[千尋鐵鎖沈江底, 一片降旗出石頭]”를 당시에 절창이라 불렀다. 또 육조六朝의 「석두성石頭城」에 대해 지은 시에서 “산은 고국을 두르며 두루 만나고, 조수는 텅 빈 성을 치며 아득히 돌아간다[山圍故國周遭在, 潮打空城寂寞回]”라고 했다. 백거이가 이 시를 읽고 “나는 후인들이 더 이상 붓을 들 수 없을 줄 안다”라고 했다. 유우석도 스스로 우쭐하며 “(금릉오제의) 나머지 시가 여기에는 미치진 못하지만, 백거이의 감상의 기대를 저버리지는 않을 것이다”라고 했다.

前人作詩, 未始和韻. 自唐白樂天爲杭州刺史, 元微之爲浙東觀察, 往來置郵筒倡和, 始依韻, 而多至千言, 少或百數十言, 篇章甚富. 其自耀云:“曹公謂劉玄德曰:‘天下英雄, 惟使君與操耳.’ 予於微之亦云.” 豈詩人豪氣, 例愛矜誇邪. 安知後世士有異論.

옛 시인들은 시를 지을 때 원운原韻에 화답한 적이 없다. 당나라 백거이가 항주자사로 있을 때 원진이 절동관찰사였는데, 우통郵筒을 통해 시를 주고받으면서 비로소 원운에 따라 많게는 천 마디, 적게는 수백 마디에 이르는 시를 지어 그 편과 장이 매우 풍성했다. 백거이가 스스로 자랑스러워하며 한 말에서 “조공(曹公: 조조)이 유현덕에게 ‘천하의 영웅은, 사군使君과 조操뿐이다’라고 했는데, 나도 미지(微之: 원진)에게 그렇게 말하고 싶다"라고 했다. 시인의 호기란 으레 자랑하기를 좋아하는 것일까? 후세에 이론이 있을 줄 누가 알았겠는가.

陳叔易居陽翟澗上村, 號澗上丈人, 無仕宦意. 崇觀間, 朝廷召之, 郡守勸駕, 不得已而起. 晁以道時致仕居嵩山, 有詩云 : "處士誰人爲作牙, 盡攜猨鶴到京華. 從今林壑堪惆悵, 六六峰前只一家." 而叔愈「過澗上丈人陳恬故居」詩云 : "北山去已遠, 南山去已近. 驅車兩山間, 擧策聊一問. 昔有隱君子, 出處頗矛盾. 平生勇且剛, 垂老畏而愼." 皆譏之也. 後靖康間, 以道亦起, 而女第四娘適唐氏者, 頗復誚其出焉.

진념陳恬은 양적陽翟 간상촌澗上村에서 살며 호를 간상장인澗上丈人이라 했고 벼슬에 뜻이 없었다. 하지만 숭녕・대관 연간에 조정이 부르고 군수가 권유하여 어쩔 수 없이 나아갔다. 당시 벼슬을 그만두고 숭산에 머물던 조이도가 지은 시에서 "어느 처사가 어금니를 세워, 원숭이 학을 모두 데리고 경화京華로 갔단 말인가. 이제부터 숲과 골짜기가 시름겨울 터, 육육봉六六峰 앞에 한 집만 남았다[處士誰人爲作牙, 盡攜猨鶴到京華. 從今林壑堪惆悵, 六六峰前只一家]"라고 하고, 숙유叔愈의 「과간상장인진념고거過澗上丈人陳恬故居」에서는 "북산은 갈수록 멀고, 남산은 갈수록 가깝다. 두 산 사이로 수레를 몰며, 채찍을 들어 애오라지 묻는다. 지난날 은거했던 군자는, 출처가 퍽이나 모순된다. 평생을 용기와 강건함으로 살다가, 노년에 두려움과 신중함으로 바뀌었다[北山去已遠, 南山去已近. 驅車兩山間, 擧策聊一問. 昔有隱君子, 出處頗矛盾. 平生勇且剛, 垂老畏而愼]"라고 했다. 모두 그를 비판한 것이다. 그 뒤 정강(靖康 : 1126~1130) 연간에 조이도 역시 세상에 나갔는데, 당씨唐氏에게 시집간 넷째 딸이 그의 출사를 다시 비판했다.

長松之名, 前世未有. 以道居嵩少, 叔易作詩求之云 : "松上花兮松下根, 食之年貌與松鄰. 君今旣是松間客, 采送衰翁亦可人." 以道答云 : "長松不經黃帝手, 小劚漫翻嵩室雲. 縱有何堪寄夫子, 鼎頭寶氣自氤氳." 余亦和之云 : "暫隱嵩高六六峰, 未乘雲氣御飛龍. 自餐白石求黃石, 更采長松寄赤松."

장송長松이란 명칭은 이전 세대에는 없었다. 조이도가 숭산 소실봉少室峰에 머물 때, 진숙이가 시를 지어 요구하기를 "소나무 위 꽃과 소나무 아래 뿌리를, 먹으면 나이와 외모가 소나무와 가까워지리라. 그대 지금 소나무 사이의 객이 되었으니, 노쇠한 늙은이에게 채취해 보내면 좋으리라[松上花兮松下根, 食之年貌與松鄰. 君今旣是松間客, 采送衰翁亦可人]" 라고 했다. 조이도가 답하기를 "장송은 황제黃帝의 손을 거치지 않아, 조금만 꺾어도 숭실嵩室의 구름을 뒤집으리라. 있다 한들 어찌 부자에게 부칠 수 있으랴, 솥 위에 보배로운 기운이 저절로 아롱거리거늘[長松不經黃帝手, 小劚漫翻嵩室雲. 縱有何堪寄夫子, 鼎頭寶氣自氤氳]"이라고 했다. 나 역시 화답하기를 "숭산 육육봉六六峰에 잠시 은거하며, 구름 타고 나는 용을 다루지 않았다. 스스로 백석白石을 먹으며 황석黃石을 구하고, 다시 장송을 채취하여 적송赤松에게 부치노라[暫隱嵩高六六峰, 未乘雲氣御飛龍. 自餐白石求黃石, 更采長松寄赤松]"라고 했다.

東坡稱陶靖節詩云 : "'平疇交遠風, 良苗亦懷新.' 非古之耦耕植杖者, 不能識此語之妙也." 僕居中陶, 稼穡是力. 秋夏之交, 稍旱得雨, 雨餘徐步, 淸風獵獵, 禾黍競秀, 濯塵埃而泛新綠, 乃悟淵明之句善體物也.

소식이 도연명의 시를 높이 평가하며 "'넓은 밭은 먼 바람과 사귀고, 좋은 싹은 새로움을 품었다[平疇交遠風, 良苗亦懷新]'는 지난날 지팡이 세

워두고 밭을 갈아본 사람이 아니면 이 시어의 오묘함을 알지 못한다"라고 했다. 내가 중도中陶에 살 때 농사를 지었는데, 여름과 가을이 교차할 즈음 약간의 가뭄 끝에 비가 내렸다. 비 내린 뒤 길을 나서니 맑은 바람이 솔솔 불어오고, 벼와 기장이 앞다퉈 피어서 찌든 먼지를 말끔히 씻고 신록이 넘실대었다. 그때 비로소 도연명의 시가 사물을 제대로 체득하고 있음을 알았다.

白樂天有「西省北院新作小軒東通騎省與李常侍飮」詩. 東坡爲中書舍人, 歎本省不得來往, 謂執政曰: "說公應使簡要道通, 何必樹籬插棘." 蓋謂此也. 大抵近世爲禁太密, 問人則疏. 晁以道書楊大年「館宿」詩示餘曰: "嚴更初道爭傳鼓, 下直朱門對掩關. 夜半不聞宣室召, 水沉香斷滚書閒." 且云: "嘗宿閣下矣, 乃在司馬門外, 使人恨生身之晚, 不得見太平之風也." 余因和其詩云: "翰林歷歷侵華蓋, 禁掖明明侍紫微. 自昔詞臣最清切, 帝宸高拱借光輝."

백거이가 「서성북원신작소헌동통기성여이상시음西省北院新作小軒東通騎省與李常侍飮」라는 시를 지었었다. 소식이 중서사인이었을 때 본 성省과 왕래할 수 없음을 안타까워했다. 그때 집정자執政者에게 "공무를 논할 때는 응당 간소하고 소통을 추구해야 할 터, 어찌 군이 울타리를 세우고 가시를 꽂아 두어야하는가"라고 한 것은 이를 두고 말한 것이다. 근대에 와서 금하는 것이 너무 엄격하여 사람들 사이에 서로 묻는 것이 소원했다. 조이도가 양억의 「관숙館宿」을 써서 내게 보이기를 "엄숙한 시간이 처음 알려져 앞다퉈 북을 치면, 주문朱門[27]을 하직下直하여 닫힌 관문을 마주한다. 한밤에 선실宣室[28]의 부름을 듣지 못해, 물 잠기고 향

27 주문(朱門) : 붉은색으로 치장한 대문으로, 귀족이 사는 고대광실(高臺廣室)을 말한다.
28 선실(宣室) : 한(漢)나라 미앙궁(未央宮)의 정전(正殿). 가의(賈誼)가 좌천되어 장사왕

기 끊어져 칠서漆書[29]만 한가롭다[嚴更初道爭傳鼓, 下直朱門對掩關. 夜半不聞宣室召, 水沉香斷漆書閒]"라고 하고, 또 "일찍이 각閣 아래에서 묵었으나 그곳은 사마문司馬門 밖에 있어서, 만년에 태어나 태평성대의 모습을 볼 수 없는 것을 한스럽게 했다[嘗宿閣下矣, 乃在司馬門外, 使人恨生身之晩, 不得見太平之風也]"라고 했다. 그래서 내가 그 시에 화답하기를 "한림翰林은 낱낱이 화개華蓋[30]가 밟고, 금액禁掖에서 분명히 자미紫微[31]를 모셨다. 예로부터 사신詞臣은 가장 맑고 친절해서, 제신帝宸[32]이 높이 들어 빛을 빌려주었다[翰林曆曆侵華蓋, 禁掖明明侍紫微. 自昔詞臣最淸切, 帝宸高拱借光輝]"라고 했다.

退之「雙鳥」詩, 或云謂佛·老, 或云謂李·杜. 東坡「李太白贊」云: "天人幾何同一漚, 謫仙非謫乃其遊. 揮斥八極隘九州. 化爲兩鳥鳴相酬, 一鳴一止三千秋. 開元有道爲少留, 縻之不可矧肯求." 乃知謂李·杜也.

한유의 「쌍조雙鳥」에 대해 혹자는 불교와 도교를 지칭한다고 하고, 혹자는 이백과 두보를 말한 것이라고 한다. 소식의 「이태백찬李太白贊」에서 "하늘과 사람이 어떻게 함께 머무르랴, 적선(謫仙 : 이백)은 귀양 온

(長沙王)의 태부(太傅)로 있다가 일 년 남짓 만에 소명(召命)을 받고 조정으로 돌아오니, 문제(文帝)가 선실에 있다가 그에게 귀신의 본원에 대해 물었다. 이에 가의가 밤이 깊도록 귀신의 유래와 변화 등을 자세히 이야기했는데 문제가 그 이야기에 푹 빠져서 자기도 모르게 자리를 앞으로 당겨 가의 가까이로 다가갔다는 이야기가 전한다. 『사기(史記)』 권84 「굴원가생열전(屈原賈生列傳)」.

29 칠서(漆書) : 옻칠한 대쪽에 쓴 책.

30 화개(華蓋) : 별이름. 오제좌(五帝座)의 위에 있는 별의 이름으로, 전하여 임금을 가리킨다.

31 자미(紫微) : 별이름. 천제(天帝)가 거처한다는, 북두성(北斗星) 북쪽에 있는 성좌(星座)를 가리킨 것으로 전하여 천자의 대궐, 또는 천자를 가리킨다.

32 제신(帝宸) : 제왕의 궁전, 혹은 제왕을 말한다.

게 아니라 유람 온 것이다. 팔극八極을 휘둘러 구주九州에 가득하다. 한 쌍의 새로 변하여 서로 어울려서, 삼천추三千秋 동안 하나는 울고 하나는 멈추었다. 개원開元에 도가 살아있어 잠시 머물렀을 뿐, 붙잡을 수도 없는데 구할 수가 있으랴[天人幾何同一漚, 謫仙非謫乃其遊. 揮斥八極隘九州. 化爲兩鳥鳴相酬, 一鳴一止三千秋. 開元有道爲少留, 縻之不可矧肯求]"라고 했으므로 이백과 두보를 지칭한 것임을 알 수 있다.

산호구시화珊瑚鉤詩話 권2卷二

劉仲原得銅斛二於左馮翊,① 其一云"始元四年造", 其二云"甘露元年十月造", 數量皆同, 云"容十斗." 後刻云"重四十觔." 以今權量校之, 容三斗, 重十有五觔, 乃知古今不同. 『漢書』于定國飮酒至一石不亂, 晉劉伶一飮一石, 五斗解酲. 則是飮三斗, 而一斗五升扶頭耳. 『魏志』云 : "曹公帳下有典君, 持一雙戟八十觔." 則是一戟重十五觔, 兩戟共重三十觔耳.

① '翊', 原作'掖', 據『百川』本改.

유중원劉仲原이 좌풍익左馮翊[1]에서 동곡銅斛[2] 두개를 얻었는데, 그중 하나에서는 "시원(始元 : B : : 86~80) 4년에 만들다"라고 쓰여 있고, 다른 하나에서는 "감로(甘露 : 53~50) 원년 10월에 만들다"라고 되어 있었다.

---

1 좌풍익(左馮翊) : 전한(前漢) 때 서울을 다스리던 삼보(三輔)의 한 벼슬.

2 동곡(銅斛) : 구리로 만든 섬[斛]으로 전국에서 사용되는 말[斗]이나 되[升]의 정식 규격을 알리기 위하여 호조에서 구리를 부어 만든 표준 규격이다.

수량은 모두 같아서 '열 말들이'라고 되어 있고 뒤쪽에는 "무게가 사십 근"이라 되어 있었다. 지금의 단위로 계산하면 세 말들이이고 무게가 십오 근이므로 여기에서 고금의 차이를 알 수 있다. 『한서』에서 우정국于定國은 술을 한 섬을 마셔도 취하지 않았다고 했다. 진晉의 유령은 이 한 번 마시면 한 섬을 마시고 다섯 말이면 숙취에서 깨어났다고 했다면, 이는 세 말을 마시되 한 말 다섯 되면 머리를 잡고 술에서 깨었다는 뜻이다. 『위지魏志』에서 "조공曹公의 휘하에 장사 전군典君이 있어, 한 쌍의 창을 들었는데 무게가 팔십 근이다[曹公帳下有典君, 持一雙戟八十觔]"라고 했다. 이는 한 자루 창의 무게가 십오 근이고, 두 자루 창의 무게는 삼십 근이었다는 것이다.

① '翊'은 원래 '掖'으로 돼 있었는데 『백천학해』본에 의거하여 고쳤다.

"五馬"之事, 不見于書. 以『詩』言之, "孑孑干旟, 在浚之都. 素絲組之, 良馬五之."『周禮』注云: "州長建旟, 太守視之. 漢御五馬." 或云: "古乘駟馬車, 至漢太守出則加一馬." 見『漢官儀注』.

'오마五馬'의 이야기는 책에 보이지 않는다. 『시경』의 내용을 가지고 이야기하자면 "펄럭펄럭 새매 그린 깃발, 준읍浚邑 마을에서 펄럭이네. 흰 비단 수실 깃술 달고, 좋은 말 다섯 마리가 수레를 끄네[孑孑干旟, 在浚之都. 素絲組之, 良馬五之]"라고 했다. 『주례周禮』의 주석에서는 "주州의 장長이 여旟[3]를 세우면, 태수가 이를 본다. 한漢은 오마五馬를 거느렸다"라고 했다. 혹자는 "고대에는 사마駟馬의 수레를 탔으나, 한나라의 태

3 여(旟): 새매를 그린 깃발로, 자사(刺史) 등 지방 장관을 비유하는 말로 쓰인다. 『주례(周禮)』「춘관(春官)」「사상(司常)」에 "새매를 그린 깃발을 여라 하고, 귀사를 그린 깃발을 조라 한다[鳥隼爲旟, 龜蛇爲旐]"라고 하고, 또 "주리에는 여를 세우고, 현비에는 조를 세운다[州里建旟, 縣鄙建旐]"라고 하였다.

수부터 일마一馬가 더해졌다"라고 했다. 이는 『한관의주漢官儀注』에 보인다.

退之有言曰 : "淸而容物, 恕以及人." 蘇子美進邸之會, 謂人曰 : "食中無饅羅畢夾, 座上安得有國舍虞比." 竟以此語招覆鼎之禍. 畢氏羅氏, 蕃人之好以羊彘之肉餠異而食者, 因號'畢羅.' 或問 : "湯餠謂之不托, 何也?" 曰 : "未有刀機時, 以手托之, 旣用刀機, 則不托矣." 出李濟翁『資暇集』.

한유가 말하기를 "맑음으로 사물을 포용하고, 용서로 다른 사람에게 미쳐야 한다"라고 했다. 소순흠은 저邸의 모임에 나아가 사람들에게 이르기를 "음식 가운데 만라필협饅羅畢夾[4]이 없는데, 자리에 어떻게 국사우비國舍虞比[5]가 있겠는가"라고 했다가 결국 이 말로 복정覆鼎[6]의 화를 불렀다. 필씨畢氏와 나씨羅氏가 우호의 교류를 맺을 때, 양고기와 돼지고기를 떡처럼 만들어 먹었는데, 이 일로 인하여 이를 '필라畢羅'라 불렀다. 혹자가 "탕병湯餠을 불탁不托이라 이른 것은 왜인가?"라고 하자, 대답하기를 "칼을 대기 전에는 손에 의탁을 하고, 칼을 대고 나면 손에 의탁하지 않아서다"라고 했다. 이는 이제옹李濟翁의 『자가집資暇集』에 나온다.

飮酒痛釂, 謂之'擧白.' 唐人云'卷白波', 義起于漢擒白波賊戮之, 言意氣

---

4 만라필협(饅羅畢夾) : 토번(土蕃) 사람들이 양고기와 돼지고기를 넣어 만든 떡의 일종이다.

5 국사우비(國舍虞比) : 국자감박사(國子監博士), 태자중사(太子中舍), 우부(虞部) · 비부(比部) 원외(員外)를 말한다.

6 복정(覆鼎) : 일을 그르쳐서 실직한 권신(權臣)을 가리킨다.

之快耳. 如今人稱文字警絶, 謂之'掃凡馬', 取杜甫"一掃萬古凡馬空"也.

술을 마실 때, 한 번에 들이키는 것을 '거백擧白'이라 한다. 당나라 사람들은 이를 '권백파卷白波'라 했는데, 그 의미는 한나라가 백파적白波賊[7]을 사로잡아 무찌른 데에서 시작된 것으로 의기意氣가 쾌활한 것을 두고 말한 것이다. 지금 사람들이 빼어난 문장을 일컬어 '소범마掃凡馬'라 하는 것은 두보의 "단번에 만고의 뭇 말들을 공허하게 만들었다[一掃萬古凡馬空]"에서 취해온 것이다.

呼驢曰'衛', 未知所本. 豈衛地多驢, 故云爾耶? 命龜曰'蔡', 亦是意也.

나귀를 '위衛'라 부르는 것이 어디서 시작됐는지 알 수 없다. 혹시 위 지역에 나귀가 많아서 그렇게 말한 것일까? 거북을 '채蔡'라고 부르는 것도 같은 의미인 것이다.

樂部中有促拍催酒, 謂之'三臺.' 唐士云 : "蔡邕自侍書御史累遷尚書, 不數日間, 遍歷三臺. 樂工以邕洞曉音律, 製曲以悅之." 又始作樂, 必曰'絲抹將來', 蓋絲竹在上, 鐘鼓在下, 絲以起之, 樂乃作, 亦唐以來如是, 非古所謂合止柷敔也.

악부樂部에 박자를 빠르게 해서 술을 재촉하는 것이 있다. 이를 '삼대三臺'라 한다. 당나라의 학사가 이르기를 "채옹이 시서어사侍書御史에서 상서尚書로 옮기며 며칠 사이에 삼대를 두루 역임했다. 악공이 채옹이

7 백파적(白波賊) : 백파 계곡에 틀어박혀 있던 도적들을 가리키는 말.

음률을 잘 안다고 하여, 곡을 지어 그를 기쁘게 한 것이다"라고 했다. 또 처음 음악을 시작할 때 반드시 '사말장래絲抹將來'라고 말하는데, 사죽絲竹은 위에 있고 종고鍾鼓는 아래에 있어서, 사絲가 연주되어야만 음악이 시작됐던 것이다. 이는 당나라 이래로 이렇게 했던 것이지 고대에 얘기되던 '합지축어合止柷敔'[8]가 아니다.

寒食之名, 起于禁火, 拜掃之儀, 因于『禮經』. 昔者, 宗子去在他國, 庶子無廟, 孔子許望墓爲壇, 以時祭祀, 此其本也. 端午之號, 同于重九, 角黍之事, 肇于風俗. 昔日屈原懷沙忠死, 後人每年以五色絲絡粔敉而吊之, 此其始也. 後世以'五'字爲'午', 則誤矣.

한식寒食의 명칭은 불을 금한 데서 시작되었고 배소拜掃의 의식은 『예경禮經』에서 연유한다. 옛날 종자宗子가 타국에 가 있을 때는 서자庶子는 사당이 없었으므로, 공자孔子가 무덤을 바라보고 단壇을 세워서 계절마다 제사를 지내는 것을 허락했던 것이 그 시작이다. 단오端午의 호칭은 중구重九와 같으며 각서(角黍 : 웃기떡)의 일은 풍습에서 시작되었다. 옛날 굴원이 모래를 품고 충성을 위해 목숨을 바쳤으므로 후인들이 매년 오색실에 떡을 매달아 그를 애도한 것이 그 시작이다. 후세에 '오五'자를 '오午'로 만든 것은 잘못이다.

弈棋取一道, 人行五子, 謂之'蹙融.' '融'者, 戎也, 生于黃帝蹙鞠戎旅

8 합지축어(合止柷敔) : 『서경』「익직(益稷)」에서 "당(堂) 아래는 관악기와 도고를 진열하고, 음악을 합하고 멈추되 축과 오로써 한다. 생과 용을 번갈아 연주하니 새와 짐승이 너울너울 춤추고, 소소를 아홉 번 연주하니 봉황이 와서 춤을 추었다[下管鼗鼓, 合止柷敔, 笙鏞以間, 鳥獸蹌蹌, 簫韶九成, 鳳凰來儀]"라고 하였다.

之間爲戱耳. 庾元規曰："蹵戎者, 今之蹵融也. 漢謂之'格五', 取五子相格之義以名之耳." 樗蒱起自老子, 今謂之'呼盧', 取純色而勝之之義以名之耳.

바둑은 하나의 도를 취하고 있으며 사람이 오자(五子 : 오목)를 운행하는 것을 '축융蹵融'이라 한다. '융融'이란 '융戎'이며, 황제가 군사들 사이에서 축국蹵鞠을 하며 놀이를 한 데에서 생겨났다. 유량庾亮이 이르기를 "축융蹵戎이란 지금의 축융蹵融이다. 한나라 때는 '격오格五'라고 했는데, 다섯 사람이 서로 공격한다는 의미를 취하여 명명한 것이다"라고 했다. 저포樗蒱[9]는 노자老子에게서 시작되었으며 지금은 '호로呼盧'라고 한다. 순수한 빛깔로 승리한다는 의미를 취하여 명명한 것이다.

唐開元中, 教舞馬四百蹄, 衣以文繡, 飾以珠玉, 和鑾金勒, 星橥霧駁, 俯仰赴節, 曲盡其妙. 每舞, 藉以巨榻. 杜詩云："鬪雞初賜錦, 舞馬旣登床." 初, 明皇命五方小兒, 分曹鬪雞, 勝者纏以錦段. 舞馬則藉之以榻耳. 祿山之亂, 散徙四方. 魏博田承嗣一日享軍, 樂作而馬舞不休, 以爲妖而殺之, 後人嗟其不遇. 顔太初曰："引重致遠, 馬之職也. 變其性而爲倡優, 其謂之妖而死也, 宜矣."

당 개원(開元 : 713~741) 연간에 하교를 내려 무마舞馬[10] 사백 필에게 수

9 저포(樗蒱) : 일명 쌍륙놀이다. 삼백육십 알을 3분해서 두 관(關)을 만들고, 사람이 알을 쥐고, 그 알 다섯 개만은 위가 검고 아래를 희게 해서 검은 것에 두 눈을 새기니, 이것이 '독(犢)'이다. 흰 것도 둘을 새기니 이를 '치(雉)'라 하고, 던져서 다 검은 것은 '노(盧)'가 된다. 그 '채(采)'가 십육이요, 둘이 희고, 셋이 검은 것은 '치(雉)'니, 그 치가 십사요, 둘이 검고 셋이 흰 것은 '독(犢)'이니, 그 '채'가 십이요, 다 흰 것은 '백(白)'이라 하니, 그 '채'가 팔이다. 넷은 '귀채(貴采)'라 하고, 여섯은 '잡채(雜采)'라 한다.

10 무마(舞馬) : 『명황잡록(明皇雜錄)』에 다음과 같은 이야기가 전한다. "임금이 말 백 필을 뽑아 춤을 가르쳤는데 좌우부(左右部)로 분류하여 각기 '모가(某家)의 교마(驕馬)'라는

를 놓은 옷을 입히고, 구슬로 장식하고, 방울을 달고, 또 황금 굴레를 씌워 별빛 찬란하고 안개가 엇갈리는 중에 곡조에 맞춰 구부렸다 펴면서 갖가지 오묘함을 다 뽐내게 했다. 또한 춤을 출 때면 큰 걸상을 깔게 했다. 두보의 시에서 "싸움닭에게 처음 비단을 하사하고, 춤추는 말은 벌써 걸상에 올랐다[鬪雞初賜錦, 舞馬旣登床]"라고 했다. 애초에 현종은 오방五方의 어린아이에게 명하여 무리로 나뉘어 닭싸움을 하게 해서 승리한 닭에게는 비단을 두르게 했다. 무마인 경우는 걸상을 깔게 했다. 안록산의 난리 때 모두 사방으로 흩어졌는데, 위박魏博과 전승사田承嗣가 하루는 군인들에게 잔치를 베풀었다. 그런데 음악이 시작되고 나서 말의 춤이 멈추지 않자 요사스럽다고 하여 죽여 버려서 후인들이 그 불우함을 안타까워했다. 안진경이 이르기를 "무거운 짐을 끌고 먼 곳을 가는 것은 말의 직분인데, 그 본성을 변모시켜 배우로 만들었으니, 요사스럽다하여 죽이는 것은 당연하다"라고 했다.

余年十五時, 感傷寒, 至六七日, 困重將斃, 父母環而泣之. 忽夢二皂持馬呼余乘之, 自成武東北, 道濟兗郡縣, 直抵嶽祠. 入西偏門, 列諸曹院, 至一所, 見紫衣人據案云 : "爾安得殺某." 命取鏡燭之, 非是, 遣余去. 若一僧相引, 巡觀諸院, 囚徒甚衆. 旣而復出廟門, 二皂持馬在焉. 已據鞍, 於街東民居若茶肆者, 覩胥吏十輩, 內一人乃姑丈惠澤, 字愼

명칭을 붙였고 그 곡(曲)은 '경배악(傾杯樂)'이라 하여 열 곡이나 된다. 말들에게는 다 금수(錦綉)로 옷을 지어 입히고 금(金)으로 고리를 만들어 갈기 위에 장식했다. 풍악이 시작되면 말들이 머리를 들고 꼬리를 치면서 종(縱)으로 횡(橫)으로 음절을 맞췄다. 또 삼중(三重)의 목탑(木榻)을 설치한 다음, 말들을 그 위에 올려놓고 빙빙 돌면서 그 묘(妙)를 더욱 다하게 했다. 안록산이 입경(入京)하여 그 말 수십 필을 범양(范陽)으로 몰아갔고, 안록산이 패한 뒤에는 그 말들은 전숭사(田崇嗣)의 군軍으로 들어갔다. 그 말들이 춤추는 재주를 가진 줄은 다들 알지 못했다. 하루는 큰 잔치를 베풀고 풍악이 시작되었다. 말들이 풍악 소리를 듣고 춤을 추자 말 다스리는 사람이 요사스럽다 하여 쳐서 죽이기에 이르렀다."

微, 亟下馬揖之. 渠已蔽身簾箔間, 挽而出之, 問何似, 且云："姑丈棄世數年矣, 安得在此爲吏?" 渠唯唯. 叩之主何事, 曰戶案. "還知某之壽命有官祿否乎?" 曰："非某所司. 然嘗竊見之, 公有年在, 他日當來作監河侯." 乃相別上馬, 復遵舊塗歸焉. 至城北, 墮一池, 颯然寤, 汗出遍體, 而疾去矣. 嘗誌之. 豈余不偶于世, 而將官于地下乎. 今潦倒流離, 從人貸粟, 生不爲監河侯, 而死乃爲之, 可發一笑.

내가 열다섯 살 때, 감기가 6~7일 동안 계속돼 병이 위중해서 곧 죽을 지경이 되자 부모님이 둘러앉아 우셨다. 이때 나는 갑자기 꿈을 꾸었다. 두 사람의 역군이 말을 붙잡고 나를 불러 타게 한 뒤, 성무成武 동북東北에서 출발해 제연濟兗의 군현郡縣을 지나 바로 악사嶽祠에 도달했다. 서쪽 편문偏門으로 들어가 조원曹院을 지나서 한곳에 이르니, 붉은 옷을 입은 사람이 책상을 앞에 두고 이르기를 "네가 어떻게 아무개를 죽일 수 있느냐"라고 하고서 거울을 가져다 비춰보았다. 그러고서는 '아니구나'라고 하며 나를 보내주었다. 그리고 한 사람의 승려가 인도하여 제원諸院을 다니며 보여주는데 죄수가 매우 많았다. 이윽고 사당 문을 나서자 두 역군이 말을 데리고 있었다. 고삐를 잡고 거리 동쪽의 찻집처럼 생긴 민가에서 십여 명의 서리胥吏를 만났다. 그중에 한 분은 바로 고장(姑丈 : 고모부)이신 혜택惠澤, 자字가 신미愼微인 분이었다. 나는 속히 말에서 내려 읍을 했다. 그가 이미 주렴 사이에 몸을 가리고 있어 나는 그를 끌어당겨 나오게 하고 어떻게 지내셨느냐고 묻고 나서 이르기를 "고장께서는 세상을 버리신 지 몇 년이 지났는데, 어떻게 이곳에서 관리가 되었습니까?"라고 하자, 그는 그렇게 됐다라고 했다. 무슨 일을 주관하느냐고 또 묻자 호안(戶案 : 호구 대장)일을 한다고 했다. "제 수명이 적힌 관록官祿이 있는지 아십니까?"라고 묻자 말하기를 "내가 관장하는 일은 아니다. 하지만 일찍이 살며시 보았더니, 공은 아직 세월이 남아있으며 훗날 이곳에 와서 감하후監河侯[11]가 될 것이다"라고 했다. 서로 헤어진 뒤, 나는 말을 타고 다시 옛길을 따라 돌아오다 성문 쪽에 이르러 연못에 빠졌다. 그 순간, 잠에서 깨었는데 땀이 온 몸에 나면서 병이 사라졌다. 일찍이 이 내용을 기록했었는데, 혹시 내가 이 세상에서는 불우하고 장차 저승에서 관직 생활을 한단 말인가. 지금 삶에서 뒤처지고 떠돌아다니며 남에게 곡식이나 빌려 먹고 있는데, 살아서는 감하후가 못 되고 죽어서야 된다니 참 웃을 일이다.

新官倂宿, 謂之'爆直', 或云'豹直.' 南山有文豹, 霧雨七日不下食者, 欲以澤其毛衣, 而成其文章. 取豹伏之象, 非爆迸之義.

새로 임명된 관리가 함께 숙직하는 것을 '폭직爆直' 또는 '표직豹直'이라고 한다. 남산南山에 무늬를 가진 표범이 있었는데, 안개비가 내리는 칠 일 동안 내려와서 밥을 먹지 않았다. 그 털을 윤택하게 하여 무늬를 완성하고 싶어서였다. 이는 표범이 엎드린 형상을 취한 것이지, 갑자기 솟는다는 의미가 아니다.

杜牧詩云 : "南朝四百八十寺, 多少樓臺烟雨中." 帝王所都, 而四百八十寺, 當時已爲多, 而時人侈其樓閣臺殿焉. 近世二浙・福建諸州, 寺院至千區, 福州千八百區. 秔稻桑麻, 連亙阡陌, 而游惰之民, 竄籍其間者十九. 非爲落髮修行也, 避差役爲私計耳. 以故居積貨財, 貪毒酒色, 鬪毆爭訟, 公然爲之, 而其弊未有過而問者. 有識之士, 每歎息于此.

11 감하후(監河侯) : 돈이나 곡식을 빌려 주는 사람을 뜻한다. 『장자』 「외물(外物)」에서 "장주(莊周)가 집이 가난해서 감하후에게 곡식을 꾸러 갔다[莊周家貧 故往貸粟於監河侯]"라고 하였다.

두목의 시에서 "남조南朝의 사백팔십 군데 절, 안개와 빗속에 누대들이 잠겼다[南朝四百八十寺, 多少樓臺煙雨中]"라고 했다. 제왕의 도읍지에 있는 사백팔십 개의 사찰은 당시에도 이미 많은 것이었는데, 시인은 그 누대와 전각을 호사스럽게 표현하고 있다. 근래 두 절강浙江과 복건福建의 여러 주에 사원이 천 개에 이르고 복주福州는 천팔백 개나 된다. 벼와 뽕나무와 삼을 심은 밭들이 죽 이어져 있고 게으르게 놀고먹으면서 그곳에 적을 숨기고 지내는 이들이 열 가운데 아홉이다. 이는 삭발을 하고 수행하려는 것이 아니라 공역을 피하려고 사적으로 적을 숨기는 것이다. 이 때문에 재화를 쌓아두고 주색을 탐하며 공공연히 싸우고 다투지만 그 폐해를 찾아서 묻는 자가 없어서 식자들이 언제나 안타까워하고 있다.

盧秉侍郎, 嘗爲江南郡掾, 于傳舍中題詩云："青衫白髮病參軍, 旋糶黃粱置酒樽. 但得有錢留客醉, 也勝騎馬傍人門." 王荊公見而稱之, 立薦于朝, 不數年登貳卿. 近時韓駒待制·董耘尚書以詩文見知貴近, 聞于天子, 自諸生三四年至法從. 嗚呼, 士有片文隻字, 而遭遇如此者.

시랑侍郎 노병盧秉이 일찍이 강남군江南郡에 관리로 있었다. 그가 전사傳舍[12]에서 쓴 시에서 "푸른 소매에 백발의 병든 참군參軍이, 이내 황량黃粱을 팔아 술을 마련한다. 돈이 있으면 객을 붙잡고 취하는 것이, 말을 타고 남의 집 문 기웃거리는 것보다 낫다[青衫白髮病參軍, 旋糶黃粱置酒樽. 但得有錢留客醉, 也勝騎馬傍人門]"라고 하였다. 왕안석이 이 시를 보고 칭찬하며 바로 조정에 추천했고, 몇 년이 안돼서 이경(貳卿 : 시랑侍郎)

12 전사(傳舍) : 역관(驛館)을 말한다. 한나라의 합관요(蓋寬饒)가 당시의 귀족인 허백(許伯)이 새 집을 지은 낙성식(落成式)에 가서 새 집을 쳐다보며 "부귀는 무상하여 문득 사람을 바꾸는 것이다. 비유컨대 전사(傳舍)와 같아서 사람을 많이 겪을 것이다"라고 하였다.

에 올랐다. 근래에 대제待制 한구韓駒와 상서尙書 동운董耘이 시문으로 고관들에게 이름을 알리고, 이것이 천자에게까지 알려져 제생諸生에서부터 시작해 3~4년 만에 법종法從[13]에 이르렀다. 아, 식자가 한 조각 글과 글 한 자만 가지고서도 이와 같이 때를 만나는구나.

靖康元年冬十一月, 虜騎長驅薄王畿,① 無一障之阻. 春, 爲城下盟, 歸渡大河, 莫或邀擊. 余竊料其知我無謀, 審我無勇, 必且再至. 冬十月, 作「將歸賦」, 以書投胡少汲, 欲求侍養. 公以啓事見答曰 : “伏承主簿秘書, 寵以華牋, 副之佳什, 屬詞近古, 陳義甚高. 橫槊賦詩, 不廢軍中之樂, 登高舒嘯, 少賒社下之歸. 祝頌之深, 敷染奚旣.” 遂堅留在帥幕下. 數日, 淵聖手詔沓至, 曰 : “金人分兩道深入, 必犯京師, 卿可提所部兵, 前來捍虜.”② 又曰 : “金人分兩道深入, 已渡大河, 卿可將見在兵, 速來赴援.” 公卽日出次于郊, 不三四日, 遇敵于杞, 力戰敗績. 余傷之以詩曰 : “選將他年重, 作師此日難. 傷心関東道, 白首戴南冠.” 公宿儒, 戎事非長, 庶幾以禮與人相終始者.

① ‘虜騎’, 原作‘金人’, 據『百川』本改.

② ‘虜’, 原作‘禦’, 據『百川』本改.

정강靖康 원년(1126) 겨울 11월에 오랑캐가 대량의 기마병을 이끌고 왕기(王畿 : 수도)를 침략했는데, 방어막이 전혀 없었다. 봄에 그들이 성 아래에서 맹약을 맺고 대하大河를 건널 때도 맞이해 공격하는 이가 없었다. 내가 살며시 헤아리기를, 우리가 계책과 용기가 없는 것을 그들이 알아서 반드시 다시 쳐들어올 것이라 생각했다. 겨울 10월에 「장귀부將歸賦」를 지어 호소급胡少汲에게 전하여 부모님을 모시고 봉양하려

13 법종(法從) : 법에 맞춰 따른다는 뜻으로 황제를 가까이서 모시는 근신을 가리킨다.

고 했다. 그때 공이 계사啓事[14]로 답장을 보내기를 "삼가 주부主簿의 비서秘書를 받으니, 화려한 글로 사랑을 보이고 아름다운 문장을 덧붙이셨는데, 말이 옛것에 가깝고 펼친 의의가 매우 높습니다. 창을 가로들고 시를 지어 군중軍中의 즐거움을 없애지 않고 높은 곳에 올라 휘파람을 불며 벗들과의 모임으로 돌아가는 것을 조금이나 갚합니다. 깊이 송축하는 마음에 물들어가는 것이 어찌 끝이 있겠습니까"라고 하였다. 그리고 마침내 강력하게 만류해서 나는 장수의 막하幕下에 있게 되었다. 며칠 뒤에 연성(淵聖 : 송나라 흠종)이 손수 쓴 답지遝至에서 "금나라 군사가 두 길로 나누어 깊이 침입해서 반드시 경사를 침범할 터이니, 경은 병사들을 이끌고 미리 와서 오랑캐를 막으라"라고 하고, 또 "금나라 군사들이 두 길로 나누어 깊이 쳐들어와서 이미 대하를 건넜으니, 경은 현재의 병사들을 이끌고 속히 와서 구원하라"라고 했다. 공은 즉시 교외로 나갔고 삼사 일이 안 돼 기杞에서 적을 만나 힘껏 싸웠으나 패하였다. 내가 시를 지어 슬픔을 토로하기를 "훗날 장수 선발한 것이 중요할 것이나, 이날 군사가 되기는 어렵구나. 서글픈 마음에 동쪽 길을 걱정하며, 백발에 남관南冠[15]을 썼다(選將他年重, 作師此日難. 傷心閔東道, 白首戴南冠)"라고 했다. 공은 노숙한 유학자로서 융사(戎事 : 군사軍事)는 잘하지 못했다. 이는 예절로 사람과 끝까지 사귄 경우이다.

① '虜騎'는 원래 '金人'으로 돼 있었는데 『백천학해』본에 의거하여 고쳤다.

② '虜'는 원래 '禦'로 돼 있었는데 『백천학해』본에 의거하여 고쳤다.

---

14 계사(啓事) : 사실을 진술하는 글로, 일반적으로 아랫사람이 윗사람에게 올릴 때 사용한다.

15 남관(南冠) : 초(楚)나라의 관인데, 감옥에 갇혀 있는 사람을 말한다. 『좌전(左傳)』「성공9년(成公九年)」조 : "진후(晉侯)가 군부(軍府)를 순시하다가 종의(鍾儀)를 보고서 유사(有司)에게 '남관(南冠)을 쓴 채 묶여 있는 자가 누구냐?'라고 물으니, 유사가 '정인(鄭人)이 잡아 바친 초수(楚囚)입니다'라고 하였다(晉侯觀于軍府, 見鍾儀, 問之曰 : '南冠而縶者, 誰也?' 有司對曰 : '鄭人所獻楚囚也')"에서 유래한다.

外祖陳公大雅, 爲人剛果, 文章似之. 再擧不第, 裂冠文身, 示不復踐場屋. 能詩, 爲淸獻趙公所知, 逾八十乃死. 死翌日復蘇, 索筆題詩曰: "胡柳陂中過, 令人念戰功. 兵交千騎沒, 血染一川紅. 朱氏皆豚犬, 唐家盡虎龍. 壯圖成慷慨, 擲劍向西風." 題畢乃逝. 味其言, 豈葛從周·王彦章之徒與. 英雄之氣, 毅然猶在也.

외조外祖 진대아陳大雅공은 인품이 강건하고 과감했으며 문장도 유사했다. 재차 과거를 응시했으나 급제하지 못하자, 관冠을 찢고 몸에 문신을 하고서 다시는 과거장을 밟지 않을 것임을 내비쳤다. 시에 능해서 조변공으로부터 인정을 받았으며 팔십 세를 지나 생을 마쳤다. 그런데 돌아가신 지 이틀 만에 다시 소생하셔서 "호류피胡柳陂를 지나오노라니, 사람에게 전공戰功을 생각하게 한다. 싸움에서 일천 기騎가 몰살하여, 피로 강물이 붉게 물들었다. 주씨朱氏는 모두 돼지와 개가 되고, 당나라 집안은 모두 범과 용이 되었다. 장대한 계책 앞에 강개에 젖어, 칼을 던지고 서풍을 향한다[胡柳陂中過, 令人念戰功. 兵交千騎沒, 血染一川紅. 朱氏皆豚犬, 唐家盡虎龍. 壯圖成慷慨, 擲劍向西風]"라는 시를 쓰시고 나서 세상을 떠나셨다. 그 시어를 음미해보면 갈종주葛從周[16]·왕언장王彦章[17]과 같은 분이신 건가? 영웅의 기개가 꿋꿋하게 살아있는 듯하다.

陳無己先生語余曰: "今人愛杜甫詩, 一句之內, 至竊取數字以髣像

16 갈종주(葛從周): 당나라 때 사람으로 자는 통미(通美)이고, 복주(濮州) 견성(鄄城: 지금의 산동성)사람이다. 처음엔 황소(黃巢)의 농민군 가운데 일개 군교(軍校)였으나, 당 중화(中和) 4년(884)에 주온(朱溫) 등이 왕만도(王滿渡)에서 황소의 군대를 대패시키자 주온에게 투항한 뒤 누차 전공을 세웠다. 그러나 주온은 스스로 황제라 칭한 후 갈종주에게는 일개 한직을 주었다.

17 왕언장(王彦章): 오대(五代)시대 후량(後梁)의 명장으로 자는 현명(賢明)이고 호는 철창(鐵鎗)이다. 행영(行營)의 선봉이 되어 철창을 사용하는 것이 몹시 빨랐으므로 군중(軍中)에서 왕철창(王鐵鎗)이라고 불렀다.

之, 非善學者. 學詩之要, 在乎立格命意用字而已." 余曰 : "如何等是?" 曰 : "「冬日謁玄元皇帝廟」詩, 敍述功德, 反復外意, 事核而理長, 「閬中歌」, 辭致峭麗, 語脈新奇, 句淸而體好, 玆非立格之妙乎.「江漢」詩, 言乾坤之大, 腐儒無所寄其身, 「縛雞行」, 言雞蟲得失, 不如兩忘而寓于道, 玆非命意之深乎. 「贈蔡希魯」詩云 : '身輕一鳥過', 力在一過字, 「徐步」詩云 : '蕊粉上蜂鬚', 功在一上字, 玆非用字之精乎. 學者體其格, 高其意, 鍊其字, 則自然有合矣, 何必規規然髣像之乎."

진사도 선생이 내게 말씀하시기를 "지금 사람들은 두보의 시를 사랑하여 한 구절 안에서 몇 글자만 살며시 취하여 모방하기까지 한다. 이는 공부 잘하는 사람의 짓이 아니다. 시를 배우는 요체는 격을 세우고 의의를 명명하고 글자를 사용하는 데 있을 뿐이다"라고 하였다. 내가 "어떻게 해야 이에 다가갈 수 있습니까"라고 묻자, 말씀하시기를 "「동일알현원황제묘冬日謁玄元皇帝廟」는 공덕을 서술하고 있는데, 내적 의미를 반복해 음미하면 사실이 분명해지고 내용이 유장하며, 「낭중가閬中歌」는 시어가 드높고 미려하며 언어의 맥이 신기하여 구절이 맑고 본체가 좋다. 바로 이것이 격을 세우는 오묘함이 아닌가? 「강한江漢」은 건곤의 위대함을 이야기하여 썩은 선비들이 그 몸을 붙일 곳이 없는 것이며, 「박계행縛雞行」은 닭과 벌레의 득실에 대해 이야기하여, 둘 다 있고 도에 기탁함만 못함을 나타내고 있으니, 이것이 의의를 명명한 심오함이 아니겠는가? 그리고 「증채희로贈蔡希魯」에서 '몸 가벼운 한 마리 새가 지나간다[身輕一鳥過]'는 중심이 '과過'에 있으며, 「서보徐步」에서 '꽃술의 분이 봉의 수염에 붙었네[蕊粉上蜂須]'는 주안점이 '상上'에 있다. 바로 이것이 글자 사용의 정밀함이 아니겠는가. 학자가 그 격을 취득하고 그 의미를 고상하게 하고, 그 글자를 단련한다면 저절로 부합될 터인데, 어찌 굳이 구구하게 본뜰 것이 있겠는가"라고 하였다.

王臨川詩云："細數落花因坐久, 緩尋芳草得歸遲." 此與杜詩"見輕吹鳥毳, 隨意數花鬚", 命意何異. 余詩云："雲移鳥滅沒, 風霽蝶飛翻", 此與東坡"飛鴻羣往, 白鳥孤沒", 作語何異. 玆可爲知者道, 不可與愚者說也.

왕안석의 시에서 "떨어진 꽃을 하나하나 세느라 오랫동안 앉아있고, 아름다운 풀들을 찾아 나서느라 돌아갈 길 늦는다[細數落花因坐久, 緩尋芳草得歸遲]"라고 했는데, 이는 두보 시의 "가벼운 것을 볼 때는 솜털 같은 새 깃을 불어보고, 마음 가는 대로 꽃의 수염을 세어본다[見輕吹鳥毳, 隨意數花須]"의 명명된 의의와 무엇이 다른가. 나의 시에서 "구름이 옮겨가며 새가 사라지고, 바람이 그치며 나비가 펄럭인다[雲移鳥滅沒, 風霽蝶飛翻]"라고 했는데, 이는 소식의 "나는 기러기는 무리지어 가고, 흰 새는 홀로 사라진다[飛鴻羣往, 白鳥孤沒]"의 시어와 무엇이 다른가? 이는 아는 사람에게 말할 수 있는 것이지, 우매한 사람과는 이야기할 수 없다.

余挈家過吳江, 有詞云："垂虹亭下扁舟住, 松江烟雨長橋暮. 「白紵」聽吳歌, 佳人淚臉波. 勸傾金鑿落, 莫作思家惡. 綠鴨與鱸魚, 如何可寄書." 有士人覽之曰："不聞鴨解附書, 云何言鴨." 余不答. 信乎柳子厚云："作之難, 知之又難." '雌霓'之賞爲少也.

내가 가솔을 이끌고 오강吳江을 지날 때 지은 글에서 "수홍정垂虹亭 아래 조각배가 머물 때, 송강松江 안개비에 긴 다리 위로 석양이 내렸다. 「백저白紵」는 오나라 노래를 듣고 가인佳人은 뺨에 눈물이 흐른다. 술잔 기울일 것을 권하자 황금이 떨어지나니, 집안 생각에 고심하는 태도를 짓지 말라. 기러기와 노어鱸魚에게, 어떻게 편지를 부칠 수 있겠는가[垂虹亭下扁舟住, 松江煙雨長橋暮. 「白紵」聽吳歌, 佳人淚臉波. 勸傾金鑿落,

莫作思家惡. 綠鴨與鱸魚, 如何可寄書]”라고 했다. 어느 식자가 이를 보고 “기러기가 편지를 부친다는 말을 듣지 못했는데, 왜 기러기를 말하는 것이오?”라고 했으나 나는 대답하지 않았다. 정말로 유종원이 말한 것처럼 “짓기도 어렵지만 아는 것도 어려운” 것이어서 ‘자예雌霓’[18]를 감상할 사람이 많지 않은 것이다.

晁元升作「田直儒墓表」云 : “故承議郎田君旣葬八年, 其連姻宣德郎晁端智來治玆城, 拜君墓下, 感松檟就荒, 阡陌蕭然, 謂其里人曰 : ‘君有德于爾鄕, 而不加敬, 其流風餘烈, 尙接人耳目, 而封域遽至此. 況歷世之久, 拱木盡矣, 宜無有知者, 奈何.’ 乃屬其族兄晁端中爲文以表之.” 將托于金石, 未刻也. 無咎見之, 意若未快, 曰 : “敢以一字易叔父之未安者乎.” 曰 : “云何.” 曰 : “欲換連姻二字爲婭, 可否.” 蓋姊妹之夫曰‘婭’也.

조단중이 지은 「전직유묘표田直儒墓表」에서 “고故 승의랑承議郞 전군田君이 장사지낸 지 팔 년 뒤에, 그의 사돈인 선덕랑宣德郞 조단지晁端智가 이 성을 맡아 다스리며 군의 무덤 아래서 절을 올릴 때, 소나무와 개오동나무가 거칠어지고 언덕배기가 쓸쓸한 것을 안타까워하며 그 마을 사람들에게 일렀다. ‘군(조단중)은 그대들 고향에 덕을 세웠는데도 공경을 하지 않고, 그 기풍과 공로가 아직도 사람들의 귀와 눈에 남아 있는

18 ‘자예(雌霓)’ : 성운(聲韻)에 대해 잘 아는 것을 말한다. 『양서』 「왕균전(梁書王筠傳)」에서 “심약이 「교거부(郊居賦)」를 지을 때 한참을 구상하다 아직 전체를 완성하기 전에 왕균에게 그 초고를 보이자 왕균이 ‘자역연권(雌霓連蜷)’(역(霓)은 오격반(五激反)=‘격’으로 평성임)이라고 읽자 심약이 무릎을 치며 기뻐하기를 ‘나는 항상 사람들이 예(霓 : 오계반(五雞反)=‘예’로 측성임)로 읽을까 걱정이었다’ …… 심약이 ‘음을 아는 자가 드물어 진정한 감상자는 거의 끊어졌다. 내가 요구하는 것은 바로 이 몇 구절에 있다[約制「郊居賦」, 構思積時, 猶未都畢, 乃要筠示其草. 筠讀至‘雌霓(五激反)連蜷’, 約撫掌欣抃曰 : ‘僕常恐人呼爲霓(五雞反).’ ……約曰 : ‘知音者希, 眞賞殆絶. 所以相要, 政在此數句耳]”라고 했다.

데 묘역이 이 지경에 이르렀다. 더구나 세월이 흘러 나무가 아름드리가 되면 의당 아는 사람이 없을 터인데 이를 어찌해야겠는가?'라고 하고, 그 족형族兄 조단중에게 부탁하여 글을 지어 명성을 알리게 했다"라고 했다. 이를 금석金石에 새기려했으나 미처 못 새기고 있었는데, 조보지가 이 내용을 보고 유쾌해하지 않으며 "감히 숙부의 온당치 못한 부분에서 한 글자를 바꾸려합니다"라고 하여 "어떤 것인가"라고 하니, "연인連姻 두 글자를 아婭로 바꾸고 싶은데 그렇게 해도 되겠습니까"라고 했다. 자매의 남편을 '아婭'라고 하기 때문이었다.

唐周邯自蜀買奴, 曰水精, 善沉水, 乃昆侖奴之屬也. 邯疑瞿塘之險, 必有怪, 使水精入之. 久乃出, 曰 : "下有關, 不可渡." 得珠貝而還. 每遇潭洞, 多令探求, 輒得珍寶, 至汴, 或云八角井有神龍, 時遊水面, 意有頷下物. 復使覘之, 經夕始出, 躍于井口, 有金爪挐而入焉, 遂亡奴. 又有農夫耕地得劍, 磨洗適市, 值賈胡, 售以百千, 未可. 至百萬, 約來旦取之. 夜歸語妻子 : "此何異而價至是." 庭中有石, 偶以劍指之, 立碎. 詰旦, 胡人載鏹至, 則歎叱曰 : "劍光已盡." 不復買. 農夫苦問之, 曰 : "此是破山劍, 惟可一用, 吾欲持之破寶山耳." 農夫惋恨, 旬月不能已. 余有詩云 : "采玉應求破山劍, 探珠仍遣水精奴." 用此事耳.

당나라 주감周邯이 촉蜀으로부터 수정水精이란 종을 사왔다. 수영을 잘했는데, 원래 곤륜노昆侖奴[19]의 하나였다. 주감이 험난한 구당협瞿塘峽에 반드시 괴물이 있으리라 의심하여 수정에게 들어가 보게 했다. 그가 들어간 뒤 한참 있다가 물 밖으로 나와서 "아래에 관문이 있어 건너갈 수가 없습니다"라고 하며 구슬과 조개를 구해서 돌아왔다. 깊은 물

19 곤륜노(昆侖奴) : 외국인 출신의 '예속인(隸屬人)'을 지칭하던 용어로 곤륜노, 주유(侏儒 : 왜노(矮奴)), 사속(私屬) 등이 있다.

을 만날 때마다 주감은 수정으로 하여금 물속을 탐지하게 해서 보물을 얻곤 했다. 변汴에 이르렀을 때는 어떤 사람이 팔각정八角井에 신룡神龍이 살아서 이따금 수면을 유영하는데 턱 아래 물체(여의주)가 있는 듯하다고 했다. 그래서 또 수정으로 하여금 살펴보게 했는데, 밤이 지나서야 그가 물 밖으로 나와 막 샘 위로 뛰어오를 즈음에 황금 발톱이 그를 낚아채 물속으로 들어갔다. 결국 종을 잃어버린 것이다. 또 어떤 농부가 밭을 갈다가 검을 주워서 잘 갈고 씻어 시장에 나갔다가 호胡라는 상인을 만났다. 상인이 많은 돈을 주고 사겠다고 했으나 농부가 안 된다고 하자, 상인은 백만금을 주기로 하고 다음날 아침 와서 매입하기로 약속을 했다. 밤에 농부가 집에 돌아가 아내에게 이야기하기를 "이것이 뭐가 특별하다고 이렇게까지 값이 나가는가?"라고 했다. 마침 마당 위에 돌이 있어서 농부가 우연히 검으로 돌을 가리키자 바로 부서져버렸다. 아침이 돼 상인이 돈 꾸러미를 들고 와서는 안타깝게 꾸짖으며 이르기를 "검광劍光이 이미 다 사라져버렸다"라고 하고 더 이상 살 뜻을 보이지 않았다. 농부가 까닭을 굳이 묻자 이야기하기를 "이것은 산을 깨뜨리는 검으로, 오직 한 번만 쓸 수 있다. 나는 이것을 가지고 보물이 있는 산을 깨뜨리려고 했었다"라고 했다. 농부가 한 달여 동안 안타까움을 금치 못했다. 내가 지은 시에서 "옥을 채취할 때는 응당 파산검破山劍을 구해야하고, 구슬을 탐지할 때는 수정노水精奴를 보내야 한다[采玉應求破山劍, 探珠仍遣水精奴]"라고 한 것은 이 고사를 인용한 것이다.

杜詩云 : "虎氣必騰上, 龍身寧久藏." 「蕃劍」詩也. 世傳虎丘常有劍氣, 狀如虎, 延津劍躍化爲龍也. 晋元康三年, 武庫火, 咸見漢高祖斬白蛇劍穿屋壁飛去. 許眞人令旌陽, 有蛟害人,① 投劍斬之. 至唐復出, 漁者網而獲之. 又武勝之知靜江縣事, 忽于灘中見雷公踐微雲逐一小蛇,勝之以石投焉，得一銅劍，有文曰"許旌陽斬蛟第三劍"云．余作劍詩曰："蛇蛟已盡定飛去，雷電欻驚重下來．"

① '蛟'，原作'蛇'，據『百川』本改．

두보의 시에서 "호랑이의 기는 반드시 위로 올라가나니, 용의 몸이 어찌 오랫동안 숨어있겠는가[虎氣必騰上，龍身寧久藏]"라고 한 것은 「번검蕃劍」에 관한 것이다. 전하는 말에 의하면, 호구虎丘에는 언제나 검의 기운이 있는데 모양이 호랑이를 닮았으며 연진검延津劍[20]이 뛰어올라 용으로 변화한 것이라고 한다. 진晉 원강元康 3년(293)에 무기고에 불이 났을 때는 한 고조가 백사를 베었던 칼이 집 벽을 뚫고 날아가는 모습을 많은 사람들이 보았다. 허진인許眞人이 정양旌陽을 시켜 교룡이 사람을 해친다고 하여 검을 던져 죽이게 했다. 당나라 때 이르러 그 검이 다시 출현하자 어부가 그물을 던져 포획했다. 또 무승지武勝之가 정강현靜江縣을 맡아 다스릴 때, 여울 속에서 갑자기 뇌공雷公이 엷은 구름을 타고 작은 뱀을 뒤쫓는 것을 보았다. 무승지가 돌을 던져 동검 하나를 얻었는데 "허정양참교제삼검許旌陽斬蛟第三劍"이라는 문양이 새겨져 있었다. 내가 이 검에 대해 지은 시에서 "뱀과 교룡이 이미 다 날아가 버렸거늘, 우레와 번개가 섬광을 일으키며 다시 내려갔다[蛇蛟已盡定飛去，雷電欻驚重下來]"라고 했다.

① '蛟'는 원래 '蛇'로 돼 있었는데 『백천학해』본에 의거하여 고쳤다.

20 연진검(延津劍) : 진(晉)나라 때 뇌환(雷煥)이 용천(龍泉)과 태아(太阿)라는 두 보검을 얻어 그중 하나를 장화(張華)에게 주었는데, 후에 장화가 주살당하자 그 칼의 소재를 알 수 없게 되었다. 뇌환이 죽은 뒤 그 아들이 칼을 가지고 연평진(延平津)을 지날 때 칼이 갑자기 손에서 벗어나 물에 떨어졌다. 사람을 시켜 물속을 찾게 하였더니, 두 마리 용이 서리어 있을 뿐이고 보검은 보이지 않았다고 한다. 이것을 '연진검합(延津劍合)' 또는 '연진지합(延津之合)'이라 하여, 다시 합하게 되는 인연이나 부부가 죽은 뒤 합장하는 것을 비유한다. 『진서(晉書)』 권36 「장화전(張華傳)」.

開元中, 河西將宋青春驍猛, 虜畏之.① 西戎犯邊, 每戰運劍大呼, 執馘而旋, 未嘗中鋒鏑. 後獲吐蕃主帥, 問曰:"衣大蟲皮者, 爾輩何不能害." 曰:"常見青龍突陣而來, 兵刃所及, 如擊銅鐵, 我以爲神助將軍也." 乃知劍之異. 澶淵之役, 安牀子弩于城上, 使卒守之, 困著弩邊, 忽寤驚起, 擊而發之, 遂中敵酋, 軍退. 余曾戲作詩曰:"牀弩天誅韓闥覽, 劍鋒神助宋將軍."

① '虜', 原作'敵', 據『百川』本改.

개원 연간에 하서河西의 장군 송청춘宋青春이 날래고 용맹스러워서 오랑캐들이 두려워했다. 서융西戎이 변방을 침략해 그들과 싸울 때마다 송청춘은 검을 휘두르고 크게 소리쳐 적의 괴수를 붙잡아 돌아왔다. 이처럼 일찍이 적을 무찌르지 않은 적이 없었다. 나중에 토번吐蕃의 장수를 포획한 뒤, 묻기를 "큰 벌레의 가죽을 입은 자를, 너희는 어찌 해치지 못하는가"라고 하자 "언제나 청룡青龍이 진지를 뚫고 쳐들어와, 칼날이 닿을 때는 마치 동과 철을 치는 듯하니, 나는 신이 장군을 돕는 것으로 생각했소"라고 했다. 송청춘의 검술이 남달랐음을 알 수 있다. 단연澶淵의 전투에서는 상자노牀子弩[21]를 성 위에 안치해 두고 병사에게 지키게 한 뒤, 노쇠 옆에서 피곤에 지쳐 잠을 자다가 불현듯 잠에서 깨었다. 그러고서 노쇠를 격발시켜 마침내 적의 추장을 맞추자 적군이 물러났다. 내 일찍이 농담 삼아 시은 시에서 "상자노牀子弩로 하늘이 한달람韓闥覽을 베고, 검의 날로 신이 송장군宋將軍을 도왔다[牀弩天誅韓闥覽, 劍鋒神助宋將軍]"라고 했다.

① '虜'는 원래 '敵'으로 돼 있었는데 『백천학해』본에 의거하여 고쳤다.

---

21 상자노(牀子弩) : 나무 시렁 위에 설치된 대형 노쇠. 상자노(床子弩)라고도 한다.

韓嫣以佞倖竊富貴, 作金彈射飛鳥, 長安人常逐之, 曰 : "苦饑寒,① 逐彈丸." 荊山下多美玉, 居人以璞抵鵲. 符載蓄寶劍, 水斷蛟龍. 他日, 截飯截而食, 劍乃頑頓. 西戎獻寶刀, 割玉如泥, 周穆王嘗藏之. 余曾戲題曰 : "射飛何必捐金彈, 抵鵲虛煩用夜光. 切玉昆吾寧刺豕, 斷蛟干越豈刲羊."

① '苦.'『百川』本作 '家.'

한언韓嫣은 아첨과 사랑으로 부귀를 훔쳤다. 그녀가 황금 탄환을 만들어 나는 새를 쏘면 장안 사람들이 언제나 그것을 뒤쫓으며 "배고픔과 추위에 고달파, 탄환을 뒤쫓는다[苦饑寒, 逐彈丸]"라고 했다. 형산荊山에는 아름다운 옥이 많아서 거주하는 사람들이 옥덩이로 까치를 막았다. 부재符載는 보검을 구한 뒤, 물에서 교룡을 갈랐는데, 훗날 밥상의 산자散截를 썰어 먹고 나서는 칼끝이 무뎌졌다. 서융이 보도를 헌상했는데 옥을 진흙처럼 베었다. 그것은 일찍이 주 목왕穆王이 소장했던 것이다. 내 일찍이 소일 삼아 지은 시에서 "나는 새를 쏠 때 어찌 굳이 황금 탄환을 사용할 필요가 있으랴, 까치를 막을 때는 부질없이 야광주夜光珠를 사용했다. 옥을 자르는 곤오昆吾[22]로 어찌 돼지를 가를 일이며, 교룡을 자른 간월干越[23]로 어찌 양을 벨 일인가[射飛何必捐金彈, 抵鵲虛煩用夜光. 切玉昆吾寧刺豕, 斷蛟干越豈刲羊]"라고 했다.

① '苦'는 『백천학해』본에 '家'로 돼있다.

---

22 곤오(昆吾) : 곤오산(昆吾山)의 광물을 제련해서 만든 보검. 옥을 자를 수 있다고 하여 '곤오할옥도(昆吾割玉刀)'라고도 불린다. 주 목왕 때 서호(西胡)가 바쳤다는 고사가 전한다. 『해내십주기(海內十洲記)』「봉린주(鳳麟洲)」.

23 간월(干越) : 오(吳)나라와 월(越)나라 지역에서 만든 검을 말한다. 『장자(莊子)』「각의(刻意)」: "무릇 간월에서 만든 검을 가진 사람은 그것을 합에 잘 넣어두고 함부로 사용하지 않는다. 매우 귀한 것이기 때문이다.[夫有干越之劍者, 柙而藏之, 不敢輕用也, 寶之至也.]"

李衛公鎭南徐，甘露寺僧有戒行，公贈以方竹杖，出大宛國，蓋公之所寶也．及公再來，問：“杖無恙否?” 僧欣然曰：“已規圓而漆之矣.” 公嗟惋彌日．余近在沿江攝帥幕，暇日與同僚遊甘露寺，偶題近作小詞于壁間云：“樓橫北固，盡日厭厭雨．欸乃數聲歌，但渺漠江山烟樹，寂寥風物三五．過元宵，尋柳眼，覓花英，春色知何處．落梅嗚咽，吹徹江城暮．脉脉數飛鴻，杳歸期東風凝佇．長安不見，烽起夕陽間，魂欲斷，酒初醒，獨下危梯去.” 其僧頑俗且瞶，愀然謂同官曰：“方泥得一堵好壁，可惜寫了.” 余知之，戲曰：“近日和尚耳明否?” 曰：“背聽如舊.” 余曰：“恐賢眼目亦自來不認得物事．壁間之題，謾圬墁之，便是甘露寺祖風也.” 聞者大笑.

이정李靖이 남서南徐를 다스릴 때, 감로사甘露寺에 계율을 지키는 승려가 있어 방죽장方竹杖을 기증했다. 그것은 대완국大宛國에서 나온 것으로 이정이 보물로 소장했던 것이다. 이정이 다시 찾아갔을 때 “지팡이는 별고 없는가?”라고 하자, 승려가 기뻐하며 이르기를 “벌써 둥글게 깎아서 칠을 했습니다”라고 하였다. 이정은 며칠 동안 안타까움을 금치 못했다. 내가 근래에 연강沿江에서 원수의 막부로 잠시 있을 때, 쉬는 날에 동료들과 함께 감로사에 놀러갔다가 우연히 근래 지은 소사小詞를 벽 위에 쓰기를 “누대는 북고산北固山을 가로지르고, 하루 내내 비가 추적추적 내린다. 뱃노래 가락 속에, 아득한 강산의 나무들은 안개에 젖고, 적막 속에 풍물이 서렸다. 원소元宵[24]를 지나, 버들눈을 찾고, 꽃술을 찾노니, 봄은 어느 곳에 있는 것인가? 지는 매화에 목이 메이며, 저물녘 강성江城에서 젓대를 분다. 저 멀리 날아가는 기러기를 세며, 저 멀리 돌아갈 때 동풍 앞에 우두커니 선다. 장안은 보이지 않고, 석양에 봉홧불 피어오르며, 넋은 끊어지려 하고, 술에서 막 깨어, 홀로 위태로운 사다리

24 원소(元宵) : 원소절. 정월 보름날을 상원일(上元日)이라 하고, 그날 밤을 원소(元宵)라 한다.

를 내려간다[樓橫北固, 盡日厭厭雨. 欸乃數聲歌, 但渺漠江山煙樹, 寂寥風物三五. 過元宵, 尋柳眼, 覓花英, 春色知何處. 落梅嗚咽, 吹徹江城暮. 脉脉數飛鴻, 杳歸期東風凝佇. 長安不見, 烽起夕陽間, 魂欲斷, 酒初醒, 獨下危梯去]"라고 했다. 그 승려는 어리석을 뿐더러 안목이 없어 걱정스레 동료 관원에게 이르기를 "이제 막 담장을 잘 치장했는데, 애석하게도 글씨를 써버렸군요"라고 했다. 내가 이 사실을 알고 장난삼아 이르기를 "요즘 스님의 귀는 밝으신지요?"라고 하자, "예전처럼 잘 들립니다"라고 했다. 내가 "훌륭하신 안목이 본디 사물을 인식하지 못하지 않으셨나 싶습니다. 벽 위에 쓴 글을 아무 생각 없이 흙으로 발라버리는 것은 감로사 조사祖師의 기풍인가 보지요?"라고 하자, 듣는 이들이 껄껄 웃었다.

晁以道贈余詩曰："春去欣搜粟, 秋來謾護軍." 以余勸率鄉人, 捐貲助國, 及募河東兵赴援也.① 又曰："「迷樓賦」就夢何處, 「雙廟」詩成淚不孤." 以余嘗作是賦, 陳古義以刺今, 及作此詩, 哀往事以傷時耳. 又曰："顧我何堪鳴玉佩, 如君不得侍金華."② 余乃戲之曰："公鳴玉佩來幾何時耶." 蓋公元祐黨人之家, 上書邪等, 禁錮不得仕二十余年, 靖康中, 始落致仕, 爲中書舍人兼太子詹事, 後得待制, 已暮齡矣.

① '河東', 『百川』本作'畿東.'

② '君', 『百川』本作'今.'

조이도가 내게 보낸 시에서 "봄이 지나자 기쁘게 이삭을 줍고, 가을 되자 하릴없이 군사를 돕는다[春去欣搜粟, 秋來謾護軍]"라고 했다. 이는 내가 고을 사람들을 권장하며 이끌고 자금을 내놓아 국가를 도운 일과, 하동河東의 병사들을 모집하여 구원에 참여한 일을 거론한 것이다. 또 "「미루부迷樓賦」를 짓고 나서 어느 곳에서 꿈을 꾸는가, 「쌍묘雙廟」 시를 완성한 뒤 눈물이 외롭지 않네"라고 했는데, 이는 내가 일찍이 그

부賦를 지을 때 옛 의의를 진술하여 현재를 풍자했고, 그 시를 지을 때는 지난 일을 슬퍼하며 당시를 안타깝게 바라봤기 때문이다. 또 "나를 돌아보면 어찌 우는 옥을 찰 수 있으랴, 그대는 금화金華[25]를 모실 수 없거늘[顧我何堪鳴玉佩, 如君不得侍金華]"이라고도 했다. 그래서 내가 농담 삼아 이르기를 "공이 우는 옥을 차고 온 지 얼마인가"라고 했다. 조이도는 원우당元祐黨[26]에 속한 집안사람으로, 상서上書가 사등邪等[27]을 판정 받아 금고禁錮를 당하는 바람에 이십여 년을 벼슬에 나가지 못했다. 정강 연간에야 비로소 풀려 중서사인 겸 태자첨사太子詹事가 되었고 뒤에 대제待制가 되었을 때는 이미 노년이었다.

① '河東'은 『백천학해』본에 '畿東'으로 돼있다.

② '君'은 『백천학해』본에 '今'으로 돼있다.

世傳丹砂鍊爲黃金, 碎以染筆, 入石不去, 名曰"紅沫." 余侍先人官歷陽, 嘗覽李翔作白字, 書「霸王廟碑」, 而其法不傳, 亦"紅沫"之類與.

전하는 말에 의하면 단사丹砂를 단련해 황금으로 만든 뒤, 이를 가루

25 금화(金華) : 황금색의 꽃치장. 소식의 시에 "언젠가는 금화의 조서를 보게 될 것이니, 탕목읍(湯沐邑)을 하사받고 조청을 받들 수 있으리라[會看金華詔, 湯沐奉朝請]"라는 구절이 나온다.(『소동파시집(蘇東坡詩集)』 권27 「송정건용(送程建用)」) 이에 대한 송나라 왕십붕(王十朋)의 주석에서, 군부인(郡夫人)에게는 금화의 나지(羅紙)를 사용해서 탕목읍을 하사하고 조청(朝請)을 받들게 하는데, 이는 그야말로 어버이를 받드는 영광스러운 일이다라고 하였다.(『동파시집주(東坡詩集註)』 권16 「송정건용(送程建用)」) 조청은 봄과 가을의 조회를 뜻한다.

26 원우당(元祐黨) : 송나라 사마광(司馬光)을 주축으로 하여 왕안석(王安石)의 신법(新法)에 반대한 문인 학자 백십구 인을 지칭한다.

27 사등(邪等) : 휘종(徽宗)의 조서에 응하는 상서인(上書人)은 '정(正)'과 '사(邪)' 두 등급으로 나뉘었다. '정등(正等)'은 또 상(上), 중(中), 하(下) 세 등급이 있었는데 모두 관직을 더해 주었다. '사등(邪等)'은 '사상우심(邪上尤甚)', '사상(邪上)', '사중(邪中)', '사하(邪下)' 네 등급으로 나뉘었는데 그 언론(言論)의 '위해(危害)'의 정도가 같지 않은 것으로 구별했으며, 분별하여 폄직시켰다.

로 만들어 붓에 묻혀 돌에 새겨 넣으면 떨어지지 않는데 이를 '홍말紅沫'이라 한다. 내가 역양歷陽에서 벼슬살이 하시던 선인을 모시고 있을 때, 일찍이 이상李翔이 백자白字를 만들어 「패왕묘비霸王廟碑」를 쓴 것을 본 적이 있다. 그 방법이 전해오지 않는데, 혹시 홍말과 같은 것이지 않을까 싶다.

武侯創八陣圖與木牛流馬法, 後人俱不能得. 故余「八陣圖」詩云: "八陣功成妙用藏, 木牛流馬法俱亡. 後來識得常山勢, 縱有桓溫恐未詳." 東坡死, 李方叔誄之曰: "道大不容, 才高爲累. 皇天后土, 知平生忠義之心, 名山大川, 還千古英豪之氣." 可謂簡而當矣. 晁無咎死, 張文潛銘之曰: "車堅馬良, 不得出門, 策駑駕朽, 道上紛紛." 玆亦可悲矣.

제갈량이 팔진도八陣圖와 목우류마법木牛流馬法를 창조했지만 후인들은 모두 터득하지 못했다. 그래서 내가 「팔진도八陣圖」에서 "팔진도의 공이 완성되고 나자 오묘한 법은 감춰지고, 목우류마의 법도 모두 사라졌다. 훗날 상산常山의 형세를 안다면, 환온桓溫이라 해도 상세하지 못하리라[八陣功成妙用藏, 木牛流馬法俱亡. 後來識得常山勢, 縱有桓溫恐未詳]"라고 했다. 소식이 죽자 이방숙李方叔이 애도하기를 "도가 커서 수용하지 못하고, 재능이 드높아서 누가 되었다. 황천皇天과 후토後土는, 평생 충의의 마음을 알고, 명산과 대천에는, 여전히 천고의 영웅의 기가 서려있다[道大不容, 才高爲累. 皇天後土, 知平生忠義之心, 名山大川, 還千古英豪之氣]"라고 했다. 간소하면서도 타당하다고 말할 만하다. 조보지가 죽자 장뢰가 쓴 명銘에서는 "수레가 견고하고 말이 훌륭하지만, 문을 나서지 못해, 채찍이 둔하고 수레가 썩어, 길 위에 분분하다[車堅馬良, 不得出門, 策駑駕朽, 道上紛紛]"라고 했다. 또한 슬프다 할 만하다.

산호구시화珊瑚鉤詩話 권3卷三

杜詩第一篇「贈韋左丞丈」云："今欲東入海, 卽將西去秦." 或問云何, 曰：道不行故也. 又云："尙憐終南山, 回首淸渭濱. 嘗擬報一飯, 況懷辭大臣. 白鷗沒浩蕩, 萬里誰能馴." 何謂也, 曰：鳥獸不可與同羣, 終南·淸渭, 且徘徊而不忍別, 況辭大臣而欲去國哉. 自以爲得詩之解.

두보의 시 제1편 「증위좌승장贈韋左丞丈」에서 "지금 동쪽 바다로 들어가고 싶어, 즉시 서쪽 진나라를 떠나고자 하네[今欲東入海, 卽將西去秦]"라고 했다. 혹자가 왜냐고 물어 '도가 시행되지 않은 탓'이라고 했다. "여전히 종남산終南山이 그리워 맑은 위수 가를 뒤돌아본다. 일찍이 한 그릇 밥이나마 보답하려 했거니와, 더구나 대신大臣을 떠날 마음을 먹었겠는가. 백구白鷗가 호탕浩蕩에 빠졌는데, 만 리 길을 누가 닦아줄 수 있을까[尙憐終南山, 回首淸渭濱. 嘗擬報一飯, 況懷辭大臣. 白鷗沒浩蕩, 萬里誰能馴]"라는 시도 또 무슨 말이냐고 물었다. 그래서 "새들과는 무리지어 살 수 없어 종남산과 맑은 위수를 배회하며 차마 못 떠나는 것인데, 하물며 대신들에게 이별을 고하고 나라를 떠나고자 하는 상황임에랴"라고 하며 스스로 시의 해석을 터득했다고 생각했다.

「遊龍門奉先寺」云："天闕象緯逼, 雲臥衣裳冷." 余曰：星河垂地, 空翠濕衣. "欲覺聞晨鍾, 令人發深省." 余曰：鐘磬淸心, 欲生緣覺.

「유룡문봉선사遊龍門奉先寺」의 "천궐天闕은 별들에 가깝고, 구름에 누우니 옷이 차갑다[天闕象緯逼, 雲臥衣裳冷]"에 대해 나는, 별과 은하가 땅에 드리우고, 허공의 푸른 안개가 옷을 적신다는 의미로 보았다. 그리고 "눈을 뜨려할 때 새벽 종소리 들으니, 깊은 성찰이 있게 한다[欲覺聞晨鍾, 令人發深省]"에 대해서는 종과 풍경 소리가 마음을 맑게 해, 순간 각성을 일깨우려 한다는 의미로 보았다.

又老杜「玄都壇歌」云："王母晝下雲旗翻." 余解云：味道集虛, 仙眞降焉. 故「秋興」詩曰："西望瑤池降王母."

또 두보의 「현도단가玄都壇歌」에서 "서왕모西王母가 한낮에 내려와 구름이 깃발처럼 펄럭인다[王母晝下雲旗翻]"라고 한 것은, 도를 음미하고 허를 모으면 신선이 참으로 내려오는 것이라고 나는 해석했다. 그래서 「추흥秋興」에서 "서쪽 요지를 바라보니 왕모王母가 내려온다[西望瑤池降王母]"라고 한 것이다.

「同諸公登慈恩寺塔」詩云："回首叫虞舜, 蒼梧雲正愁." 余解曰：周滿瑤池樂未央. 卒云 : "黃鵠去不息, 哀鳴何所投. 君看隨陽雁, 各有稻粱謀." 解曰 : 黃鵠譬高擧遠引, 莫知所如往者. 隨陽雁譬志在隨人, 拘于祿仕者. 天寶十三載, 先生始得官, 時上荒淫, 天下且亂, 故有虞舜之思, 周滿之戒. 且歎識者見幾而作, 吾人懷祿未決也.

「동제공등자은사탑同諸公登慈恩寺塔」에서 "뒤돌아 우순虞舜을 부르노니, 창오蒼梧[28]의 구름은 시름에 젖었다[回首叫虞舜, 蒼梧雲正愁]"라고 했다. 주만周滿의 요지瑤池[29]는 쾌락이 끝이 없음을 말한 것이라고 나는 해석했다. 마지막 부분에서 "황곡黃鵠[30]은 쉼 없이 날아가, 슬피 울며 어느 곳을 향하는가? 그대여 양지를 따르는 기러기를 보게나, 제각기 도량을 도모하고 있네[黃鵠去不息, 哀鳴何所投? 君看隨陽雁, 各有稻粱謀]"라고 한 것은 다음과 같이 해석했다. 황곡은 멀리 떠나 향하는 곳을 알 수 없는 이를 비유한 것이고, '수양안隨陽雁'은 뜻이 남을 뒤따르는 데 있어 벼슬에 얽매인 자를 비유한 것이다. 천보天寶 13년(754)에 선생이 처음 관직을 얻었는데,[31] 당시 황제는 쾌락에 빠지고 천하도 혼란스러웠으므로 우순에 대한 생각과 주만의 경계를 나타낸 것이다. 또한 식견이 있는 자는 추이를 살펴 행동하지만, 우리는 녹봉을 생각하여 결정하지 못하는 것을 탄식한 것이다.

「示從孫濟」云 : "權門多噂嚃, 且欲尋諸孫." 解曰 : 噂噂嚃嚃, 言不忠信貌, 詩所以言背憎也. 且復尋諸孫, 則莫如我同姓. "萱草秋已死, 竹

28 창오(蒼梧) : 순임금이 남순(南巡)하던 도중에 죽은 곳이다.

29 요지(瑤池) : 서왕모가 사는 곳으로, 이곳에서 주 목왕을 맞아 연회를 베풀었다고 한다.

30 황곡(黃鵠) : 새 이름. 『한서』 「장량전(張良傳)」에서 "홍곡(鴻鵠)이 높이 날아 단번에 천리를 간다[鴻鵠高飛 一擧千里]"라고 하였다.

31 선생이 …… 얻었는데 : 두보는 754년에 처음으로 금위군의 무기고 관리로 정8품 하(下)라는 가장 낮은 관직을 얻었다.

枝霜不繁. 淘米少汲水, 汲多井水渾. 刈葵莫放手, 放手傷葵根. 所來爲宗族, 亦不爲盤飧. 小人利口實, 薄俗難可論. 勿受外嫌猜, 同姓古所敦." 解曰：萱忘憂而已死, 竹可愛而不蕃, 則荒落甚矣. 水濁而不復其清源, 葵傷而不庇其根本, 則宗族乖離之況也. 此詩人因物而興.「飮中八仙歌」云："李白一斗詩百篇, 長安市上酒家眠. 天子呼來不上船, 自稱臣是酒中仙." 解曰：范傳正「李白碑」云："白多陪侍從之遊. 他日泛白蓮池, 公不在宴, 皇情旣洽, 召公作序. 公時被酒, 高力士扶以登舟." 世云"不上船, 襟紐."① 何穿鑿如此.

① '船, 襟紐', 原脫, 據『百川』本補.

「시종손제示從孫濟」에서 "권력 있는 가문은 다들 신뢰가 없는 터, 손자들을 찾고 싶구나[權門多噂沓, 且欲尋諸孫]"라고 하였다. 나는 다음과 같이 해석했다. 충성스럽고 믿음직스럽지 못한 모습을 말한 것으로서 『시경』에서 말한, 배반하고 가증스러운 것이다. 또 손자를 찾는다는 것은 우리 동성同姓 같은 이가 없다는 말이다. "원추리는 가을되어 말라죽고, 대나뭇가지도 서리 맞아 무성하지 못하였다. 쌀을 일 때는 물을 조금만 긷거라, 많이 길으면 우물이 탁해지나니. 아욱을 자를 땐 손을 함부로 대지 말거라, 함부로 손대면 뿌리가 상한단다. 할아비는 게을러빠진 지 오래여서, 너희가 열심히 노력함을 잘 안단다. 찾아온 것은 일가를 위하라 함이지, 밥벌이를 위하라 함이 아니다. 소인은 얻어먹는 구실로 이용하나니, 경박한 풍속은 다 논할 것도 없다. 남의 혐오와 시기를 받아들이지 말거라, 일가들은 예부터 돈독하게 여겼단다[萱草秋已死, 竹枝霜不繁. 淘米少汲水, 汲多井水渾. 刈葵莫放手, 放手傷葵根. 所來爲宗族, 亦不爲盤飧. 小人利口實, 薄俗難可論. 勿受外嫌猜, 同姓古所敦]"라고 한 것은 다음과 같이 해석했다. 원추리가 걱정을 잊었는데도 이미 죽고 대나무가 사랑스러운데도 무성하지 않다면 매우 황폐한 것이다. 물이 혼탁하여 맑은 근원을 회복하지 못하고 해바라기가 손상되어 그 뿌리를 보호받지 못한다면 종족이 서로 괴리된 상황이다. 이는 시인이 사물을 통해 분위기를 자아낸 것이다. 「음중팔선가飮中八仙歌」에서는 "이백은 술 한 말에 시 백 편을 쓰며, 장안 저잣거리 술집에서 곯아떨어진다. 천자가 불러도 배에 오르지 않고, 스스로 '신은 술 마시는 신선입니다'라고 한다[李白一斗詩百篇, 長安市上酒家眠. 天子呼來不上船, 自稱臣是酒中仙]"라고 했는데, 나는 다음과 같이 해석했다. 범전정范傳正의 「이백비李白碑」에서 "이백은 유람 나서는 황제를 모시는 날이 많았는데, 훗날 백련지白蓮池에 배를 띄울 때 공이 연회에 참여하지 않았지만 황제는 마음이 흡족해서 공을 불러 서문을 쓰도록 했다. 당시 공은 술에 취해 있어서 고력사高力士[32]가 붙들고 배에 올랐다"라고 했다. 세상에서는 "배에 오르지 못하고, 옷깃을 여몄다"라고 하는데, 어찌 이처럼 천착한단 말인가.

① '船, 襟紐'는 원래 없었는데 『백천학해』본에 의거하여 보완했다.

「曲江三章」云："卽事非今亦非古." 余曰：在今古間. "長歌激越捎林莽." 余曰：振響林谷. "比屋豪華固難數, 吾人甘作心似灰, 弟侄何傷淚如雨." 余曰：按先生作「雕賦」表云："今賈馬之徒, 得排金門上玉堂者衆矣, 獨臣衣不蓋體, 常寄食于人." 夫衆豪華而己貧賤, 所謂士賢能而不用, 國之恥也. 吾雖甘心若死灰, 然而弟姪之傷涕零如雨何耶. 蓋行成而名不彰, 友朋之罪也. 親戚不能致其力, 聞長歌之哀, 所以涕洟也耶. 又曰："短衣匹馬隨李廣, 看射猛虎終殘年." 余曰：猶足以消英豪之氣. 凡如是者甚衆, 詞多不載.

32 고력사(高力士) : 당 현종 때의 환관. 소잠(蕭岑) 등을 평정한 공로로 현종의 신임을 한몸에 받았다. 이백이 「청평사(淸平詞)」를 지을 때 자기를 시켜 신을 벗기게 한 이유로, 고력사는 앙심을 품고 그를 참소하여 퇴출시키기에 이르렀다.

「곡강삼장曲江三章」에서 “즉사는 지금도 아니고 옛날도 아니다[卽事非今亦非古]”라고 했는데 나는 지금과 옛날 사이에 있는 것으로 보아서 “격한 탄식 담긴 긴 노래에 숲이 흔들린다[長歌激越捎林莽]”라고 했다. 나는 골짜기에 소리가 울려 퍼진 것으로 본다. “즐비한 호화주택 이루 세기 어렵나니, 나야 타버린 재처럼 마음먹고 말 일이나, 애들이 눈물이 비 오듯 슬퍼하는 것은 어쩌란 말인가[比屋豪華固難數, 吾人甘作心似灰, 弟姪何傷淚如雨]”라고 했는데, 나는 이렇게 생각한다. 선생이 지은 「진조부표進雕賦表」에서 “지금 가의와 사마상여 같은 무리들이 금문金門에 배열되고 옥당玉堂에 오른 이들이 많은데, 신만이 홀로 옷으로 몸도 덮지 못한 채 언제나 남들에게 기탁해 산다”라고 했다. 뭇사람들은 호화롭게 지내는데 자신만 가난하고 미천하게 지낸다는 것은, 이른바 식자가 현명하고 능력이 있는데도 등용되지 않는 것이 나라의 치욕이라는 것이다. 내 비록 죽은 재와 같은 삶은 달갑게 여기지만, 아우나 조카 등이 슬퍼하며 비처럼 눈물 흘리는 것은 어찌하란 말인가. 인격이 완성되었는데도 이름이 드러나지 않는 것은 (추천해 등용시키지 않은) 친구의 잘못이며, 친척들이 그 힘을 다하지 못해 장가長歌의 슬픈 노래를 듣고 눈물 흘리고 있는 것이리라. 또 “짧은 옷 한 필 말로 이광李廣을 따르며, 사나운 호랑이 쏘는 것 보며 여생을 마치리라[短衣匹馬隨李廣, 看射猛虎終殘年]”라고 했는데, 나는 이렇게 해석한다. 이는 그저 영웅의 기를 소진시킬 뿐이다. 이와 같은 일들이 매우 많지만 글에 싣지 않은 것이 많다.

曹王皐封于曹, 濟陰・濟北諸李, 皆其裔也. 有貞觀・開元兩朝賜書五千卷, 世寶而讀之, 仕者蟬聯不絶. 沈立諫議藏書萬卷, 爲閣以居之, 而子孫不能肄業. 有士人題詩曰 : “莫遣中有蠹書魚.” 蓋恐其壞而不能世也.

조왕曹王 이고李皐는 조曹에 책봉되었고 제음濟陰·제북濟北의 이씨李氏들은 모두 그의 후예이다. 정관·개원, 두 조정에서 오천 권의 책을 하사하자, 대대로 보물로 간직하고 그 책을 읽어서 관리가 끊임없이 배출되었다. 간의諫議 심립沈立은 만 권의 책을 구해 누각을 만들어 저장했지만 자손들이 학문을 익히지 않았다. 어느 식자가 쓴 시에서 "그 속에 두서어(蠹書魚 : 책벌레, 좀)를 두게 하지 말라[莫遣中有蠹書魚]"라고 한 것은, 책이 망가져서 대대로 지키지 못할까 우려한 것이다.

"蓋巖者, 徐之永安鎭邵氏僕也, 朴魯有絶力, 能兼衆人之役, 其主不以爲異. 一夕, 有豪賊六人, 劫持其家, 擧室莫禦, 恣所取. 傷五人, 殺首者一人, 將出, 巖手刃追之. 衆謂一夫不足畏. 巖力戰, 賊駭汗, 伺其困, 益奮, 俄仆一賊, 餘乃引去. 然終無一人助之. 復追迨賊, 曰 : '還爾物.' 因擲金帛道上. 巖不知其計也, 却顧逗遛, 遂遠莫及. 巖齧臂指, 自恨無人主其財, 而使己盡滅賊. 明日, 邑吏至, 邏近郊, 獲餘黨, 懲巖于邑. 邑白大府, 賞以法. 聞巖之勇者, 莫不驚異. 或曰 : '彼偶然奮不顧死耳.' 余曰 : '非也, 人惟處死之難, 徒勇無義, 雖死不貴. 巖之勇以衛其主, 奮一身, 當衆賊, 卒以取勝, 可謂難矣. 嗚呼, 巖, 僕隷也, 以寡敵衆, 見義必爲, 以視居朝廷, 尸祿位, 以士夫自名, 一持于患害, 反畏縮求免, 不欲一毫損于己者, 豈不相懸萬萬哉.'① 因傳其事, 以爲當世富貴者勸焉. 濟北晁端中元升記." 余讀元升書蓋巖事, 知君子之用心. 善善惡惡, 所以風天下耶. 惜乎巖之絶力, 始不蒙主人之異視, 巖之忠勇, 終不聞主人之厚賞. 天下事每每如此, 君子所爲歎息也.

① 此段『百川』本作"巖僕隷也, 今之爲僕者或聚千指, 緩急鮮有爲用, 況以寡敵衆, 如巖之忠勇者, 身居賤隷而其爲凜然適于義. 彼有居朝廷, 尸祿位, 而以土大夫自名, 一持于患害, 反畏縮求免, 不欲一毫損于己者, 況能死忠以自見乎. 然則巖非特異于童僕也."

"개암蓋岩이란 사람은 서주徐州 영안진永安鎭 소씨邵氏의 종이었다. 질박하고 둔하긴 해도 대단한 힘을 지녀서 뭇사람들의 일을 혼자 해냈다. 하지만 그 주인은 특별하게 생각하지 않았다. 어느 날 밤, 큰 도적 여섯 사람이 그 집안을 겁탈했는데, 온 집안이 막지 못해 그들이 마음대로 훔쳤다. 그들이 다섯 사람을 손상시키고 우두머리 한 사람을 살해한 뒤 집을 나서려하자 개암이 손수 칼을 들고 뒤쫓았다. 그들은 한 사람쯤은 두려워할 것이 없다고 생각했다. 그러나 개암이 힘껏 싸우자 적들은 놀라 땀을 흘렸다. 개암이 그들이 피곤해진 틈을 타 더욱 분발하여 적 하나를 엎어뜨리자 나머지가 모두 도망쳤다. 이때 끝까지 한 사람도 도와주는 이가 없었다. 다시 뒤쫓아 적을 따라잡자 그들은 '너희 물건을 되돌려 주겠다'라고 하고는 금과 비단을 거리에 내팽개쳤다. 개암은 그것이 계책인 줄도 모르고 잠시 머뭇거렸고 마침내 그들이 멀리 도망가 붙잡을 수가 없었다. 개암은 팔과 손가락을 깨물며, 남들이 대신 그 재물을 수습해주고 자신은 도적들을 뒤쫓아 섬멸해버리지 못한 것에 대해 스스로 분노했다. 이튿날 읍邑의 아전이 나와 근교를 샅샅이 뒤져 잔당을 모두 붙잡은 뒤, 개암을 읍으로 불러 들였다. 읍에서는 대부大府의 법에 따라 상을 내려줄 것을 보고했고, 개암의 용맹함에 관하여 들은 이들은 모두 놀라고 기특하게 여겼다. 혹자가 '그는 우연스레 분발하여 죽음을 돌보지 않은 것일 뿐이다'라고 했지만, 나는 '아니다. 사람이 죽음의 어려움에 처했을 때, 한낱 용기만 있고 의리가 없으면 죽는다 하더라도 그것이 귀중하지 않다. 하지만 개암의 용맹함은 그 주인을 보위하고 한 몸을 분발시켜 뭇 적과 맞닥뜨려 결국 승리를 거뒀으므로 어려운 일이라 할 만하다. 아, 개암은 종이지만 적은 숫자로 뭇 무리들을 대적하면서 의리를 보고 필경 실천에 옮겼다. 조정에 머물며 한낱 자리만 차지하고 봉급만 받으면서 사대부라 자칭하다가 환란을 당하면 도리어 움츠려들고 모면하기만 바라, 털끝만큼도 자신에게 손해가 안 가게 하려는 자들과 견주었을 때, 그 차이가 어찌 크지 않은가'라고 했다. 그래서 그 이야기를 글로 남겨 당대의 부귀를 누리는 자들에게 권면하려 한다. 제북濟北의 원승元升 조단중晁端中이 적다." 조단중이 기록한 개암의 이야기를 읽고서 나는 군자의 마음씀씀이를 알았다. 선한 사람을 선하게 알리고 악한 사람을 악하게 알리는 것은 천하에 널리 전하려 한 것이리라. 하지만 애석하게도 개암의 빼어난 힘은 애초에 주인의 남다른 돌봄을 입지 못했고, 개암의 충성과 용맹은 결국 주인의 후한 상을 받지 못했다. 세상일이 언제나 이러해서 군자가 안타깝게 여기는 것이다.

① 이 단락은 『백천학해』본에 '개암은 종이다. 지금 종 되는 자들이 천여 명을 모은다 해도 위급한 일을 당했을 때 활용할 만한 경우가 드문데, 하물며 적은 수로 뭇 사람을 대적하는 충성과 용맹을 보인 개암이 미천한 종의 신분임에도 늠름하게 의리를 좇은 경우에 있어서야 말할 나위가 있겠는가. 조정에 있으며 한낱 자리만 차지하고 봉급만 받으면서 환란을 당하면 도리어 움츠려 모면하기만 추구하면서 털끝만큼도 자신에게 손해가 안 가게 하는 저 사대부들이 목숨을 건 충성을 스스로 내보일 수 있겠는가. 그렇다면 개암은 단지 송늘의 부류에서만 특별한 것이 아니다'로 돼있다.

天寶末, 祿山陷西京, 大搜文武朝臣及異僨樂工. 不旬日, 得梨園弟子數百人, 大會于凝碧池. 樂作, 梨園舊人不覺欷歔, 相對泣下, 羣逆露刃脅之, 而悲不已. 有雷海淸者, 投器于地, 西向慟哭, 支解于庭, 聞之者莫不傷痛. 時王維被拘于菩提寺, 賦詩曰："萬戶傷心生野烟, 百僚何日再朝天. 秋槐葉落深宮裏, 凝碧池頭奏管絃." 他日緣此詩得不死, 然愧于雷海淸多矣.

천보 말엽에 안록산이 서경西京을 함락시킨 뒤, 문무 조신朝臣과 이빈異僨과 악공樂工들을 대대적으로 수색했다. 그리고 열흘이 안 돼, 수백

명의 이원梨園[33] 제자들을 모아 응벽지凝碧池에서 큰 모임을 가졌다. 음악이 시작되자 지난날 이원에 있던 이들은 저도 모르게 한숨을 쉬며 서로 마주보고 눈물을 흘렸고, 역도들이 칼날을 들이대며 위협했지만 슬픔을 멈추지 않았다. 뇌해청雷海清이라는 사람은 악기를 땅에 내던진 뒤, 서쪽을 향해 통곡하여 넓은 마당 위에서 사지가 찢겼다. 이 소식을 들은 이들이 모두 애통해 했다. 당시 왕유는 보리사菩提寺에 구금돼 있었는데, 이때 지은 시에서 "자욱한 전화의 연기에 백성의 시름 깊은데, 언제 다시 백관들이 조정에 나아갈까. 가을 홰나무 잎 지는 깊은 궁궐 속, 응벽지凝碧池에 아련히 음악이 흐르네[萬戶傷心生野烟, 百僚何日再朝天. 秋槐葉落深宮裏, 凝碧池頭奏管絃]"라고 했다. 그는 훗날 이 시로 인해 목숨을 건졌지만 뇌해청에게는 부끄러운 점이 많았다.

杜牧之「息夫人」詩曰："細腰宮裏露桃新, 脉脉無言幾度春. 至竟息亡緣底事, 可憐金谷墮樓人." 與所謂"莫以今朝寵, 能忘舊日恩. 看花滿眼淚, 不共楚王言." 語意遠矣. 蓋學有淺深, 識有高下, 故形于言者不同矣.

두목의 「식부인息夫人」에서 "가는 허리 궁궐 속에 이슬 먹은 복숭아는 새롭고, 조용히 아무 말 없이 몇 번의 봄을 보냈던가. 끝내 식부인[34]이 세상을 떠난 것은 무엇 때문인가? 슬프구나 금곡金谷의 누대에서 떨어진 사람[35]이여[細腰宮裏露桃新, 脈脈無言幾度春. 至竟息亡緣底事, 可憐金谷

---

33 이원(梨園) : 광대들이 노래와 춤을 익히는 곳. 당 현종이 좌부기(坐部伎)의 사람들 삼백 명을 선발하여 법곡(法曲)을 가르치던 곳. 『당서』「예악지(禮樂志)」.

34 식부인 : 식후(息侯)의 부인인 식위(息嬀)를 말한다. 식위는 매우 아름다운 용모를 지녔는데, 채(蔡) 애후(哀侯)의 충동질에 의하여 초왕이 식나라를 멸망시키고 식위를 빼앗았다. 식위는 초왕과 살면서 도오(堵敖)와 성왕(成王)을 낳았으나 말을 않고 살았다. 초왕이 그 이유를 묻자 대답하기를 "나는 여자로서 두 남편을 섬겼으니, 비록 죽지는 못하였을망정 더 무슨 할 말이 있겠습니까"라고 하였다. 『좌전』「장공(莊公) 14년」.

35 금곡(金谷)의 누대에서 떨어진 사람 : 석숭(石崇)의 애첩 녹주(綠珠)를 말한다. 석숭은 진(晉)나라 사람으로 형주자사를 지냈고 큰 부자였다. 녹주 때문에 잡혀가게 되자 그는

墮樓人]"는 이른바 "오늘의 총애로, 지난날의 은혜를 잊지 말라. 꽃을 보며 눈 가득 흐르는 눈물을, 초왕楚王과 함께 말하지 말라[莫以今朝寵, 能忘舊日恩. 看花滿眼淚, 不共楚王言]"와 표현과 내용에서 큰 차이가 있다. 이는 학문의 깊고 얕음과 식견의 높고 낮음 때문에 시어로 표현된 것이 다른 것이다.

"春回上林苑, 花滿洛陽城." 崔湜詩也. 湜弱冠登科, 不十年掌貢擧. 父揖, 同省爲侍郎. 及登宰輔, 始三十有七, 容止端雅, 文辭淸麗. 嘗暮出端門, 下天津橋, 馬上吟此句. 時張說爲工部侍郎, 望之杳然而歎曰:"此句可效, 此位可得, 其年不可及也." 使湜令終, 當時朝士, 豈能出其右哉. 故杜詩云:"文章一小技, 於道未爲尊." 或以此也.

"봄날 상림원上林苑으로 돌아가니, 꽃이 낙양성에 가득하다[春回上林苑, 花滿洛陽城]"는 최식崔湜의 시이다. 최식은 약관에 과거에 급제하여 십 년이 안 돼 공거貢擧를 관장했다. 그의 아버지 최읍崔揖은 같은 성省에서 시랑侍郎으로 있었다. 그가 재상에 올랐을 때는 서른일곱 살이었는데, 행동거지가 단아하고 문장이 맑고 고왔다. 일찍이 저녁에 단문端門을 나서 천진교天津橋를 내려가며 말 위에서 위 구절을 읊었다. 당시 장열張說이 공부시랑工部侍郎이었는데, 멀리서 바라보고 찬탄하기를 "이 구절은 본받을 수 있고 이 지위도 얻을 수 있지만 그 나이는 미칠 수 없다"라고 했다. 만일 최식이 끝까지 살았다면 당시의 조정 신하들 가운데 어느 누가 그 위에 나설 수 있었겠는가. 두보의 시에서 "문장은 하나의 작은 기예로서, 도 앞에서는 높지 않다[文章一小技, 于道未爲尊]"라

금곡원(金谷園)에서 마지막 연회를 베풀고서 이 사실을 녹주에게 말하였다. 그러자 녹주가 죽음으로 절개를 지키겠다고 다짐하고 누대에서 뛰어내려 자살하였다. 『진서(晉書)』 권33.

고 한 것은 이 때문이 아닐까 싶다.

李抱眞鎭潞州, 軍資匱乏. 有僧爲衆所信, 公謂曰: "假和尙之道以濟吾軍, 如何?" 僧曰: "無不可者." 公曰: "但言請于毬場焚身, 某當自使宅穿一地道通連, 火作卽潛入." 僧喜從之. 遂陳狀積薪貯油, 因爲七日道場, 晝夜香燈梵唄, 公亦引僧視穴, 使不疑. 公率監軍僚吏膜拜, 以俸入檀施, 堆于其旁. 由是士女駢闐, 舍財億計. 七日, 遂擊鐘擧火, 已塞地道矣. 須臾灰燼, 明日籍所施, 得數十萬, 軍資取足. 別求所謂'舍利'者, 選地造塔葬焉. 出『尙書故實』.

이포진李抱眞이 노주潞州에 주둔할 때 군자금이 소진되었다. 이때 뭇 사람들로부터 믿음을 받고 있는 승려가 있었는데, 이포진은 그에게 "화상和尙의 힘을 빌려 우리 군사를 구제해 주는 것이 어떻겠소?"라고 하였다. 승려는 "안 될 것이 없습니다"라고 했다. 이포진이 "구장毬場[36]에서 분신하겠다고 하시면, 제가 몰래 집에서부터 땅 밑을 파 구장과 연결시켜서, 불을 지피면 바로 숨어들 수 있도록 하겠소"라고 하자, 승려가 흔쾌히 수락했다. 마침내 분신 사실을 널리 알린 뒤, 나무를 쌓고 기름을 부어 칠 일간의 도량道場을 만들어서 밤낮으로 향을 피우고 등불을 켜 범패梵唄[37]를 한다고 알렸다. 이포진도 승려에게 구멍을 보여주며 의심이 안 가게 했다. 이포진은 관료와 아전들을 인솔하여 예배를 올리고 시주한 금전을 그 옆에 쌓아놓았다. 이리하여 많은 사람들이 앞다퉈 수많은 재물을 보시했다. 칠 일 만에 마침내 종을 쳐서 불을 정리하였을 때는 굴을 이미 막은 뒤였다. 잠시 후 재를 치우고 이튿날

36 구장(毬場): 격구를 하기 위하여 설치한 크고 넓은 마당.

37 범패(梵唄): 석가여래의 공덕을 찬미하는 노래. 4법요(法要)의 하나이다. 범회를 시작할 때 우선 여래묘색신(如來妙色身)의 게송(偈頌)을 읊으며 부처의 높고 큰 덕을 찬미한다.

보시한 돈을 모으자, 수십만이나 되어 군자금이 넉넉해졌다. 이포진은 특별히 이른바 '사리舍利'를 찾아 좋은 땅을 선정해서 탑을 만들어 승려의 장례를 치렀다. 이 이야기는 『상서고실尙書故實』에 나온다.

張燕公遭姚元之奏, 明皇怒曰 : "卿與御史共按其事." 急呼中丞李林甫, 以詔付之. 林甫曰 : "說多智謀, 是必困之, 處于劇地." 崇曰 : "丞相得罪, 未宜太逼." 曰 : "公必不忍, 卽說害林甫." 以詔付餘御史. 中路以墜馬告. 初, 說旬月前有門下生竊寵婢, 將置于法. 生呼曰 : "公無緩急用人乎? 見色不能禁, 人之常情, 何靳于一婢邪." 說奇其語, 釋之, 且付以婢.① 生去, 杳不聞問. 忽一日, 直詣說, 有憂色, 曰 : "感公之恩, 欲報久矣. 今聞公爲姚相所讒, 禍且至, 願得公平生所寶以免難." 公歷指數之. 曰 : "未也." 又凝思良久, 忽曰 : "近有以雞林夜明簾爲獻者." 生曰 : "足矣." 因請手札數行, 懇求于九公主, 且曰 : "上獨不念在東宮時恩, 始終其惠, 乃反以讒見怒邪." 明日, 公主謁上, 具奏之.② 上感動, 敕高力士就御史臺宣所按事並罷, 書生亦不復見. 昔留侯致白璧以謝項仇, 孟嘗獻狐裘以脫秦難, 蔡昭愛佩刀無辜見留, 虞叔捐圭則庶幾免罪, 張說之事近之. 若書生者, 不護小行, 而能排難解紛, 殆俠士之流乎. 亦聰明疏通, 善知人矣.

① '以', 原作'己', 據『百川』本改.

② '之', 原作'云', 據『百川』本改.

장열이 요숭姚崇에게서 비난이 담긴 상소를 당했을 때이다. 상소를 받은 현종이 노하여 "경이 어사御史와 함께 그 사건을 조사하라"고 하자, 요숭은 급히 중승中丞 이림보李林甫를 불러 조칙을 전했다. 이림보가 "장열은 지모가 뛰어나므로 반드시 곤궁하게 해 극지(劇地 : 사지)에 처하도록 해야 합니다"라고 하자, 요숭은 "승상이 죄를 짓긴 했지만, 너무 압박해서는 안 되오"라고 했다. 그러자 이림보는 "공이 반드시 처벌하지 않으면, 바로 장열이 나를 해칠 것입니다"라고 하고 조칙을 어사에게 주었다. 그런데 어사가 중도에서 말에서 떨어졌다고 보고해 왔다. 한편 열흘 전에 장열의 문하생이 장열이 총애하던 계집종을 빼돌려서 법에 따라 처단을 받게 되었다. 그 문하생이 부르짖으며 "공께서는 위급할 때 쓸 사람이 필요치 않습니까. 여색을 보고 금하지 못하는 것은 인간의 상정인데 어찌 계집종 하나를 아끼십니까?"라고 했다. 장열은 그 말을 기특하게 여겨 풀어주고 계집종도 내주었다. 문하생이 떠난 뒤 전혀 소식이 없다가, 어느 날 갑자기 장열을 찾아와 걱정하는 빛을 보이며 "공의 은혜에 감사하여 보답하려 한 지 오래였습니다. 지금 공이 요숭 재상으로부터 참소를 당해 재앙이 곧 닥칠 것이란 말을 들었습니다. 원컨대 공이 일생 동안 보물로 여기는 것을 얻어 이 어려움을 모면하도록 돕고 싶습니다"라고 했다. 공이 곰곰이 손가락을 꼽으며 "없다"라고 했다가 다시 한참을 생각에 잠기더니 문득 "근래 계림雞林의 야명렴夜明簾[38]을 바친 사람이 있었다"라고 하자, 문하생이 "충분합니다"라고 하고 손수 몇 줄의 상서를 써달라고 한 뒤, 구공주九公主에게 가서 간절하게 요청했다. "성상께서 홀로 동궁東宮에 있을 때의 은혜를 생각해 끝까지 그 은혜를 지키지 않으시고, 도리어 헐뜯는 참소를 듣고 노여움을 보이신단 말입니까"라고 했다. 이튿날 구공주가 성상을 알현하고 이 이야기를 충분히 말씀드리자, 성상이 감동하여 고력사에게 칙명을 내려 어사대御史臺에 나아가 조사하고 있는 일을 모두 그만 두도록 했다. 그 후, 그 문하생 역시 다시는 보이지 않았다. 옛날 장량은 백벽白璧을 보내 항우에게 사례를 했고, 맹상군은 호구狐裘를 바쳐[39] 진秦의 난에서 벗어났고, 채소蔡昭[40]는 패도佩刀를 사랑하여 아무

38 야명렴(夜明簾) : 전설에서 밤에 빛을 발한다고 알려진 주렴. 당나라 피일휴의 『고궁사(古宮詞)』 제3수에서 "들보 사이의 제비는 잠들지 않고, 응당 야명렴을 괴이하게 여기리[梁間燕不睡, 應怪夜明簾]"라고 했다.

잘못 없이 억류당했고, 우숙虞叔[41]은 규칙圭則[42]을 버려 거의 죄를 벗어났다. 장열의 이야기도 이에 가깝다. 그 문하생은 작은 행동에 연연치 않고서 능히 어려움을 벗어나고 분란에서 헤쳐 나왔으니 의협의 부류다. 또한 총명하고 툭 트여 사람을 잘 알아보기도 한 것이다.

① '以'는 원래 '已'로 돼 있었는데 『백천학해』본에 의거하여 고쳤다.

② '之'는 원래 '云'으로 돼 있었는데 『백천학해』본에 의거하여 고쳤다.

客有獻李衛公以古木者, 云："有異." 公命剖之, 作琵琶槽, 其文自然成白鴿. 余嘗語晁次膺曰："公「綠頭鴨琵琶詞」誠妙絶, 蓋自曉風殘月之後, 始有移船出塞之曲, 然某亦曾有一詩." 公曰："雲何." 曰："白鴿

39 맹상군(孟嘗君) …… 바쳐 : 제나라 맹상군이 손님을 좋아하여 식객이 삼천 명이나 되었다. 진(秦)나라에서 그의 명성을 듣고 초청하여 정승으로 삼았다가, 다시 참소를 듣고 맹상군을 죽이려고 가두었다. 맹상군이 진왕의 애희(愛姬)에게 청탁하자, 그 여인은 맹상군의 호백구(狐白裘)를 요구했다. 호백구는 여우의 겨드랑이 흰 털을 한 점씩 모아서 만든 갖옷으로 진기한 물건이었다. 그러나 맹상군은 벌써 그것을 진왕에게 바쳤기 때문에 걱정하고 있었다. 하지만 맹상군의 식객 중에 도둑질을 잘하는 사람이 있어서 밤에 진왕의 창고에 들어가 개가 짖지 않게 하고 호백구를 훔쳐내어 여인에게 선사했다. 곧 맹상군은 여인의 청탁으로 석방되어 본국으로 돌아가게 되었다. 그런데 진왕이 맹상군을 석방한 것을 후회하여 사람을 시켜 추격을 해왔다. 맹상군이 급히 함곡관에 당도하였는데 함곡관에서는 밤에 문을 닫고 닭이 울어야 문을 열었다. 마침 또 식객 중에 닭 울음소리를 흉내 잘 내는 사람이 있어서 소리를 내니, 모든 닭이 듣고 일제히 울었다. 그렇게 함곡관의 문이 열려 맹상군은 탈출할 수 있었다.

40 채소(蔡昭) : 춘추(春秋) 말기 채(蔡)나라의 군주. 채 도후(蔡悼侯)의 아우이며 채 성후(蔡成侯)의 아버지이다. 이름은 신(申)인데, 갑(甲)이라고 전해지기도 한다. 기원 전 518년부터 기원 전 491년까지 총 이십팔 년간 제위에 있었다. 소후(昭侯) 10년(기원 전 509)에 초(楚)나라에 조회할 때 초상(楚相) 자상(子常 : 낭와(囊瓦))에게 아름다운 갖옷과 패옥(佩玉)을 주지 않아 삼 년간 구금되었다. 12년에는 당 성후(唐成侯)가 초나라에 조회할 때 자상이 좋은 말을 찾았으나 주지 않아 구금되기도 했다.

41 우숙(虞叔) : 춘추시대 때 우공(虞公)의 동생인데, 좋은 옥을 가지고 있었다. 우공이 이를 달라고 요구하자, "어찌 구슬로 인해서 죄를 받겠는가"라고 하면서 그 옥을 헌상했다. 그 뒤에 다시 보검을 달라고 요구하자, "이처럼 한없이 욕심을 부리니, 끝내는 나를 해칠 것이다"라고 하고는 결국 우공을 죽였다. 『춘추좌씨전』「환공(桓公) 10년」.

42 규칙(圭則) : 춘추시대 우공(虞公)의 동생 우숙(虞叔)이 가지고 있던 옥이다.

潛來入紫槽, 朱鸞飛去喉青霄. 江邊塞上情何限, 瀛府「霓裳曲」再調. 謾道靈圯鼓瑤瑟, 虛傳仙子弄雲璈. 小憐破得春風恨, 何似今宵月正高." 曰 : "詩亦不惡."

어느 객이 이정에게 고목古木을 바쳤다. 이정은 특이하다고 여겨 그 나무를 켜서 비파조琵琶槽를 만들게 했다. 그 문양이 자연스레 흰 비둘기 형태를 이루었다. 내 일찍이 조원례晁元禮에게 "공의 「녹두압비파사綠頭鴨琵琶詞」는 매우 절묘해서, 새벽바람 쇠잔한 달빛이 있고 나서 비로소 배를 옮겨 변방을 나서는 곡조가 있는 것이다. 하지만 나 역시 일찍이 한 수의 시를 지었다"라고 했다. 조원례가 "어떤 것이오?"라고 하여 나는 이르기를 "흰 비둘기 살며시 와 붉은 구유로 들어가고, 붉은 난새 날아올라 푸른 하늘에서 소리친다. 강물과 변방의 정은 어찌 한량이 있으랴, 영부瀛府[43]의 「예상곡霓裳曲」[44]을 다시 읊조린다. 하릴없이 영비靈圯가 요슬瑤瑟 연주한 것을 이야기하고, 신선이 운오雲璈[45]를 농했다는 이야기가 공허하게 전해온다. 소년이 봄바람의 한을 깨뜨렸는데, 오늘 밤 휘영청 달빛과 견주어 어떠한가[白鴿潛來入紫槽, 朱鸞飛去喉青霄. 江邊塞上情何限, 瀛府「霓裳曲」再調. 謾道靈圯鼓瑤瑟, 虛傳仙子弄雲璈. 小憐破得春風恨, 何似今宵月正高]"라고 했다. 조원례는 "시가 나쁘지 않소"라고 했다.

酒有'若下春', 謂烏程也, '九醸', 謂宜城也, '千日', 中山也, '蒲桃', 西

43 영부(瀛府) : 홍문관 등 학사의 관아를 이른다.

44 「예상곡(霓裳曲)」 : 악곡의 하나. '소예상(小霓裳)'이라고도 한다. 당나라 현종이 꿈에 월궁(月宮)에 올라가서 들은 음악을 기억하여, 그 곡조를 인간 세상에 전했다는 이야기가 전한다.

45 운오(雲璈) : 악기의 이름. 『원사(元史)』 「예악지(禮樂志)」에서 "운오는 동으로 만든 작은 징 열세 개를 한 시렁에 달아놓고 그 아래에 긴 자루가 있는 것이다[雲璈, 制以銅爲小鑼, 十三同一架, 下有長柄]"라 하였다.

涼也, '竹葉', 豫北也, '土窟春', 滎陽也, '石凍春', 富平也, '燒春', 劍南也, '桑落', 陜右也. 烏孫國有青田核, 莫知其木與實, 而核如五六斤瓠, 空之盛水, 俄而成酒. 劉章曾得二焉, 集賓設之, 一核才盡, 一核又熟, 可供二十客, 名曰'青田壺.' 曆城北有使君林, 魏正始中, 鄭公慤三伏避暑于此, 取大蓬葉置硯格上, 盛酒三升, 以簪刺葉, 令酒與柄通, 屈莖吸之, 香氣清冽, 名曰'碧筩酒.' 余詩曰 : "釀憶青田核, 觴宜碧藕筩. 直須千日醉, 莫放一杯空." 近時以黃柑醒酒, 號'洞庭春色', 以糯米藥麯作白醪, 號'玉友', 皆奇絶者.

술 가운데 '약하춘若下春'은 오정烏程, '구양九釀'은 의성宜城, '천일千日'은 중산中山, '포도蒲桃'는 서량西涼, '죽엽竹葉'은 예북豫北, '토굴춘土窟春'은 형양滎陽, '석동춘石凍春'은 부평富平, '소춘燒春'은 검남劍南, '상락桑落'은 섬우陜右에서 생산된다. 오손국烏孫國에 청전핵青田核이라는 것이 있는데, 나무와 열매가 어떤지는 알 수 없지만 그 핵核이 대여섯 근 되는 박과 같아서 속을 파내 물을 담아놓으면 한참 뒤에 술이 된다. 유장劉章이 일찍이 두 개를 얻어 손님들이 모인 자리에 이를 구비해 두었다. 한 핵의 술이 다 떨어질 때쯤 다른 핵의 술이 또 익어서 스무 명이 먹을 수 있었는데, 이름하여 '청전호青田壺'라 했다. 또한 역성曆城 북쪽에 사군림使君林이 있었는데, 위나라 정시正始 연간에 정각鄭慤이 이곳에서 삼복더위를 피해 지내며 큰 연잎을 연격(硯格 : 벼루대) 위에 두고 술 세 되를 담아놓고는 비녀로 잎을 뚫어 술과 자루가 통하게 한 뒤에 줄기를 굽혀 마셨다. 향기가 맑고 차가워서 '벽통주碧筩酒'라 이름했다. 내가 시를 짓기를 "술을 빚을 때는 청전핵이 생각나고, 술잔은 푸른 연통이 알맞다. 곧장 천 일을 취하려면, 한 잔도 텅 비게 놔두지 말아야 한다[釀憶青田核, 觴宜碧藕筩. 直須千日醉, 莫放一杯空]"라고 했다. 근래에 황감黃柑으로 술을 빚어 '동정춘색洞庭春色'이라 명명하고 유미糯米와 약 누룩으로 흰 막걸리를 만들어 '옥우玉友'라 부르는데, 모두 아주 특별하다.

余暇日曾作「酒具」詩三十首, 有引曰 : “咸通中, 皮襲美著「酒中十詠」, 其自序云 : ‘夫聖人之誡酒禍也深矣, 在『書』爲沈湎, 在『詩』爲童羖, 在『禮』爲豢豕, 在『史』爲狂藥. 余飮至酣, 徒以爲融肌柔神, 消沮迷喪. 頹然無思, 以天地大順爲提封, 傲然不持, 以洪荒至化爲爵賞. 抑無懷氏之民乎, 葛天氏之民乎. 噫, 天之不全余也多矣! 獨以麯糵全之. 於是徵其具, 悉爲之詠, 以繼東皋子「酒譜」之後, 而有「酒星」「酒泉」「酒篘」「酒床」「酒爐」「酒樓」「酒旗」「酒樽」「酒城」「酒鄕」之詠. 以示吳中陸魯望, 魯望和之, 且曰 : ‘昔人之于酒, 有注爲池而飮之者, 有象爲龍而吐之者, 親盜甕間而臥者, 將實舟中而浮者. 徐景山有酒鎗, 嵇叔夜有酒杯, 皆傳于世. 故復添六詠.’ 余覽之, 慨然歎曰 : ‘余亦嗜酒而好詩者也. 昔退之有言送王含曰 : ‘少時讀「醉鄕記」, 私怪隱居者無所累于世, 而猶有是言, 豈誠旨于味耶. 及讀阮籍·陶潛詩, 然後知彼雖偃蹇, 不欲與世接, 然猶未能平其心, 或爲事物是非相感發, 于是有托而逃焉者也.’ 雖然, 尙有未盡者. 中古之時, 未知麴糵. 杜康肇造, 爰作酒醴, 可名酒后. 近世以來, 人徒酣酗, 李白一斗, 爲詩百篇, 自名酒仙. 酈食其, 辯士也, 初見沛公, 稱高陽酒徒. 杜根, 賢者也, 逃難宜城, 爲酒家傭保. 鄭廣文貧而好飮, 蘇司業送酒錢. 杜子美無錢賖酒, 而詩言酒債. 周官有酒正, 則掌之者必有其人. 以法式授酒材, 則醞之者必有其物. 翰林詩曰 : ‘鸕鷀杓, 鸚鵡杯.’ 夫杓者, 勺也, 勺酒而錯之杯中者也. 工部詩曰 : ‘莫笑田家老瓦盆, 自從盛酒長兒孫.’ 夫盆者, 盤也, 載酒而置之座中也. 「韓奕」詩云 : ‘顯父餞之, 淸酒百壺.’ 壺便提挈, 故陶令掛之於車上, 呂公負之于杖頭, 遇興則傾之. 鴟夷之異名者耳. 「絲衣」詩云 : ‘兕觥其觩, 旨酒思柔.’ 觥爲罰爵, 而于定國飮至一石不亂. 劉伯倫旣醉, 以五斗解酲, 快飮痛釂則用之. 蓋觚角之出類者耳. 注云 : ‘觚受二升, 觶三升, 角四升, 散五升, 而觥七升. 又兕角爲之, 形器特異.’ 于是更作「酒后」「酒仙」「酒徒」「酒保」「酒錢」「酒債」「酒正」「酒材」「酒杓」「酒盆」「酒壺」「酒觥」一十二詩, 而附益之, 庶古今同志而終始相成之義耶." 詩多不載.

내가 여유가 있는 날 일찍이 「주구酒具」 30수를 지었다. 그 인문引文에서 "함통(咸通 : 859~873) 연간에 피습미皮襲美가 「주중십영酒中十詠」을 짓고 그 자서自序에서 '성인이 술의 화를 경계한 것이 깊어서 『서書』에서는 침면沈湎이라 했고, 『시詩』에서는 동고童羖'라 했고, 『예禮』에서는 환시豢豕라 했고, 『사史』에서는 광약狂藥이라 했다. 나는 술에 얼큰해지면 살결이 융화되고 정신이 부드러워져서 혼미함과 손상됨이 말끔히 제거된다. 멍하게 아무 생각 없이 천지의 큰 순응을 제봉提封[46]으로 삼고, 오만하게 몸을 자유롭게 하며 공황洪荒의 지극한 변화를 작상爵賞으로 삼는다. 무회씨無懷氏의 백성인가, 갈천씨葛天氏의 백성인가. 아, 하늘이 나를 온전하게 하지 않은 점이 많지만 유독 술은 나를 온전하게 했다. 이에 그 도구를 구해 모두 시로 읊어 동고자(東皐子 : 왕적王績)의 「주보酒譜」를 이어서 「주성酒星」·「주천酒泉」·「주추酒篘」·「주상酒牀」·「주로酒爐」·「주루酒樓」·「주기酒旗」·「주준酒樽」·「주성酒城」·「주향酒鄉」이라 했다. 이를 오중吳中 육구몽에게 보여주자 육구몽이 이에 화답하고 또 다음과 같이 말했다. '옛사람의 술에 관한 이야기 중에서 술로 연못을 만들어 마신 경우도 있고, 용 형상을 만들어 토한 경우도 있고, 직접 술독을 훔쳐 누운 경우도 있고, 배 위에 채워 물 위에 띄운 경우도 있다. 서막徐邈의 주창酒鎗과 혜강의 술잔은 모두 세상에 전한다. 그래서 다시 육영六詠을 첨가한다'라고 했다. 내가 이를 보고 다음과 같이 탄식했다. '나 역시 술을 즐기고 시를 좋아하는 사람이다. 옛날 한유가 왕함王含을 전송하며 한 말에서 '소싯적에 「취향기醉鄉記」를 읽으면서, 은거하는 사람은 세상에 얽매일 것이 없는데도 오히려 이런 말을 남겼으니, 혹시 정말로 맛을 들인 것인가 생각했다. 그런데 완적과 도연명의

46 제봉(提封) : 제후(諸侯)를 책봉하는 것, 혹은 제후의 봉지(封地)를 가리킨다.

시를 읽고 나서 그들이 비록 좌절을 겪어 세상과 접하고 싶어하지 않았지만, 여전히 그 마음을 평정시키지는 못해서 더러 사물의 시시비비에 대해 느낀 바가 있어, 이것에 의탁하여 도피한 것임을 알았다'라고 했다. 하지만 아직 미진한 것이 있다. 중고中古시절에는 술을 알지 못했고 두강杜康이 처음 만들기 시작하면서 주례酒醴가 만들어졌는데, 술의 후예라 이름할 만하다. 근세 이래로 사람들이 한낱 술만 들이켰지만 이백은 한 말 술에 시 백 편을 지어 스스로 주선酒仙라 이름했다. 역이기酈食其는 변사辯士였는데, 처음 패공沛公을 알현할 때 '고양주도高陽酒徒'라 했다. 또 두근杜根은 현자인데, 난을 피해 의성宜城으로 도망가 주가酒家의 일꾼이 되었다. 정건鄭虔은 가난하지만 술 마시기를 좋아해 소원명蘇源明이 술 살 돈을 보냈고, 두보는 술 살 돈이 없어 시에서 술빚을 이야기했다. 『주관周官』에 주정酒正[47]이 있다면 이를 관장하는 곳에 반드시 해당 책임자가 있는 것이다. 법식에 따라 술 재료를 주었다면 이를 빚는 이에게는 반드시 그것이 있었을 것이다. 이백의 시에 '노앵의 자루와, 앵무의 술잔[鸕鶿杓, 鸚鵡杯]'이라고 하였다. 자루는 구기(勺)로서 술을 떠 잔에 붓는 도구다. 두보의 시에서는 '농가의 늙은 와분瓦盆을 비웃지 말라, 스스로 술을 담아 아이와 손주들을 키웠다[莫笑田家老瓦盆, 自從盛酒長兒孫]'라고 했다. '분盆'은 '반盤'으로서 술을 얹혀 좌중에 놓아두는 것이다. 「한혁韓奕」에서는 '현보가 전송할 때, 청주가 백 병이다[顯父餞之, 淸酒百壺]'라고 했다. 호壺는 들 수가 있으므로 도연명은 수레 위에 걸어뒀고, 여공呂公은 지팡이 위에 붙여두고서 흥이 나면 기울였다. '치鴟'는 오랑캐의 다른 이름이다. 「사의絲衣」에서는 '물소의 뿔로 술잔을 만들어, 술맛이 부드럽다[兕觥其觩, 旨酒思柔]'라고 했다. '굉觥'은 뻘로 받는 술잔인데, 우정국于定國은 한 섬을 마셔도 정신이 혼미하지 않았다. 그리고 유령은 술에 취하고 나면 다섯 말로 숙취를 해소

47 주정(酒正) : 『주례』의 편명이자 벼슬 이름. 주나라 때 천관(天官)에 속한 주관(酒官)의 우두머리.

시켰는데, 한 번에 들이킬 때 굉을 사용했다. 이는 뿔로 만든 술잔 가운데 특별한 것이다. 주석에서 '고觚는 용량이 두 되이고, 치觶는 세 되이고, 각角은 네 되이고, 산散은 다섯 되이고, 굉觥은 일곱 되이다. 또 들소의 뿔로 만들기도 하는데, 형태가 특이하다'라고 했다. 이에 다시 「주후酒后」·「주선酒仙」·「주도酒徒」·「주보酒保」·「주전酒錢」·「주채酒債」·「주정酒正」·「주재酒材」·「주표酒杓」·「주분酒盆」·「주호酒壺」·「주굉酒觥」 12수를 지어 덧붙이니, 고금에 뜻을 같이 하고 처음과 끝을 완성하려는 의의에 가깝다 하겠다'라고 했다" 하였다. 시는 내용이 많아 싣지 않는다.

古今詩體不一, 太師之職, 掌敎六詩, 風·賦·比·興·雅·頌備焉. 三代而下, 雜體互出. 漢唐以來, 鐃歌鼓吹, 拂舞矛渝, 因斯而興. 晉宋以降, 又有回文反復, 寓憂思展轉之情, 雙聲疊韻, 狀連駢嬉戲之態. 郡縣藥石名六甲八卦之屬, 不勝其變. 古有采詩官, 命曰'風人', 以見風俗喜怒好惡. 皮日休云 : "疏杉低通洞, 冷鷺立亂浪." 此雙聲也. 陸龜蒙嘗曰 : "膚愉吳都姝, 眷戀便殿宴." 此疊韻也. 劉禹錫曰 : "東邊日出西邊雨, 道是無晴却有晴." 杜詩曰 : "俱飛蛺蝶元相逐, 並蒂芙蓉本自雙." 又曰 : "滿目飛明鏡, 歸心折大刀." 此皆風言. 又戲作俳優體二首, 純用方語云 : "異俗籲可怪, 斯人難並居. 家家養烏鬼, 頓頓食黃魚. 舊識難爲態, 新知已暗疏. 治生且耕鑿, 只有不關渠." "西曆靑羌阪, 南留白帝城. 於菟侵客恨, 粔籹作人情. 瓦卜傳神語,① 畬田費火耕. 是非何處定, 高枕笑浮生." 余嘗有語云 : "碧藕連根絲不斷, 紅蕖著子薏何多." 亦風人類也. 又「婺州山中」詩云 : "作甽捉詹卸, 呼田欸乃儂. 山塘莫車水, 梅雨正分龍." 亦方語也.

① '神', 原作'人', 據『百川』本改.

고금의 시체는 한 가지가 아니어서 태사太師는 여섯 시를 가르치는 것을 관장했다. 풍風・부賦・비比・흥興・아雅・송頌이 그 속에 구비되어 있었다. 삼대(하・은・주) 이후로 여러 체가 나왔고, 한・당 이래로 요가鐃歌[48]와 고취鼓吹,[49] 불무拂舞[50]와 모투矛渝[51]가 이로 인해 흥기했다. 진・송 이후로는 또다시 회문回文[52]의 반복으로 걱정에 몸을 뒤척이는 정을 기탁하고, 쌍성雙聲과 첩운疊韻으로 연이어 농을 하는 태도를 형상화했다. 그리고 군현郡縣의 약석藥石 이름과 육갑六甲 팔괘八卦 등, 그 변화를 이루 다 셀 수 없다. 옛날에는 채시관采詩官이 있어서 그를 '풍인風人'이라 불렀으며 풍속의 기쁨과 노여움, 좋아함과 싫어함을 살폈다. 피일휴의 "성긴 삼나무는 낮게 골짜기와 통하고, 차가운 백로는 일렁이는 물결에 서 있다[疏杉低通洞, 冷鷺立亂浪]"는 쌍성이며, 육구몽이 일찍이 지은 "살결이 오吳나라 수도의 미녀보다 부드러워, 편전便殿[53]의 연회에서 사랑을 받는다[膚愉吳都姝, 眷戀便殿宴]"는 첩운이다. 유우석이 "동쪽에 해가 솟고 서쪽에 비가 내리는 것을, 흐리다가 이내 맑다고 이야기한다[東邊日出西邊雨, 道是無晴却有晴]"라고 하고, 두보의 시에서 "함께 나는 나비는 원래 서로를 뒤쫓고, 꼭지를 나란히 한 부용은 본디 쌍을 이뤘다[俱飛蛺蝶元相逐, 並蒂芙蓉本自雙]"와 "눈 가득 명경明鏡이 날아다녀, 돌아가고픈 마음을 큰 칼로 잘랐다[滿目飛明鏡, 歸心折大刀]"는 모두 풍風의 시어다. 또 장난삼아 배우체俳優體 시 2수를 지었는데, 순전히 방언만 사용해서 "남다른 풍속은 참 기괴해서, 이 사람과는 함께 살기 어렵네. 집집마다 오귀烏鬼[54]를 기르고, 매 끼마다 황어黃魚를 먹는다.

48 요가(鐃歌) : 징을 두드리면서 부르는 노래. 군악(軍樂)의 하나이다.

49 고취(鼓吹) : '고치곡(鼓吹曲)'으로 악부의 가곡명이다.

50 불무(拂舞) : 본래 강남(江南) 지역의 민간 가요인데 위(魏)・진(晋) 연간에 일찍이 궁중으로 들어가 황제와 귀족들에게 사랑을 받았으며 연향악무(宴享樂舞)로 사용되었다.

51 모투(矛渝) : 옛 무곡(舞曲) 가운데 하나이다.

52 회문(回文) : 시 가운데 상・하・좌・우 아무렇게나 읽어도 모두 평측(平仄)과 운(韻)이 맞는 시체를 말한다.

53 편전(便殿) : 임금이 평상시에 거처하는 처소이다.

옛 지식은 폼을 내기 어렵고, 새로운 지식은 이미 어둡고 성글다. 먹고 사는 일이란 밭 가는 것뿐이어서, 너와는 관계되지 않는다[異俗籲可怪, 斯人難並居. 家家養烏鬼, 頓頓食黃魚. 舊識難爲態, 新知已暗疏. 治生且耕鑿, 只有不關渠]", "서쪽으로 청강靑羌을 지나 남쪽 백제성에 머문다. 우토于菟[55]는 객의 한을 침범하고, 거여粔籹[56]는 인정을 만든다. 기와점으로 신의 말을 전하고, 새 밭은 불의 경작을 필요로 하네. 옳고 그름이 어느 곳에서 정해질까, 베개 높이 베고 부생浮生을 비웃는다[西曆靑羌阪, 南留白帝城. 于菟侵客恨, 粔籹作人情. 瓦卜傳神語, 畬田費火耕. 是非何處定, 高枕笑浮生]"라고 했다. 내가 일찍이 지은 시에서는 "푸른 토란은 뿌리와 연결되어 실이 끊어지지 않고, 붉은 연꽃은 씨앗이 붙어 연밥이 어찌 그리 많은가[碧藕連根絲不斷, 紅蕖著子薏何多]"라고 했는데, 역시 풍인風人의 부류다. 또 「무주산중婺州山中」에서 "밭도랑 만들 때 첨사詹卸를 들고, 밭을 애내농欸乃儂[57]이라 부른다. 산 연못 막거수莫車水에, 매우梅雨[58]가 마침 분룡分龍[59]이다[作甽捉詹卸, 呼田欸乃儂. 山塘莫車水, 梅雨正分龍]"라고 한 것은 역시 방언이다.

① '神'은 본래 '人'으로 돼 있었는데 『백천학해』본에 의거하여 고쳤다.

余近作「示客」云：刺美風化, 緩而不迫謂之風, 采摭事物, 摛華布體

54 오귀(烏鬼) : 청둥오리, 또는 돼지의 별명이다.
55 우토(于菟) : 호랑이의 별칭이다.
56 거여(粔籹) : 떡의 일종. 꿀에다 쌀가루를 섞어 고아 만든다. 『초사(楚辭)』「송옥(宋玉)」「초혼주(招魂注)」.
57 애내농(欸乃儂) : 애내(欸乃)는 노를 젓는 소리, 또는 뱃노래이다. 당나라 유종원(柳宗元)의 「어옹(漁翁)」에 "물안개 걷히고 해가 솟으니 사람은 보이지 않고, 애내 소리에 산수가 푸르구나[烟消日出不見人, 欸乃一聲山水綠]" 하였다. 儂은 미상.
58 매우(梅雨) : 매실이 노랗게 익는 늦은 봄이나 초여름에 내리는 비.
59 분룡(分龍) : 『피서잡록(避暑雜錄)』에 "오・월(吳越)의 풍속이 5월 20일을 분룡이라 한다" 하였다.

謂之賦, 推明政治, 莊語得失謂之雅, 形容盛德, 揚厲休功謂之頌, 幽憂憤悱, 寓之比興謂之騷, 感觸事物, 托于文章謂之辭, 程事較功, 考實定名謂之銘, 援古刺今, 箴戒得失謂之箴, 猗遷抑揚, 永言謂之歌, 非鼓非鍾, 徒歌謂之謠, 步驟馳騁, 斐然成章謂之行, 品秩先後, 敍而推之謂之引, 聲音雜比, 高下短長謂之曲, 籲嗟慨歎, 悲憂深思謂之吟, 吟詠情性, 總合而言志謂之詩, 蘇李而上, 高簡古澹謂之古, 沈宋而下, 法律精切謂之律, 此詩之語衆體也. 帝王之言, 出法度以制人者謂之制, 絲綸之語, 若日月之垂照者謂之詔, 制與詔同, 詔亦制也, 道其常而作彝憲者謂之典, 陳其謀而成嘉猷者謂之謨, 順其理而迪之者謂之訓, 屬其人而告之者謂之誥, 卽師衆而申之者謂之誓, 因官使而命之者謂之命, 出于上者謂之敎, 行于下者謂之令, 時而戒之者勅也, 言而喩之者宣也, 諮而揚之者贊也, 登而崇之者冊也, 言其倫而析之者論也, 度其宜而揆之者議也, 別嫌疑而明之者辨也, 正是非而著之者說也, 記者, 記其事也, 紀者, 紀其實也, 纂者, 纘而述焉者也, 策者, 條而對焉者也, 傳者, 傳而信之也, 序者, 緖而陳之也, 碑者, 披列事功而載之金石也, 碣者, 揭示操行而立之墓隧也, 誄者, 累其素履, 而質之鬼神也, 志者, 識其行藏, 而謹其終始也, 檄者, 激發人心, 而喩之禍福也, 移者, 自近移遠, 使之周知也, 表者, 布臣子之心, 致君父之前也, 箋者, 修儲後之問, 申宮閫之儀也, 簡者, 質言之而略也, 啓者, 文言之而詳也, 狀者, 言之于公上也, 牒者, 用之于官府也, 捷書不緘, 插羽而傳之者, 露布也, 尺牘無封, 指事而陳之者, 劄子也, 青黃黼黻, 經緯以相成者, 總謂之文也, 此文之異名也. 客有問古今體制之不一者, 勞于應答, 乃著之篇以示焉.

내가 근래에 지은 「시객示客」에서, 풍속의 변화를 풍자하고 찬미하되 완만하며 급박하지 않은 것을 풍風이라 하고, 사물을 채취하여 화려함을 펴고 문체를 배포하는 것을 부賦라 하고, 정치를 밝히며 득실을 장엄하게 이야기하는 것을 아雅라 하고, 성대한 덕을 형용하고 훌륭한 공적을 드날리는 것을 송頌이라 하고, 마음속 걱정과 분노를 비흥으로 기탁하는 것을 소騷라 하고, 사물에서 느낀 것을 문장에 기탁하는 것을 사辭라 하고, 사실을 순서대로 적고 공로를 논하며 실제를 살펴 이름을 정하는 것을 명銘이라 하고, 옛것을 끌어와서 지금을 풍자하며 잘잘못을 경계하는 것을 잠箴이라 하고, 억양을 두어 말을 길게 하는 것을 가歌라 하고, 북도 종도 없이 그냥 노래만 부르는 것을 요謠라 하고, 걸음걸이와 달리기가 나란히 문장을 이루는 것을 행行이라 하고, 선후를 질서 있게 나누어 서술하는 것을 인引이라 하고, 성聲과 음音이 섞여 고하 장단이 있는 것을 곡曲이라 하고, 감탄과 개탄과 슬픔과 걱정과 깊은 생각이 담겨 있는 것을 음吟이라 하고, 정情과 성性을 읊으며 이를 모두 합쳐 뜻을 말하는 것을 시詩라 했다. 소식과 이백 위로는 고상하고 간소하고 예스럽고 담백하여 고시古詩라 하고, 심전기와 송지문의 아래로는 법률이 정밀하고 적절하여 율시律詩라 하는데, 이는 시의 뭇 체를 이야기한 것이다. 또한 제왕의 말로서 법도에 의해 사람을 제어하는 것을 제制라 하고, 사륜絲綸의 말로서 해와 달이 비추는 것 같은 것을 조詔라 하니, 제는 조와 같으며 조는 제라고도 한다. 그 평상을 이야기하며 법으로 만드는 것을 전典이라 하고, 그 모의를 진술하여 좋은 계책을 완성하는 것을 모謨라 하고, 그 이치에 따라 인도하는 것을 훈訓이라 하고, 그 사람을 연결시켜 고하는 것을 고誥라 하고, 군사들에게 나아가 뜻을 펼치는 것을 서誓라 하고, 관리를 통해 명하는 것을 명命이라 하고, 위에서 나온 것을 교教라 하고, 아래로 시행되는 것을 영令이라 하고, 이따금 경계하는 것을 칙勅이라 하고, 말을 통해 일깨우는 것을 선宣이라 하고, 감탄하며 선양하는 것을 찬贊이라 하고, 올려서 높이는 것을 책冊이라 하고, 차례로 나열하여 분석하는 것을 논論이라 하고, 타당하게 해당하여 말하는 것은 의議이고, 혐의를 구별해 밝히는 것은 변辨이고, 시비를 바로잡아 드러내는 것은 설說이다. 기記는 그 일을 기록하는 것이고, 기紀는 그 실제를 기록하는 것이고, 찬纂은 이어서 서술하는 것이고, 책策은 조항마다 대답하는 것이고, 전傳은 전하여 믿게 하는 것이고, 서序는 순서대로 진술하는 것이고, 비碑는 사실과 공로를 나열하여 금석金石에 싣는 것이고, 갈碣은 행동과 조신을 게시하여 무덤 앞에 세우는 것이고, 뢰誄는 평소의 이력을 서술하여 귀신에게 질정하는 것이고, 지志는 그의 행동거지를 기록하되 그 끝과 시작을 신중히 하는 것이고, 격檄은 인심을 격동시켜 화와 복을 알려주는 것이고, 이移는 가까운 곳에서 먼 곳까지 옮겨 두루 알게 하는 것이고, 표表는 신하와 자식의 마음을 펼쳐 임금과 아버지 앞에 보내는 것이고, 전箋은 저후儲後[60]의 물음을 간추려 궁곤宮閫의 의뢰를 펼치는 것이고, 간簡은 질박하게 이야기하여 간략화하는 것이고, 계啓는 수식을 넣어 말하여 상세히 하는 것이고, 장狀은 공상公上에서 말하는 것이고, 첩牒은 관부官府에서 사용하는 것이고, 급한 편지로 봉하지 않고 날개를 꽂아 전하는 것은 노포露布이고, 봉함이 없는 편지로서 일을 지칭하여 진술하는 것은 차자箚子이고, 푸르고 누런 보불黼黻이 날줄 씨줄로 서로 완성하는 것을 통칭하여 문文이라 하니, 이는 문의 각기 다른 이름들이다. 어느 객이 고금의 체제가 같지 않음을 물어서 응답하기 힘들어 글로 적어 보여준다.

余以百司從車駕止建康. 一日, 謁內相朱子發, 論文甚洽. 適有數淸貴俱在座, 顧不肖而謂諸人曰 : "玆人文學該贍, 尤長于詩, 然坐是以窮耳." 意謂古人有言, "詩能窮人"故也. 余奮然答曰 : "內翰之言誤矣. 夫'詩非能窮人, 待窮者而後工耳.' 此歐陽文忠公之語也. 以不肖觀之, 猶爲未當. 「詩」三百六篇, 其精深醇粹, 博大宏遠者, 莫如「雅」「頌」. 然「鴟鴞」之詩, 周公所作也, 「泂酌」之詩, 召公所作也. 「詩」云 : '吉甫作誦, 穆如淸風. 其詩孔碩, 其風肆好.' 顧不美乎. 數君子者, 顧不達而在

60 저후(儲後) : 저군(儲君), 왕저(王儲). 황위의 계승인으로 황태자(皇太子)를 말한다.

上, 功名富貴人乎. 何詩能窮人. 又何必待窮者而後工邪. 漢唐以來, 不暇多擧. 近時歐陽公・王荊公・蘇東坡號能詩, 三人者, 亦不貧賤, 又豈碌碌者所可追及. 然則謂詩能窮人者, 固非矣, 謂待窮者而後工, 亦未是也. 夫窮通者, 時也. 達則行于天下, 窮則獨善其身, 政不在能詩與不能詩也." 座客爲之憮然.

내가 백사百司였을 때, 거가(車駕: 어가御駕)를 뒤따라 건강建康에 멈췄다. 하루는 내상內相 주진朱震을 배알했는데, 문장을 논하는 것이 매우 흡족했다. 마침 몇몇 귀인이 함께 자리에 있었는데, 그가 나를 돌아보며 사람들에게 이르기를 "이 사람은 문학이 넉넉하고, 특히 시에 뛰어나다. 하지만 이것에 걸려 곤궁하다"라고 했다. 옛사람이 "시는 능히 사람을 곤궁하게 한다[詩能窮人]"라고 한 말을 두고 이르는 것으로 보였다. 내가 분연히 대답하기를 "내한內翰의 말씀은 잘못되었습니다. '시가 사람을 곤궁하게 하는 것이 아니라, 궁한 자를 기다리고 나서 뛰어날 뿐이다[詩非能窮人, 待窮者而後工耳]'라고 문충공(구양수)께서 말씀하셨습니다. 그러나 저는 온당하지 않다고 생각합니다. 『시경』 306편 가운데 정밀하고 심오하고 순수하며 넓고 크고 유원한 것으로서 「아雅」・「송頌」만한 것이 없습니다. 하지만 「치효鴟鴞」의 시는 주공周公이 지은 것이고, 「형작泂酌」의 시는 소공召公이 지은 것입니다. 『시경』에 이르기를 '길보吉甫가 지어 읊을 때, 환하기가 맑은 바람과 같다. 그 시는 매우 위대하고, 그 기풍은 참 좋다[吉甫作誦, 穆如淸風. 其詩孔碩, 其風肆好]'라고 했는데 어찌 아름답지 않습니까. 여기 계신 몇 분은 통달하지 못한 채 이 자리에 있으면서 공명과 부귀를 누리시는 겁니까? 어찌 시가 사람을 곤궁하게 할 수 있습니까? 또 어찌 곤궁한 자를 기다려야만 빼어나겠습니까? 한・당 이후로 이루 다 거론할 수 없습니다. 근래에 구양수・왕안석・소식이 시에 능하다고 하지만, 세 사람도 가난하고 천하지 않았으니, 어떻게 볼품없는 자가 따를 수 있겠습니까. 그렇다면 시가 사람을 곤궁하게 한다는 것도 본디 잘못이고, 곤궁한 사람을 기다린 뒤에 빼어나다는 것도 옳지 않습니다. 궁하고 통하는 것은 시간적인 것입니다. 통달하면 천하에 펼치고, 곤궁하면 홀로 그 몸만 선하게 행동한다는 것은 정녕 시에 능하느냐, 시에 능하지 않느냐에 달려 있지 않은 것입니다"라고 하였다. 이에 좌객이 감탄했다.

역대시화 4 | 인명 찾아보기

언주시화

ㅈ

ㄱ

ㄴ

ㄷ

ㄹ

ㅁ

ㅂ

당자서문록

ㄱ

ㄴ

ㄷ

ㅁ

ㅍ

ㅎ